DOSSIERS SECRETS
DE LA FRANCE CONTEMPORAINE

DU MÊME AUTEUR

Chez le même éditeur :

L'ÉCHIQUIER D'ALGER (1940-1944)
Tome I : Avantage à Vichy
Tome II : De Gaulle joue et gagne

VINGT ANS QUI DÉCHIRÈRENT LA FRANCE
Tome I : Le Guêpier (1945-1953)
Tome II : La Liquidation (1954-1962)

DOSSIERS SECRETS DE LA FRANCE CONTEMPORAINE
Tome I : 1919, Les Illusions de la gloire
Tome II : La Victoire perdue (1920-1929)
Tome III : La Guerre à l'horizon (1930-1938)

Aux Presses de la Cité :

DOSSIER SECRET DE L'ALGÉRIE (1958-1961)
2e DOSSIER SECRET DE L'ALGÉRIE (1954-1958)
DOSSIER SECRET DE L'INDOCHINE

En collaboration avec le Pr Paul Lesourd :

DOSSIER SECRET DE L'ÉGLISE DE FRANCE
Tome I : De Clovis à la Révolution
Tome II : De la Révolution à nos jours
DOSSIER SECRET DES CONCLAVES

Chez Denoël :

ARCHIVES SECRÈTES : 1968-1969, Les Coulisses d'une année terrible

---

Claude Paillat est né à Paris, le 11 janvier 1924, dans une famille de notaires. En 1946, il commence une carrière de journaliste, collabore à L'Intransigeant. *Au printemps 1949, il fait partie de l'équipe* Paris-Match, *que vient de créer Jean Prouvost. C'est le début d'une carrière de reporter et d'enquêteur. En août 1950, il est envoyé en Indochine et en Corée et c'est pour lui un tournant capital. Puis, il suit pendant plusieurs années les événements du Maroc et d'Algérie qui aboutissent à l'indépendance de ces deux pays. A l'automne 1961, il publie son premier livre, le* Dossier secret de l'Algérie, 1958-1961, *qui, par ses informations, fait effet d'une bombe. Ces révélations, qui se continueront dans la suite de ses ouvrages, sont reprises en France et à l'étranger. En 1972, il pose les premiers jalons des* Dossiers secrets de la France contemporaine, *dont il a publié le premier tome en 1979, sous le titre* 1919, les Illusions de la gloire, *le second, en octobre 1980 :* La Victoire perdue 1920-1929, *le troisième, en octobre 1981 :* La Guerre à l'horizon 1930-1938.

CLAUDE PAILLAT

Dossiers secrets de la France contemporaine

Tome IV

LE DÉSASTRE DE 1940

* LA RÉPÉTITION GÉNÉRALE

ÉDITIONS ROBERT LAFFONT
PARIS

ISBN 2-221-00348-9 (éd. complète)
ISBN 2-221-01059-0 (tome IV*)

A Danielle

L'ampleur et l'inédit de la documentation, les archives secrètes et personnelles du général Georges, adjoint de Gamelin, commandant du Front Nord-Est en 1939-1940, confident de Churchill, révélées pour la première fois, obligent à partager le tome IV, LE DÉSASTRE DE 1940, en deux volumes paraissant à six mois d'intervalle, illustrés au fil des pages comme les précédents ouvrages des DOSSIERS SECRETS DE LA FRANCE CONTEMPORAINE :

* LA RÉPÉTITION GÉNÉRALE

** LA GUERRE ÉCLAIR

***

Tout est joué pour la France avant le premier coup de feu du 3 septembre 1939. Sous différentes formes, il y a eu comme une RÉPÉTITION de la spectaculaire défaite du printemps 1940.

À l'automne 1937, un an avant la dramatique conférence de Munich, le haut commandement français et son chef, le général Gamelin, organisent un étonnant Kriegspiel sur le thème d'une guerre européenne provoquée par un ultimatum d'Hitler à la Tchécoslovaquie. Selon cette simulation, la Wehrmacht, ayant mis ce pays hors jeu et neutralisé les autres alliés de la France en Europe centrale et orientale, passe, un mois plus tard, à l'offensive à l'Ouest où a échoué une opération de diversion française sur le Rhin pour venir en aide aux pays de « l'alliance de revers ». Cette RÉPÉTITION scelle d'abord l'abandon, à l'automne 1938, de la Tchécoslovaquie par Daladier. Elle annonce l'impuissance de la France, en septembre 1939, à voler au secours de la Pologne attaquée par l'Allemagne.

En mai 1938, deux ans donc avant la fameuse percée de Guderian et de Rommel dans les Ardennes, un autre Kriegspiel français envisage l'assaut et la prise de Sedan par la Wehrmacht. Au directeur de cette RÉPÉTITION, Gamelin reproche d'avoir surestimé les capacités de l'assaillant, sinon, écrit le généralissime, ce serait « prévoir le pire » ! Il se réalise effectivement du 13 au 16 mai 1940, jour où Paul Reynaud téléphone à Churchill que « la route de Paris est ouverte » et dit à des intimes que l'armistice s'impose. Faute de divisions de réserves suffisantes adaptées aux moyens utilisés par les unités allemandes, l'issue ne fait aucun doute.

Après sa visite officielle, fin août 1938, à la Luftwaffe, le général Vuillemin prévient Daladier qu'en quinze jours de guerre l'aviation française serait balayée du ciel. Cette RÉPÉTITION aérienne, les fantassins la vérifieront au cours de la bataille de France, même si près de neuf cents avions allemands sont abattus ou détruits au sol.

Comment les généraux français peuvent-ils réaliser ces simulations du désastre de 1940 ? Parce que les services de renseignements et l'ambassade de France à Berlin communiquent à Paris un flot d'informations sur le fantastique réarmement du IIIe Reich. Des mois, des années à l'avance, Paris savait tout des forces adverses et de la façon dont elles seraient employées. Il n'y a pas eu de surprise.

Depuis 1919, la France s'est constitué un réseau d'alliances pour contrebattre, à l'Est, un retour de puissance de l'Allemagne. Sur la carte, ce barrage fait impression, mais à l'examen, que de graves lézardes ! Sans frontières communes, comment la France ravitaillera-t-elle ses amis en armements modernes dont ils sont démunis ? La haine séparant la Pologne et la Tchécoslovaquie, les deux principaux piliers de ce contrepoids, rend vain tout effort sérieux de résistance à Hitler, etc.

La France s'est entretenue d'illusions sur la solidité de la Tchécoslovaquie déjà vulnérable avant l'annexion, en 1938, de l'Autriche par le IIIe Reich. Lors d'une campagne de dix-sept jours en septembre 1939, la Wehrmacht brise l'armée polonaise dont Gamelin avait pourtant prédit qu'elle résisterait six mois. Quant au grand état-major allemand, il avait procédé, fin 1933, à une simulation où il s'était allié à l'Armée rouge pour partager le pays !

Obnubilée par la « Route des Indes » et les sources du Nil, la Grande-Bretagne entraîne la France dans une mauvaise querelle avec l'Italie à propos de l'affaire éthiopienne. Or, la construction élaborée au Traité de Versailles n'était que châteaux de cartes fragiles. Si l'on tirait la carte italienne, la carte autrichienne était découverte ; et si cette dernière disparaissait à son tour, la Tchécoslovaquie était menacée de mort, etc. Hitler sait profiter de la rancune de Mussolini à l'égard de la France à laquelle, en 1935, il avait proposé une alliance militaire sauvegardant l'Autriche, et par contrecoup, la Tchécoslovaquie !

Même la « fidèle » Belgique change de camp en se réfugiant dans une attitude de neutralité, refusant les mesures concrètes qui permettraient aux forces françaises de ne pas livrer une désastreuse « bataille » de rencontre comme en août 1914...

Pire, si l'on peut dire, les plus graves erreurs sont commises par l'Angleterre qui se réveillera enfin au lendemain de l'entrée de la Wehrmacht à Prague le 15 mars 1939...

Aux sinistres Kriegspiels français et allemands se complétant les uns les autres, s'ajoutent autant de pronostics inquiétants sur l'aide que la France peut attendre de ses alliés.

Mais, dans cette effroyable série de simulations, il y a au moins une démarche française qui aidera à provoquer le retournement de la chance en faveur des alliés : Paris convainc Roosevelt de l'importance capitale des moyens aériens, et, voulant secourir la France, le Président américain commence à bâtir la fantastique U.S. Air Force de la Seconde Guerre mondiale. Trop tard pour la France de 1939-1940, mais quelle revanche future sur Munich !

L'entrée d'Hitler à Prague provoque un revirement complet de l'attitude de l'Angleterre désormais décidée à dire « non » à de nouvelles revendications territoriales de l'Allemagne. Le Führer exige Dantzig et le fameux corridor. Ni Londres, ni Berlin ne céderont. Encore en avant d'une opération, Hitler prépare l'occupation de la Hollande et de la Norvège. Avec le « Pacte d'Acier », l'Italie se met à la botte du Reich.

Depuis 1933, l'Allemagne nazie a provoqué maints coups de théâtre. Mais Staline prépare le plus sensationnel, et le plus grave de conséquences...

SOMMAIRE

(Voir p. 399 la table des matières détaillée)

Quatrième partie

1939, L'ANGLETERRE : NON À HITLER

PREMIÈRE PARTIE

DEUX KRIEGSPIELS ÉTONNANTS PRÉFIGURENT LA DÉFAITE DE 1940

1. Dès 1937, un Kriegspiel du commandement français scelle l'abandon de la Tchécoslovaquie à Hitler.
2. Le travail de premier plan des services secrets français.
3. Hitler montre ses chars et ses avions à la France.

1

DÈS 1937, UN KRIEGSPIEL DU COMMANDEMENT FRANÇAIS SCELLE L'ABANDON DE LA TCHÉCOSLOVAQUIE À HITLER

Un an avant la conférence de Munich, un exercice du G.Q.G. français prévoit la crise de l'été 1938, l'ouverture de la Deuxième Guerre mondiale ! • Composition des Partis : Rouge (France), Bleu (Allemagne), Vert (Tchécoslovaquie, Pologne, Petite Entente) • Impossibilité pour l'Armée rouge de secourir les Tchèques • Succès de la Wehrmacht • Échec des divisions françaises dans leur attaque sur le Rhin ! • Et si l'Italie entrait en guerre aux côtés de l'Allemagne ? • L'analyse des carences militaires françaises par le général Georges : « La chute de la Tchécoslovaquie n'aurait pas plus d'action sur le résultat final de la guerre que celle de la Belgique en 1914... » • Extraordinaire coïncidence : le testament stratégique d'Hitler aboutit aux mêmes conclusions que le Kriegspiel des généraux français !

Inconnu, stupéfiant, prémonitoire, à l'automne 1937 [1], le haut commandement français procède à un Kriegspiel sur le début d'une deuxième guerre mondiale — provoqué par une crise entre l'Allemagne et la Tchécoslovaquie.

---

1. Archives du Conseil supérieur de la Guerre. SHAT. Dans la *Revue historique des armées* (nº 4 - 1979), le colonel J. Delmas, alors chef de la division Études et Publications du SHAT, avant d'en devenir le directeur, auteur de nombreuses communications, consacre

Or, un an plus tard, en août-septembre 1938, Hitler exige, « au nom du droit des peuples à disposer d'eux-mêmes », le rattachement, au IIIe Reich, de trois millions et demi de Sudètes, des « compatriotes » allemands. À ses discours agressifs le Führer ajoute d'imposantes concentrations de troupes.

Pour respecter le traité d'alliance conclu entre la France et la Tchécoslovaquie en 1925, Édouard Daladier, président du Conseil, ministre de la Guerre, prend des mesures de mobilisation partielle, renforce la ligne Maginot, réquisitionne des véhicules civils ; les mairies des grandes villes procèdent à des exercices de sirènes, de défense passive, font creuser des tranchées contre les effets d'éventuels bombardements aériens allemands. Prague ordonne des mesures militaires. À Hitler, Mussolini laisse les mains libres pour agir à sa guise… L'Europe fourbit ses armes, entrant en réalité dans le processus imaginé en 1937 par les généraux français !

Ce fameux « exercice de G.Q.G. » (terme officiel) est dirigé par les trois chefs d'état-major généraux : Gamelin (généralissime désigné et chef d'état-major de l'armée de terre), Vuillemin (air), l'amiral Darlan (marine). Sous leurs ordres se trouvent les généraux membres du Conseil supérieur de la Guerre (C.S.G.) qui, en cas de conflit, assumeraient le commandement des armées disposées le long des frontières françaises du Nord et de l'Est. Nous avons là, à quelques noms près, les principaux chefs militaires français du printemps 1940.

Le Kriegspiel découle de l'hypothèse suivante : le 20 avril 1938, les Tchèques arrêtent Konrad Henlein, chef du parti allemand des Sudètes qui, à l'instigation des nazis, crée des troubles en Tchécoslovaquie. Hitler riposterait par un ultimatum à Prague exigeant la libération d'Henlein et masserait des unités de la Wehrmacht à la frontière tchécoslovaque. Le Führer donnerait à la France, la Belgique, la Hollande, la Suisse l'assurance qu'il ne se livrerait à « aucun acte inamical » à leur égard ; mieux, il leur renouvellerait l'offre d'un pacte de non-agression…

La suite du Kriegspiel se déroule comme un film. Le 21 avril, Prague rejetterait l'ultimatum allemand. À la France et à l'U.R.S.S., la Tchécoslovaquie demanderait d'honorer les pactes d'alliance de ces deux puissances.

Le lendemain, la Wehrmacht se manifesterait sur la seule frontière tchécoslovaque.

---

deux articles aux exercices du Conseil supérieur de la Guerre, 1936-1937 et 1937-1938. Ces deux simulations sous la direction du général Gamelin ont pour but de répondre successivement à deux questions motivées par l'aggravation de la situation politique en Europe :

1°/ *Comment faire face à une invasion inopinée de la Belgique et de la Hollande par Hitler ?* 2°/ *Quelle attitude offensive adopter contre l'Allemagne au moment où elle attaquerait la Tchécoslovaquie ?* Le colonel Delmas écrit que ces documents montrent notamment que certains généraux du C.S.G. « avaient imaginé, pour la manœuvre offensive allemande, un rythme qui apparut fort irréaliste à leurs collègues et au directeur de l'exercice, et pourtant il était très proche de la réalité de 1940 ».

Pour des raisons de clarté, nous reviendrons sur la simulation de 1936-1937 sur le thème d'une offensive allemande contre la Belgique et la Hollande dans le chapitre 13, où nous traitons justement d'une autre simulation, plus extraordinaire encore (réalisée en mai 1938), d'une attaque prémonitoire de Sedan, comme en mai 1940, et où l'on retrouve des points communs.

À gauche, *le général Maurice Gamelin ;* à droite, *le général Gaston Billotte qui, dans le cadre du Kriegspiel de 1937-1938, est supposé commander l'armée allemande.* (Ph. Keystone.)

Le 23 avril, Prague ordonnerait la mobilisation générale, saisissant la S.D.N. d'une plainte contre l'agresseur. Les hostilités seraient néanmoins engagées.

Dans l'intervalle, la France déclencherait le dispositif militaire « d'alerte renforcée », puis se retournerait vers la S.D.N. pour demander son « feu vert » afin de secourir son allié tchèque.

La Hongrie, ralliant l'Allemagne, décréterait la mobilisation.

L'Italie se retrancherait dans une neutralité ambiguë.

Le 24 avril, l'U.R.S.S. mobiliserait. La Pologne rassemblerait le gros de ses divisions à la frontière silésienne.

Du 27 avril au 1er mai, Paris, Londres, Moscou tenteraient une ultime négociation avec le IIIe Reich : Hitler refusant tout arbitrage à Genève, la S.D.N. déclarerait alors l'Allemagne « agresseur ». Rien ne s'opposerait désormais à l'application du traité franco-tchécoslovaque, c'est-à-dire au soutien militaire de Paris…

Le 1er mai 1938, la France procéderait à sa mobilisation générale. À la S.D.N. aboutiraient des pourparlers permettant aux divisions françaises de passer par la Belgique, le Luxembourg et la Hollande (contournant ainsi les fortifications allemandes face à la France) en vue d'une offensive sur Cologne et Düsseldorf.

Le 7 mai, l'armée française entamerait ses opérations.

Le chef du *Parti Rouge* (la France) est le général Georges, ancien de l'état-major de Foch ; depuis 1935, il est l'un des deux adjoints de Gamelin. Son théâtre d'opérations s'étend de Dunkerque à Nice. Assisté du général Aubié (air) et de l'amiral Marquis, Georges a sous ses ordres Bineau (1re armée), Besson (détachement des Ardennes, la future 9e armée qu'on accusera à tort d'avoir « lâché » à Sedan en mai 1940), Prételat (2e armée), Giraud (3e), Dosse (7e) ; le général Héring, gouverneur militaire de Strasbourg, commande le groupe formé par la 4e armée (général Réquin), la 8e (général Blanchard) et la 5e.

Le général Blanchard, commandant la 8e armée dans le Kriegspiel de 1937-1938 et qui, en mai 1940, commande la 1re armée entrée en Belgique au-devant de la Wehrmacht, avant de succéder, dans des conditions dramatiques, au général Gaston Billotte, tué dans un accident d'automobile. (Ph. E.C.P. Armées.)

Le général Réquin, commandant de la 4e armée et qui, en septembre 1939, sera chargé d'une opération contre la ligne Siegfried pour tenter de soulager l'armée polonaise. À gauche, *son officier d'ordonnance le capitaine Jean Lecomte.* (Ph. E.C.P. Armées.)

Le commandant en chef du *Parti Bleu* (l'Allemagne) est le général Gaston Billotte (père du futur ministre du général de Gaulle) avec, comme adjoints, les généraux Condé et Huré. Vuillemin est le « patron » de la Luftwaffe !

Le général Mittelhauser dirige le *Parti Vert,* composé des « amis de la France » en Europe centrale et orientale ; ils remplacent dans l'alliance dite « de revers » le rôle de la Russie de Nicolas II en 1914 pour contrebalancer, à l'Est, l'Allemagne de Guillaume II. Les généraux Dentz, Prioux, de Lannurien « conseillent » les armées tchèque, polonaise, roumaine et yougoslave.

La Wehrmacht répète la « guerre éclair » de 1939-1940

Abordons maintenant les intentions de la Wehrmacht (général Billotte). Disposant, au départ, de trente divisions d'infanterie d'active (dont quatre motorisées), de 12 D.I. de réserve, de trois grandes unités blindées renforcées, à l'occasion, de 4 régiments de chars, d'artillerie, de génie (sapeurs des chemins de fer, pontonniers, etc.), elle consacrerait l'essentiel de ses forces à une « guerre éclair » (Blitzkrieg) contre la Tchécoslovaquie. Face à la France, elle prendrait une attitude défensive. Enfin, une armée allemande serait placée en observation face à la Pologne.

La mission de la Luftwaffe serait de détruire, de jour et de nuit, l'aviation tchécoslovaque sur ses bases (paralysant aussi les terrains capables de recevoir des renforts aériens extérieurs français et russes). Elle neutraliserait les gares de triage et coopérerait à l'anéantissement des unités terrestres tchèques *avec tous ses moyens de lutte au sol*. Sur le front de l'Ouest, donc contre les Français, l'aviation allemande protégerait en priorité les complexes industriels de la Ruhr ; les avions de reconnaissance détecteraient les grands courants de transports ennemis.

Plus de deux cents escadrilles — *dont dix-huit de bombardement en piqué* — ainsi que vingt-deux groupes de D.C.A. seraient affectés au front contre la Tchécoslovaquie. Des forces aériennes de moindre importance mais des groupes de D.C.A. plus nombreux défendraient les centres industriels allemands, trop proches des aérodromes français. De surcroît, l'écrasement rapide, escompté de la Tchécoslovaquie, permettrait ensuite de ventiler, du front est au front ouest, d'importants renforts aériens pour paralyser les nœuds de communication français et belges, attaquer les débarquements d'unités et les troupes en marche dans les zones où Paris concentrerait ses divisions (notamment sur la ligne Sedan-Saint-Worlb et la Moselle qui est la plus rapprochée de la position de résistance allemande).

Sur le plan pratique, toujours selon le Kriegspiel français, le groupement des armées du Sud de la Wehrmacht (G.A.S.) déborderait la région de Prague-Pilsen par l'Est, évitant ainsi la région fortifiée tchèque (comparée à la ligne Maginot), et couperait la Slovaquie dans le but de rejeter sur l'Autriche les forces tchèques de Bohême et de Moravie. Les divisions hongroises retiendraient un maximum d'éléments tchécoslovaques, puis feraient leur jonction avec les unités allemandes du G.A.S.

En quelques jours, les armées tchèques de Bohême et de Moravie seraient donc tronçonnées, rejetées, réduites à six divisions, et leur aviation ne compterait que quelques escadrilles. Les Hongrois, après avoir

En manteau de cuir, la tête entourée d'une écharpe, le général Joseph Vuillemin. (Ph. Keystone.)

échoué, battraient en retraite. Ayant déclaré la guerre à l'Allemagne, la Pologne lancerait une vingtaine de divisions pour menacer les arrières allemands de Tchécoslovaquie. À l'Ouest, une offensive française se dessinerait sur la Moselle.

Après ses spectaculaires succès en Tchécoslovaquie, la Wehrmacht aurait besoin d'un temps de repos : douze divisions du G.A.S. seraient indisponibles pour dix jours, et douze autres pour le double de temps. Toutefois, entreraient en scène treize D.I. de réserve ; une masse identique serait prête à intervenir dans une quinzaine de jours (au maximum, l'Allemagne pourrait mobiliser 240 divisions, comme en 1917 !). Une fois ses grandes unités d'active de nouveau en état, l'Allemagne préférerait régler son compte à la Pologne avant l'intervention des pays de la Petite Entente. La contre-offensive à l'Ouest serait ajournée pour une durée indéterminée ; soixante divisions de qualité diverse seraient jugées suffisantes pour résister aux forces françaises sur la ligne générale de l'Yssel.

En effet, sur le front de l'Ouest, la Wehrmacht (6 D.I. d'active, 12 D.I. de réserve, 25 divisions de Landwehr, 2 régiments de chars, etc.)

assurerait d'abord une « défense économique » le long du Rhin, manœuvrant, si nécessaire, en direction de Sarrebruck, sous la pression d'une offensive générale française entre le Rhin et l'Eifel. En attendant l'entrée en Belgique d'unités françaises, des opérations de retardement seraient en place, précédant une retraite sur l'axe Liège-Cologne.

L'Armée rouge au secours de la Tchécoslovaquie ?

Et du côté interallié, qu'est-il prévu ?

Avant tout, de renforcer les Tchèques avec des éléments de l'Armée rouge : unités motorisées, cavalerie, matériel et approvisionnement ; des bombardiers et chasseurs se poseraient en Posnanie pour effectuer des raids sur Berlin et attaquer les nœuds de communication de la Wehrmacht sur le front de Pologne. Roumains et Yougoslaves, après avoir mis en difficulté les Hongrois, se joindraient aux forces tchèques reconstituées, pour marcher sur la capitale du IIIe Reich... (comme le général Franchet d'Esperey comptait le faire à l'automne 1918 !).

C'est ce qui serait souhaitable, mais les généraux français qui ont imaginé ce Kriegspiel admettent qu'il y aurait fort loin de la coupe aux lèvres. D'abord, l'intervention des Roumains et des Yougoslaves dépendrait du succès, ou non, de l'offensive polonaise sur la Silésie allemande. En clair, Bucarest et Belgrade attendraient pour s'engager...

Quant au principe de l'intervention russe, elle se heurterait « à de très graves difficultés et même à des impossibilités. Jamais la Pologne ne consentira à ce que les Russes se concentrent et viennent se battre sur son territoire [2] », se demandant, à juste titre si, une fois la bataille engagée contre la Wehrmacht, l'U.R.S.S. ne profiterait pas de la situation pour l'envahir (en accord avec l'Allemagne comme elle le fera en septembre 1939 !). Aucune autorisation ne serait accordée à l'aviation russe pour utiliser, comme relais, des aérodromes polonais (insuffisants comme ceux de la Tchécoslovaquie). Cette réserve considérable faite (que nous retrouverons à la veille de la Deuxième Guerre mondiale), le C.S.G., au cours du même Kriegspiel de 1937, tient à envisager malgré tout le concours de l'U.R.S.S. à la Tchécoslovaquie. Dans cette perspective, l'Armée rouge pourrait masser en Russie blanche, du 12e au 30e jour de sa mobilisation : 44 D.I., 16 D.C., 18 brigades mécanisées.

Au cas où, contre toute attente, la Pologne consentirait à l'utilisation des quatre routes (dont une en très mauvais état) et des trois voies ferrées au sud de la ligne Lwow-Cracovie, l'U.R.S.S. pourrait acheminer seulement 6 D.I. (et leur entretien) par trains, les unités de cavalerie et les brigades mécanisées transitant par routes. Ces conditions maximales (l'armée polonaise utilisant au moins deux artères ferrées pour ses propres

2. Exercice du C.S.G. 1937-1938, Situation et intentions du « Parti Vert » du 1er janvier 1938, p. 4. Archives SHAT.

manœuvres), inévitablement théoriques, permettraient de disposer en Moravie de 3 D.I. russes au 22e ou 23e jour (au total 18 divisions de fantassins au 70e jour). Il faudrait 25 jours aux forces motorisées, etc. « Une telle aide est trop tardive [3]. » Comme nous l'avons vu, la Wehrmacht aurait depuis longtemps écrasé la Tchécoslovaquie, puis obligé la Pologne à battre en retraite.

À la suite du veto prévisible de la Pologne, la Roumanie serait-elle plus accommodante, en offrant d'autres possibilités à l'acheminement de l'aide russe ? En tout état de cause, ce pays ne pourrait fournir, pour diverses raisons, qu'un seul et fragile itinéraire de transport ! Pourraient être convoyés, au compte-gouttes, des approvisionnements, mais aucune munition d'artillerie (les obus russes ne correspondent pas aux calibres des canons tchèques) ; la seule solution serait de fournir du matériel soviétique avec son personnel technique ! Quant à un effort proprement roumain, il ne serait guère envisageable : Bucarest manque de l'essentiel pour sa propre armée !

Devrait-on attendre davantage d'une offensive polonaise sur la Silésie ? Avec 30 D.I. d'active, 10 D.I. en formation, de la cavalerie, etc., Varsovie entendrait s'emparer de la région industrielle, de premier plan, de Breslau, battant à l'occasion en retraite au Nord de la Pologne et en Poméranie devant une offensive allemande.

Au bout des quinze premiers jours de bataille, le Kriegspiel admet « la satisfaction » du commandement allemand :

1°) l'offensive polonaise sur Breslau et la Silésie serait brisée ; la Pologne, contrainte à la défensive...

2°) À l'ouest, les opérations françaises n'auraient obtenu que des « succès de détail » *(sic)*. Toutefois, les Alliés auraient encore les moyens d'une nouvelle offensive.

3°) Si les Roumains et les Yougoslaves avaient remporté des avantages, notamment contre les Hongrois, on serait cependant loin des espoirs mis en eux...

4°) Quant aux Tchèques, regroupés, ils seraient en mesure de se battre à nouveau...

Dans une deuxième phase du Kriegspiel, la Wehrmacht en finirait avec l'armée polonaise, contenant l'offensive française, bloquant les mouvements des Roumains et des Yougoslaves.

Après sa victoire sur la Pologne, Hitler mettrait hors de course le reste des forces de la Petite Entente, puis jetterait l'ensemble de ses divisions (146 D.I. et 4 divisions blindées) contre la France [4] !

Incroyable, alors que l'armée française passe, en 1937, pour être encore la première du monde, ce dont sont convaincus de nombreux généraux allemands !

---

3. Exercice du C.S.G. 1937-1938, *op. cit.*, p. 5.

4. Constatons que les généraux français participant au Kriegspiel, dont Billotte (commandant présumé de la Wehrmacht), semblent avoir bien perçu les conceptions allemandes de la « guerre éclair ». Billotte agit dans ce sens : attaque brusquée, utilisation du facteur surprise, intervention permanente de la Luftwaffe dans les opérations au sol, et utilisation des bombardiers en piqué (comme les stukas le feront en Pologne en 1939 et en

Le piège de la Belgique

Combien préoccupantes pour l'avenir sont l'analyse, les conclusions sur les possibilités de l'armée française tirées du Kriegspiel par le général Georges (chef du Parti Rouge pendant la simulation, mais qui en réalité, occupera, en 1939-1940, des fonctions identiques).

La France, selon le général, peut mettre en ligne la valeur de 96 D.I., mais cette évaluation est, à ses yeux, théorique : on ne saurait dégarnir les secteurs fortifiés (13 D.I.), la frontière italienne (5 D.I.) etc. Restent « utiles » seulement 58 divisions ! Le schéma du Kriegspiel ne prévoyant pas l'emploi de soldats belges et hollandais hors de leur territoire, force est de compter uniquement sur les divisions françaises pour, en lançant une attaque sur le Rhin, soulager la Tchécoslovaquie, incapable elle-même de résister longtemps par ses propres moyens. Certes, quelques éléments britanniques pourraient être engagés à l'ouest, mais après le 20 mai. De toute façon, ils seraient trop symboliques pour pouvoir modifier les choses.

Or, pendant cette période, la Wehrmacht, disposant d'une trentaine de divisions (20 au nord de la Moselle, 15 constituant une réserve centrale), serait en mesure de s'emparer du grand-duché du Luxembourg et de pénétrer en Hollande jusqu'à la Meuse : ces actions, si locales soient-elles, seraient « gênantes » *(sic) ;* à partir du 15 mai, la Wehrmacht opposerait une résistance de plus en plus vigoureuse en avant du Rhin.

Nous n'entrerons pas dans les détails, complexes, de la marche en avant des unités françaises en Belgique (au nord, vers Liège, au centre, à l'est de la Meuse, au sud, par le grand-duché, après possession de la Sarre inférieure), mais ces mouvements ne seraient *« menés à bien que si leur couverture aérienne était assurée ».* Or, les forces d'aviation légère de l'aile gauche (région de Liège) seraient *« nettement insuffisantes ».* Aussi, le 6 mai au soir, Georges serait-il contraint de demander le renforcement des moyens aériens. Quoi qu'il en soit, *la Luftwaffe parviendrait à retarder l'arrivée des vingt divisions de renforcement nécessaires aux unités d'avant-garde*[5] *! Ainsi, les actions offensives françaises en Allemagne ne seraient déclenchées que le 22 mai (après onze jours d'immobilisation !).* L'entrée

---

France en 1940). Étonnant : le Kriegspiel n'évoque pas le rôle particulier et le mode d'emploi des trois divisions blindées allemandes contre la Tchécoslovaquie dont le commandement (dans la réalité) aurait été vraisemblablement confié au général Guderian.

Sur le plan de l'aviation, le Kriegspiel a mis en valeur l'emploi de la Luftwaffe par le commandement allemand, mais il ne prête guère de puissance de riposte à l'aviation française...

Le 10 mai 1940, Billotte commandera le groupe d'armées n° 1, comprenant les meilleures divisions françaises qui se porteront en Belgique au-devant de la Wehrmacht. Le général trouvera la mort dans un accident d'automobile, alors que ses troupes retraiteront sur Dunkerque : lui succédera à la tête du G.A.I. le général Blanchard qui a participé au Kriegspiel de 1937.

5. Cette constatation particulière du Kriegspiel se vérifiera de façon désastreuse lors de l'offensive allemande de mai 1940 : les mouvements des unités françaises s'opéreront avec des retards plus considérables que ceux envisagés lors de l'exercice de 1937, faisant échouer les meilleures idées de manœuvres et de contre-attaques ; la carence des transmissions françaises aura une part importante dans ces échecs.

en guerre de la Pologne le 19 mai retiendrait des divisions allemandes, mais l'effondrement, le 20 mai, de la Tchécoslovaquie en libérerait !

Le groupe français d'Armée du Nord (45 D.I., 3 D.C., et, en réserve générale, 8 D.I. et 2 divisions légères mécaniques) agirait en direction de Liège-Buren-Cologne, avec mission d'atteindre le Rhin de Bonn au confluent de l'Erft. Mais les Allemands, sur leurs gardes, seraient solidement organisés : les gains de terrain par le Parti Rouge seraient localisés et obtenus au prix de « pertes sensibles ». En final, le but stratégique du général Georges ne serait pas atteint. Ce serait un grave échec !

À juste titre, Georges s'inquiète (déjà !) des conditions de coopération entre la 1re armée française et les Belges :

1°) La soudaineté de l'attaque allemande empêcherait la Belgique de déployer le 2e échelon de ses forces, soit quatre divisions d'infanterie, sur le canal Albert considéré comme un obstacle sérieux. Aussi la France demanderait-elle le repli de ces moyens sur la Dyle moyenne et inférieure [6] pour amorcer un nouveau front jalonné par Anvers, Louvain, Namur. Léopold III refuserait cette importante modification au plan initial impraticable en raison de sa réalisation [7].

2°) Mais à son tour, la position sur la Dyle où la 1re armée française serait supposée arriver avant la Wehrmacht « *ne saurait être avantageusement tenue que si les Belges ont pu s'y installer* (...), et nous avons vu qu'ils le considéraient comme impossible [8] ». En outre, la partie sud de cette position (70 kilomètres), privée de « tout obstacle et de toute organisation », est trop étendue pour les trois divisions d'infanterie motorisée (D.I.M.) de la 1re armée : *« S'y installer,* écrit encore Georges (qui le souligne dans son rapport), *avec de jeunes troupes non encore aguerries en face d'un adversaire doté de puissants moyens mécaniques* et alors qu'on ne dispose en arrière d'aucune réserve immédiatement à pied d'œuvre serait courir *un risque grave* [9]. »

3°) En final, la France ne pourrait venir, à l'appel de Léopold III, sur la ligne Anvers-Namur qu'avec « un *obstacle de valeur et continu, des organisations formant un môle de résistance,* etc. La réalisation de ces conditions imposerait (...) un gros effort financier et militaire à la Belgique (...) ; il ne semble pas, malheureusement, que la politique générale de (Bruxelles) soit orientée dans ce sens [10] ».

---

6. Prenant naissance dans le Brabant, au nord-ouest de Fleurus, la rivière Dyle passe par Wavre, Louvain, Malines, contournant Bruxelles à une trentaine de kilomètres à l'est et au nord. Avec d'autres courants d'eau, la Dyle forme ensuite le Rupel qui, à son tour, se jette dans l'Escaut au sud d'Anvers. En 1802, Napoléon Ier avait formé un département français de la Dyle dont le chef-lieu était Bruxelles.

En 1939-1940, le général Gamelin adopte « l'opération Dyle » qu'il déclenche le 10 mai 1940 lors de l'offensive allemande, et que nous verrons en détail.

7. Critique de « l'exercice de cadres » 1936-1937, exposé du général Georges du 13 avril 1937 au C.S.G., p. 5. Archives SHAT.

8. Critique de « l'exercice de cadres » 1936-1937, *op. cit.*, p. 6.

9. Critique de « l'exercice de cadres » 1936-1937, *op. cit.*, p. 6. D'autre part, le général Georges évoque des menaces allemandes sur Maubeuge et la région de Sedan : pour des raisons de commodité et de clarté, nous retrouverons ces points particuliers dans le chapitre consacré au Kriegspiel de mai 1938 sur une éventuelle attaque de la Wehrmacht par les Ardennes.

10. Critique de « l'exercice de cadres » 1936-1937, *op. cit.*, p. 33.

En dehors des Kriegspiel (c'est-à-dire des exercices sur la carte) organisés chaque année par le Conseil supérieur de la Guerre, ont lieu d'importantes manœuvres avec la participation des troupes sur le terrain, soit dans des camps militaires spéciaux, soit dans une province. En haut, à g., *estafette motocycliste apportant un message au pilote d'une automitrailleuse ;* à dr., *poste de transmissions.* Ci-contre, *une Peugeot radio de l'armée.* (Ph. E.C.P. Armées.)

Le général Gamelin (les mains derrière le dos, au premier plan) *se fait expliquer le thème d'une manœuvre à laquelle ont été invités des attachés militaires étrangers* (à dr.). [Ph. E.C.P. Armées.]

La faiblesse des moyens aériens français, l'entrée en Belgique et la fameuse « opération Dyle », les graves lacunes du système fortifié belge (auxquelles il ne sera pas suffisamment remédié d'ici à mai 1940), la politique de neutralité de Léopold III, la pauvreté des réserves françaises posent déjà, en 1937, les jalons du désastre de l'intervention franco-britannique du printemps 1940. On discerne à l'avance les dangers de cette opération et ses pièges, mais Gamelin la fera quand même !

Revenons au Kriegspiel. La situation à l'est de l'Europe (intervention de la Pologne, de la Petite Entente, l'appui soviétique) devrait au moins permettre aux démocraties de reprendre l'avantage. Dans ce but, les divisions françaises, espérant profiter du déséquilibre allemand à l'Est, repartiraient à l'attaque. Nouvel échec, car la Wehrmacht aurait repris l'avantage !

Comment expliquer ce nouveau retournement de la situation défavorable aux Alliés ? Georges reconnaît que, faute de vitesse et de rapidité d'exécution, de diverses manœuvres, la première offensive met un mois à démarrer ! La Tchécoslovaquie est déjà vaincue, ce qui permet à la Wehrmacht d'opposer un front solide à l'Ouest. Cela est d'autant plus fantastique que l'Allemagne, isolée, doit faire face à une coalition où, de surcroît, la Roumanie autorise le passage de renforts soviétiques.

Ce panorama effrayant s'assombrirait encore, selon Georges, en cas d'entrée en guerre de l'Italie aux côtés de l'Allemagne (le Kriegspiel, rappelons-le, la suppose neutre, mais...), immobilisant ainsi une vingtaine de D.I. françaises. Si cette hypothèse se transformait en réalité, l'offensive sur le Rhin pour soulager la Tchécoslovaquie serait alors impossible à réaliser ! D'autre part, le général envisage une probable mainmise d'Hitler sur l'Autriche (elle se produira en mars 1938). L'Anschluss réduirait encore le temps nécessaire à la Wehrmacht pour mater Prague, d'où, autre grave conséquence, des disponibilités allemandes plus importantes, plus rapidement sur place aussi, sur le front ouvert par la France.

Ce n'est pas tout ! À juste raison, Georges doute (nous verrons pourquoi) de la « bonne volonté » de la Belgique et de la Hollande d'ouvrir leur territoire aux divisions françaises. En effet, Bruxelles (depuis l'automne 1936) pratique une politique dite de neutralité ; La Haye est plus réservée encore. Comment surtout les gouvernements belge et hollandais ne redouteraient-ils pas les raids d'une Luftwaffe qui étale sa puissance en représailles des facilités militaires accordées à la France ?

Revenant sur les défauts, erreurs, carences de l'offensive qu'il a dirigée, Georges souligne qu'elle a manqué d'ampleur, de durée, de vitesse. L'une des raisons en est « le jeu insuffisant des grandes unités de valeur inégale ». Le haut commandement et le gouvernement, rappelle le général, ont privilégié les organisations fortifiées (la ligne Maginot, mais avec un « trou » considérable entre Montmédy et Dunkerque !), au détriment des unités opérationnelles. Cette insuffisance due à la priorité d'une politique militaire défensive depuis 1928 met la France dans « une situation délicate » *(sic)* pour mener des opérations offensives en Belgique, au Palatinat, sur les Alpes, etc. Au début d'un conflit, la France devra compter sur ses seuls moyens : les Britanniques ont pris un tel retard dans leur réarmement que leur concours restera longtemps symbolique.

Le 17 mars 1938, au cours d'un exposé, Daladier apprend les conclusions plus qu'inquiétantes tirées par le général Georges sur « les possibilités d'action de dégagement au profit des alliés de la France en Europe centrale (notamment la Tchécoslovaquie). Elles ne pouvaient guère, écrit le colonel J. Delmas, l'encourager à résister aux prétentions d'Hitler en septembre 1938 à Munich ».

L'abandon de la Tchécoslovaquie est scellé un an avant Munich

Mais déjà le 20 novembre 1937 [11] Georges avait dressé un sombre panorama de la situation, d'autant que deux faits majeurs nouveaux l'avaient aggravée :

1°) la conclusion d'un accord germano-italien laisse envisager une expansion allemande en Europe centrale, des ambitions italiennes en Méditerranée, et pour Berlin et Rome, des revendications coloniales ;

2°) l'extension de cet accord au Japon (menace sur l'Indochine)...

À la perspective d'une offensive sur le Rhin dont nous connaissons l'échec final, s'ajoute maintenant celle d'une opération similaire contre le Piémont ! Dans les deux cas, selon le général, la conquête de ces zones fortifiées, munies de défenses naturelles, exigera des *« efforts onéreux, lents, difficilement exploitables »*. De plus, si l'Allemagne envahissait la Belgique (ou la Suisse), la France serait contrainte de remanier son dispositif stratégique en se repliant sur ses frontières au prix de « graves conséquences morales ». En conclusion, les deux offensives envisagées entraveraient la liberté d'action de la France.

Et que devient le secours à l'allié tchèque ? Georges répond par la négative :

a) les Allemands seraient en mesure de se couvrir face à la Pologne et de bloquer une action française ;

b) la France n'aura pas, avant longtemps, les moyens de procéder à des attaques avec du matériel puissant (tel que l'artillerie lourde, moderne, les chars lourds). *Une offensive française « serait donc impuissante à elle seule à provoquer une rupture d'équilibre immédiate en faveur de la Tchécoslovaquie ».*

Pour pallier les inconvénients moraux d'une « attitude d'attente » *(sic)*, l'armée française entreprendrait des opérations limitées en Sarre et sur le littoral italien, sans engager l'essentiel de ses forces (ce sera le comportement observé lors de l'attaque de la Pologne en 1939, et la « drôle de guerre » !). Les données politiques, économiques, militaires, poursuit Georges, justifient une attitude initiale d'attente en cas d'agression de la Tchécoslovaquie par l'Allemagne : *« La défaite de Prague ne*

11. Paris, le 20 novembre 1937, Conseil supérieur de la Guerre, « Réflexions concernant la politique de guerre de la France » du général Georges.

Au centre, *une carte d'état-major à la main, le général Alphonse Georges au cours d'une manœuvre de transmissions au camp de La Courtine en 1937.* (Archives du général Georges, D.R.)

marquera ni le début ni le terme d'un conflit européen : la chute de la Tchécoslovaquie n'aurait pas plus d'action sur le résultat final que celle de la Belgique en 1914. » Une aide immédiate à Prague « n'aurait que la valeur symbolique d'un geste coûteux [12] *».*

---

12. Pour abattre le IIIe Reich, examine encore le général, il faut que le concours de Londres, Varsovie, Bucarest et Belgrade s'ajoute à une armée française « en possession de tous ses moyens » ; Paris ne possède donc pas la force militaire correspondant à ses alliances ! Georges se garde d'envisager un délai pour son obtention.

On ne peut parer, selon le général, à l'infériorité des armes françaises qu'en trouvant des alliés supplémentaires ; mais là encore, les choses ne sont pas simples ! La mise sur pied de cette coalition exigera de longues tractations, la conclusion des accords dépendant des chances de succès prêtées au potentiel militaire français. À cet égard, il serait inopportun de le risquer dans des engagements « de première heure dont (la France) serait seule à porter le poids et qui risqueraient de la laisser affaiblie ». À l'inverse, l'aspect économique est plus satisfaisant : *le groupe franco-britannique dispose d'une possibilité de durée et de ressources, domaine où l'Allemagne présente d'importantes faiblesses.*

Ainsi, dix mois avant la conférence de Munich, l'abandon de la Tchécoslovaquie est-il considéré comme inéluctable par le haut commandement. On comprend alors le sens de l'exclamation de Daladier qui, de retour d'Allemagne où il a entériné le dépeçage de l'allié de la France au profit du IIIe Reich, s'écrie : « Ah, les cons, s'ils savaient ! » en apercevant la foule énorme qui l'acclame au Bourget, puis à Paris, alors qu'il s'attendait à une conduite de Grenoble. Bien sûr, les Français ne se doutaient pas de l'immense impuissance de leur armée telle que l'avait démontrée le passionnant Kriegspiel de 1937. Les conclusions pessimistes, mais réalistes, de l'exercice du C.S.G. sont encore au-dessous de la vérité. Les généraux ont considéré les opérations du seul point de vue stratégique, mais ils n'ont pas étudié l'insuffisance tactique de notre armée du fait des carences qualitatives et quantitatives en armement : aviation, chars, artillerie lourde, D.C.A., armes antichars, transmissions. Non seulement ils ont laissé de côté ces choses, mais ils se sont leurrés sur leurs possibilités ; ainsi le général Gamelin répétait-il : « L'arme antichar sera aux chars ce que la mitrailleuse fut aux fantassins de 1914. » Cela eût été vrai si les armes antichars avaient proliféré, mais, en fait, il y en avait trop peu par bataillon pour les divisions les mieux dotées !

Le testament stratégique d'Hitler

Au Kriegspiel français correspond — fabuleuse coïncidence ! — une sorte de Kriegspiel allemand dirigé par Hitler le 5 novembre 1937 : c'est-à-dire au moment où, à Paris, le général Georges et ses collègues du C.S.G. scellent l'abandon de la Tchécoslovaquie ! À la chancellerie de Berlin, le Führer a trié ses interlocuteurs pour leur exposer, dit-il, ses « idées fondamentales » ; s'il venait à mourir, ce serait son testament. Sont présents à cette réunion secrète : le ministre de la Guerre, le général von Blomberg, le ministre des Affaires étrangères, von Neurath, Goering, le général von Fritsch, commandant de l'armée de terre, l'amiral Raeder, chef de la Kriegsmarine. Le colonel Hossbach, aide de camp du Führer, prend des notes.

Le but de la politique allemande, explique Hitler, est un « problème d'espace » pour une nation de 85 millions d'habitants. C'est la justification de « l'exigence d'un plus grand espace vital ». Peut-on y parvenir par l'autarcie ? Ses résultats sont limités : satisfaisants pour l'extraction de charbon, difficiles pour les minerais (cuivre, étain, etc.) et pour les matières cellulosiques, en dépit des ressources forestières ; mais sur le plan alimentaire, le système autarcique est impossible en raison de l'accroissement général du niveau de vie. Quant à sa participation à l'économie mondiale, l'Allemagne ne peut franchir certaines limites.

Le IIIe Reich « doit compter avec ses deux ennemis pleins de haine, l'Angleterre et la France, pour qui un fort colosse allemand au centre de l'Europe serait intolérable » (Londres et Paris ne peuvent effectivement tolérer une puissance dominante en Europe centrale). La Grande-

Bretagne, poursuit Hitler, ne cédera aucune colonie, sauf si elle se trouve dans une situation critique, face à un Reich allemand fort et bien armé. Énumérant les difficultés impériales anglaises (Irlande, Indes, affaiblissement en Asie face au Japon), le Führer admet que le système colonial français occupe une position « plus favorable ».

Comment résoudre le problème allemand ? Seulement par la force, répond Hitler, et « cela ne va jamais sans risques ». Trois cas se présentent :

1°) La période de 1943 à 1945 : après, « nous ne pouvons nous attendre qu'à un changement en pire. Le réarmement est pratiquement terminé, mais *il deviendra « caduc » si l'on attend, d'autant plus que la crise économique, financière, alimentaire allemande ira de mal en pis*. Les menaces d'une diminution du standard de vie, et d'un abaissement de la natalité ne laissent pas d'autres choix que l'action, avant 1943-1945 ».

2°) Cette perspective serait modifiée au cas où, à la suite de tensions sociales, la France connaîtrait une « crise intérieure de taille », l'empêchant d'utiliser son armée en cas d'une opération allemande contre la Tchécoslovaquie.

3°) Ou encore, si la France était militairement engagée dans une guerre contre un autre État.

Pour améliorer sa position, le IIIe Reich doit d'abord conquérir simultanément la Tchécoslovaquie et l'Autriche. Londres et Paris, avance Hitler à juste titre, « ont déjà d'une façon silencieuse, éliminé la

De gauche à droite, *le maréchal von Blomberg, le général von Fritsch et le grand amiral Raeder.* (Ph. Keystone.)

Tchécoslovaquie ; elles se savent habituées à l'idée que cette question serait un jour réglée par l'Allemagne » (l'attitude britannique, dictée par les difficultés coloniales anglaises jointes au spectre d'une longue guerre européenne, influencera le comportement français). En un mot, l'absorption de l'Autriche et de la Tchécoslovaquie sera, pour le Reich, un soulagement considérable « en raison de frontières plus courtes et meilleures, la libération d'un personnel combattant pour d'autres buts (...), douze nouvelles divisions ». La rapidité, victorieuse, de l'action allemande contre Prague décidera de l'attitude de la Pologne qui « n'aura guère envie d'entrer en lutte (...) avec la Russie derrière elle ». Quant à l'U.R.S.S., sa réaction sera aussi facteur du dynamisme de la Wehrmacht. Le Führer pense agir en 1938 : « L'attaque de la Tchécoslovaquie aura lieu avec la rapidité de l'éclair (blitzartigschnell) [13]. »

Blomberg et Fritsch expriment des réserves : l'Angleterre et la France ne doivent pas être considérées comme des ennemies ; les fortifications tchèques seront difficiles à attaquer ; la France tentera d'envahir la Rhénanie. Sans avoir eu connaissance du Kriegspiel français lui donnant raison sur les possibilités allemandes, Hitler réplique à ses conseillers militaires qu'il n'est pas convaincu par leurs objections.

Goering révèle le plan d'agression allemand

Quelques jours après la conférence secrète d'Hitler, Goering manœuvre pour recevoir l'ambassadeur des États-Unis en France, William Bullitt, de passage à Berlin. Si le général a insisté pour rencontrer Bullitt, c'est que le diplomate américain est l'homme de Roosevelt en Europe [14]. Bullitt

13. Intarissable, Hitler examine la situation en Méditerranée, les exploitations de la guerre civile en Espagne (dont il ne voit ni ne souhaite une fin rapide), les ambitions italiennes, et diverses hypothèses de conflits entre Rome, Londres et Paris dont le IIIe Reich tirerait profit.

14. En 1919, Bullitt, membre de la délégation américaine à la Conférence de la paix, s'était rendu à Moscou pour y rencontrer les dirigeants communistes et Lénine ; sa mission ayant avorté, il avait quitté le service public. Disposant de moyens matériels et d'influentes relations, grand voyageur, Bullitt était resté en contact avec le colonel House, ancienne « éminence grise » du président Wilson qui prodiguait désormais ses conseils à Franklin Roosevelt. En 1931, House soulignait à Roosevelt que Bullitt lui rendrait service en politique étrangère, s'il était appelé, un jour, à être élu président des États-Unis.

À l'automne 1932, Bullitt avait participé à la campagne électorale de Roosevelt. Entre le candidat et son supporter s'établit une correspondance confidentielle et chaleureuse. Après l'élection de Roosevelt, avec son accord secret, Bullitt se rend en Europe « à titre privé et à ses frais », pour y étudier les possibilités d'une réconciliation franco-allemande. Mais le président américain a une autre priorité : le rétablissement des relations diplomatiques entre Washington et Moscou. Le 20 avril 1933, à la Conférence économique et monétaire de Londres, Bullitt discute en coulisses du contentieux américano-soviétique avec des représentants communistes. Le 18 novembre, la presse annonce l'envoi de Bullitt comme premier ambassadeur des États-Unis en U.R.S.S. Mais sur place, il évolue de la sympathie ouverte à l'animosité, et devient anticommuniste.

Le 25 août 1936, Bullitt est nommé ambassadeur en France, dont étaient originaires ses

entend donc Goering lui assurer qu'il n'existe aucun motif de conflit entre l'Allemagne et la France : Berlin a renoncé à l'Alsace-Lorraine ; les systèmes économiques des deux pays sont complémentaires ; sur le plan culturel, les apports réciproques ont été considérables, etc. Avec autorité, Goering affirme que son pays est disposé à conclure, tout de suite, une alliance offensive et défensive avec la France.

Et l'annexion de l'Autriche, coupe Bullitt, reste-t-elle toujours au programme du IIIe Reich ? Bien sûr, répond Goering ; l'Allemagne est opposée aux projets, avancés, d'une union entre l'Autriche, la Hongrie et la Tchécoslovaquie avec, ou sans, un descendant des Habsbourg à sa tête. Cette réalisation serait considérée comme un *casus belli.* Et les Sudètes ? Ils doivent, reprend Goering, retourner au Reich, comme l'ensemble des Allemands vivant en bordure de leur territoire, excepté ceux du Tyrol du Sud (pas assez nombreux pour justifier une guerre avec l'Italie) ou ceux installés en Pologne. Les bruits de visées allemandes sur l'Ukraine sont une contre-vérité.

Cinq mois avant l'Anschluss, dix avant la conférence de Munich, Goering ne cache rien des prochains plans d'agression annoncés par Hitler à ses principaux chefs militaires. Comment Goering douterait-il un instant que le rapport de Bullitt sur leur entretien (32 pages), ne soit communiqué, par l'intermédiaire du Département d'État, à Londres et à Paris ?

Dans une longue missive personnelle à Roosevelt, Bullitt souligne : la puissance militaire allemande croît plus vite que celle, réunie, de la France et de l'Angleterre. L'attaché militaire français à Berlin, « grand expert du réarmement allemand », lui a affirmé que le Reich disposait de 5 à 6 000 avions, prêts au combat, face à moins de 2 000 appareils pour la France ; une telle situation restera aussi défavorable aux alliés tant que la Grande-Bretagne n'aura pas décidé le service militaire obligatoire.

« L'atmosphère à Berlin aujourd'hui, relate encore Bullitt, ressemble à celle d'avant 1914 ; les Allemands sont confiants, outrecuidants : le temps travaille pour eux : ils pourront obtenir ce qu'ils veulent et sont décidés à y parvenir (...). Les Polonais sont d'accord avec ces perspectives. En dehors d'une attaque directe de l'Allemagne contre la France — où ils feraient jouer leur alliance avec Paris — *ils ne s'opposeront pas à la marche en avant du IIIe Reich* » (on le constatera lors des crises autrichienne et tchèque).

En France, toujours selon l'ambassadeur américain, l'on est divisé. Les uns disent : mieux vaut la guerre tout de suite que d'attendre la concrétisation des projets allemands sur la Tchécoslovaquie ; les autres : ne risque-t-on pas d'être vaincu par une coalition germano-italienne ? Quant aux Anglais (Bullitt ne les aime guère) — par leurs silences ou de tacites approbations —, ils permettront à Hitler de s'emparer de l'Autriche, de rallier les Sudètes, de dominer les Balkans, espérant que la

---

ancêtres. Parlant notre langue, connaissant les milieux politiques et financiers, intime de Blum, Daladier, Chautemps, Reynaud, et de dizaines d'autres personnalités consulaires, confident des chefs militaires dont les généraux Gamelin, Georges, Réquin, il est reçu à bras ouverts, et écoute les confidences angoissées des dirigeants français devant la guerre qui avance à pas de géant, et leur dramatique impuissance (voir aussi t. I.).

présence de l'Allemagne sur la frontière du Brenner obligera Mussolini, par simple réflexe d'autodéfense, à rejoindre les Franco-Britanniques. Quant aux revendications coloniales allemandes, Londres est disposée à les prendre en considération, sans abandonner un morceau de l'Empire britannique, mais à offrir des possessions portugaises ou belges, voire françaises si cela s'avère nécessaire !

Revenant sur l'opération allemande envisagée contre la Tchécoslovaquie, Bullitt dit être, depuis quelques semaines, pris d'un doute sur la fermeté du soutien de Paris au gouvernement de Prague ! (Bullitt entretenant d'étroites relations avec le haut commandement, on peut se demander s'il n'a pas eu vent des conclusions du Kriegspiel de 1937 [15] ?)

15. L'ambassadeur ne serait pas surpris, écrit-il aussi, que Chautemps, président du Conseil, ne profite des circonstances pour tenter un accord avec l'Allemagne en faisant (au besoin) des concessions, c'est-à-dire par l'abandon de l'Autriche et de la Tchécoslovaquie. Mais l'application d'une telle politique échouerait, car sa majorité parlementaire volerait en éclats.

2

LE TRAVAIL DE PREMIER PLAN DES SERVICES SECRETS FRANÇAIS

La contre-épreuve allemande du Kriegspiel français de 1937 • Hitler étale sa force pour dissuader • À Paris, les services spéciaux français avec leur chef, le colonel Rivet • 1 500 « H.C. » et agents espionnent le IIIe Reich • Les dix-neuf missions et les 303 documents de l'agent Hans Thilo Schmidt dit « Asche » • L'acharnement du commandant Gustave Bertrand, « l'as » du décryptement • Les premiers documents sur la fameuse machine à coder allemande « Enigma » • Les recherches techniques des S.R. polonais et tchèques • Photographies dans une salle de bains • « Enigma » : une obsession ! • Les plans du premier moteur d'avion à réaction • Rivet lit à « livre ouvert » dans les intentions allemandes, mais Daladier s'intéresse davantage à la « cuisine intérieure » • Une deuxième source d'information : l'ambassade de France à Berlin.

Le travail de premier ordre accompli sur l'Allemagne par les officiers des services secrets français et leurs « taupes » comme celui des attachés militaires de l'ambassade de France à Berlin constitue, en quelque sorte, *la contre-épreuve* du Kriegspiel de 1937 du C.S.G.

Contrairement à l'U.R.S.S. qui limite à l'extrême la « curiosité » des observateurs étrangers (hormis des invitations à des manœuvres militaires), le IIIe Reich observe une attitude différente : *il étale sa force pour dissuader.* Goering, le numéro 2 du régime, est, des mois à l'avance, disert sur les prochains « coups » du Führer. Officiellement, avec courtoisie, des techniciens français sont invités à visiter les ateliers tout neufs, munis de machines dernier cri, où s'édifie la première armée aérienne du monde. Les dirigeants allemands sélectionnent ce qu'ils veulent montrer pour le faire savoir à Paris et à Londres ; ils utilisent la Gestapo pour cacher d'autres volets d'un réarmement sans pareil, comme, par exemple, l'entraînement des unités blindées. Combien différent d'un exercice d'état-major en bonne et due forme est donc le Kriegspiel allemand ! Voici la réalité militaire du IIIe Reich à travers un tableau du réarmement, de la stratégie, et de la tactique dont *la lecture attentive* conduit aux mêmes conclusions que le Kriegspiel français de 1937.

Les bâtiments du 2 bis, *avenue de Tourville, où siègent les services de renseignements du colonel Louis Rivet.* (Ph. du colonel Paillole, D.R.)

Paris. Au 2 bis de l'avenue de Tourville, siège la Direction des Services spéciaux militaires (le célèbre Deuxième Bureau !). Y sont rassemblées la recherche du renseignement chez l'adversaire (S.R.) et la détection de ses activités sur le territoire national (C.E.). En 1938, près de trois cents officiers collaborent au Service central et dans les importants « postes » de Belfort (le plus ancien et le plus efficace), de Metz, de Lille et de Marseille. Le premier « travaille » sur l'Allemagne du Sud et la Suisse (avec l'intelligente « bienveillance » du colonel Masson, chef des services secrets de la Confédération). Le responsable de la recherche sur la Luftwaffe en est le colonel Serot (assassiné à Jérusalem en 1948 où il sera observateur de l'O.N.U. aux côtés du comte Folke-Bernadotte). Il obtiendra de brillants résultats comme la livraison des plans du premier

Le colonel, puis général Rivet, chef des services de renseignements et de contre-espionnage de l'état-major de l'armée de 1936 à 1944. (Archives privées, D.R.)

moteur d'aviation à réaction étudié chez Heinkel. Le poste de Metz surveille la ligne Siegfried ; celui de Lille, l'Allemagne du Nord. Le S.R. entretient de bons rapports avec l'Intelligence Service, mais jusqu'en 1938, celle-ci, composée surtout de cadres type « armée des Indes », se préoccupe davantage de l'Empire, l'Europe n'étant qu'un terrain secondaire.

Depuis 1937, le chef des services spéciaux est le colonel Rivet, « petit Louis » comme l'ont baptisé ses collaborateurs. C'est un homme du sérail : officier en 1914, grièvement blessé au poumon, il profite de sa captivité pour étudier l'Allemagne. Envoyé en occupation en 1918, il était entré au S.R. en 1920 pour s'occuper du réarmement secret de la Reichswehr, puis était nommé à l'antenne de Belfort, dirigée alors par le colonel Andlauer, un « as » du renseignement. En 1930, Rivet avait créé le « poste » de Lille. De retour à Paris, il devenait l'adjoint du chef du S.R., le colonel Roux, surnommé pour son physique et son intelligence, la « locomotive sans roues ». Fin 1935, Rivet lui avait succédé. C'est un romantique à ses heures, un littéraire, paternaliste dans le service, excellent dans son métier si particulier. Peut-être aussi lui manque-t-il du sens de l'intrigue et de l'autorité pour se faire entendre des sphères supérieures (nous y reviendrons). Sous les ordres de Rivet travaillent des officiers comme Robien, Bertrand, Bonnefous, Perruche, Grosjean, Schlesser, Navarre, Paillole... À la Sûreté nationale, des policiers avec le commissaire Oswald et les hommes de la « Surveillance du Territoire » encore évanescente apportent leur concours.

Sur le IIIe Reich et l'Autriche, le S.R. emploie près de 1 500 agents et « Honorables Correspondants », surtout des Allemands, à l'occasion des Polonais, des Tchèques, des Slovaques des zones frontières, mais peu de Français en raison de la surveillance étroite dont ils sont l'objet. Trois cents d'entre eux arrêtés par la Gestapo disparaîtront entre 1937 et 1940 sans qu'on ait jamais pu connaître leur destin, probablement une mort lente dans des camps de concentration. Les besoins d'argent (50 %), les réactions antinazies (40 %) sont les principales motivations de leur recrutement.

Le fantastique agent « Asche »

L'un des plus célèbres et des plus étonnants collaborateurs allemands du S.R. est un homme corpulent, d'une quarantaine d'années, Hans Thilo Schmidt. Désœuvré, de gros besoins financiers pour faire la noce, il s'était tout bonnement présenté, en octobre 1932, à l'ambassade de France pour rencontrer l'attaché militaire qui, redoutant une provocation, l'avait envoyé promener. Toutefois, Maurice Dejean, chef du service de presse de François-Poncet, « correspondant » du S.R. (malgré l'interdiction du Quai d'Orsay faite aux diplomates d'appartenir aux services secrets), avait transmis les coordonnées du visiteur à Rivet. À son tour, le colonel avait délégué un « recruteur », Lemoine (alias Rex) dont les points communs avec Schmidt faciliteront les choses, à savoir le goût de la vie, de l'argent, de la bonne chère, des histoires grivoises, des havanes, le geste large, etc. [1]. Un rendez-vous avait été fixé à Verviers, en Belgique. Schmidt, qui s'était donné comme nom de code « Asche » (en français : cendres), est fonctionnaire au « Chiffrierstelle », la section du chiffre au ministère allemand de la Guerre, et a pour frère le général commandant l'École de guerre, bientôt commandant d'une division blindée où il se pose en rival de Guderian. Comme preuve de ses talents, Asche-Schmidt a apporté les premiers documents sur la machine à coder « Enigma ». Ainsi débute une prodigieuse aventure, l'une des plus célèbres affaires d'espionnage de la Deuxième Guerre mondiale, d'une dimension au moins égale à celles de Ciceron, Sorge, etc.

Jusqu'à la fin de 1930, le S.R. s'occupait en partie des recherches techniques du renseignement (interception des communications radio et téléphone conjuguée avec le décryptement des documents chiffrés, voire l'utilisation d'une équipe spécialisée dans l'ouverture des coffres-forts, etc.), mais de façon artisanale et limitée puisque le décryptement dépendait directement de l'état-major de l'armée. Sur la suggestion du capitaine Gustave Bertrand, « l'as » français du décodage, les services spéciaux obtenaient de concentrer les moyens techniques jusque-là dispersés. Suite logique : Bertrand prenait la tête de la nouvelle section « D ». L'un de ses premiers travaux consista à dresser l'organigramme des réseaux radios allemands, ceux de l'Armée, immenses, de la Police, des associations patriotiques, des S.A. (l'un des plus actifs). Jour et nuit, ces trafics radios sont interceptés.

Dès 1926, la Kriegsmarine avait commencé à chiffrer *« mécaniquement »* ses messages, suivie par l'armée de terre (1928), la Luftwaffe (1935), la police classique et la Gestapo (1937). En 1939, les procédés manuels de codage ne sont plus employés qu'en cas de secours ; les télégrammes militaires allemands sont codés avec la fameuse « Enigma ». Bertrand entreprenait aussi le tour des S.R. amis pour faire le point de leurs recherches gonios et autres, échangeait des informations avec les Polonais et les Tchèques, mais se heurtait aux réserves des Anglais, plus

1. Gustave Bertrand, *Enigma ou la plus grande énigme de la guerre de 1939-1945*, p. 35-36, Plon édit., Paris 1973.

intéressés par les soubresauts de leur empire. La première moisson de Bertrand s'avérait maigre et la section « D » n'avait eu aucun contact avec un « fournisseur » allemand.

Puis, avait surgi Asche-Schmidt. Après la première rencontre avec Rex-Lemoine, Schmidt commençait à apporter ce que Bertrand lui avait demandé en fouillant dans le coffre-fort de son chef pendant l'absence de celui-ci ! De fin 1932 à 1939, dix-neuf rendez-vous ont lieu, en Belgique (4), au Danemark (1), en Suisse (12), en Tchécoslovaquie (1), même en France (1). Profitant d'un congé, l'agent allemand, adaptant ses vêtements aux déplacements, quitte à paraître en parfait alpiniste bavarois, se rendait dans un palace choisi à l'avance et que les agents français rejoignaient, individuellement, de leur côté. Le « matériel » était photographié dans une salle de bains entre deux chambres occupées par les personnes du S.R., pour éviter que les déclics de l'appareil provoquent la curiosité d'un voisin. À plat ventre, Bertrand tourne les pages des documents ; aux alentours, d'autres officiers montent la garde. Le travail terminé, les pellicules, remises à l'agent local du S.R., sont acheminées sur Paris par « des voies sûres [2] ».

Le général Henri Navarre
qui, avant 1940,
fut un des « as » des services spéciaux.
(Archives privées, D.R.)

Un enjeu de taille : le « cœur d'Enigma »

Ensemble, Asche-Schmidt et les Français prennent du « bon temps », se comportant en touristes amis, visitant les curiosités locales, les musées, fréquentant les restaurants en vue, dansant en smoking après le dîner. Puis, dans une chambre, sous un lustre de cristal, l'Allemand montre par exemple à ses compagnons le code de mobilisation de l'armée, un document ultra-secret. À l'occasion, l'équipe boit du riesling frais, tandis

2. Gustave Bertrand, *op. cit.*, p. 24.

Le colonel Paul Paillole.
(Archives privées, D.R.)

qu'Asche « pense sans cesse à la tête de son patron s'il s'apercevait du coup [3] ». À ses heures de lucidité (car Asche boit sec), il montre un « dévouement rare, normalement introuvable chez un " véritable agent ", jusqu'à même aller au-devant de nos désirs [4] ».

Quant au tableau de chasse, il est impressionnant : 303 documents ! Peu à peu, Bertrand et les siens obtiennent des renseignements permettant de reconstituer « Enigma » et les procédures de décryptement des messages qu'elle a chiffrés. Mais aucune « occasion » ne permettra la communication du dossier propre à la fameuse machine : resterait donc à en découvrir son « cœur ». Peut-être y parviendrait-on en contactant l'un des ouvriers qui fabrique « Enigma » dans un atelier spécial où chacun est surveillé par un sous-officier de l'Abwehr. Ce sera aussi l'échec !

Il faut chercher une autre voie. Bertrand se rend à Varsovie avec les premières « munitions » fournies par Asche ; or, depuis 1928, révèle le service secret polonais, ses agents techniques, souvent de remarquables mathématiciens, étudient la machine allemande à coder ! Bertrand trouve en « Luc » un correspondant actif et amical. Treize liaisons de Bertrand sur la Vistule, et de Luc à Paris seront effectuées avec, au bout, la réussite totale... À Prague où les moyens sont plus réduits et les connaissances moins avancées, « Raoul » promet un concours qui ne défaillira pas. À Riga, Bertrand donne de nouvelles instructions à l'antenne-interception installée par le S.R. français en Lettonie. Ici et là, se coordonne, s'amplifie un immense travail d'interception des réseaux radios militaires allemands. Le puzzle se complète... Sur Bertrand, sur Luc, sur Raoul et d'autres, « l'ombre de la Machine plane sans cesse (...) ». C'est une obsession. L'enjeu est de taille : la découverte des secrets d'Enigma permettrait en effet de connaître à l'avance les ordres donnés à la Wehrmacht et à la Luftwaffe. Au lendemain de Munich, des progrès décisifs seront faits, sur lesquels nous apporterons de plus amples informations...

3. Gustave Bertrand, *op. cit.*, p. 27.
4. Gustave Bertrand, *op. cit.*, p. 29.

En outre, les contacts avec Asche qui, en 1934, a quitté le service du chiffre pour un organisme au moins aussi secret, le Forschungsamt (immense service d'écoutes créé et dirigé par Goering), apprennent au S.R. que certains messages diplomatiques français (par le poste de Stuttgart), anglais, américains, belges, hollandais, suisses, etc. sont décryptés par les Allemands. Quant aux Italiens, ils se sont spécialisés dans l'ouverture des coffres-forts des ambassades étrangères à Rome (sauf le Japon et l'U.R.S.S.) grâce à des empreintes à la cire de toutes les clés ; 16 000 photographies seront remises à l'Abwehr qui communiquera à Hitler les documents les plus remarquables [5].

Revenons à d'autres sections du S.R. En 1934, un officier de la Luftwaffe ayant des besoins d'argent fournit le programme de réarmement aérien. Mais c'est par antinazisme qu'un ingénieur du bureau d'études de Heinkel (avec l'un de ses amis de chez Messerschmitt) donne les cadences de production et, beaucoup mieux, le projet du HE 280 à moteur à réaction capable de voler à 850 km/h. Les femmes ne sont pas les dernières à jouer les agents secrets. Pour donner les moyens de mener la grande vie à son fils, l'épouse du chef d'état-major d'une région militaire photographie les documents de travail de son mari, ainsi que le journal de mobilisation tenu régulièrement à jour. Par le truchement d'un colonel d'aviation de réserve qui reçoit beaucoup dans son studio de l'avenue Matignon, Françoise, adhérente de l'Association France-Allemagne par anticommunisme, enseignant, à Berlin, le français à des fonctionnaires, à des officiers du ministère de la Guerre, de la Wehrmacht, voire de l'Abwehr, est entrée en rapport avec Paillole auquel elle parle de l'Autriche, de la réorganisation du haut commandement ou de celle de l'Abwehr [6]. Dans le même temps, le C.E. a réussi à infiltrer dans l'Abwehr (spécialement dans les postes qui travaillent sur la France (Stuttgart, Düsseldorf, Cologne, Hambourg) des agents de pénétration qui le renseignent sur les recherches (et les intentions) de l'adversaire.

Ainsi, peu à peu, Rivet et son équipe connaissent l'ordre de bataille de l'armée allemande et ses modifications, les casemates de la ligne Siegfried et l'emplacement de leurs armes automatiques, les intentions du haut commandement allemand. Le S.R., en un mot, lit à « livre ouvert » dans les préparatifs de l'adversaire. Signalons aussi que des industriels allemands en voyage à Paris, évoquent leurs craintes, les préparatifs en cours auprès de leurs collègues français et relations d'affaires [7]. Comme

---

5. Gustave Bertrand, *op. cit.*, p. 17.

6. Paul Paillole, *Services Spéciaux*, p. 13-14, Robert Laffont édit. Paris 1975. Quant aux informations sur le S.R., l'auteur a correspondu et s'est entretenu avec le colonel Paillole qui lui avait déjà apporté son précieux concours pour *L'Échiquier d'Alger / 1940-1944*, Robert Laffont édit. Paris 1967.

7. Il en est ainsi, par exemple, dans l'électricité, ce qui permet à Ernest Mercier (voir t. II) de dénoncer avec vigueur, dès juin 1933, les visées des nouveaux maîtres de l'Allemagne. En 1935, au cours d'une célèbre conférence à Polytechnique présidée par le maréchal Pétain, il réclame la conclusion d'un accord militaire franco-soviétique pour faire pièce au réarmement allemand. Mais il est vrai aussi qu'avec sa proposition, Mercier soulève une tempête de protestations véhémentes, insultantes à l'occasion, de la droite dont il passe pourtant (et à tort) pour être l'un des chefs de file et le généreux financier. De son côté, Henry Davezac (voir t. III), dirigeant d'un puissant syndicat patronal, membre fondateur du mouvement de réformes des « Nouveaux Cahiers », organise un dîner confidentiel où un

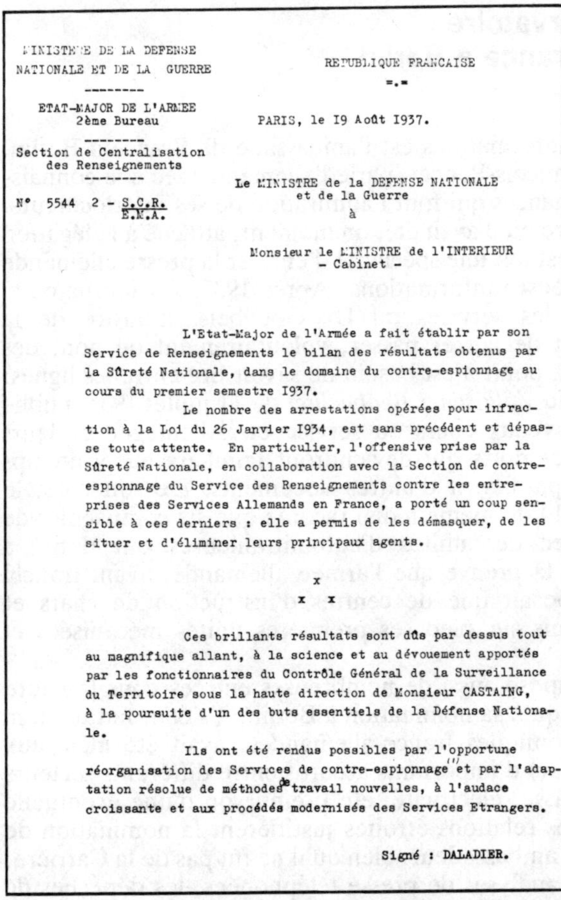

MINISTERE DE LA DEFENSE
NATIONALE ET DE LA GUERRE

ETAT-MAJOR DE L'ARMEE
2ème Bureau

Section de Centralisation
des Renseignements

N° 5544 2 - S.C.R.
E.M.A.

REPUBLIQUE FRANCAISE

=.=

PARIS, le I9 Août I937.

Le MINISTRE de la DEFENSE NATIONALE
et de la Guerre
à
Monsieur le MINISTRE de l'INTERIEUR
- Cabinet -

L'Etat-Major de l'Armée a fait établir par son Service de Renseignements le bilan des résultats obtenus par la Sûreté Nationale, dans le domaine du contre-espionnage au cours du premier semestre I937.

Le nombre des arrestations opérées pour infraction à la Loi du 26 Janvier I934, est sans précédent et dépasse toute attente. En particulier, l'offensive prise par la Sûreté Nationale, en collaboration avec la Section de contre-espionnage du Service des Renseignements contre les entreprises des Services Allemands en France, a porté un coup sensible à ces derniers : elle a permis de les démasquer, de les situer et d'éliminer leurs principaux agents.

x
x x

Ces brillants résultats sont dûs par dessus tout au magnifique allant, à la science et au dévouement apportés par les fonctionnaires du Contrôle Général de la Surveillance du Territoire sous la haute direction de Monsieur CASTAING, à la poursuite d'un des buts essentiels de la Défense Nationale.

Ils ont été rendus possibles par l'opportune réorganisation des Services de contre-espionnage (1) et par l'adaptation résolue de méthodes de travail nouvelles, à l'audace croissante et aux procédés modernisés des Services Etrangers.

Signé : DALADIER.

Lettre de félicitations de Daladier sur le travail des services de renseignements. (Archives privées, D.R.)

officier de liaison avec le 2 bis de l'avenue de Tourville, Daladier avait délégué le commandant Jacquot, brillant, de la faconde, beau conteur, séduisant, qui transmet à M. Clapier, directeur du cabinet du ministre les renseignements jugés les plus précieux. Mais en réalité, Daladier et son entourage sont plus « ouverts » aux questions politiques (la révolution espagnole, les mouvements politiques français, l'action du P.C., les problèmes de personnes, etc.), à la « cuisine intérieure » qu'aux problèmes du réarmement allemand. Le côté civil des affaires prend le pas sur le militaire. Quant à la propagande allemande et à l'infiltration d'agents nazis en France, il faudra au Deuxième Bureau de la patience et du temps pour se faire entendre des plus hautes autorités et obtenir, tardivement, les moyens de les combattre.

---

industriel allemand de premier plan raconte à l'éditorialiste en renom, maître à penser de Sciences-po, André Siegfried, la machine de guerre de son pays, l'influence grandissante de la Gestapo et des S.S. au détriment des « mous » du régime en passe d'être éliminés des postes de responsabilité. Mais André Siegfried n'est guère convaincu (témoignage du Dr Davezac).

Un excellent observatoire : l'ambassade de France à Berlin

Une seconde source d'informations est l'ambassade de France à Berlin. Son chef, M. André François-Poncet, parle l'allemand avec une connaissance et un souci des nuances qui font l'admiration de ses interlocuteurs. Depuis la Grande Guerre où il avait été, un moment, attaché à la légation de France à Berne, il s'est fait une spécialité d'étudier la presse allemande et d'y trouver de précieuses informations. Après 1933, les journaux, si orientés soient-ils par les services du Dr Goebbels, ministre de la Propagande, continuent de laisser passer, volontairement ou non, des renseignements. Parfois, point n'est besoin de savoir lire entre les lignes. Le supplément illustré du *Völkischer Beobachter* du 11 juillet 1935, publie des photos sur les nouveaux chars en service en Allemagne et leurs équipages aux uniformes noirs qui deviendront familiers au printemps 1940. Le 22 juillet, apparaissent d'autres documents. De son côté, le *Frankischer Kurier* (du 14 du même mois) raconte que six compagnies de troupes motorisées avec des unités d'automitrailleuses ont défilé à Nuremberg. On a ainsi la preuve que l'armée allemande, ayant franchi l'étape où elle ne disposait que de centres d'instruction de chars et d'automitrailleuses, a mis sur pied ses premières unités mécanisées et blindées [8].

François-Poncet dispose aussi de nombreuses entrées dans la haute société : depuis 1919 jusqu'à sa nomination à Berlin, il s'était fait un nom dans les relations économiques franco-allemandes, avait été mêlé aux négociations (avant Hitler) d'importants accords entre différents secteurs industriels (chimie, potasse, électricité, etc.), embryon d'une éventuelle entente européenne. Ces relations étroites justifièrent la nomination de François-Poncet comme ambassadeur, bien qu'il ne fût pas de la Carrière. La correspondance, les analyses de presse téléphonées, les dépêches de toutes sortes (codées ou non) de l'ambassade sont si abondantes que, au Quai d'Orsay, le (ou les) fonctionnaire(s) ne sufffi(sen)t pas à en assumer la lecture et l'exploitation !

Avec Hitler en personne, les relations de François-Poncet subissaient les fluctuations dues au tempérament cyclothymique du Führer, passant de la cordialité ponctuée par des marques d'estime à la bouderie. Les rapports étaient plus équilibrés avec les « mous » du régime, comme le baron von Neurath, ministre des Affaires étrangères, bientôt remplacé par von Ribbentrop. Dans cette panoplie, Goering, le numéro 2 du IIIe Reich, occupait une place originale. Aimant sortir, appréciant les réceptions, il avait établi des liens privilégiés avec l'ambassadeur, envoyant un magnifique train électrique et des soldats de plomb aux enfants de François-Poncet ; il lui arrivera de téléphoner à l'ambassadeur pour lui suggérer de voir d'urgence le Führer afin de contrecarrer les pressions que ce dernier

8. Berlin, le 22 juillet 1935, rapport n° 584 du général Renondeau au ministre de la Guerre, EMA Deuxième Bureau à Paris. Archives SHAT.

subissait de la part des bellicistes ! Plus étonnantes encore, comme on le verra, seront les confidences exceptionnelles faites plus tard par Goering lui-même, ou, sur son ordre, par son directeur de cabinet, le général Bodenschatz, au capitaine Stehlin [9]...

9. On s'est beaucoup interrogé sur les mobiles de ces « révélations » orchestrées. En fait, les dirigeants nazis, conscients de l'avance prise par leur plan de réarmement sur la France et l'Angleterre, comptent, en étalant leurs forces, réussir sans combattre. La mainmise, sans tirer un seul coup de feu, sur l'Autriche (mars 1938), puis sur les Sudètes (automne 1938), l'absorption de ce qui subsiste de la Tchécoslovaquie (mars 1939) montrent que cette politique a été « payante », un temps.

3

HITLER MONTRE SES CHARS ET SES AVIONS À LA FRANCE

Surprenante initiative du chef d'état-major de l'armée de terre allemande • Les informations du général von Stulpnagel • Rôle du N.S.K.K. dans la motorisation • Guderian, « un informateur bénévole inespéré » sur les chars et leur emploi • Création d'un corps blindé autonome que suivra l'infanterie • La Luftwaffe attaque à basse altitude • Visites d'un ingénieur français dans les usines aéronautiques toutes neuves • Les premiers paras allemands • La sœur de Goering informe le capitaine Stehlin • Démonstrations militaires publiques à Nuremberg : de nouveaux appareils de bombardement en piqué • Combien de temps l'économie du IIIe Reich supportera-t-elle le coût du réarmement ? Le chaos ou la guerre, ou les deux ?...

Les attachés militaires « auscultent » les gares allemandes pour détecter les fluctuations du trafic, rassurantes (permissionnaires) ou inquiétantes (convois de matériel et de troupes anormaux). À la moindre alerte, ils parcourent en voiture des centaines de kilomètres le long des frontières autrichiennes, tchécoslovaques, polonaises ; à l'occasion, le capitaine Stehlin pilote le petit avion de l'ambassade, parqué à Tempelhof, et survole de vastes zones. C'est seulement à la veille de l'attaque de la Pologne en 1939, qu'on lui interdira de prendre l'air. Les zones interdites, en bordure du Rhin par exemple, où l'on construit les blockhaus de la ligne Siegfried, laissent filtrer des indications par le mouvement qui les entoure. Les terrassements pour l'édification d'une nouvelle usine d'essence synthétique ou un dépôt de munitions, la mise en place d'une bretelle routière ou ferroviaire d'intérêt stratégique n'échappent pas à l'attention des consuls français [1]. Ceux-ci relèvent aussi de multiples informations, d'apparence anodine, dans les annonces de bonheurs ou de malheurs familiaux qui permettent de localiser tel ou tel officier, ou une unité ; la couleur du passe-poil sur un uniforme, une patte d'épaule fournissent d'autres indications ; leur pointage aide à tenir à jour les mutations individuelles, à connaître l'ampleur des garnisons. L'ordre de bataille de la Wehrmacht est réajusté mensuellement, puis envoyé à Paris. Le hasard apporte aussi du secours aux observateurs français : ainsi, Léon Poincaré (neveu de l'ancien président de la République et descendant du célèbre mathématicien), ingénieur en chef de l'armée de l'air et attaché militaire à l'ambassade de France, « tombe » sur un exercice d'attaque d'une troupe en marche, par des avions de chasse, comme l'armée allemande le pratiquera plus tard. Les orientations se dessinent. Les attachés militaires jouent au chat et à la souris avec les services du ministère de la Guerre (*Kriegsministerium*). Un accueil courtois n'empêche pas les silences et les omissions délibérés. Renondeau repère des détachements divisionnaires antichars dont les documents officiels mentionnent seulement l'existence. Mieux, le général situe quatre régiments de blindés, des unités motocyclistes, un groupe d'artillerie dont jusqu'ici, les interlocuteurs allemands s'étaient refusé à parler ; deux informations de presse « trahissent » un régiment d'infanterie inconnu jusque-là.

Au cours d'un dîner où Renondeau est l'invité du général Beck, chef d'état-major de l'armée de terre, se produit un curieux incident. Dans un aparté avec l'attaché militaire français, le général von Wietersheim (adjoint de Beck) prétend, sans nuances, que l'armée allemande ne dissimule aucune unité en dehors de celles figurant sur la liste officielle. Or, deux jours plus tard, Beck passe un coup de téléphone surprenant à Renondeau : « pour éviter tout malentendu » (*sic*) le général von Stulpnagel (chef du Deuxième Bureau, et futur commandant militaire de la France occupée) est autorisé à répondre aux questions qu'on voudra lui poser ! L'explication de l'attitude de Beck se trouve dans l'opposition croissante de nombreux dignitaires militaires inquiets de la politique aventureuse du Führer et qui, à la veille de la Conférence de Munich, en septembre 1938, se transformera en un véritable complot. Beck en sera d'ailleurs un des éléments importants.

Dans l'immédiat, que dit Stulpnagel à Renondeau ? Le nombre de corps d'armée en cours de formation s'élève à douze ; celui des divisions à trente-six, y compris les grandes unités mécanisées. Les divisions de cavalerie seront dissoutes (ce qui confirme que les partisans du moteur, au sein de l'état-major, l'emportent sur les adeptes du cheval), et les régiments les composant deviendront des groupes de reconnaissance motorisés des corps d'armée, coexistant toutefois avec des éléments à cheval.

1. Le 9 mai 1936, le général Renondeau demande au ministre de la Guerre qu'une « lettre de félicitations » soit adressée à MM. Boissier (consul général à Dresde), Richard (consul à Königsberg) et Ardiet (consul à Brême), en remerciement de leurs fructueux renseignements sur l'armée allemande (rapport n° 299 AM, EMA Deuxième Bureau à Paris). Archives SHAT.

Autre précision : dans l'infanterie, les quatrièmes bataillons de certains régiments sont, en réalité, les noyaux de base de futures unités destinées aux divisions en cours de formation. Dans l'artillerie, le processus est identique : des groupes lourds sont le creuset de régiments. Que penser aussi du rôle à venir d'une cinquantaine de bataillons utilisés pour l'instruction des réservistes ? Là, Stulpnagel est imprécis, confus : cette réticence cache, en fait, un réarmement plus considérable qu'on ne l'admet. Pas davantage de réponse nette sur les blindés : les unités n'auraient pas dépassé le stade des expériences ; attitude également fuyante sur le mode de coopération retenu avec l'infanterie, et sur l'emploi en grandes unités (c'est-à-dire sans être fragmentées comme dans l'armée française).

Au fil de la discussion, Renondeau apprend encore que le régiment S.S. « Général Goering » est conservé en tant que garde prétorienne du successeur désigné du Führer ; trois régiments composeront la première division S.S., mais elle ne sera pas intégrée à l'armée (ce que Stulpnagel souligne avec satisfaction, rappelant sur le même ton la victoire des officiers dans leur lutte contre Roehm et les S.A.). Bref, le fond de l'entretien est analysé, à l'ambassade de France, comme authentique, sérieux, en dépit de quelques énigmes sur les divisions blindées. Mais ce que Renondeau n'apprend pas de Stulpnagel, il le découvre en constatant la faible proportion d'infanterie et d'artillerie comparée au nombre des chars (400) d'une division blindée. Si cette proportion de fantassins restait ce qu'elle est, il faudrait s'interroger sur les « missions très particulières » réservées par les Allemands à leurs divisions motorisées. La question est d'importance !

Au premier plan, *le général de brigade Renondeau, attaché militaire français à Berlin, avec ses collègues des autres missions diplomatiques.*
(Archives du colonel Réa, D.R.)

Le général von Fritsch, avec, à droite, *Adolf Hühnlein, passe en revue une formation du N.S.K.K.* (Ph. Keystone.)

La création du N.S.K.K., corps automobile national-socialiste, dirigé par Hühnlein, va dans un sens identique. Ses membres, recrutés parmi les jeunesses hitlériennes, sont choisis pour leur goût (et leurs aptitudes) dans le domaine de la motorisation. Ensuite, on leur enseigne la pratique du sport automobile, les conceptions du Führer sur l'importance de la mécanisation dans ses applications militaires. C'est, selon Hühnlein [2], une excellente préparation au service des troupes motorisées ; les rapports entre le N.S.K.K. et l'inspection des troupes automobiles sont d'ailleurs étroits. Le général von Fritsch, commandant de l'armée de terre, l'un des tenants de la vieille « École », se met au goût du jour et tient à remercier

2. Discours de Hühnlein à l'École de sport automobile du Reich à Doberitz, en présence des plus hauts dignitaires de l'armée. En 1914, Adolf Hühnlein est capitaine dans un régiment du génie à Munich. Pendant la guerre, il appartient à l'état-major du chef de service automobile. Après les hostilités, il commande une compagnie du corps-franc Epp puis, promu major, est affecté comme chef d'état-major de l'infanterie divisionnaire dans la capitale de la Bavière. Ayant donné sa démission de l'armée, Hühnlein participe aux côtés d'Hitler au coup de force manqué du 9 novembre 1923 à Munich. Il dirige ensuite le service automobile des S.A., puis est nommé chef du N.S.K.K. (300 000 hommes et 100 000 conducteurs) à sa création. Au printemps 1936, Hilter nomme Hühnlein général-major, ce qui souligne une fois de plus les liens étroits entre le N.S.K.K. et la Wehrmacht. Archives SHAT.

Hühnlein de former la jeunesse à la pratique de la conduite tous terrains, « si importante dans le domaine militaire [3] et en cas de guerre », indispensable à la formation du soldat moderne dans une époque marquée par la technique.

L'exemple vient du sommet même de l'État. Depuis qu'il est chancelier, Hitler suit avec vigilance le développement de l'automobile (en trois ans, les effectifs ouvriers de l'automobile ont triplé) : mesures fiscales, vaste programme d'autostrades, etc. Mais les considérations militaires l'emportent : recherche de carburants les plus divers (la production d'essence de synthèse alcool-benzol doit atteindre 1 400 000 tonnes en 1936, alors qu'en 1934 la consommation totale, y compris l'aviation, était de 1 850 000 tonnes), adoption du moteur Diesel à huile lourde de préférence à l'essence, obligation aux constructeurs de voitures de tourisme de respecter une hauteur minimale des organes du véhicule au-dessus du sol, réalisation massive de véhicules de transport sur châssis 6 roues avec deux essieux moteurs (certains modèles, comme ceux de Bussing, ne se justifient que pour des emplois militaires).

La Reichspost, avec ses 14 000 véhicules, la Reichsbahn avec son organisme de transport de colis par la route, leurs conducteurs, leurs ateliers de réparation entrent dans un plan d'aide à l'armée pour la mobilisation des forces motorisées. Une loi oblige les camionneurs de longue distance à se grouper dans une société unique organisant chargement et répartition. Cette réglementation autoritaire est dénuée d'ambiguïté : les entreprises sont intégrées à la Défense nationale du Reich [4].

Pour le prix d'un billet d'entrée au salon de l'automobile à Berlin en 1934, un simple particulier peut regarder (et étudier), au tout nouveau stand des voitures militaires, cinq modèles : transport de personnel (deux types : petit et moyen), deux tracteurs chenillés remorquant un canon, un camion léger standardisé. Dans les domaines militaires les plus divers, la motorisation des unités s'exerce donc dans les utilisations intégrées des différentes armes dans la guerre à venir : groupes de reconnaissance d'infanterie et de cavalerie, bataillons de motocyclistes, artillerie, génie, transmissions, trains [5]. Le Buna, caoutchouc artificiel créé par le Dr Hoffmann après plus de trente années de recherche (en 1936, mille pneus sont expérimentés sur des véhicules militaires) est mis en vedette [6].

---

3. Berlin, le 31 juillet 1935, rapport du général Renondeau n° 612 AM au ministre de la Guerre, EMA Deuxième Bureau à Paris.

4. Berlin le 1er juillet 1935, rapport du général Renondeau n° 528 AM au ministre de la Guerre, EMA Deuxième Bureau à Paris. Archives SHAT.

5. Et en France ? Le constructeur Marius Berliet — qui avait, pendant la Grande Guerre, fourni un matériel apprécié pour le ravitaillement de la bataille de Verdun — n'est pas écouté. Depuis 1928, il offre des prototypes de véhicules pour des unités motorisées (voitures de liaison, blindés, automitrailleuses, véhicule de D.C.A. avec 6 roues motrices, tracteurs d'artillerie, porte-chars, etc.) de qualité et de progrès équivalents aux modèles allemands, parfois plus inédits et plus robustes. Il bénéficie de commandes à quelques dizaines d'exemplaires, et parfois pas du tout ! (Saint-Loup, *Marius Berliet l'inflexible*, p. 236 à 238, Presses de la Cité édit. Paris 1962. Voir aussi t. I, chap. 19).

6. Berlin, le 25 février 1936, rapport du général Renondeau n° 101 AM, au ministre de la Guerre, EMA Deuxième Bureau à Paris. Archives SHAT.

Au centre,
devant le fanion :
le général
Heinz Guderian.
(Ph. E.C.P. Armées.)

À la cueillette besogneuse, parcellaire d'informations et leur nécessaire recoupement s'ajoutent des renseignements sur l'emploi des blindés (si capital). L'essentiel vient en ligne directe du colonel Heinz Guderian. Passionné, têtu, peu facile de caractère, Guderian a su fasciner Hilter au cours d'une manœuvre d'engins mécanisés figurés en silhouettes, au point que le Führer s'était écrié : « Voilà ce qu'il me faut ! » Écrivant et parlant beaucoup, plaidant pour ses convictions, Guderian est un informateur bénévole inespéré. Nommé à la tête de la 2e division blindée à Wurzbourg, il publie un article devenu célèbre sur les « troupes combattantes motorisées [7] ». Il y définit les caractéristiques du début d'une guerre éclair : *la surprise par l'aviation et par les unités blindées*, celle du moment des opérations, des objectifs choisis (réseaux de communication, grands quartiers généraux, etc.). Guderian soutient également que « l'aviation de combat et les troupes motorisées constitueront une première vague d'attaque, suivie par des divisions d'infanterie portées ». Après cette première vague, viendra le tour de « l'armée de masse ». Entre-temps, ayant atteint leur premier objectif, *« les troupes blindées ne s'arrêteront plus comme par le passé »* (...). Elles s'efforceront plutôt d'utiliser à fond leur vitesse et leur rayon d'action pour achever la percée du front ennemi. D'autres attaques viseront *l'enveloppement des ailes et agiront en profondeur.*

Cette étude, dont Renondeau souligne les passages clés, est envoyée, *le 27 janvier 1936*, au ministre de la Guerre à Paris. Un mois plus tard, le porte-parole du haut commandement allemand, le major von Pappenheim, explique à ses collègues français de Berlin [8] : le rattachement des

7. Berlin, le 27 janvier 1936, rapport du général Renondeau nº 54 AM au ministre de la Guerre EMA Deuxième Bureau à Paris. Nous avons déjà évoqué, plus en détail, les propos de Guderian dans le tome III, chap. 14, analysant ensuite, chap. 15, les positions du lieutenant-colonel de Gaulle sur le même sujet.

8. Berlin, le 27 février 1936, rapport du général Renondeau nº 110 AM au ministre de la Guerre, EMA Deuxième Bureau à Paris. Archives SHAT.

divisions blindées à divers corps d'armée est purement territorial ; quant à l'organisation et l'emploi de ces grandes unités, il s'agit bien de corps blindés ! Peu après, les estimations de Renondeau sur le nombre de chars par régiment sont, peu ou prou, identiques à celles fournies par ses collègues russes, suédois, américains. Aucun doute ne peut subsister sur l'intention d'utiliser les blindés par *grandes masses*, et non par « saupoudrage », comme en France.

Le capitaine Réa qui fit deux séjours à Berlin dans l'équipe des attachés militaires français.
(Ph. du colonel Réa, D.R.)

Le 12 mai 1936, Renondeau insiste à nouveau auprès de ses chefs : on ne peut nier l'existence du corps blindé en tant que grande unité, *utilisé en bloc au cours des opérations*. C'est de leur *emploi en masse* que le commandement allemand tirera un bénéfice. L'armement (mitrailleuses, canons) d'une division blindée allemande, précise le général, représente le *double* de celui des divisions françaises de cavalerie ou d'infanterie. Il suggère, à Paris, d'étudier l'action éventuelle d'un corps blindé allemand contre les forces françaises, soit pour pratiquer une brèche dans la zone fortifiée (ligne Maginot) avec la collaboration de l'aviation, soit sur une aile. Il serait temps : Guderian n'a-t-il pas parlé de 12 divisions de chars à l'attaché militaire américain [9] ? En dehors des blindés qui sont les favoris du régime, l'armée de terre bénéficie d'autres décisions de première importance, prises en 1936 : la réoccupation de la Rhénanie fournit de nouvelles bases pour une offensive à l'Ouest ; le rétablissement du service militaire de deux ans permet la création de deux nouveaux corps d'armée,

9. À la suite d'un nouvel article de Guderian (promu général) sur « *les unités blindées et leur coopération avec les autres armes* », le Deuxième Bureau revient, le 25 janvier 1937, sur les tendances de *l'emploi* des chars dans la Wehrmacht. (En raison de son importance, nous trouverons ce texte à la fin du chapitre III).

la constitution de dix divisions supplémentaires d'infanterie et deux grandes unités de chars (les effectifs sont passés de 550 à 800 000 hommes). Des efforts visent les réservistes, la préparation de la mobilisation. Des travaux de fortification (petits ouvrages reliés par des voies de communication) sont entrepris en Forêt-Noire, en Sarre, sur la frontière belge, en Poméranie, devant l'Oder, en Prusse-Orientale.

Telles sont, dans leurs grandes lignes, les orientations des blindés allemands à la fin de 1936. À ce bilan spectaculaire, rempli de menaces, des moyens militaires à la disposition d'Hitler dont la France est informée, le général Gamelin oppose une directive du 12 août 1936 sur la conduite des « Grandes Unités » (divisions) en temps de guerre (voir T. III mais nous reviendrons sur ce document). Quel abîme entre les conceptions allemandes et françaises ! Les premières précises, claires, offensives ; les secondes, passéistes, processionnelles.

Visites dans des usines aéronautiques

Développements tous azimuts de la motorisation, comme nous venons de le voir, mais qu'en est-il dans le domaine aérien dont Guderian fixe le rôle intimement lié à celui des chars dans les prochaines batailles ? Sur ce point, Paris ne manque pas non plus d'informations. Le 15 octobre 1935, l'ingénieur en chef Poincaré, attaché de l'air près de l'ambassade de France, visite l'usine Daimler-Benz, près de Berlin, neuve (édifiée en 7 mois !) destinée à la fabrication en série d'un moteur canon de 900 C.V. jusqu'à l'altitude de 3 000 mètres, sans dépasser le poids de 500 kilos [10].

Les sept bâtiments de l'usine sont dispersés : les entreprises industrielles allemandes ne doivent pas perdre de vue les bombardements aériens ; des caves, munies de portes métalliques étanches aux gaz, sont aménagées pour abriter les ouvriers. Pelouses et bosquets donnent à l'ensemble un aspect de parc. Pendant les heures de pause, le personnel ne reste pas dans l'ambiance de son travail : Daimler-Benz attache de l'importance au rôle social des installations car il améliore le rendement. Divisé en trois équipes, le personnel prend ses repas (qu'il choisisse le menu de la cantine ou fasse réchauffer sa propre nourriture) dans une salle, confortable, claire, soignée, où la T.S.F. joue pendant les heures de repos. Chez Daimler-Benz, comme chez Heinkel, Henschel, etc., une police militaire sert aussi de corps de pompiers.

Avec méticulosité, Poincaré prend des notes sur les ateliers, leurs 250 machines-outils, les pièces fabriquées, les bancs d'essai (qu'il ne juge pas assez nombreux), les bureaux d'études. Il estime à cent le nombre des moteurs usinés en même temps. Invité, peu après, à parcourir une usine Henschel construite à Schönefeld, il y remarque des Junkers 52 en

10. M. L. Poincaré communique dans un rapport de 8 pages dactylographiées les caractéristiques, observations, déductions sur ce moteur. Berlin, le 14 octobre 1935, rapport de M. Poincaré n° 485 au ministre de l'Air, état-major général, 2e section à Paris. Archives SHAT.

réparation, un bimoteur destiné à l'école de bombardement, des ailes et des fuselages pour le Dornier 23. Quinze mille ouvriers y travaillent mais l'usine ne donne pas l'impression d'avoir atteint son plein régime.

Le Dr Heinkel, autre constructeur aéronautique allemand réputé, montre ses usines de Rostock (cinq mille ouvriers à une seule équipe par jour) à Poincaré. Partout, constate l'ingénieur français, des mesures de protection aériennes sont prises, comme en témoignent les entrées de caves renforcées. La radio — qui, pour l'instant, diffuse de la musique ou les propos du Führer et de ses lieutenants pendant les heures de pause — est à même de lancer des ordres d'alerte. Poincaré dénombre une centaine d'appareils en construction (nécessitant chacun environ 4 000 heures de fabrication), signale la réalisation d'un appareil pour le *bombardement en piqué* [11].

L'ingénieur en chef de l'Air Léon Poincaré.
(Archives familiales, D.R.)

Au printemps 1936, un rapport sur l'emploi de l'autogire (hélicoptère de demain) révèle des expériences allemandes pour son utilisation comme engin d'observation des divisions blindées ; tout se tient ! En liaison directe avec le P.C. d'une grande unité de chars, l'autogire naviguerait entre 500 et 1 500 mètres : les artilleurs allemands estiment qu'il constitue une cible difficile à atteindre. Des sections de deux ou trois autogires seraient en place [12].

11. Berlin, le 1er octobre 1935, rapport n° 452 de l'ingénieur en chef Poincaré au ministère de l'Air, état-major général, 2e section à Paris. Archives SHAT.

12. Berlin, le 12 mars 1936, rapport n° D36/105 de l'ingénieur en chef Poincaré au ministre de l'Air, état-major général, 2e section à Paris. Archives SHAT.

À l'image des forces motorisées, et de leur auxiliaire du N.S.K.K., l'aviation dispose d'une organisation des « réserves de l'armée de l'air ». Son but : préparer les jeunes Allemands à effectuer leur service dans la Luftwaffe (de quatorze à seize ans : entraînement sportif, construction de modèles réduits, visites aux ateliers de construction aéronautique ; à seize ans, première instruction sur planeurs puis, en avril et en octobre, entrée dans des escadrilles — écoles pour apprendre des rudiments de navigation, de radio, de prototype). Cet organisme forme également des aviateurs parmi des hommes de vingt-trois à trente-deux ans (qui ne sont pas obligés de servir dans la Wehrmacht) et groupe les réservistes instruits dans des escadrilles afin de conserver leur entraînement et les tenir au courant des perfectionnements techniques. Des centaines d'unités fonctionnent ainsi [13].

Le 4 mars 1936, à l'occasion d'un concert donné à Berlin par les musiciens de la IIe région aérienne réunissant 500 exécutants, Poincaré scrutant les uniformes des nombreux auditeurs, dénombre la présence d'éléments de six régiments de D.C.A. Par de savants calculs, l'attaché militaire estime à trente le total des unités allemandes de D.C.A.

Les nazis avaient eu l'idée d'organiser des démonstrations militaires à l'occasion des rassemblements populaires, traditionnels ou nouveaux. Ils choisirent la fête de la Moisson, à Buckesberg, pour le premier lâcher public de parachutistes en présence du Führer, qui prononça un discours. Pendant un temps, à cause du scepticisme de Goering sur les possibilités de cette arme, on avait pris du retard sur les initiatives russes et françaises. À la fin du printemps 1936, la tendance est renversée. Des articles de presse évoquent l'occupation de territoires par des paras après un bombardement, ou leur utilisation pour protéger l'atterrissage d'avions transportant troupes et matériel lourd (attaque de la Hollande en mai 1940). La Luftwaffe installe une école de parachutistes près de Berlin ; des unités de défense sont préparées pour combattre des lâchers ennemis [14].

Au moment où, en France, le Front populaire arrive au pouvoir (juin 1936), et où, en Espagne, commence la guerre civile (juillet 1936), le bilan de la Luftwaffe est impressionnant : naissance de nombreuses unités d'aviation, de D.C.A., de transmission ; les terrains se sont multipliés ; l'organisation des réserves a pris une ampleur gigantesque. La Luftwaffe est à l'honneur dans les manifestations nationales. Au 1er janvier 1937, elle compte 137 escadrilles avec 2 055 appareils. Mais ces chiffres sont au-dessous de la réalité : l'organisation du haut commandement de l'air, les états-majors, les écoles, les magasins généraux, les parcs, etc., sont conçus pour un développement plus considérable encore. Soixante nouvelles escadrilles seront créées au seul printemps 1937.

Autre précision importante : les effectifs d'une escadre aérienne allemande représentent près de trois fois ceux d'une escadre française. À la suite de la réoccupation de la Rhénanie (mars 1936), où Berlin a redouté

13. Berlin, le 16 novembre 1935, rapport n° 535 de l'ingénieur en chef Poincaré au ministère de l'Air, état-major général, 2e section à Paris. Archives SHAT.

14. Berlin, le 20 octobre 1936, rapport n° D36/378 de l'ingénieur en chef Poincaré au ministre de l'Air, état-major général, 2e section à Paris. Archives SHAT.

une riposte de Paris, les chefs de la Luftwaffe ont procédé à un accroissement précipité des escadres de chasse et des régiments de D.C.A., tandis que leur concentration était organisée autour des centres de production ; pour l'Allemagne, l'efficacité de leur protection est une question de vie ou de mort : aussi, la majorité des manœuvres aériennes a-t-elle pour thème la défense des industries. Fin 1936, en Hesse, a lieu *la première expérience de coopération de l'armée de l'air avec la Wehrmacht, dans le cadre de l'intervention directe dans la lutte au sol.* Les anticipations de Guderian entrent en application : la France en est informée plus de trois ans avant Sedan (mai 1940) !

Paul Stehlin, élève du prytanée militaire de La Flèche.
(Archives de Mme Paul Stehlin, D.R.)

Selon Poincaré, cette extension de la Luftwaffe a ses faiblesses : la majorité des généraux sont des aviateurs récents (de nombreux cadres anciens ont été écartés en raison de leur antipathie témoignée à Goering) ; ils manquent d'expérience. Lors d'une conversation secrète, Goering explique ces carences : « la chose essentielle étant d'obtenir la quantité sans trop regarder à la qualité » ; beaucoup d'escadrilles n'ont pas encore reçu de matériel « dernier cri ». Ces constatations font que *la Luftwaffe ne pourra être prête avant octobre 1938* : « il semble que ce soit le délai que le haut commandement allemand se soit assigné avant d'accepter la responsabilité d'une action militaire » [15].

15. Berlin, le 13 janvier 1937, rapport n° 37002 A/S de l'ingénieur en chef Poincaré au ministre de l'Air, état-major général, 2e section à Paris. Archives SHAT.

À Pâques 1937, à l'occasion d'un dîner à l'ambassade de France, le capitaine Stehlin est placé à côté de la sœur de Goering, Mme Olga Riegele, convive bavarde. La soirée se déroule dans les meilleures conditions. Dès le lendemain, Stehlin est invité à souper chez Mme Riegele avec quelques intimes. Au moment où le capitaine s'apprête à prendre congé, la porte du salon s'ouvre sur Goering en personne.

Affable, le général demande à Stehlin s'il est bien reçu dans les services du ministère de l'Air. Évoquant la situation de l'aviation française, Goering souligne que l'Allemagne a eu l'avantage de repartir de zéro, d'employer « des hommes dynamiques avec de l'imagination et des idées modernes capables de faire du neuf », alors que Paris a pris du retard et s'est peu éloigné du « passé de 1918 ». Stehlin rétorque que l'armée de l'air française est en pleine transformation : les matériels les plus modernes entrent en service, les conceptions de leur emploi sont adaptées au temps présent. Ces assurances amusent Goering ; « Entre ce que je fais, dit-il, et ce que vous posséderez, à moins que vous ne changiez les hommes responsables, il n'y aura bientôt rien de commun. Allez sur les terrains, assistez aux exercices, voyez les usines, je n'ai rien à cacher... » Étonnante ambiance ! Ce premier contact s'enrichira de confidences et d'informations ultérieures de premier plan dont le Quai d'Orsay, tenu au courant, semble avoir fait peu de cas [16] !

À l'occasion du Congrès de Nuremberg (septembre 1937), le ministère allemand de l'Air invite des officiers américains, anglais, italiens, japonais, le colonel de Geffrier (qui a remplacé Poincaré) et le capitaine Stehlin à assister aux journées où la Luftwaffe et la Wehrmacht sont à l'honneur. Les autorités soignent leurs invités ! Train spécial wagons-lits et un wagon-restaurant, table luxueuse si l'on songe aux difficultés de ravitaillement de la population et aux prix élevés des denrées (le double de la France), et, alors que le million de S.A., S.S., de soldats rassemblés se contente d'un repas principal par jour ; c'est du « kolossal » dans la munificence, comme l'écrit de Geffrier [17] ; il s'agit de « bluffer » les étrangers.

Après une allocution du Führer, défilent sous ses yeux (tout en se livrant à des exercices) la cavalerie au galop, un régiment de chars (quelques exemplaires d'un nouveau modèle), des troupes motorisées, des transmissions (avec un matériel expérimental), de l'infanterie (avec des mitrailleuses jumelées de D.C.A.), des pionniers, etc. Auparavant, le programme des compétitions sportives a consacré une large place aux démonstrations de combat (tir, cross à moto dans la campagne, lancement de grenades, franchissement de murs, de réseaux, etc.) montrant une intense préparation militaire.

Cinq escadres survolent le Congrès (Dornier 17, Heinkel 111, Junkers 86, Arado 68, Heinkel 51). Au Sud, un groupe de chasse se livre à un

---

16. Paul Stehlin, *Témoignage pour l'histoire,* p. 61 à 64, Robert Laffont édit., Paris 1964.

17. Berlin, le 21 septembre 1937, rapport nº 37194 A/D du colonel de Geffrier au ministre de l'Air, état-major de l'armée de l'air, Deuxième Bureau à Paris. Archives SHAT.

Au premier rang, le 6e de la gauche vers la droite, *le saint-cyrien Paul Stehlin (2e section, 5e compagnie) lors de la revue passée à l'École spéciale militaire par le maréchal Pétain, le 24 mai 1927.* (Archives de Mme Paul Stehlin, D.R.)

simulacre d'*attaque à basse altitude* d'un poste de D.C.A. lourde, puis intervient un *bombardement en piqué !* Geffrier note aussi :

— l'état d'avancement du réarmement aérien permet de présenter sans difficulté trois escadres de bombardement équipées de façon moderne et de chacun des trois types d'appareils en service. Sur 450 avions en vol, 1/3 sont des appareils de transition, et 2/3 de type moderne. Les observateurs sont étonnés de ne pas avoir vu le Messerschmitt 109 (est-ce dû à une insuffisance d'entraînement des pilotes ?) ;

— absence de *formation de renseignement* (matériel périmé) ;

— le défilé aérien, effectué dans de mauvaises conditions météorologiques, témoigne de la science et de l'entraînement des équipages, et de la maîtrise des commandants de colonne ;

— le major von Cramon, expert du bombardement en piqué, avance que les appareils de cette spécialité ayant servi à l'exercice sont dépassés, et seront remplacés par des Junkers 87 et Heinkel 118, déjà en service dans des unités, ou en cours d'expérimentation.

Ce réarmement représente un coût fabuleux : combien de temps encore le IIIe Reich pourra-t-il persévérer dans sa politique économique et financière, même si elle s'appuie sur un système monétaire habilement conçu ? Aux renseignements militaires recueillis par les officiers de l'ambassade de France à Berlin, et dont nous avons donné un « échantillon », s'ajoutent les informations industrielles et économiques sur l'Allemagne.

La Première Guerre mondiale (et quelques autres auparavant) a montré l'immense importance des usines, des sources de matières premières, des moyens d'acheminement en aval et en amont, le concours — aussi vital que celui des soldats au front — de millions d'hommes et de femmes travaillant à fabriquer les armes. Inséparables sont aussi les problèmes de financement. En octobre 1914 (rappelons-le en exemple), trois mois après l'ouverture du conflit, la France, malgré un « bas de laine » qu'elle ne possède plus en 1939, négocie, de façon pressante, son premier emprunt de guerre sur le marché américain...

Le colonel de l'Air Hubert de Geffrier. (Archives du colonel Réa, D.R.)

Près de l'ambassadeur François-Poncet, l'attaché financier suit l'évolution de la courbe de température économique du IIIe Reich, de la surchauffe. À quelles mesures extrêmes — en l'occurrence la guerre contre l'accord de la plupart de ses généraux — Hitler va-t-il se résoudre ? Le Führer donne, on le sait, sa réponse au cours de son testament du 5 novembre 1937 à la chancellerie.

ANNEXE
Texte concernant la note 9

25 janvier 1937, note du Deuxième Bureau sur les tendances de l'emploi des chars dans la Wehrmacht. D'abord, les *blindés de reconnaissance* sont caractérisés par un grand rayon d'action (200 à 300 kilomètres), une vitesse de 70 à 100 km/h, une protection limitée aux projectiles d'infanterie de petit calibre ; dans le cadre de missions spéciales, la puissance de ces forces serait augmentée par l'utilisation de canons légers, de Minenwerfer, d'armes antichars, de fantassins sur camions.

Ensuite, les *formations de batailles,* constituées de chars légers (un canon de 20 à 50 mm, plusieurs mitrailleuses, un blindage léger, 90 km/h sur route, 18 tonnes), de modèles plus légers d'une grande vitesse qui en font « des ennemis redoutables pour les armes antichars », de chars moyens et lourds. Avant les enseignements de la guerre d'Espagne, Guderian joue la carte des chars légers, vulnérables, produits en quantité (à l'américaine, si l'on peut dire) de préférence à des blindés plus lourds et sophistiqués, donc plus coûteux. (En France, on raisonne de façon inverse, autour d'un prototype constamment amélioré du « char parfait », mais produit à peu d'exemplaires.)

Les états-majors des panzers, insiste à nouveau Guderian, seront dotés de *moyens de transmission importants,* chars T.S.F. (autre atout sous-estimé et négligé par l'état-major français). La brigade blindée (quatre bataillons) représente l'unité au-dessous de laquelle il ne faut pas descendre pour une mission de combat (un front de 4 km de largeur et 5 km de profondeur). La concentration est indispensable pour obtenir un « effort de masse », arrachant ainsi un succès décisif. Guderian y ajoute la *surprise* aidée par la vitesse des engins modernes : l'attaque débouchera de préférence le soir, ou mieux au lever du jour, quand la clarté imparfaite et le *brouillard artificiel* limiteront l'horizon visible à moins de 100 m.

Dans la zone d'action des chars, poursuit Guderian, *le combat est réglé en fonction de celui des blindés*. Contrairement à la théorie française subordonnant les chars à l'infanterie, le général allemand affirme qu'une étroite liaison avec celle-ci prive les chars de *l'avantage de leur rapidité* et en fait, dans certains cas, les victimes de la défense ennemie. Si les blindés peuvent faciliter la tâche des fantassins, « ils ne peuvent pas se dispenser de se battre ». La mission des chars est de : 1° / démoraliser l'adversaire par des attaques massives (mission psychologique qui, avec le rôle des stukas, sera si importante en 1940) ; 2° / le détruire par le feu. Sous la forme de batteries tractées, soit sous celle d'affûts automoteurs, l'artillerie participe à l'attaque ; le génie jouera un rôle important au profit des chars pour le franchissement des obstacles.

Les unités de *transmission* fonctionnant entre le chef d'une division jusqu'aux bataillons indépendants ont aussi d'étroites liaisons avec les grandes unités voisines, l'aviation et l'arrière. Il faut, réaffirme Guderian, des unités qui collaborent d'une manière permanente avec les formations blindées, spécialement équipées et instruites. (Combien on en est loin en France !) Enfin, une *coopération doit exister entre les chars et l'aviation tant pour la reconnaissance que pour appuyer l'attaque des blindés ;* la liaison par radio entre chars et avions exige une longue pratique. (Les Anglais, rappelle Guderian, ont créé une aviation spéciale de leurs corps de chars.) Les guerres de l'avenir verront engager des effectifs en chars bien supérieurs à ceux de 1918 (qui étaient déjà de plusieurs milliers).

Selon les officiers français en poste à Berlin, une division blindée comprend deux régiments de chars, un régiment de dragons portés, un groupe de reconnaissance, un régiment d'artillerie, un bataillon de motocyclistes. Début 1937, une masse de 1 500 chars de combat est réunie sous un même commandement. Mais Berlin accentuera cette orientation en créant de nouveaux corps d'armée et d'autres divisions, bien que *« la pénurie des cadres soit certainement l'obstacle le plus sérieux auquel se heurte le haut commandement allemand ».* (25 janvier 1937, fiche de renseignements n° 26, ministère de la Défense nationale et de la Guerre, EMA, Deuxième Bureau S.A.E. Le 22 décembre 1937, le général Renondeau analyse — rapport n° 959 AM au ministre de la Guerre, Deuxième Bureau à Paris — le dernier ouvrage publié par le général Guderian *Achtung, Panzer !*, dans lequel celui-ci revient en détail sur sa théorie du tandem chars-aviation, etc.)

DEUXIÈME PARTIE

LES ALLIANCES DE LA FRANCE À L'EST ET À L'OUEST DE L'EUROPE

4. L'impuissante alliance polonaise.
5. La Tchécoslovaquie peut-elle survivre ?
6. La tentation allemande de l'Angleterre.
7. Et si Mussolini « lâche » la France ? Offensive française en Espagne ?
8. Crise entre la France et la Belgique.
9. Première offensive politique contre la Tchécoslovaquie. Hitler devient commandant suprême des armées allemandes.

4

L'IMPUISSANTE ALLIANCE POLONAISE

Une nouvelle « alliance de revers » à l'Est • Réticences de Foch et de Weygand à un accord militaire avec la Pologne • Les clauses capitales de la convention militaire de février 1921 • Où la France prendra-t-elle l'argent pour aider Varsovie ? Tout est à faire ! Comment, en cas de conflit, acheminer des secours à l'armée polonaise ? Animosité polono-tchèque • Apreté et manque total de finesse des négociateurs français • La fatuité du colonel Beck, nouveau ministre polonais des Affaires étrangères • Imprudente démarche de Pilsudski à Berlin où Hitler saute sur l'occasion • La « Déclaration » germano-polonaise de janvier 1934, un armistice de 10 ans ! L'étonnant et secret Kriegspiel des généraux allemands prépare la collusion germano-russe de 1939 pour un nouveau partage de la Pologne • Échec de la révision des accords franco-polonais de 1921 et les raisons de Pétain • Pilsudski, un « vieux renard » • Montée au firmament du général Rydz-Smigly, le « Gamelin » polonais • À Rambouillet en 1936, nouveaux crédits pour armer la Pologne.

Avant 1914, Raymond Poincaré avait été l'artisan de *« l'alliance de revers »* (comme l'aurait dit le cardinal de Richelieu) conclue entre la France et la Russie du tsar Nicolas II. Il s'agissait de contrebalancer, à l'Est de l'Europe, la trop grande puissance démographique et industrielle de l'Allemagne, en l'obligeant, en cas de conflit, à se battre sur deux fronts. Mais l'empire russe (dont on prédisait que le régime ne survivrait pas aux aléas et misères d'une guerre) avait besoin de capitaux considérables pour moderniser ses chemins de fer et développer ses industries, efforts indispensables pour le mouvement des troupes et leur équipement. Les fameux emprunts français devaient financer ces gigantesques travaux.

Au lendemain du traité de Versailles (juin 1919), les dirigeants français se préoccupèrent de reconstituer une nouvelle « barrière de l'Est » pour remplacer la Russie défaillante. En fait, le but recherché était double :

1°) protéger l'Europe d'une contagion du bolchevisme [1] ;

2°) empêcher un éventuel retour de l'expansion allemande.

De la Grande Guerre subsistaient des pions importants pour cette entreprise. Paris gardait des liens étroits avec la Roumanie (ses troupes avaient été « conseillées », sinon dirigées, par une mission militaire française sous la conduite du général Berthelot), avec la Yougoslavie, construite par les traités de paix à partir de la Serbie de 1914, dont les soldats avaient également bénéficié de notre appui. À ces deux pays, s'ajoutaient la Tchécoslovaquie qui devait sa naissance à Clemenceau, et enfin la Pologne, ressuscitée une nouvelle fois et dont de nombreux ressortissants s'étaient battus sur le front français sous les ordres du général Haller. Aux liens diplomatiques se mêlaient des sentiments affectifs nés dans la lutte commune.

À la paix demeurèrent à Bucarest, à Belgrade, mais surtout à Prague et à Varsovie, d'importantes missions militaires françaises chargées de contribuer aux restructurations nécessaires, à la mise sur pied de forces dégonflées par la démobilisation et, à l'occasion, d'endiguer les ardeurs belliqueuses et les appétits des uns et des autres. En même temps, le quai d'Orsay et son agent financier, la Banque de Paris et des Pays-Bas, profitaient du séquestre et de la dévolution d'anciens biens autrichiens et allemands pour prendre position financièrement au sein de la vie économique de chaque membre de la future alliance.

Le jeu des diplomates, officiers et banquiers français fit pousser des cris d'indignation à l'Angleterre qui dénonça « l'impérialisme » de Paris en Europe centrale. En vérité, la France se lançait dans une aventure qui dépassait ses moyens. La reconstruction de pays ravagés eux aussi par la guerre, les investissements nécessaires à la création d'industries modernes, le financement, par un biais ou un autre, de l'effort militaire de chacun, tout cela représentait des charges considérables, renouvelables sans cesse, alors que, de son côté, la France connaissait des crises financières répétées. Notons aussi que sur le plan des échanges, la production, avant tout agricole, de ces alliés ne pouvait trouver de débouchés en France, mais en Allemagne atteinte d'une carence endémique de denrées alimentaires. À ces difficultés, à ces contradictions s'ajoutèrent d'autres facteurs dont la gravité apparaîtra à mesure de l'examen des conditions propres à chaque allié.

1. Voir t. I.

L'inquiétant accord militaire franco-polonais

Commençons par l'alliance franco-polonaise. L'une des révélations du Kriegspiel de 1937 est, rappelons-le, l'impuissance des forces polonaises à mettre en mauvaise posture les unités allemandes, estimées réduites au début de la simulation, défendant la Haute-Silésie et Breslau. Dans un deuxième temps, la Wehrmacht, grâce à des unités libérées par l'écrasement de la Tchécoslovaquie, aurait « réglé son compte » à la Pologne ! Si les auteurs du Kriegspiel passent ainsi les forces de Varsovie au compte « profits et pertes », c'est que depuis longtemps ils ne se font guère d'illusions, sauf peut-être Gamelin (contrairement aux articles dithyrambiques d'une bonne partie de la presse française sur les capacités de l'armée polonaise).

Venons-en aux faits. Lorsque en août 1920, l'Armée rouge est aux portes de Varsovie, les Alliés envoient d'urgence le général Weygand, chef d'état-major de Foch, aider Pilsudski à redresser une situation catastrophique qu'il a largement contribué à créer [2]. Une fois les Russes battus et contraints de se replier, Weygand, de retour à Paris, confie à Foch ses observations désabusées sur le désordre, les incessantes querelles des Polonais, leur méfiance même à l'égard des étrangers venus les secourir, et leur immense orgueil ; ils n'acceptent les conseils que s'ils correspondent à leurs aspirations (et à leurs facultés). Foch et Weygand en déduisent que la prudence commande à la France d'attendre avant d'engager une liaison trop étroite avec la Pologne ; que celle-ci fasse d'abord preuve de sagesse et d'organisation !...

Au début février 1921, Pilsudski, en voyage officiel à Paris, presse la France de conclure un accord politique et militaire avec son pays. On comprend aisément le maréchal qui règne en dictateur à Varsovie : ni le Reich ni l'U.R.S.S. n'ont renoncé à se partager à nouveau son pays. Aussi, Pilsudski est-il, à son tour, à la recherche d'une « alliance de revers » qui, à l'Ouest, retiendrait des divisions allemandes et enverrait de l'armement à ses troupes ; un seul pays peut répondre à ces conditions : la France, victorieuse (mais épuisée).

L'hypothèse de Pilsudski sur les mauvais desseins de ses deux puissants voisins se revèle exacte. Le 10 février 1922, par exemple, le représentant de Lénine à Berlin, Radek, interroge le général von Seeckt, chef de la Reichswehr, sur l'aide que la République de Weimar pourrait fournir en cas d'une attaque russe sur la Pologne, envisagée, à Moscou, pour dans quelques semaines ! Von Seeckt la refuse sans cacher ses sentiments au chancelier Wirth : *« L'existence de la Pologne est intolérable et inconciliable avec les conditions vitales de l'Allemagne. »* Hitler et Staline (qui fera jeter Radek en prison comme trotskiste) ne procéderont pas autrement en 1939-1940. Le haut commandement allemand exécutera d'ailleurs, fin 1933 début 1934, un Kriegspiel fondé sur l'hypothèse d'une

2. Voir t. II.

complicité germano-russe, exercice prémonitoire d'août 1939 ! Nous examinerons, en temps voulu, ce passionnant document.

Revenons à Paris, en 1921. En dépit de deux mises en garde de Foch au gouvernement, des réticences de Briand (président du Conseil et ministre des Affaires étrangères), Millerand (chef de l'État), Barthou (ministre de la Guerre, fervent adepte des nouvelles alliances françaises à l'Est de l'Europe), Doumer (ministre des Finances, lié aux milieux d'affaires et à la sidérurgie) disent « oui » aux exigences de Pilsudski.

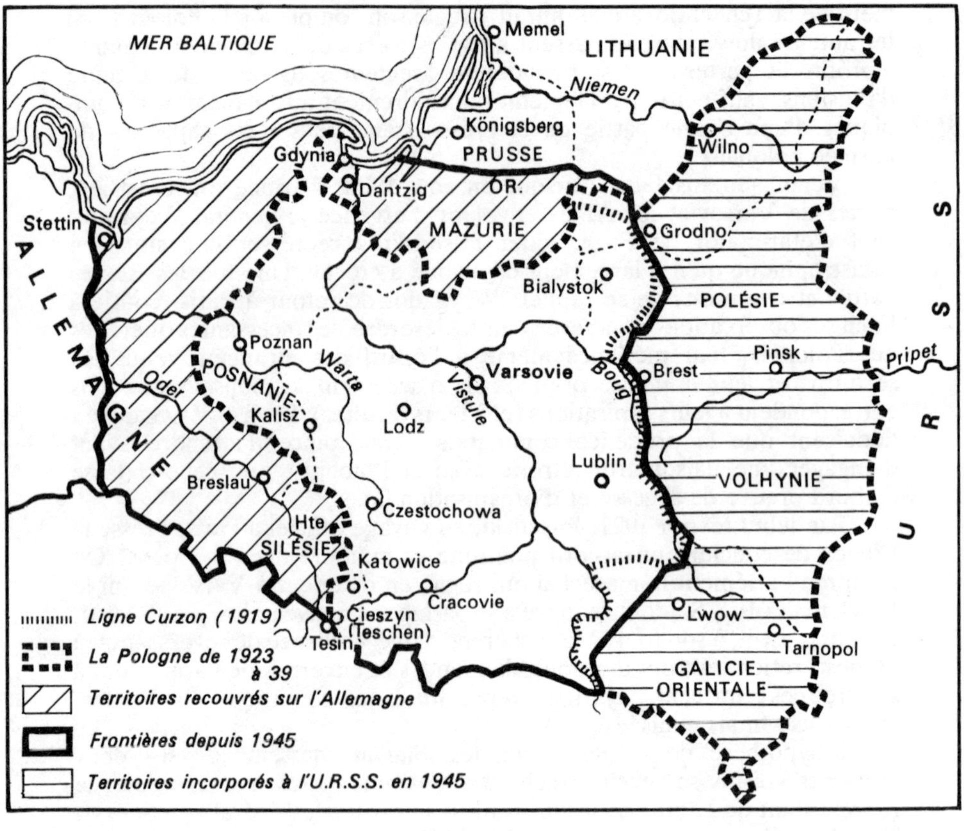

En échange, il est vrai, la France entend (et le fait savoir brutalement) obtenir avantages et privilèges économiques, dans l'exploitation du charbon silésien et de la sidérurgie ex-allemande (pour le compte du Creusot), et dans le pétrole de Galicie, sans parler de l'exploitation des sucreries, du textile, des forêts. Un comptoir sera chargé de vendre des Renault, des camions Latil, du matériel agricole aux Polonais. Varsovie ne voulant pas être mise en coupe réglée, Paris n'hésitera pas alors à ralentir la livraison de fournitures militaires vitales à l'armée polonaise ! En fait, Millerand et ses amis, en collusion avec des politiciens affairistes et des industriels, conçoivent l'accord avec la Pologne comme l'ouverture d'un marché immense. Quelle chimère (parmi d'autres) ! Où la misérable Pologne, avec mille plaies à panser, va-t-elle trouver les moyens d'acheter des produits français ? À un échelon plus modeste, la France renouvelle l'expérience russe d'avant 1914, déboires compris ! La seule opération bien conçue est l'organisation d'une immigration massive de travailleurs polonais pour reconstruire les charbonnages du Nord et du Pas-de-Calais ; certains organisateurs français de cette migration toucheraient une prime par tête de Polonais s'installant en France !

À l'accord politique signé entre la France et la Pologne le 19 février 1921 s'ajoute deux jours plus tard, une *convention militaire* comportant des engagements capitaux :

1°) *En cas d'agression allemande* contre *l'un* des deux pays, ceux-ci sont tenus de se prêter « un concours efficace et rapide, et d'agir en commun » ; l'agression allemande est définie partant du Reich, et visant un territoire délimité par le traité de Versailles.

2°) *En cas d'attaque de la Pologne par l'U.R.S.S.,* la France agira « tant sur mer que sur terre » pour assurer la « sécurité » de son allié vis-à-vis de l'Allemagne, et aidera Varsovie « dans sa défense contre l'armée des Soviets ». Dans l'hypothèse de chacune des deux agressions, l'aide à la Pologne est ainsi précisée : fourniture de matériel de guerre et de chemins de fer, de personnel technique, « mais non l'envoi de troupes françaises combattantes en renfort de l'armée polonaise ». De surcroît, Paris s'engage, « dans la mesure de ses moyens à assurer des lignes de communication avec Varsovie, y compris les lignes maritimes ».

3°) La Pologne mettra sur pied une armée nationale (institution du service de deux ans, entretien en temps de paix, de 30 D.I. et de brigades de cavalerie, et, envisagera « en deuxième urgence », une proportion correspondante de formations de réserves générales « de toutes armes »). Pour commencer la réalisation de ce programme, la France versera des « crédits militaires spéciaux » (400 millions de francs pour les deux premières années), notamment pour unifier l'armement sur les modèles français, entretenir et développer UN régiment de chars, du matériel d'aviation et de transmissions, etc.

4°) La France aidera la Pologne à édifier une industrie de guerre. En attendant sa propre production, Varsovie achètera de « l'armement le plus récent », fabriqué en France... grâce à d'autres crédits français ! Il conviendra également de pallier « la mauvaise situation des chemins de fer polonais qui roulent avec seulement la moitié du matériel indispensable ».

Le général Sosnkowski, ministre de la Guerre qui accompagne Pilsudski dans son voyage à Paris, assure à Pétain que les crédits accordés à son pays seront gagés sur des exportations de pétrole, de sucre, de bois, etc. Mais pour permettre à l'agriculture polonaise « de suffire *(sic)* aux besoins du pays et d'exporter, la France devra fournir des engrais et des machines [3] ».

3. Lettre du 12 février 1921, du général Sosnkowski au maréchal Pétain, commandant en chef des armées françaises. Archives SHAT.

Sosnkowski reconnaît que l'octroi de tant d'argent à son pays provoquera « certaines difficultés à la France, étant donné la gravité de sa situation financière actuelle ». Mais en échange, souligne le général, une forte armée polonaise permettra d'exercer, de concert avec la France, « une pression morale ou autre sur l'Allemagne si elle rechigne, comme prévu, à payer les Réparations qui lui sont imposées ». D'autre part, l'existence « d'une armée polonaise, bien équipée et outillée saura imposer aux bolcheviks le respect du traité de paix », permettant d'ouvrir la Russie à la pénétration économique qui, pour la France et la Pologne, « peut devenir une source de prospérité ».

Extrême gravité des engagements Que de contradictions !

Les clauses mêmes de la convention militaire franco-polonaise, les commentaires et précisions de Sosnkowski à Pétain montrent l'extrême gravité d'engagements souscrits trop vite, à la légère, par Millerand. Ils obligeront la France, en septembre 1939, à déclarer la guerre à l'Allemagne !

Comment ne pas souligner aussi l'ampleur, la durée de l'aide à la Pologne où, en clair, « tout est à faire », y compris la rénovation de l'agriculture et des chemins de fer. En fin de compte, c'est un pays entier que la France doit porter à bout de bras, financement compris, sans grand espoir de rentrer dans les prêts consentis. N'est-il pas surprenant et contradictoire de fournir un tel effort, alors que, peu à peu, sous la pression d'une crise financière endémique, la France diminue les moyens accordés à sa propre armée, moins belliqueuse puisque réduite à la défensive et à la ligne Maginot, et de faire l'impasse sur des unités opérationnelles nécessaires à une offensive contre l'Allemagne pour soulager ses deux alliées de l'Est européen, la Tchécoslovaquie et la Pologne ? Le Kriegspiel de 1937 mettra cette impuissance prévisible en pleine lumière. Très vite d'ailleurs, la France va éprouver des difficultés croissantes à respecter ses engagements, d'où des tensions avec la Pologne [4], des retards lourds de conséquences enfin pour la modernisation de l'armée polonaise. D'autre part, la Pologne n'a pas de frontières naturelles, peu d'obstacles, peu de profondeur ; avec la meilleure armée du monde, elle est vouée à la défaite. Les opérations de 1939 le démontreront !

La Pologne et la France n'ayant pas de frontières communes, se pose donc le problème, en cas de conflit, de l'acheminement du matériel français (prévision : 25 000 tonnes par mois). Or, cet aspec capital des choses est traité, dans la convention militaire, en termes évasifs, probablement parce que, en 1921, nous comptons pouvoir faire ce que nous voulons dans une *Allemagne occupée, désarmée et vaincue.* Nul doute qu'en envahissant la Pologne, l'Allemagne (ou l'U.R.S.S.) interdise tout

4. Voir note en fin de chapitre.

trafic en Baltique, s'emparant, dès le début des opérations, du port de Dantzig (ne pourrait alors être envisagé que l'envoi de sous-marins français et de petites unités de surface).

Au cas où l'Italie serait non plus neutre, mais alliée, ouvrant son territoire comme elle le propose en 1935 à Laval, deux voies ferrées excellentes (Mont-Cenis et la côte) permettraient, jusqu'à la frontière yougoslave, des débits de 60 trains par 24 heures. Dans ces conditions, rappelle le lieutenant-colonel Henry Dutailly dans son intéressant livre *Les Problèmes de l'armée française* (p. 348), des forces françaises déjà basées dans les Alpes mettraient trois jours pour arriver sur le Danube ; moins d'un mois plus tard pourrait y être concentré un corps expéditionnaire de 200 000 hommes ! Cette possibilité dont on voit toute l'importance pour aider la Tchécoslovaquie, s'écroulera, comme bien d'autres choses, avec la brouille entre la France et l'Italie, consécutive à l'affaire éthiopienne.

D'autres solutions, complexes, lentes, aléatoires, passent par des débarquements soit en Yougoslavie à Port-Baros (ce qui suppose la neutralité italienne), soit au port roumain de Constanza (ce qui exige la « bonne volonté » de l'U.R.S.S.), voire Salonique, puis un transport par voie ferrée, dont le débit est fort limité (le nombre des trains journaliers en Serbie serait de 2 à 3, encore faudrait-il fournir des wagons aux Serbes). En Roumanie par exemple, il n'existe qu'une seule ligne directe (Czernowitz-Kolomea) conduisant en Pologne, mais elle est proche de la frontière russe ! La sécurité serait plus assurée si la Tchécoslovaquie accordait l'utilisation de la ligne Marmaros-Sziget-Kolomea-Munkacz-Lemberg qui, à travers la Slovaquie, assure la jonction des réseaux roumains et polonais.

Là, tout se complique à l'extrême. En 1920, lorsque l'Armée rouge menaçait Varsovie, le matériel français envoyé à la Pologne par la Suisse et l'Autriche fut stoppé à la frontière tchécoslovaque ; Prague refusait le transit ! Cette attitude provoqua la fureur, compréhensible, des Polonais. (Leur ressentiment, pour ne pas dire leur vengeance, se manifestera lors de la crise des Sudètes en 1938.) Toutefois, en 1921, un accord polono-tchèque envisage le principe du « libre transit » de matériel de guerre en cas d'agression de l'un des deux pays. En 1922, est discutée la construction d'une voie par la Ruthénie pour établir une liaison directe Pologne-Roumanie. Cette question est reprise, le 14 septembre 1923, lors d'une conférence militaire de la Petite Entente, mais la Tchécoslovaquie refuse de laisser transiter le matériel de guerre vers la Pologne ; haine des Tchèques pour leurs voisins, plus forte que l'évidente nécessité de faire front commun contre une agression allemande, ou plutôt, comme on le suppose à Paris, répugnance à prendre un engagement susceptible de « mettre la Tchécoslovaquie en mauvaise posture vis-à-vis de la Russie [5] » ? Il est vrai que Prague sera, elle aussi, bientôt accusée de servir de plaque tournante au Komintern...

5. Paris, le 5 février 1924, compte rendu d'un entretien entre l'attaché militaire adjoint de Pologne à Paris (commandant Dowbor) et le colonel Fournier, chef du Deuxième Bureau de l'état-major de l'armée. Archives SHAT.

En 1925, le traité de Locarno — tournant important dans la politique étrangère des puissances européennes — complète les accords franco-polonais de 1921. En cas d'agression (non provoquée) de l'Allemagne, les Alliés devraient se prêter assistance, soit dans le cadre de la S.D.N., soit par simple entente directe [6]. En fait, les engagements français à l'égard de la Pologne restent immenses de conséquences.

La même année, devant la grave situation financière secouant la France, la Pologne envisage de renoncer (c'est le monde renversé !) au quatrième versement de cent millions de francs de crédits pour son réarmement. Enfin, après d'effroyables crises, la Pologne enregistre une amélioration sensible de son économie, ce qui la rend moins dépendante. À la crainte de voir Varsovie acheter moins de produits français s'oppose la constatation, « rassurante » pour les diplomates français, « que la Pologne est trop engagée dans l'adoption de nos types de matériel pour revenir en arrière » [7]. Si Paris ne doit avoir aucune crainte pour l'artillerie [8], les mitrailleuses et la marine, il n'est pas exclu que pour l'aviation — « cause de grosses dépenses et où le renouvellement est fréquent » — les dirigeants polonais, « à l'affût de perfectionnements nouveaux », ne s'adressent à l'Allemagne elle-même !

Le dramatique colonel Beck

Comment l'âpreté, le manque total de finesse, montrés par la France au cours des discussions financières, n'offusqueraient pas des Polonais ombrageux, susceptibles et orgueilleux ? En outre, Pilsudski n'a que mépris (partagé, du reste, par son entourage) pour la démocratie

6. Note du lieutenant-colonel Turlotte, chef de service au SHAT, servant de canevas à un ouvrage en cours de rédaction sur l'alliance polonaise à travers les archives de l'état-major de l'armée (1938-1939), aimablement communiquée à l'auteur sensible à la qualité documentaire de ce travail.

7. Varsovie, le 25 avril 1925, lettre n° 199/RC du général Dupont, chef de la mission militaire française en Pologne, au Deuxième Bureau, E.H.A. Paris, archives SHAT.

8. La mission militaire française en Pologne souligne le désir de Varsovie de construire le plus rapidement possible les canons nécessaires à son armée. Une note au ministre de la Guerre à Paris et au maréchal Foch, apporte des informations complémentaires intéressantes sur les tractations économico-financières du réarmement polonais.

« Le général Haller a informé la mission française que Le Creusot doit se décider à fabriquer entièrement en Pologne dans des délais très courts en s'entendant avec l'usine d'Ostrowiec. Depuis que la Pologne a des finances saines, elle se montrera moins soumise (aux pressions françaises) que par le passé. (...) Mon avis personnel est que Le Creusot a tout intérêt à s'entendre avec une usine polonaise existante et bien située, comme Ostrowiec par exemple. Lorsque, prévoyant depuis longtemps ce qui allait se passer, je conseillais il y a plus de deux ans déjà, au représentant du Creusot, de s'entendre avec Ostrowiec, il rejetait dédaigneusement cette idée. Il y a quelques mois, revenant sur cette question avec lui, je l'ai trouvé beaucoup moins intransigeant. J'estime qu'il serait temps de s'en occuper s'il ne veut pas être complètement évincé. Skoka est disposé, je crois, à faire des offres. Est-ce que Skoda est Schneider ? Je ne suis pas très fixé et ne sais s'il est indifférent pour la France que ce soit Schneider-Creusot, ou Schneider-Skoda qui soit chargé de ces fabrications en Pologne. » Archives SHAT.

parlementaire, les mœurs de la politique intérieure de la France, n'en approuve pas davantage les conceptions de politique internationale [9].

Peu bavard, sortant rarement, vivant à l'écart des cérémonies, impérieux, Pilsudski, frappé par l'exemple de Mussolini, passe, en mai 1926, une nouvelle fois à l'action brutale. Le zloty créé en 1924 pour assainir la situation financière est en perdition ; les partis politiques ont repris leurs affrontements, mais surtout la nomination au ministère de la Guerre d'un adversaire résolu de Pilsudski est une « provocation » pour le maréchal. Avec trois régiments, Pilsudski marche sur Varsovie où les ministres décrètent l'État de siège. Les mitrailleuses et les canons ouvrent le feu : 300 morts et un millier de blessés. Dès cette date, et jusqu'à sa mort en 1935, Pilsudski règne en souverain sur la Pologne ; l'armée dans sa poigne de fer, les ministres à sa botte [10]. C'est la dictature. Les liens avec la France continuent à se distendre ; l'aigreur s'installe.

À gauche, *sur le perron du Quai d'Orsay, M. Camille Chautemps, un cigare à la main, président du Conseil, discute avec M. Joseph Beck* (à dr.), *ministre des Affaires étrangères de Pologne.* Au-dessus, *Pierre Laval* (à g.), *au cours d'une visite à Varsovie, et M. Beck.* (Ph. Keystone.)

Avec l'arrivée, en 1934, du colonel Joseph Beck aux Affaires étrangères, les relations avec la France passent d'une acidité occasionnelle à une tension, au « sabotage » des tentatives entreprises pour améliorer les relations polono-tchécoslovaques (si vitales en cas de guerre pour le transport de matériel !) et à un rapprochement inquiétant avec Berlin. La

9. Léon Noël, *L'Agression allemande contre la Pologne,* p. 104, Flammarion édit., Paris 1946.
10. Maurice Baumont, *La Faillite de la paix,* p. 304 à 344, P.U.F. édit., Paris 1945.

situation prend alors un tour catastrophique que la Pologne paiera d'un prix exorbitant [11], et après elle, la France, prise dans l'engrenage de l'accord de 1921 ! D'une famille galicienne dont le chef s'était opposé aux Russes, Joseph Beck avait appris l'allemand à Riga (où les siens se sont réfugiés), puis à Vienne, il avait suivi les cours d'une école de commerce. En 1914, sans poursuivre ses études, il était entré dans les légions de Pilsudski, s'y faisait remarquer avant d'être choisi par son chef pour figurer dans son état-major (Deuxième Bureau, d'où, plus tard, son goût pour les procédés des services de renseignement). Major en 1921, Beck avait des démêlés avec les officiers français en poste à Varsovie. Quand Pilsudski avait voulu l'envoyer comme attaché militaire à Paris, le général Niessel, chef de la mission militaire française en Pologne, avait opposé son veto. Insistant, le maréchal avait néanmoins emporté la décision. Le dossier de Beck étant inaccessible, on confiait « oralement » que le major avait été accusé d'avoir commis des « indiscrétions » au profit de l'Allemagne [12], ce qui fit de lui, en principe, une *persona non grata* à Paris. À son retour de France, Beck est nommé chef de cabinet de Pilsudski ; en 1930, il devient sous-secrétaire d'État aux Affaires étrangères.

Très grand, élégant, alerte, de santé fragile, nerveux, maître de lui, doté d'une excellente mémoire, orgueilleux, Beck est sensible à la flatterie. Jamais effleuré par le doute, il a toujours raison ; ses vues sont sûres, ses conceptions, les meilleures. Il croit à une politique indépendante de la Pologne en dépit de ses redoutables voisins ; une susceptibilité à fleur de peau aggrave les conséquences de tant d'assurance et de fatuité [13]. Dès sa promotion à la tête des Affaires étrangères de son pays, il montre des dispositions hostiles, étranges envers la France, et est accusé d'inspirer, sinon d'ordonner, des attaques de presse contre notre pays pourtant allié de la Pologne.

Un Kriegspiel allemand annonce la collusion germano-soviétique de 1939

Sur ordre de Pilsudski, le ministre de Pologne en Allemagne demande à Hitler, le 2 mai 1933, d'assurer qu'il n'a pas l'intention de s'en prendre aux intérêts polonais à Dantzig où l'on s'alarme des agissements du parti nazi local de la ville. Le Führer saute sur l'occasion. Tout en déclarant au diplomate que la situation de Dantzig et celle du fameux corridor est « intolérable » pour l'Allemagne, il n'entend pas résoudre ce problème par la force, « se réservant toutefois de faire valoir à tout moment, et comme bon lui semblera, les droits qui lui sont reconnus par les traités [14] ».

---

11. Léon Noël, *op. cit.,* p. 106.
12. Documentation personnelle de l'auteur.
13. Les quelques éléments sur la personnalité du colonel Beck proviennent du livre de M. Léon Noël, *op. cit.*
14. Léon Noël, *op. cit.,* p. 71.

En gage de sa « bonne volonté », Hitler, dans un communiqué officiel, affirme « ses intentions pacifiques envers la Pologne ». Quelques jours plus tard, dans un discours au Reichstag, le Führer est plus apaisant et tentateur encore. En septembre 1933, le IIIe Reich propose une négociation à la Pologne. Elle aboutit, le 26 janvier 1934, à une « Déclaration » entre les deux pays, et dont les stipulations (maintien d'une paix durable, développement de relations pacifiques, condamnation du recours à la force, etc.) sont valables dix ans.

Hitler gagne sur tous les tableaux. À l'opinion internationale, il montre le visage de l'agneau ; en fait, en perturbant gravement l'alliance franco-polonaise, il assure ses arrières à l'Est, le temps de réaliser son programme à l'Ouest : réoccupation de la Rhénanie, rétablissement du service militaire obligatoire, politique du sourire à l'Angleterre pour distendre les relations entre Londres et Paris. Puis, dans une deuxième phase, il envisage de passer à des opérations plus « hasardeuses et délicates » : annexion de l'Autriche et démantèlement de la Tchécoslovaquie, après quoi... Rien n'est surprenant dans tout cela : Hitler a dit, écrit, répété sans fin qu'une fois au pouvoir, il mettrait fin aux « iniquités » du traité de Versailles ; la résurrection de la Pologne en est une...

Un extraordinaire document secret allemand révèle l'étendue des illusions de Pilsudski et de Beck. Cette pièce (une trentaine de feuillets dactylographiés) est enveloppée de différents mystères. Aux yeux du haut commandement français, elle est baptisée : « Document Lebon provenant de la source communiste habituelle. » En dehors de « Lebon » (pseudonyme de règle au sein d'un service secret), la bonne « source communiste habituelle » n'étonne pas : nous nous rappelons qu'une notable partie des 1 500 informateurs du S.R. français a des motivations idéologiques, allant de l'extrême gauche allemande, puissante avant l'arrivée d'Hitler au pouvoir, mais non totalement décapitée, à de hautes familles prussiennes. Notons aussi que le document a été remis à l'état-major français, le 23 janvier 1934, par le capitaine Robert de Cacqueray, en poste à l'ambassade de France à Berlin.

Le capitaine de Cacqueray, attaché militaire français à Berlin, qui reçut en février 1934 une copie du Kriegspiel allemand sur le partage de la Pologne avec les Russes. (Archives du colonel Réa, D.R.)

De son analyse par le haut commandement, il est dit : « Lebon a mélangé une information récente sur les S.A. au compte rendu très probablement plus ancien d'un grand exercice (Kriegspiel) sur la carte. Le renseignement ci-joint n'a donc aucunement la valeur d'un document mais, comme il est conforme aux renseignements antérieurs reçus de source sûre, il présente un réel intérêt (...) » L'attention de l'informateur sera attirée sur la nécessité de séparer les textes officiels (allemands) ou les C.R. (comptes rendus) objectifs des considérations personnelles et des racontars [15]. En dehors des réserves d'usage, la crédibilité de Lebon est solide ; preuves supplémentaires en sont encore que seuls Gamelin, le général Bineau et le chef du Troisième Bureau (opérations) de l'E.M.A. reçoivent une copie du document où il est aussi précisé : « Le document " L " ne doit pas sortir de l'état-major de l'armée. »

Le thème de ce Kriegspiel est le suivant : à la suite de l'attaque, en mai, de la Pologne par l'U.R.S.S., l'Allemagne *(Parti Bleu)* observe une neutralité bienveillante, et fait son possible pour rétablir sa frontière à l'Est (récupération de la Silésie devenue polonaise, Dantzig et le Corridor). Le Reich mobilise ses divisions en Prusse-Orientale et convoque, sur l'ensemble de son territoire, les troupes de frontière. Des navires de guerre anglais défendent Dantzig. Le 30 mai, la France *(Parti Rouge)* convoque trois classes de réservistes, accélère sa mobilisation. Le 31, le gouvernement décide d'expédier, le 1er juin, un ultimatum à l'Allemagne expirant le même jour à 19 heures. Paris exige de Berlin le droit de passage pour envoyer des troupes au secours de la Pologne, garanti par : 1°) la démobilisation de l'armée allemande ; 2°) le licenciement des troupes frontières ; 3°) l'occupation de la Ruhr par la France ; 4°) la mise sous le commandement français des chemins de fer du Reich.

L'Allemagne repousse l'ultimatum, réplique par « la mobilisation générale de toutes ses forces militaires ». Grâce à des préparatifs secrets, Berlin met sur pied, en quatre jours, 21 divisions d'infanterie, 4 de cavalerie. Ainsi, la France (28 D.I. et 6 D.C.) doit-elle compter avec un adversaire non négligeable qui possède, dans l'immédiat, 7 divisions de la Reichswehr prêtes à marcher. Paris se méfie d'une « intervention italienne ». Enfin, si la France ignore que la résistance polonaise est en cours d'effondrement, l'Allemagne, au contraire, connaît cette situation. Les généraux allemands sont renseignés sur la force française, les régions de sa concentration et le temps nécessaire à cette opération. Ils ignorent toutefois la direction de l'offensive ennemie.

La fine fleur du grand état-major allemand participe au Kriegspiel : les généraux Hammerstein, von Brauchitsch, von Fromm, von Bock, von Kleist, Feige, von Fritsch, von Rundstedt, Dollmann, Blaskowitz, Förster, von Leeb, Seutter, von Witzleben, etc. Nombre de ces chefs militaires — Brauchitsch, von Rundstedt... — vaincront la Pologne, en 17 jours, en septembre 1939.

La mission du Parti Rouge (France), décidée par le Conseil supérieur de la Guerre, est la suivante :

15. Note du 5 février 1934, « Document Lebon de source communiste habituelle » et note du 12 février « Conception de l'état-major allemand sur un conflit éventuel entre la France et le Reich ». Archives SHAT.

1°) provoquer « une prompte décision » contre l'armée allemande « pour l'empêcher d'agir contre la Pologne » ; d'où la nécessité de secourir ce pays soit par le Reich, soit par la Tchécoslovaquie ;

2°) laisser une armée en protection de la frontière italienne en cas d'intervention de Mussolini ;

3°) transporter les troupes d'Afrique du Nord en fonction de l'attitude de Rome ;

4°) tout en gardant sa principale activité en Méditerranée, la flotte troublera les liaisons maritimes avec des unités navales légères.

Nous n'entrerons pas dans les détails, trop techniques, des différentes solutions préconisées chez les généraux allemands pour faire face aux divisions françaises, préférant nous arrêter aux vues de certains acteurs du Kriegspiel.

Selon von Bock, le Reich doit rechercher à se dérober à une lutte décisive (contre les forces françaises) jusqu'à ce qu'il puisse engager, avec l'aide de l'Italie, « une action présentant des chances de succès ». *« Même si l'issue de la guerre russo-polonaise n'était plus douteuse, la direction politique du Parti Bleu* (le gouvernement allemand) *pourrait avoir intérêt à participer, avec des troupes allemandes, aux mesures répressives contre la Pologne. L'effondrement rapide et complet de ce pays serait de nature à impressionner la Tchécoslovaquie et pourrait avoir une influence décisive sur son attitude… »*

De plus, poursuit von Bock, si l'Italie soutenait « activement » l'Allemagne, le Reich éviterait de gros risques sur le front contre la France, en attendant que la balance des forces soit modifiée à son avantage. Au cas où Rome tarderait à se décider, « l'Allemagne s'efforcera d'aboutir rapidement à un succès à l'Ouest pour inciter l'Italie à intervenir ». Autre hypothèse, celle du Reich sans allié (ou arrivant trop tard), risquant ainsi d'être désavantagé avec le temps. Dans ce cas, un « coup décisif » doit être porté avant l'arrivée à pied d'œuvre de la troisième vague française, c'est-à-dire « pendant, ou immédiatement, après le passage du Rhin par les unités françaises de première ligne ».

Le général allemand précise aussi : « *La neutralité de la Belgique est gênante. Toutefois, en considération pour l'Italie* (liens familiaux entre les familles régnantes belge et italienne), *tous ces messieurs* (les collègues de von Bock) *refusent de la violer ! (sic).* » Seul, von Kleist préconise la demande du « droit de passage ». Contre la Tchécoslovaquie, les chefs du Parti Bleu « réclament une pression énergique », voire la création d'un commandement unifié (contre la France, la Pologne et la Tchécoslovaquie). Quoi qu'il en soit, il faut éviter une « catastrophe en Pologne », c'est-à-dire une situation permettant à son armée de se réfugier dans la partie sud-est du pays (échappant à la destruction escomptée au début de l'intervention du Reich à l'Est).

L'incertitude italienne provoque « une gêne considérable » ; il est normal que la France « tire rapidement au clair la question de l'attitude (de Rome) ».

Pour von Rundstedt (chef du Parti Rouge, commandant donc l'armée française), « les procédés dilatoires de la politique française n'ont pas donné de bons résultats », aussi l'Allemagne a-t-elle pu rattraper, en grande partie, l'avance dont jouissait, autrefois, la France pour entrer en action. D'autre part, sa situation intérieure « est mauvaise, et Paris ne peut pas compter avec sécurité sur ses alliés ». Dans le Kriegspiel, la France « s'est décidée trop tard à la guerre ». Pour améliorer la situation militaire, le chef du Parti Rouge demanderait à son gouvernement de renforcer la pression sur la Tchécoslovaquie et d'éclaircir la position de l'Italie.

Quant à la meilleure solution opérationnelle pour l'offensive française, elle consiste (toujours selon von Rundstedt) en une avance « vers le cœur de l'Allemagne », en forme de coin, de deux armées, suivies à droite et à gauche d'une force échelonnée en profondeur et en largeur. Le général imagine ainsi des éléments français occupant les passages du Rhin de Rastatt à Mayence où ils formeraient des têtes de pont. Ensuite, les 8 et 9 juin, le Parti Rouge espère passer le Rhin avec les trois armées de première ligne…

Le général Seutter, chef du Parti Bleu (Allemagne) rappelle à ses collègues : *« Le but de la guerre est le partage de la Pologne sans que les Français puissent intervenir ; ènsuite, le rejet des Français hors d'Allemagne »,* d'où une victoire rapide sur la Pologne, des combats de retardement contre la France. Des dispositions doivent être prises « pour une lutte décisive à l'Ouest ». Si l'Allemagne veut dire son mot dans le partage de la Pologne, « il lui faut avoir des forces considérables dans les territoires à partager ». Face à la Tchécoslovaquie, l'Allemagne du Sud ne saurait être « complètement dégarnie » de troupes. La manœuvre de Seutter consiste à attirer, en six semaines, toute l'armée française dans le Reich, tout en préparant, en contre-attaque de flanc, une masse militaire puissante dans le Nord de l'Allemagne.

Enfin, le directeur du Kriegspiel donne ses opinions :

1°) *La victoire des Russes* (80 divisions engagées) sur la Pologne ne fait aucun doute, mais l'U.R.S.S. « ne peut être considérée comme sûre au point de vue politique », ce qui impose donc la présence d'importantes forces allemandes à l'Est.

2°) *Un succès de la France* rendrait illusoire « les conquêtes » allemandes en Pologne. Les efforts doivent être concentrés contre la France, le « coup » étant parti avant qu'elle ne dispose de sa troisième vague. Pour ne pas immobiliser trop longtemps des forces contre la Pologne, le Reich s'emparera du Corridor « par surprise », avec les troupes de Prusse-Orientale et les éléments frontières. Ensuite, à partir de Dantzig, la flotte transportera trois divisions à l'Ouest.

3°) Opposer une résistance opiniâtre aux unités françaises avançant vers le cœur de l'Allemagne serait « faire le jeu de l'ennemi » ; la seule solution est le combat de retardement, la principale difficulté consistant à choisir le moment « propice » de la contre-attaque exécutée « par surprise »…

L'analyse militaire française précédant la communication du document allemand au général Gamelin est révélatrice à plus d'un titre, illusions comprises. L'hypothèse du Kriegspiel d'une alliance de la Russie et de l'Allemagne pour le partage de la Pologne permet de penser que l'exercice « a eu lieu probablement avant l'arrivée au pouvoir des hitlériens ». Actuellement, il ne semble pas que « les militaires allemands puissent faire entrer dans les calculs l'aide à la Russie » (or, ils l'ont toujours fait !).

Intéressante aussi est la mobilisation allemande en quatre jours (lors de la crise de l'été 1938, la Wehrmacht mobilisera, en effet, plus d'un million d'hommes en dehors des règles classiques). Si le Kriegspiel était répété (en janvier 1934), l'état-major allemand modifierait probablement les données politiques du problème, surtout à l'égard de l'U.R.S.S. : « toutefois, il est piquant de relever, en ce moment (toujours 1934) qu'il y a peu de temps encore, le partage de la Pologne était présenté aux officiers d'état-major allemands comme l'un des buts de guerre que le Reich pourrait normalement envisager ». N'est-il pas « piquant » au contraire, de se tromper autant et d'ignorer, quels que soient les régimes politiques respectifs, les connivences ancestrales germano-russes ?

Échec de la révision des accords militaires franco-polonais de 1921

Après cet « intermède » passionnant du Kriegspiel, annonciateur d'événements spectaculaires, revenons à la folle politique germanophile du colonel Joseph Beck où, sans frais, Hitler « met la Pologne dans sa poche ». Après la « Déclaration » du 26 janvier 1934, la France, masquant son dépit, mieux, son irritation (derrière des affirmations « ronflantes » de satisfaction de voir se consolider les relations pacifiques du IIIe Reich et de la Pologne), envisage la révision de la convention militaire de février 1921.

Le 29 mai 1934, le maréchal Pétain, ministre de la Guerre dans le gouvernement « d'Union nationale » de Gaston Doumergue, adresse ses instructions au général Debeney qui, du 4 au 10 juin, se rend à Varsovie pour rencontrer Pilsudski. La mission a pour but d'obtenir d'importantes modifications aux engagements de 1921.

Que dit l'« aide-mémoire » de Pétain à Debeney ?

1°) La convention militaire franco-polonaise « n'est plus appropriée à la situation actuelle » (intervention du traité de Locarno) ;

2°) « *L'éventualité d'une guerre entre la Pologne et l'U.R.S.S. n'est plus à envisager en ce moment dans une convention militaire* » *(sic)* ;

3°) La convention de 1921 comporte des stipulations politiques « qui ne peuvent être maintenues » ;

4°) Les engagements de la France sur la sécurité des lignes maritimes avec la Pologne « ne sont plus conciliables avec la situation navale » en mer Baltique ;

5°) Les engagements français à l'égard de l'organisation de l'armée polonaise (en temps de paix), son assistance financière « n'ont plus de raison d'être » ;

6°) *Idem,* pour la mission militaire française à Varsovie (retirée en 1932), et réciproquement, le Bureau militaire de liaison polonaise à Paris ;

7°) L'envoi d'officiers polonais pour des stages en France (à « caractère unilatéral ») n'est plus approprié aux satisfactions que demande l'amour-propre national.

Après ces préliminaires d'un désengagement dont le cynisme n'est pas absent, Pétain établit le catalogue des « réajustements » nécessaires. Ainsi, reste en place « l'éventualité » d'opérations contre l'Allemagne, et non plus envers l'U.R.S.S., comme en 1921. En raison de la rapidité de l'évolution de la situation militaire allemande, la nouvelle convention ne peut être « que d'ordre assez général » *(sic)*. Des annexes à l'accord envisagé porteront des « mesures précises » dans les domaines de la terre, de l'air, de la marine, mises à jour « périodiquement ». L'effort de chacun des deux pays sera proportionné à leur population respective. D'autres stipulations concernent l'envoi de personnel technique, de matériel de guerre, le développement des industries d'armement, l'échange périodique de missions et de renseignements, etc.

La « démarche de courtoisie » de Debeney auprès de Pilsudski n'est pas, « à proprement parler », une ouverture de négociations pour réviser la convention militaire de 1921. D'autres propos feutrés (à double sens mais qui ne trompent pas) confirment le désengagement souhaité, mais sans tapage car on se méfie des colères de Pilsudski. Les échanges de vues avec le maréchal polonais seront uniquement verbaux du côté français ; aucune proposition écrite ne devra être laissée à Varsovie [16] !

Le 21 juin 1934, le général Debeney informe Pilsudski : sa mission consiste à « faire prendre à la France l'initiative d'un nouvel examen de la convention de 1921 ». En vieux renard, le maréchal réplique : cette question a déjà été abordée sans aboutir ; « on n'aboutirait pas davantage par un nouvel essai ». Il en parlera toutefois avec Beck, et recevra à nouveau Debeney, le lendemain. Le temps de ces fort brefs échanges (et dérobades), Pilsudski occupe le reste de l'audience à parler de la campagne de Napoléon en 1812...

Le 26 juin, seconde entrevue. Pilsudski reprend son argumentation de la veille : il n'est pas possible de laisser les questions de Défense nationale « uniquement aux mains des militaires ». Debeney justifie son voyage pour discuter avec le maréchal de problèmes militaires en raison de l'accroissement de la puissance allemande (armée et industrie), l'évolution de l'importance des forces aériennes, etc.

« Pas d'objection » assure Pilsudski, mais il maintient son point de vue. Debeney en appelle à la personnalité de Pétain dont Pilsudski parle « dans les termes les plus chauds, proclamant l'estime, l'admiration et même le culte qu'il a pour lui » puis, avance sans ambages, « la conversation est close ». Et le dictateur polonais de s'étendre sur ses débuts, en 1914, dans l'armée autrichienne et la bataille de la Marne ! Dans son rapport, le malheureux Debeney écrit avec naïveté : « J'ai eu l'impression très nette que l'attitude du maréchal était calculée et arrêtée à

16. Paris, le 22 mai 1934, lettre (n° 764 S.A.E. 2/11, Deuxième Bureau) du maréchal Pétain, ministre de la Guerre au ministre des Affaires étrangères. Archives SHAT.

l'avance [17]... » Il relève aussi l'effort de l'Allemagne pour séparer la Pologne de la France, Varsovie croyant « pouvoir tirer parti de ce jeu ». Quant à la révision de la convention de 1921, « il ne faut pas brusquer les choses (...), et laisser à la Pologne le soin de reprendre l'initiative du moment voulu ». L'initiative ? Elle viendra du IIIe Reich, en septembre 1939 !

Apparition du « Gamelin » polonais : le général Rydz-Smigly

Tant d'événements, de tensions ne rajeunissent pas Pilsudski qui a commencé à mettre « sur orbite » le général Rydz-Smigly. Né en Galicie orientale en 1886, il a étudié les Beaux-Arts et la philosophie à l'université de Cracovie, puis commencé une carrière de peintre. En même temps, le jeune homme mène une action de résistant en assistant Pilsudski au sein de l'organisation secrète des « Tireurs », contre l'occupation tsariste [18]. Au début de la Grande Guerre, Rydz-Smigly, officier de réserve de l'armée autrichienne, s'enrôle dans les légions de Pilsudski, où il commande un bataillon puis un régiment. Pendant l'internement de son chef par les Allemands dans la forteresse de Magdebourg à la veille de l'armistice de 1918, Rydz-Smigly assure la direction de l'organisation militaire clandestine (P.O.W.) préparant le soulèvement de la Pologne contre ses occupants (Allemagne, Autriche, Russie).

Il est général à la victoire, commandant une division, puis placé à la tête de la 3e armée. Au printemps 1920, il tient le rôle principal dans l'inconséquente offensive polonaise en direction de Kiev qui, après de spectaculaires succès, tourne à la défaite sous les contre-attaques de l'Armée rouge. Il est alors l'un des chefs qui parviennent à dégager Varsovie. Rydz-Smigly se bat depuis six ans. Au moment du coup d'État de 1926, il prend, à la tête de ses troupes, le parti de Pilsudski, puis est nommé inspecteur d'armée.

À la mort de Pilsudski, suivant la volonté du maréchal, Rydz-Smigly prend, en mai 1935, les fonctions d'inspecteur général de l'armée polonaise, détenant ainsi le poste clé de la direction de son pays. Au cours des cérémonies officielles, les observateurs constatent l'amélioration progressive de son rang protocolaire, occupant, non sans satisfaction, la première place après le nouveau chef de l'État, le président Moscicki, et avant les présidents du Conseil et de la Diète. Puis les ambassades apprennent qu'en juin 1936, il impose le général Slawoj-Skladowski comme chef du gouvernement ; ce dernier avouant exercer le pouvoir « sur l'ordre » de Rydz-Smigly, on ne peut douter de la puissance grandissante de ce dernier.

Mieux : on en déduit que la raison d'être du cabinet de Slawoj-

17. Rapport du général Debeney sur sa mission en Pologne du 24 au 28 juin 1934. Archives SHAT.

18. Voir t. II.

M. Moscicki, président de la République polonaise, remet (ci-contre) *le bâton de maréchal au général Rydz-Smigly*. En dessous, *le maréchal Rydz-Smigly confère leurs grades à deux jeunes officiers aviateurs polonais.* (Ph. Keystone.)

Skladowski est de « reconnaître officiellement au successeur du maréchal Pilsudski le rang et l'autorité qui lui appartiennent déjà dans la pratique [19] ». Dans cette ascension, qui se soucie de la constitution du 23 avril 1935 ? Personne ne s'en formalise après les « libertés » prises par Pilsudski à l'égard de textes qu'il avait pourtant inspirés. Le couronnement de cette procédure inhabituelle, illégale sur le fond, est, le 16 juillet 1936, la publication d'un communiqué officiel, original : « ... Le général Rydz-Smigly, désigné par le maréchal Pilsudski comme le premier défenseur de la patrie, le premier collaborateur de monsieur le président de la République (...), doit être considéré et respecté comme la première personne en Pologne après monsieur le président de la République. Tous les fonctionnaires de l'État, avec le président du Conseil des ministres en tête, doivent lui manifester honneur et obéissance ! » Ainsi est régularisée, de façon sensationnelle, une situation déjà établie... L'ambassade de France et Paris « pavoisent » : Rydz-Smigly est, contrairement à Beck [20], un « ami » de la France auquel on est disposé à accorder honneurs et satisfactions.

---

19. Varsovie, le 18 juillet 1936, télégramme n° 355 de M. Léon Noël, ambassadeur de France en Pologne, à M. Yvon Delbos, ministre des Affaires étrangères. Archives SHAT.

20. L'attitude germanophile du ministre des Affaires étrangères provoque un profond « malaise » dans les relations franco-polonaises. Le 10 mai 1935, le colonel Blenzjinski, attaché militaire polonais à Paris, confie au lieutenant-colonel Gauché, chef du Deuxième Bureau de l'EMA, ses regrets sur cette situation due à « l'extrême susceptibilité de l'opinion publique dans les deux pays », celle de ses compatriotes revêtant « un véritable caractère maladif ». D'autre part, l'opinion polonaise ne comprend pas la suspension de l'aide matérielle française ; il constate aussi « ne plus avoir satisfaction comme dans les demandes à l'EMA » ; autrement dit, des limites sont apportées à l'échange de renseignements et aux visites d'étude dans les usines d'armement (tel est le cas, par exemple, avec Hotchkiss qui reçoit l'ordre de ne pas montrer à un groupe d'officiers polonais les munitions perforantes de mitrailleuses, ainsi que les canons antichars). Si ces restrictions sont maintenues, « la Pologne demandera à d'autres ce qu'elle ne peut plus obtenir de la France ».

Blenzjinski assure ne rien comprendre à la politique générale de la France qui « accumule pacte sur pacte sans qu'il soit possible de deviner ce qu'ils donneraient dans leur application ». Le colonel polonais affirme : en cas de conflit en Europe, la Pologne n'aurait qu'un ennemi, l'Allemagne, « même en l'absence de tout pacte écrit avec la France », elle l'attaquerait. (11 mai 1935, ministère de la Guerre, section des armées étrangères, archives SHAT.)

On peut mesurer l'étendue et la gravité de la méfiance du gouvernement aux questions du plan de renseignements « 1935 » sur la Pologne. Il consiste d'abord à établir la répercussion de l'attitude (germanophile) d'éléments dirigeants polonais « dans les milieux militaires » ; dans quelle direction l'armée polonaise serait-elle employée ? Une collaboration militaire germano-polonaise semble-t-elle se dessiner ? Y a-t-il des signes de désaffection à l'égard de l'armée française ? Existe-t-il, ou non, un accord militaire secret germano-polonais ? (18 septembre 1935, EMA Deuxième Bureau, section Orient, « Plan de renseignements pour 1934-1935 », archives SHAT.)

Un rapport, n° 131/S, du 5 février 1936 du général d'Arbonneau, attaché militaire à Varsovie, donne un échantillon des sentiments français à l'égard de Beck : rentrant de la S.D.N., le ministre polonais des Affaires étrangères s'est arrêté à Berlin, 24 heures, « il a pu ainsi satisfaire sa vanité en recevant, au deuxième anniversaire du pacte polono-allemand, l'encens et les fleurs de ses amis Goering et Cie, et échanger avec eux des vues sur la politique européenne du moment ». (Archives SHAT.)

Septembre 1936 : les accords de Rambouillet

Le 5 février 1936, un mois avant la réoccupation de la Rhénanie par Hitler et la désastreuse absence de réactions françaises [21], les généraux Soskowski (président de la commission des armements) et Stachiewicz (chef du grand état-major) posent les jalons d'une nouvelle aide française en armements. Où en est-on ? L'artillerie est insuffisante en pièces de toutes sortes, y compris la D.C.A. et les antichars ; carence des liaisons radio ; le développement des engins blindés et de la motorisation en est aux « balbutiements ». L'aviation pourrait être « bonne », mais elle se trouve en pleine évolution et ses effectifs sont modestes. Les moyens de l'industrie de guerre sont limités (on est parti de zéro, l'effort a été considérable, mais depuis plusieurs années, les progrès, faute de moyens financiers, sont « très lents »), et ils le resteraient au début d'un conflit, même en conservant la disposition des ressources métallurgiques et minières de Silésie, pourtant fort proches des divisions allemandes.

À Nancy, le maréchal Rydz-Smigly à côté du général Gamelin (à g.) *assiste à un défilé des troupes de la garnison.* (Ph. Keystone.)

La Pologne n'offrirait donc qu'une faible résistance contre une « armée solidement équipée en matériel (...), *presque entièrement désarmée devant l'attaque des engins blindés ;* la production des munitions est largement insuffisante en Pologne pour l'armement actuel ». Quant au ravitaillement, dépendant de l'étranger (c'est-à-dire de la France), son exécution serait, en cas de guerre, « difficile » : « Notre appui doit (donc)

21. Voir t. III. Rappelons que la Pologne a proposé à la France de l'appuyer en engageant toutes ses forces contre l'Allemagne dans le cas où la France aurait décidé de réagir à la réoccupation de la Rhénanie, ce qui donne les limites de la germanophilie des Polonais, devenus plus réservés au fur et à mesure des développements de la politique d'Hitler.

être donné dès le temps de paix [22]. » L'addition se monte à deux milliards de francs (la moitié pour acquérir, en France, de la D.C.A., des canons lourds, des transmissions, deux sous-marins, des matières premières ; la seconde moitié serait investie dans l'industrie de guerre polonaise) [23]. Convoqué à Paris, au début juin 1936, par Léon Blum, président du Conseil, et Yvon Delbos, ministre des Affaires étrangères, l'ambassadeur à Varsovie Léon Noël, s'entend dire : « Le gouvernement tient beaucoup, pour des raisons d'ordre militaire, au maintien de notre alliance avec la Pologne [24]. » Le général Rydz-Smigly est invité en France pour en discuter avec Gamelin, et assister à des manœuvres auxquelles les attachés militaires étrangers n'étaient pas conviés.

Toutefois, une importante garantie politique serait demandée à la Pologne : le départ du ministre des Affaires étrangères, chose possible car le général Rydz-Smigly « n'avait que défiance à son endroit [25] ». Delbos en est d'accord : au général polonais, il dira, lors de sa venue en France, que les crédits ne seront pas accordés si Beck n'est pas éloigné. Mais ce scénario n'est pas respecté : sous prétexte d'inviter son collègue en France, Gamelin se rend à Varsovie ; « c'était une faute [26] » car ce déplacement inverse l'ordre des facteurs. D'autre part, les instructions du chef d'état-major général sont, avant l'octroi des emprunts, des négociations et une mise au point des relations franco-polonaises, un éclaircissement de la situation entre Varsovie et Prague (indispensable pour les questions de ravitaillement). Or, Gamelin se contente d'échanger des considérations générales, et repart sans avoir amorcé des pourparlers approfondis. S'expliquant sur son silence à l'égard de l'éloignement de Beck, il écrit : « Il m'était difficile d'aborder ce sujet éminemment délicat dès mon premier contact, d'autant que le colonel Beck eut l'adresse de me recevoir parfaitement et affecta de me parler en toute confiance, précisément en présence du général Rydz-Smigly [27] ! » Quelle étonnante et pauvre justification ; en fait, pour éviter les risques possibles pour sa carrière, Gamelin passe son temps à biaiser, à ne pas décider ni commander (nous le verrons dans un prochain chapitre).

De complications en embrouilles, la France et la Pologne signent, le 6 septembre, les accords dits de Rambouillet. Il s'agit d'un plan d'armement de la Pologne étalé sur quatre ans, pour un montant global de 2 milliards 700 millions de francs [28] ; l'engagement politique souhaité par

---

22. Varsovie, le 3 février 1936, note nº 14/S du général d'Arbonneau, au sujet des armements de l'armée polonaise. Il écrit aussi : « Les 45 à 50 divisions qu'elle pourra mettre en ligne, si elles étaient renforcées matériellement, constitueraient un bel outil » *(sic)*. Certes, mais une nouvelle fois, tout est à faire : fourniture de nombreux matériels, développement de l'industrie de guerre, à commencer par la satisfaction des besoins les plus urgents (poudreries, fabriques de munitions, d'armes portatives) ! Archives SHAT.

23. Concours financier français pour les armements polonais, EMA Deuxième Bureau. Archives SHAT.

24. Léon Noël, *op. cit.*, p. 139.

25. Léon Noël, *op. cit.*, p. 140.

26. Léon Noël, *op. cit.*, p. 141.

27. Général Gamelin, *Servir, le prologue du drame,* p. 231, Plon édit., Paris 1946.

28. Un milliard à utiliser en francs pour acquérir du matériel français, 250 millions de travaux pour l'industrie française dans l'implantation d'ateliers de munitions et de poudre, 1 milliard 150 millions (en émission d'obligations de la Compagnie des chemins de fer

Léon Noël à propos de Beck n'est pas concrétisé. Le grand état-major polonais est persuadé que l'industrie française est à même de fournir rapidement les matériels désirés. Les militaires français pensent que les commandes polonaises seront bénéfiques pour relancer la production française, et que la livraison des commandes s'effectuera sans problèmes. Dès mai 1937, on s'apercevra qu'il n'en est rien [29] ?

franco-polonais et du gouvernement de Varsovie) pour financer les dépenses d'armement et d'équipement en Pologne, 400 millions environ pour achever la liaison ferroviaire stratégique Silésie-Baltique, le reste étant consacré aux moyens de défense de l'industrie de guerre polonaise.

29. Note du lieutenant-colonel Turlotte, *op. cit.*, p. 6 et 7.

ANNEXE
Texte concernant la note 4

On trouve une manifestation de cette crise lors du voyage à Paris, en mai 1924, du général Haller, chef d'état-major de l'armée polonaise qui, au Quai d'Orsay, rencontre MM. de Lacroix, Chasles et le général Hergault, représentant les ministères des Affaires étrangères, des Finances et de la Guerre.

D'entrée, Haller soutient que les engagements pris par son pays dans l'accord de février 1921 ont été tenus (vote du service militaire de deux ans, etc.), mais que l'armée polonaise n'est pas « mobilisable ». Il lui manque le matériel indispensable, car les 400 millions de crédits prévus pour l'acquérir « n'ont pu être encore utilisés », d'où un retard de trois ans. La loyauté du général ajoutée à « la sécurité de la Pologne » l'obligent « à rappeler aux autorités françaises la teneur des engagements pris ; de nouveaux retards risquent d'être irréparables ». Paris et Varsovie n'ont pu se « mettre d'accord sur les garanties de remboursement (nullement prévues dans la convention de 1921). Si les choses continuent, le général craint que les prêts ne puissent être complètement utilisés avant 1928 ! Il faut rattraper le retard dû à la France par un accord sur les 300 millions de francs prévus et non encore versés. Le problème des garanties de remboursement doit donc être traité en bloc, et non par tranches.

L'ambassadeur de Pologne à Paris, présent aux discussions, insiste sur « la qualité des forêts offertes en gage », le rendement de leur exploitation ; il ajoute que les crédits consentis à la Pologne par la France « ne se traduisent pas par une sortie d'argent », mais par une exportation de marchandises qui intéresse « l'économie générale française ».

MM. Chasles et de Lacroix répliquent que l'intérêt porté à la « diversité des gages » présenterait des solutions autrement intéressantes (que celle des forêts) pour les « rapports économiques permanents » franco-polonais (Varsovie n'a-t-elle pas procédé ainsi avec l'Italie pour des « avances moins avantageuses » ?) Cet intérêt pour la diversité n'est pas nouveau car il en a été discuté plusieurs fois à la Chambre des députés. La France s'étonne aussi que la Diète polonaise ait exclu « certaines possibilités d'entente, alors que, par exemple, l'amodiation de la raffinerie de Dobrobyez avait déjà fait l'objet de pourparlers entre les deux gouvernements ».

L'ambassadeur de Pologne propose alors en gage les revenus des forêts de Dantzig et de Bromberg, et ceux des mines fiscales (charbon) de Haute-Silésie pour 200 millions de francs. D'autres propositions polonaises seraient faites, dans un mois, pour les 100 millions restants.

Accord possible, répliquent les délégués français, mais pourquoi Varsovie ne permettrait-elle pas à une société privée franco-polonaise d'exploiter (comme le font les Britanniques) les forêts en question ? Non, assurent les Polonais. Entente facile et rapide sur le charbon, reprennent les Français, mais le gage des forêts est à approfondir ; de toute façon, la *France ne peut hâter les décaissements prévus « car il y a une limite que le ministère des Finances ne pourra pas dépasser »* (les paiements annuels seront au maximum de 100 millions de francs).

Une note sur les besoins de l'armée polonaise révèle : le déficit de l'artillerie est de 646 canons, sans parler du manque de pièces de rechange, les ateliers de réparation font défaut, carence de l'instruction. Dans le domaine aérien, la Pologne ne peut mobiliser que 13 escadrilles à 6 appareils de matériel italien, à remplacer par des engins français (Potez XV, moteurs Lorraine de 400 C.V.). Quant à l'infanterie, l'unification des armes individuelles sera « très longue » ; en attendant les divisions seront équipées en armement allemand et français. Dans le domaine des chars, il y a 125 Renault F.T. introduits avec les volontaires polonais revenus de France, mais par suite d'usure, 45 seulement sont en état de marche (procès-verbaux des réunions des 9 et 10 mai 1924, note sur les besoins de l'armée polonaise, archives SHAT).

5

LA TCHÉCOSLOVAQUIE PEUT-ELLE SURVIVRE ?

Influences financières françaises à Prague • Autant d'ethnies, autant de menaces potentielles de dislocation • Antagonisme entre Tchèques et Slovaques • La puissance des Sudètes dont le chef, Konrad Henlein, est lié aux nazis •Varsovie et Prague à couteaux tirés • Conditions particulières de l'armée tchèque • Contacts militaires entre Paris et Prague • Daladier s'interroge sur les conditions de l'alliance franco-tchécoslovaque.

À chaque détour des discussions politiques et militaires franco-polonaises revient, lancinant, grave, le mauvais état des relations entre Varsovie et Prague dont profite l'Allemagne. Mais les difficultés internes de la Tchécoslovaquie minent autant que les faiblesses de l'armée polonaise la capacité de résistance de « l'alliance de revers » de la France à l'Est de l'Europe.

Nous avons souligné que le nouvel État, construit en 1919, sur les débris de l'ancien empire austro-hongrois, doit sa naissance à la France. À ce titre, il semble être « l'allié de cœur », ce qui n'a pas empêché Paris de mettre la main sur les leviers économiques du pays.

Ainsi, à Prague, le groupe sidérurgique Schneider et sa banque de l'Union Parisienne, le Crédit Lyonnais, ont-ils pris le contrôle de la « Zivnostenska Banka ». En Tchécoslovaquie, tout est censé partir (ou arriver) à cet « astre » financier, réservoir de capitaux pour l'industrie, banque de dépôt, de placements, véritable holding. La « Zivnostenska » bénéficie, dit-on, du « plus grand empressement » de la part du gouvernement. Le Crédit Foncier d'Autriche a facilité les prises d'intérêt de la banque tchécoslovaque dans des firmes où elle était présente. Textiles, sucres, métallurgie, pétrole, électricité, chimie, charbon, aliments, machines agricoles, huileries (savons), assurances passent par la « Zivnostenska ». Ce qui échappe à ce trust dépend d'un rival, moins puissant, la Banque de Crédit de Prague, contrôlée par la Société Générale, le Crédit Mobilier, « Paris-Bas ».

Au sein des conseils d'administration figurent des personnalités françaises qui ont pignon sur rue à Paris, de la haute finance et de la politique : André Lebon (ancien ministre du Commerce et de l'Industrie, président d'un syndicat patronal), J. Godet (industriel, secrétaire de la chambre de commerce de Paris), Lorin (député de la Gironde et homme d'affaires), le banquier André Homberg, Ch. Kammerer (ancien directeur des services financiers du Quai d'Orsay), Dutaste (ancien ambassadeur de France), Jules Cambon (ancien ambassadeur, devenu vice-président de « Paris-Bas »), etc. M. Eugène Schneider, l'un de ses adjoints, le colonel Henri Veil, M. Victor Champigneul sont administrateurs de Skoda : 270 hectares de fonderies, de forges, d'aciéries (armement, locomotives, essieux, etc.) dans la région de Pilsen, trente mille ouvriers. Le Creusot tchèque est la plus puissante usine d'Europe centrale, après les installations de la Silésie allemande.

La plupart des dirigeants tchèques, dont Beneš, sont liés aux milieux français de la gauche non communiste, soutenant avec eux les intentions de la S.D.N. [1]. Ces liens et les choix politiques font que la droite française tient à distance la Tchécoslovaquie, accusée d'être un repère de francs-maçons et un fourrier occasionnel du communisme [2], car Beneš est russophile. Quoi qu'il en soit, les deux alliés de la Tchécoslovaquie, la France et l'U.R.S.S., n'ont aucune frontière commune avec elle, d'où de nombreuses incertitudes et faiblesses dans la défense du pays en cas de guerre avec l'Allemagne. Quel secours attendre d'une Pologne hostile ? À ces données inquiétantes s'ajoutent, plus graves encore de conséquences, les menaces potentielles découlant de sa structure ethnique. Le recensement de 1930 donne un total de 14 729 536 habitants, partagés en Tchèques (7 406 493), Slovaques (2 282 277), Allemands-Sudètes (3 231 688), Magyars (691 523), Ruthènes (549 169), Juifs (186 642), Polonais (81 737), Tziganes (32 209).

Majoritaires, les Slaves, répartis en deux grands rameaux, sont en désaccord ; le pays est donc dirigé par les Tchèques, opposés au catholicisme profond et aux traditions rurales des Slovaques. La langue est différente. Septuagénaire énergique, populaire pour ne pas dire adoré de ses compatriotes, l'abbé Hinkla, à la tête du mouvement autonomiste slovaque, à recrutement catholique et paysan, combat le gouvernement centraliste de Prague qu'il accuse d'avoir attribué aux seuls Tchèques les postes les plus importants de l'État, et de maintenir ses compatriotes dans

1. En fin de chapitre, on trouvera une note sur le financement par la Tchécoslovaquie de journaux et de personnalités françaises grâce à un document aimablement communiqué à l'auteur par le Pr Fred Kupferman.

2. Même l'état-major de l'armée suisse, vigilant aux agitations politiques, précieux centre de renseignements, s'inquiète des activités communistes à Prague, dont il condamne sévèrement la complaisance. La propagande hitlérienne en profite. Archives SHAT.

une situation sociale inférieure. Hinkla reproche aussi à l'équipe Mazaryk-Beneš (influencée par la franc-maçonnerie) son hostilité au catholicisme agissant des Slovaques. Le nonce apostolique soutient l'abbé, d'où des tensions entre Prague et le Vatican. Pour l'instant, Hinkla se refuse à répondre aux avances hongroises et polonaises en vue d'une action contre Prague, et il s'en tient à une querelle de politique intérieure sur la décentralisation, mais....

La forte minorité allemande des Sudètes est, dans son ensemble, située sur le pourtour du massif de Bohême. Au début, ses dirigeants se sont divisés en partisans ou en adversaires irréductibles d'une collaboration avec Prague. En 1926, la première tendance participait au gouvernement, et, un moment, on put croire qu'elle allait l'emporter sur sa rivale. Dès 1930, le succès croissant des nazis modifie les données du problème : le parti national-allemand marche, main dans la main, avec les gens d'Hitler, se livre à une propagande effrénée dont s'inquiète le gouvernement de Prague. Aussi, ce dernier en 1932, dissout-il le « Volksport » (une société de sport) dirigé par Konrad Henlein dont les étroites relations avec l'Allemagne pourraient provoquer une action commune pour anéantir, déjà, la Tchécoslovaquie !

L'arrivée au pouvoir d'Hitler accentue l'agitation nationale-socialiste chez les Sudètes, mais leurs responsables échouent dans leur tentative de créer un front unique des Allemands de Tchécoslovaquie. En décembre 1933 pourtant, Henlein reprend cette idée, prodigue des déclarations de loyalisme à l'égard des institutions et de la démocratie qui ne trompent personne. Prague contre-attaque par la dissolution du parti national-socialiste. Surpris, puis s'étant ressaisi, Henlein parle d'État fédératif, se défend d'être « bien en cour » auprès du Führer, assure son hostilité au pangermanisme, etc. Prague prend de nouvelles mesures de coercition, jugées souvent maladroites.

Aux élections de 1935, Henlein remporte un net succès, en doublant le nombre de ses voix ; désormais, les deux tiers des Sudètes marquent leur éloignement pour Prague ! Néanmoins, Henlein assure reconnaître la constitution de la Tchécoslovaquie, en accepte les droits et les devoirs, mais combattra « sans trêve » pour obtenir l'autonomie administrative de ses compatriotes ; ses députés ne participeront pas au gouvernement, mais soutiendront une politique extérieure « d'orientation réellement européenne », évitant « d'éterniser les inégalités entre les peuples » découlant des traités de paix. Ce schéma est calqué sur l'une des principales revendications du nazisme. Henlein parle aussi d'un programme économique destiné à produire des merveilles... (Depuis quatre ans, la Tchécoslovaquie connaît une crise, surtout dans les régions industrielles où les Sudètes sont implantés.)

De 1919 jusqu'au triomphe du nazisme en 1933, la Tchécoslovaquie n'a pas entretenu de « trop mauvais rapports » avec la République de Weimar. À cette époque, c'est la Pologne qui attire la mauvaise humeur de Berlin, trop pauvre alors en moyens militaires pour pouvoir faire face, en même temps, à une tension avec Prague. Mais, sous Hitler, le pacte germano-polonais (1934) de bon voisinage change la situation : la presse allemande décrit les persécutions tchèques dont sont victimes les Sudètes : une

À gauche, *le chef du parti des Sudètes, Konrad Henlein (avec des lunettes), assiste, en compagnie de Hitler, à des fêtes de gymnastique à Breslau.* (Ph. Keystone.)

polémique s'instaure. Prenant des précautions, Prague porte à deux ans la durée du service militaire, accroît les crédits de l'armée, dresse un plan de fortifications, etc.

Varsovie et Prague à couteaux tirés

Les problèmes ne sont guère plus simples avec la minorité magyare : à sa naissance, la Tchécoslovaquie hérite des dépouilles de la Hongrie. À la rancune, solide, de Budapest, s'ajoute le mépris des Hongrois pour les Tchèques (comme à l'égard des Slovaques). Les magnats magyars haïssent les petits-bourgeois de Prague, d'autant qu'une législation agraire leur enlève des biens immenses. L'amiral Horthy, régent de Hongrie et dictateur du pays, ne cesse d'intriguer à Berlin et à Varsovie, ce qui inquiète Prague.

Autre conflit : l'animosité existant entre la Pologne et la Tchécoslovaquie autour du duché de Teschen, une plaine rectangulaire, importante région de passage, riche en charbon (7 400 000 tonnes) pouvant fournir du coke, dotée d'une puissante métallurgie, d'une industrie chimique et textile. Près de 80 000 Polonais y habitent. À la fin de la Grande Guerre, Tchèques et Polonais ne s'entendent pas (du tout) sur

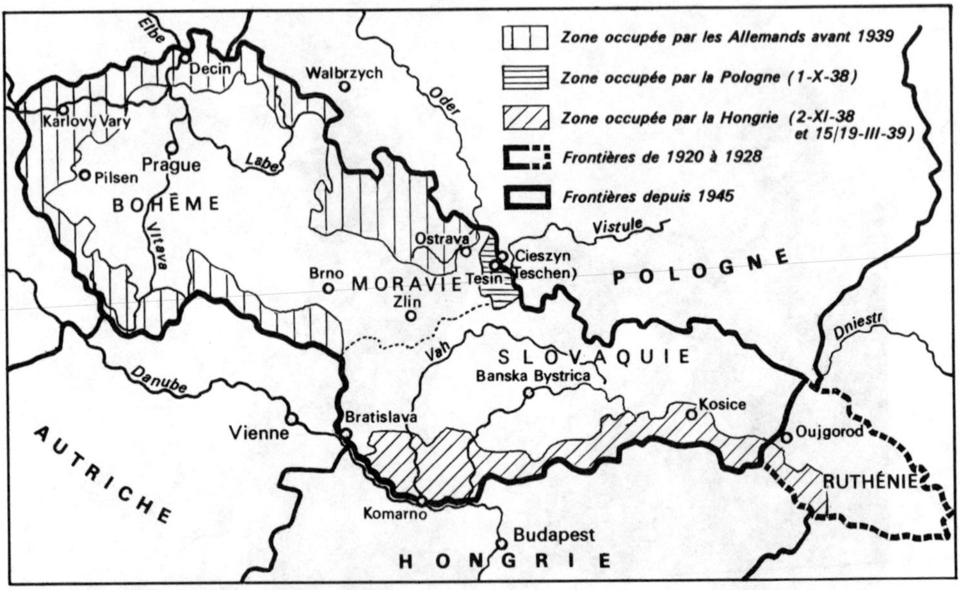

l'avenir de Teschen. Le 23 janvier 1919, les troupes de Prague passent à l'attaque, refoulant leurs adversaires. Fureur à Varsovie : cet acte est impardonnable, au moment où l'Armée rouge menace la Pologne. La Conférence des ambassadeurs, réunie à Paris, décide un partage de Teschen, mal accueilli dans les deux camps, surtout par la Pologne.

Cette crise, le profond ressentiment de la Pologne sont un exemple des désaccords entre Varsovie et Prague. Depuis les Habsbourg — qui ont su aiguiser les antagonismes des Polonais et des Tchèques pour mieux régner — les deux peuples (à l'instar, d'ailleurs, de la plupart des autres ethnies d'Europe centrale) se méprisent. Les Polonais jouent aux aristocrates, considérant les Tchèques comme de « petites gens, lents d'esprit et lourds d'allure [3] » ; ceux-ci, à leur tour, traitent les Polonais de vaniteux et légers personnages. La différence des régimes politiques dans les deux pays, le contraste de personnalités aussi dissemblables que le président T.G. Masaryk et le maréchal Pilsudski ne facilitent pas les choses ; ils n'ont rien en commun. Beneš, connu pour son activité sur la scène internationale, fait de l'ombre à Beck qui ne le supporte pas.

À Prague, l'U.R.S.S. a des amis ; à Varsovie, des haines. Dans les deux camps, on attise les rancunes des minorités, et l'on accueille les exilés en mal de revanche. Les dirigeants polonais ne croient pas (et ne le cachent pas) à la durée de la Tchécoslovaquie, « création artificielle » ; à Prague, on prédit en permanence la chute imminente du régime Pilsud-

3. Léon Noël, *op. cit.*, p. 56.

ski, etc. Peu après sa nomination aux Affaires étrangères, Beck annonce son désir de se rendre en voyage officiel à Prague ; Beneš, réjoui, assure qu'on fera fête à son collègue polonais. Tout est prêt, accordé, lorsque Beck se décommande d'une façon qui paraît discourtoise [4].

Toutefois, pendant quelques années, les rapports entre les deux antagonistes s'améliorent, sans dépasser le stade des vœux pieux. La situation bascule à nouveau en 1934, au lendemain du flirt (provisoire) entre l'Allemagne et Varsovie ; les incidents se multiplient à Teschen, créant par leur violence, un danger de déstabilisation. Avec aigreur, Varsovie repousse les propositions de Prague (encouragées par la France). Une fois de plus, les Polonais se comportent en apprentis sorciers. Hitler, quant à lui, se frotte les mains : il va tirer les marrons du feu !

En première conclusion, la Tchécoslovaquie est le parfait exemple, dramatique, engendré par les erreurs du traité de Versailles. Ses auteurs n'ont pu, ni su, résoudre les contradictions entre le respectable « droit des peuples à disposer d'eux-mêmes », permettant aux Tchèques de se libérer de la tutelle austro-hongroise, mais leur soumettant des ethnies qui ne les supportent pas. Que le gouvernement de Prague ait été maladroit dans cette délicate gestion, cela est certain mais en fait les conflits ont une origine passionnelle, sentimentale, échappant à toute explication raisonnée. Ce « climat » constitue le ferment de dislocation de la Tchécoslovaquie elle-même.

L'existence de différentes minorités tendues entre elles a imposé à l'armée tchécoslovaque des conditions particulières de recrutement, de même qu'elle a influencé les plans de la défense de son territoire. Ainsi, une disposition a permis de maintenir, en Bohême (où les Sudètes sont importants), des régiments largement composés de Tchèques : d'éventuelles désertions en Allemagne ne feraient perdre qu'une trentaine de soldats par compagnie. L'hostilité non déguisée de la Hongrie impose le maintien de forces en Slovaquie, alors que le péril hitlérien réclame une présence militaire importante en Bohême.

Quant aux fortifications, il n'a pas paru possible de les construire en bordure même de la frontière avec l'Allemagne, au milieu de populations peu sûres. La ligne de défense a donc été établie à une cinquantaine de kilomètres en arrière de cette zone douteuse, mais, « immense inconvénient », l'industrie de guerre tchécoslovaque est sous la menace immédiate de l'ennemi. D'autre part, la crise économique de 1929 a entraîné un affaiblissement des moyens de défense : réduction du budget militaire, diminution des cadres, suspension de l'avancement, prélèvements sur les stocks de guerre pour faire face aux besoins courants, etc. En 1934, un redressement a commencé de s'opérer.

À Prague, la France entretient une mission militaire dirigée par le général Faucher, ardent, vigilant, défenseur passionné de l'entente avec la Tchécoslovaquie, ayant porte ouverte auprès de Beneš. Les liens militaires entre Prague et Paris sont étroits, constants. Fin janvier 1933, par exemple, le général Sirovy, chef d'état-major général de l'armée tchécoslovaque, s'entretient pendant trois jours avec Gamelin ; à l'ordre du jour :

4. Léon Noël, *op.cit.*, p. 62.

la conduite des opérations dans le cas d'un conflit en Europe centrale, la coordination de l'action de la France avec la Petite Entente et la Tchécoslovaquie, la coopération de l'aviation française (en avril, trois officiers, dont deux de l'armée de l'air, se rendent à Prague pour une étude approfondie).

Dans le bureau du généralissime à Paris, le général Krejci, commandant en chef de l'armée tchécoslovaque. De gauche à droite, *les généraux Faucher (chef de la mission militaire française à Prague), Belhague, Colson (chef d'état-major de l'armée de Terre et adjoint de Gamelin), Gamelin, Schweisguth (sous-chef de l'état-major de l'armée, auteur d'études sur l'armée rouge).* [Ph. Keystone].

Quelques mois plus tard, les Tchèques demandent à Weygand de servir d'intermédiaire entre leur état-major et celui de l'armée polonaise « aux fins d'obtenir une collaboration plus étroite (…) pour leurs opérations contre l'Allemagne [5] », avec au départ, l'utilisation des aviations des trois pays contre le Reich. D'accord sur cette médiation et ce programme, Weygand envoie le lieutenant-colonel Koeltz chef du Deuxième Bureau, officier de valeur, au maréchal Pilsudski. Mais la signature, le 26 janvier 1934, de la convention germano-polonaise bouleverse ce plan.

5. Paris, le 1er juin 1934, note pour le chef d'état-major général au sujet des relations entre l'état-major français et les états-majors de la Petite Entente. Archives SHAT.

Inlassable, le général Faucher apporte à Paris de nouvelles études tchécoslovaques pour un cas de conflit avec l'Allemagne. Se refusant à une réponse écrite, Gamelin demande au général Kreci (successeur de Sirovy) de venir en discuter avec lui. Les démarches répétées, insistantes, de Prague permettent de penser que la Tchécoslovaquie cherche à obtenir une priorité sur la Petite Entente dont, au demeurant, elle se verrait l'animateur militaire sous la houlette de l'état-major français. Pourquoi pas ? Mais encore faut-il être prudent, et ne pas éveiller la susceptibilité des états-majors roumain et yougoslave. Aussi le voyage de Kreci en France est-il tenu secret et le général sera prié de ne rien dire de ses discussions parisiennes à ses collègues de la Petite Entente. Cette précaution s'explique par la crainte de voir des agents secrets allemands profiter de leurs sources au sein des états-majors roumain et yougoslave pour apprendre le dernier point des préparatifs militaires franco-tchécoslovaques !

À la suite d'une nouvelle rencontre à Paris (du 26 au 28 novembre 1936) entre envoyés de l'état-major de Prague et l'armée de l'air française, deux groupes d'aviation (reconnaissance et défense) sont affectés à la Tchécoslovaquie. À propos de l'ordre de bataille de la Luftwaffe, les Tchèques sont incités à approfondir leurs investigations. En cas de tension, la France envisagera l'envoi à Prague d'une « armée aérienne » (dix groupes) [6].

Sur le plan moral, le général Faucher juge « bons » les cadres supérieurs et d'états-majors, comme les officiers des troupes ; les échelons inférieurs enregistrent un certain déficit en raison de leur jeunesse. Quant au problème des minorités au sein de l'armée, Beneš ne « se fait pas d'illusions », mais il n'y voit pas « une cause de faiblesse irrémédiable [7] ».

L'alliance et les liens d'état-major entre la France et la Tchécoslovaquie apparaissent sans faille. Toutefois, le 16 février, Daladier réagit [8] à une lettre de Beneš affirmant qu'en application de la convention signée le 25 janvier 1924 par Poincaré, « les deux nations se concerteront pour parer à une agression contre l'une des deux par un ennemi commun et pour étudier les moyens d'assistance ». Mais, selon le ministre de la Défense nationale et de la Guerre, le président tchèque interprète mal l'accord

6. Procès-verbal des conversations tenues à Paris les 26, 27 et 28 novembre 1936, entre les représentants de l'état-major général tchécoslovaque et de l'état-major de l'armée de l'air français.

Entre-temps (depuis 1934), des mesures redressent la situation de l'armée tchécoslovaque : augmentation de la durée du service militaire (de quatorze mois à deux ans) et de l'encadrement, organisation de la D.C.A., défense de l'État en cas de guerre, emprunts et crédits, décisions législatives (répression de l'espionnage, réquisitions, etc.), amélioration de l'armement, création de deux régiments de chars, effort aérien, réorganisations diverses, décongestionnement de l'industrie de guerre (filiales de Skoda dans des régions moins vulnérables), perfectionnement du système fortifié (11 000 mitrailleuses mises sous béton), etc. Archives SHAT.

7. Prague, le 22 mars 1938, rapport n° 2843/SE du général Faucher au ministre de la Défense nationale et de la Guerre, EMA Deuxième Bureau à Paris. Archives SHAT.

8. Paris, le 16 février 1937, lettre n° 297 2/EMA-S.A.E. de M. Daladier, ministre de la Défense nationale et de la Guerre, au ministre des Affaires étrangères. Archives SHAT.

passé : Poincaré n'a pas prévu l'action *contre un seul pays, mais contre les deux.* C'est une énorme différence : la France ne serait pas obligée de voler au secours de la Tchécoslovaquie si l'Allemagne s'en prenait uniquement à celle-ci ! Est-ce Munich qui se prépare déjà ? Pourquoi Daladier s'inquiète-t-il ainsi ? Les archives du ministère des Affaires étrangères ne contiennent pas la réponse à la lettre du 16 février 1937…

ANNEXE

Texte concernant la note 1

Note sur le financement par la Tchécoslovaquie de journaux et de personnalités françaises :

Le 15 mars 1939, les Allemands, lors de leur entrée à Prague, s'emparent des archives du ministère des Affaires étrangères ; les dossiers de la 3e section (information) recèlent les bordereaux des fonds versés pendant près de vingt ans à de nombreux titres de la presse française pour soutenir, à Paris, la politique tchécoslovaque. Un ami et homme de confiance de Beneš, Jan Hajek, directeur du service de presse du ministère, se chargeait de ces opérations « délicates » en collaboration avec M. Osuski, ambassadeur de Tchécoslovaquie en France.

Les services de propagande allemands confient au Dr Rudolf Urban l'exploitation des documents tchèques en question sous le titre d'un livre, *La Presse des démocrates à la lumière des dossiers secrets de Prague* (1943), mais déjà en 1941, un ouvrage du même type, du Pr Fritz Beber, *La Politique européenne 1933/1938 dans la lumière des dossiers de Prague* prétendait montrer les collusions de Beneš avec la France, et les moyens « tortueux » employés. Certes, ce genre de documents doit être accueilli avec prudence ; leur publication s'apparente avec celle réalisée, au lendemain de la Grande Guerre, par les services de Lénine sur les fantastiques versements (jamais démentis) sous Nicolas II, à la presse française (avec la complicité du ministère des Finances et de la Banque de Paris et des Pays-Bas !) pour favoriser le lancement des célèbres emprunts russes en minimisant les difficultés du régime tsariste dont la révélation aurait fait fuir les souscripteurs...

Revenons au Dr Urban. C'est en 1922 qu'aurait débuté le système des « subventions » officielles tchèques à la presse française (*Le Temps* — très lié, on le sait, à la grande industrie qui a pris le contrôle d'industries tchèques de premier plan comme Skoda —, *Le Petit Parisien,* le *Journal des Débats* de François de Wendel, *L'Œuvre, Le Journal, La Tribune des Nations, L'Information, Marianne, Vendredi, La Dépêche, L'Europe Nouvelle, L'Agence Radio,* etc.).

Des versements sont aussi effectués à diverses personnalités : ainsi, à un spécialiste du droit des gens, juriste international réputé à Paris (G.D.L.P.), ou à un journaliste (J.P.) qui « rend énormément de services » (*sic*) dans les revues scientifiques, collabore au *Mercure de France,* aux *Nouvelles Littéraires,* à *L'Est Européen Agricole,* et a rédigé des textes sur la Tchécoslovaquie pour « Quillet » et « Larousse », sans parler des conférences « dans plusieurs clubs parisiens » sur la Tchécoslovaquie. Le 11 décembre 1926, J.P. conclut un accord avec Prague pour six ans, sur la base d'une mensualité de 5 000 francs. Le 24 décembre 1931, il signe un nouveau contrat dans lequel la « gratification » descend à 4 000 francs par mois. Quant au directeur (K.S.C.) de la feuille *Le Danubien* et de la revue *Les Balkans,* il « s'arrange » de façon satisfaisante avec 5 000 francs mensuels.

Un journaliste très en vue de l'entre-deux-guerres, J.S., émarge aussi au service de Hajek, venant lui-même à Prague régler les détails de ses « affaires avec les Tchèques » ! Les documents montrent ses astuces et ses démêlés avec les deux grands quotidiens parisiens qui l'emploient successivement. L'ambassade de Tchécoslovaquie en France suit avec vigilance, étant donné le renom professionnel de J.S. et l'importance de sa signature, ses difficultés avec ses patrons. Il est ainsi question (26 octobre 1934) d'une « révolution de palais » à *Paris-Soir* contre J.S., une lettre de Hajek l'informant des menaces à leur protégé se fait menaçante : « Si nous en avions le courage, nous pourrions libérer le journalisme français de toute cette canaillerie ! » (*Sic*). Autrement dit, Prague pourrait briser l'offensive contre J.S. en menaçant ses adversaires de rendre publics des documents confidentiels les concernant. Le Dr Urban ne nous dit rien sur la suite de ces possibilités de chantage...

Il est question également d'un institut de propagande français à Prague, « Ernest Denis », qui coiffe une maison d'édition « Le Monde Slave », le tout sous la direction du Pr E., ancien collaborateur de la mission militaire française à Prague. On apprend que E. se plaint des agissements de son adjoint F.D., qui le supplante ! L'ambassadeur de Tchécoslovaquie à Paris reçoit l'ordre d'enquêter sur la véracité des accusations contre F.D... qui serait couvert de dettes.

Au printemps 1938, devant les menaces de guerre en Europe centrale, Beneš préconise qu'Hajek s'installe à l'étranger (probablement à Toulouse) pour réorganiser le service de propagande avec un maximum de facilités. Le 22 août 1938, alors que la tension est extrême entre Prague et Berlin, le gouvernement tchèque reprend la question d'envoyer Hajek en France (mais les choses ne se font pas car Beneš démissionne en septembre, et Hajek doit, à son tour, quitter son poste).

Devant la crise germano-tchécoslovaque de l'été 1938, Beneš et le président du Conseil Hodza envoient deux millions de couronnes aux ambassadeurs à Londres et à Paris « pour acte de propagande extraordinaire », c'est-à-dire en finançant des brochures, des tracts, en « prolongeant certaines subventions pour contrarier des gens qui, dans la presse, (pouvaient) publier des informations qui seraient dommageables à notre politique ». Après la Conférence de Munich et la démission de Beneš, les nouveaux dirigeants de la Tchécoslovaquie suspendent les versements. L'ambassadeur Osusky proteste avec véhémence, et rappelle l'obligation de faire au moins face aux engagements déjà pris...

6

LA TENTATION ALLEMANDE DE L'ANGLETERRE

1937 : Le visage inchangé des forces britanniques depuis la Grande Guerre • Un Livre Blanc sur le réarmement • Difficultés d'adaptation de l'industrie • « Une petite armée bien équipée » • Engagements volontaires insuffisants • Matériel périmé • Graves lacunes de l'instruction • Les retards de la R.A.F. • Churchill tire la sonnette d'alarme • Création d'un Comité de recherches scientifiques et les premiers pas du radar • L'attraction de l'Allemagne sur l'Angleterre.

À l'ouest, les alliances de la France ne sont guère plus rassurantes que celles dont elle dispose en Europe de l'Est.

À peine le traité de Versailles est-il signé que l'entente franco-britannique de la Grande Guerre (qui n'a pas été sans difficulté d'abord avec French, puis avec Douglas Haig, et bien sûr, la crise de 1918) vole en éclats. Londres s'oppose à la vigilante application des conditions de paix à l'Allemagne décidée par la France. De son attitude germanophile, l'Angleterre escompte la réouverture du marché allemand à son économie ravagée, plus qu'aucune autre, par un chômage impressionnant ; elle redoute, non sans raison, qu'une Allemagne en proie au chaos, à l'amertume, ne devienne un terrain favorable au communisme, d'où la nécessité politique de sortir le vaincu de ses embarras. Enfin, jugeant excessive, agressive, la force militaire de la France, elle entend la contrebalancer en revenant à sa traditionnelle politique de bascule consistant à ne pas tolérer, sur le continent, une nation prédominante (sans parler de l'opposition fondamentale à l'installation de la France au Proche-Orient). Sur ce point, Londres commet une magistrale erreur d'analyse : en réalité, la France, épuisée, saignée, ruinée, écartelée entre les factions, n'ayant rien appris des fautes qui avaient failli entraîner sa perte en 1914, n'a plus que les apparences de la puissance.

Contre vents et marées, Londres, plus irréaliste encore que Paris, se fait la championne des conceptions de sécurité collective en honneur à la S.D.N. Pendant des années aussi, même après l'arrivée d'Hitler au pouvoir, elle s'accroche, bien qu'elle soit de plus en plus seule à y croire, à la politique de désarmement.

Au 1er janvier 1937, les forces britanniques offrent un visage pratiquement inchangé depuis la fin du premier conflit mondial : « Seule la création du Royal Tank Corps, résultat modeste d'études laborieuses [1], met une note moderne dans un appareil archaïque et traditionnel auquel l'Angleterre était revenue, sitôt la conscription abolie [2]. » Mais fin 1935, la nécessité de réarmement avait commencé à faire son chemin, sans décision sérieuse toutefois concernant la Défense nationale et l'Armée. Au début de 1936, on crée le « Food Department », chargé d'établir un plan pour le contrôle, en cas de conflit, de l'ensemble des approvisionnements et du ravitaillement. Parallèlement sont étudiés l'envoi de fournitures aux alliés éventuels de la Grande-Bretagne (et pays neutres favorables), ainsi que le contrôle, capital, des voies de navigation par la Royal Navy et le soutien aux flottes amies.

Difficultés et lenteur du réarmement britannique

À la suite de la publication d'un Livre Blanc sur les questions de défense (2 mars 1936), le gouvernement a pris des mesures militaires de modernisation, mais le budget ne pouvant supporter cet effort, il lui faut demander aux Communes l'autorisation d'emprunter. Le 18 février 1937, le parlement donne son accord et entérine ainsi l'abandon de la politique de désarmement : « L'heure du sacrifice a sonné », déclare le Premier ministre conservateur Stanley Baldwin. En cinq ans seront dépensés deux cent vingt milliards de francs, 1937 et 1938 étant des années de démarrage.

Au programme, la fabrication de 10 000 armes automatiques et antichars, 1 000 pièces d'artillerie, autant de chars, 20 à 25 000 véhicules. Mais l'industrie anglaise d'État n'a pas les moyens de réaliser cet effort (20 000 employés pour 10 entreprises), d'autant que les établissements existants, tel l'arsenal de Woolwich, sont repérables par l'aviation enne-

1. Étude du Deuxième Bureau, EMA, Paris. Archives SHAT.
2. Dans un article, le *Times* se plaint du « bien triste aspect » de la brigade de tanks dû au manque de matériel (ce qui frappe aussi le *Morning Post*). Au cours des manœuvres, il n'y a qu'une brigade de tanks « représentée » (les seuls engins étant des « Medium » vieux de 14 ans, et pouvant, à la rigueur, servir à l'instruction). Les chars légers modernes existant ont été expédiés en Palestine (maintien de l'ordre). Le journal souligne aussi le manque de moyens de transmission radio ; on en est revenu aux signaux à vue. Il y a bien quelques appareils de T.S.F., mais c'est « dérisoire ». Des défectuosités ont été relevées dans les canons, les appareils de signalisation, les émetteurs de fumée, etc. Archives SHAT.

mie. Avant de les agrandir, il faut les déplacer vers des zones jugées moins exposées. Les manufactures d'armement privées, comme Vickers, travaillent surtout pour l'exportation et ne sont pas en mesure de pourvoir au réarmement. À défaut de moyens de financement, elles ne peuvent se livrer aux recherches indispensables pour produire un matériel supportant la comparaison avec des fabrications étrangères. Alors que le pays compte 1 600 000 chômeurs, l'industrie manque de personnel technique en dépit de l'organisation par le ministère du Travail des centres d'instruction professionnelle. Autre paradoxe : là où existe de la main-d'œuvre qualifiée, il n'y a souvent pas de travail à lui fournir (100 000 personnes se trouvent dans cette situation). Aussi le gouvernement se préoccupe-t-il de déplacer ces spécialistes, mais les obstacles sont nombreux. Les machines-outils manquent au point qu'il faut en commander à l'étranger, y compris en Allemagne !

La situation privilégiée des industriels leur permet de discuter, à égalité, avec les ministres britanniques, incapables de les contraindre à appliquer un programme. Pour les industriels, hostiles à toute idée de nationalisation, la question la plus importante est celle du calcul des futurs bénéfices. Aussi, en mars 1936, prennent-ils l'offensive en proposant au gouvernement de fixer en commun les profits à venir ; deux comités patronaux négocient avec le ministre de la Défense pendant que l'Association des Chambres de Commerce demande à être consultée, afin que les mesures de réarmement ne troublent pas l'économie nationale. L'impuissance gouvernementale à obliger les industriels à donner la priorité aux contrats militaires, permet au secteur privé d'imposer des prix supérieurs aux conditions du marché. Les ministres ont aussi à compter avec les Églises et des universitaires dénonçant le côté immoral des gains des industries de guerre, avec les Trade-Unions opposés « à toute politique belliciste » [3], mais auxquels les événements imposent peu à peu, de changer d'attitude (comme le fait, en janvier 1937, M. Bevin, président de la puissante organisation syndicale ouvrière, futur ministre du Travail de Churchill pendant la guerre). Downing Street concède aux socialistes que le programme de réarmement est défensif, promettant, en outre, de créer des usines dans les zones souffrant de marasme économique. Ces contingences, ces appétits, ces pressions ne facilitent pas l'exécution du programme militaire. Par suite de la pénurie de métaux ferreux, des achats sont ordonnés (France, Suède, Espagne), tandis que commence la récupération des ferrailles. On achète du pétrole en Roumanie et au Venezuela. Les nouveaux matériels commencent à sortir lentement des usines, avec un retard énorme sur le fantastique réarmement allemand.

Succédant en 1937 comme Premier ministre à Baldwin (qui prend sa retraite), Neville Chamberlain déclare que son pays entend avoir « une armée comparativement petite, mais extrêmement bien entraînée, bien équipée et très mobile [4] ». Il réaffirme son attachement au recrutement volontaire, peu satisfaisant jusque-là, reconnaît-il, mais en cours d'amé-

3. Le réarmement de l'armée britannique en 1936, rapport de l'attaché militaire adjoint à l'ambassade de France à Londres. Archives SHAT.

4. Étude du Deuxième Bureau, *op. cit.*

lioration. Si l'Angleterre, précise encore Chamberlain, reste hostile à la conscription, c'est qu'elle ne croit pas à la nécessité d'avoir une armée à la taille des forces continentales. Les événements se chargeront de démontrer l'inanité de ces vues. Secrétaire d'État à la Guerre (1er octobre 1937-10 mars 1938), le dynamique Hore Belisha entend constituer, pour la protection des routes impériales (objectif capital), une « réserve stratégique » au Proche-Orient, et mettre sur pied en Angleterre même, un corps expéditionnaire, « plus réduit » pour des opérations en Europe (en fait squelettique, étant donné la faiblesse des effectifs) : les grandes unités britanniques seront de deux types : la division motorisée (6 ou 9 bataillons équipés de mitrailleuses légères et lourdes), la division mécanique blindée composée de chars. Pour appliquer ces conceptions, on procède à des changements dans le haut commandement.

Les facilités d'engagement, l'amélioration du bien-être dans les casernes, l'octroi de pensions révisées en hausse, une campagne de publicité (affiches, presse, films) n'accroissent pas le recrutement, bien qu'il y ait encore plus d'un million de chômeurs (cependant la Navy et la Royal Air Force engagent facilement leur personnel en augmentation constante). Ainsi, en 1938, le War Office est obligé de renoncer à la création, bien modeste, de deux bataillons d'infanterie ! En deux ans, de 1936 à 1938, la réserve passe de 118 000 à 126 000 hommes...

La réorganisation de l'armée britannique progresse à pas comptés. Il faudra les manœuvres de 1939 pour régler en termes précis ce que Belisha a énoncé, deux ans plus tôt, de façon assez floue, il est vrai. La composition de la division variera plusieurs fois. La brigade de chars reste équipée de matériels anciens, sauf de rares nouveaux modèles. En fait, les généraux tâtonnent, embarrassés qu'ils sont par les enseignements de la guerre d'Espagne sur la vulnérabilité des chars légers, alors les plus nombreux dans les régiments. (La doctrine anglaise d'emploi des blindés est fondée sur l'action isolée de grandes unités de chars ; sur ce plan, les Anglais sont plus proches des Allemands — conceptions de Guderian — que des Français.) Au début de 1937, le matériel de l'armée anglaise est en grande partie périmé.

Mais il faut compter par ailleurs les forces éparses dans l'Empire. 220 000 hommes composent l'armée des Indes (l'armée indienne avec un encadrement de nationalité anglaise, et l'armée régulière britannique), à la disposition du vice-roi. Des crédits sont consacrés à l'amélioration des défenses de Hong Kong et Singapour. Les troubles de Palestine ont obligé Londres à renforcer ses effectifs dans le pays qui, par contrecoup, forment l'embryon de « la réserve stratégique » impériale envisagée par le War Office. Les forces anglaises d'Égypte n'atteignent pas 12 000 hommes (l'armée égyptienne, de peu de valeur, sera portée à 20 000 hommes en trois ans). Des bataillons sont répartis dans d'autres points sensibles de l'Empire comme Malte, mais en aucun cas ils ne constituent des moyens en état de s'opposer à un adversaire résolu, équipé d'engins modernes. En 1937, les Dominions acceptent le principe du réarmement, mais sans plan précis. Le plus réservé est le Canada qui, pour sa protection, se fie à son isolement et à la garantie américaine. Comme en Angleterre, les résultats restent faibles.

Les manœuvres de 1936 ont montré de graves lacunes : insuffisance de l'instruction des petites unités d'infanterie et d'artillerie ; mépris de l'observation et de l'attaque aérienne ennemie ; défaut de provision dû au manque d'intérêt pour le renseignement ; le combat de chars contre chars ne dépasse pas le cadre des évolutions préparatoires ; difficultés des transmissions du commandement ; la liaison des armes dans l'attaque est mal réglée et souvent décousue ; trop grande lenteur de la préparation des tirs d'artillerie [5]. En 1938, en dépit d'améliorations, de nombreux handicaps subsistent.

La Marine et l'Aviation sont les principaux bénéficiaires des crédits en raison de « leur rôle essentiel » dans la défense de l'Empire et des îles Britanniques. En 1938, soixante unités nouvelles entreront en service dans la Royal Navy (qui, à l'image de la flotte commerciale, n'a plus sa puissance de 1914).

Les premières stations de radars

Quant à la Royal Air Force (dont l'emploi et l'autonomie ont été l'objet d'affrontements tumultueux), elle est, en 1934, deux fois moins puissante que l'aviation française dont nous verrons les défauts. À cette époque, Goering se prépare à réaliser au grand jour, avec des moyens considérables, ce qui a été secrètement mûri dès le lendemain du traité de Versailles, c'est-à-dire une force aérienne allemande de premier plan. Le 20 juillet 1934, aux Communes, les travaillistes et les libéraux s'étaient opposés au programme gouvernemental renforçant la R.A.F. de 820 appareils en cinq ans : cet effort (au demeurant limité) « réussirait, avaient-ils soutenu, certainement à compromettre les espoirs de désarmement international, et à encourager le retour à la course dangereuse et ruineuse au réarmement [6] ».

Alors simple député, minoritaire au sein de son propre parti, Churchill (qui, depuis 1919, a apporté un appui constant à la R.A.F. contre les assauts de l'Amirauté et de l'Armée de Terre) riposte : Hitler, avait-il dit, possède déjà une aviation militaire représentant les 2/3 des moyens britanniques ; à la fin de 1935, la Luftwaffe sera « presque égale » à la R.A.F., même si le projet gouvernemental de renforcer cette dernière était adopté. Par la suite, Churchill ne cesse de protester contre les insuffisances de l'aviation britannique, contredit avec fermeté par Baldwin : l'évaluation de la puissance aérienne allemande a été considérablement exagérée *(sic)* ! Le 19 mars 1935,Churchill repart à l'assaut, récolte un nouveau démenti cinglant. Or, peu après, à l'issu d'un entretien avec deux ministres britanniques, le Führer leur déclare que le Reich « atteint la

5. À la fin du chapitre, une note donne des éclairages sur la vie dans l'armée anglaise.

6. Winston S. Churchill, *L'Orage approche* (1919-1939), p. 114, Plon édit., Paris, 1948.

parité avec l'aviation anglaise ». *Le 22 mai, le Premier ministre confesse aux Communes, stupéfaites, qu'il s'est trompé sur ses prévisions, et que son erreur est totale.* Cet aveu ne désarme pas l'opposition travailliste et libérale qui maintient le point de vue que nous connaissons. Étrangement, le ministre de l'Air, mieux avisé d'habitude, conteste les affirmations d'Hitler sur la montée en puissance de la Luftwaffe. Toutefois, les prototypes d'Hurricane et de Spitfire sont en chantier.

Au mois de juin 1935, Baldwin propose à Churchill, qui accepte, d'entrer au Comité de recherches scientifiques pour la défense anti-aérienne [7]. En fait aussi partie Frederik Lindemann (plus tard, lord Cherwell), professeur de physique expérimentale à Oxford, ami de Churchill depuis la fin de la Grande Guerre. Il s'était livré à diverses expériences dans les airs : en 1934, dans le *Times*, Lindemann avait soutenu qu'il était possible, grâce à la science, d'obtenir des résultats surprenants d'efficacité dans la défense aérienne. Si dans d'autres domaines militaires les choses tardèrent un peu trop, *le Comité enregistra, quant à lui, de sensibles progrès dans l'utilisation des ondes électro-magnétiques. En 1936, des stations expérimentales de repérage d'avions et de bateaux sont installées dans la région Douvres-Orfondness. Un an après, on peut détecter des avions ennemis à plus de 50 kilomètres de distance, et jusqu'à 3 000 mètres d'altitude. Peu après ces résultats si prometteurs, le gouvernement décide de créer, avant fin 1939, une chaîne de vingt stations de radars, rudimentaires certes, mais dont le développement et l'amélioration contribueront à mettre en échec la Luftwaffe lors de la fameuse bataille d'Angleterre en 1940.*

D'année en année, notamment à partir de 1937, les crédits de développement de la R.A.F. ne cessent d'augmenter. 1 750 appareils de première ligne sont prévus pour entrer en service le 31 mars 1939. Mais, au 1er janvier 1938, à la veille d'événements considérables en Europe, la R.A.F. ne compte encore que 20 % d'engins modernes. Le 12 mai, le gouvernement annonce un nouvel effort pour avoir 3 500 avions fin mars 1940...

Finalement, la difficulté de recrutement de militaires de carrière « interdit tout accroissement du nombre des grandes unités terrestres britanniques », mais l'effort industriel est considérable. Il faudra néanmoins deux ans pour réaliser les dotations prévues de chars, d'automitrailleuses, de matériel de D.C.A. ; la réorganisation de l'armée n'est pas au point. Les forces britanniques conservent leur visage de petite armée de métier ; sauf un changement radical des mentalités en faveur de la conscription, il se passera des années avant que le potentiel militaire de la Grande-Bretagne n'atteigne un poids donnant à réfléchir (à l'Allemagne par exemple). Cependant, la puissance de l'Empire, économique et financière, serait, en cas de conflit, un facteur essentiel, sans représenter la même force qu'en 1914 par suite du développement du Japon et de l'Italie [8].

---

7. Winston S. Churchill, *op. cit.*, p. 150.
8. Étude du Deuxième Bureau, *op. cit.*

Influences allemandes à Londres

Comme en France, la décision politique anglaise de réarmer est prise trop tard, appliquée avec une lenteur plus grande encore. Quant à Hitler, il a — rappelons-le — averti, en novembre 1937, ses généraux que le Reich agirait par la force avant le plein effet des décisions militaires franco-britanniques. Non sans habileté, le Führer exploite l'attraction que l'Allemagne exerce sur l'Angleterre. Au sentiment d'identité commune (les Saxons, la maison de Hanovre, etc.), aux complicités politiques s'ajoutent les liens de puissants intérêts économiques remontant au début de l'expansion industrielle et commerciale allemande, à laquelle contribuèrent des hommes d'affaires anglais. Depuis la fin de la Grande Guerre, l'Angleterre affaiblie, désenchantée, pacifiste, utopiste, connaît mille difficultés extérieures, en Irlande, mais aussi aux Indes, en Égypte, en Palestine, etc. Elle se sent menacée au cœur même de son existence. Des opérations financières avec l'Empire, du rôle de la livre sterling comme monnaie internationale, le tout lié à la place de la City dans le monde, elle tire l'essentiel de sa vraie puissance. Que se passerait-il si cet édifice s'effondrait ? Ces raisons et d'autres (celle de l'insularité par exemple), poussent Londres à alléger ses responsabilités en Europe. Si elle attache un certain prix au respect des traités, ce sentiment n'irait pas jusqu'à voler au secours de l'Autriche, de la Tchécoslovaquie avec lesquelles elle n'a contracté aucun lien. Lorsqu'Hitler évoque, dans ses discours, « le droit des peuples à disposer d'eux-mêmes » pour réclamer le retour au Reich de millions d'Allemands, il recueille des échos favorables en Angleterre. *Le Führer pressent que Londres est disposée à aller loin, très loin même, dans les concessions.*

Prenons quelques exemples. Début 1935, Berlin saisit la première preuve importante de l'incroyable « souplesse » britannique. Le gouvernement Baldwin, après avoir proclamé que « la frontière de l'Angleterre était sur le Rhin », tend la perche à Hitler pour connaître ses intentions. « Avec une rapidité et un empressement étonnants [9] », sir John Simon, secrétaire d'État au Foreign Office, annonce sa venue à Berlin. Peu avant ce voyage, le gouvernement britannique publie un programme de réarmement justifié par les violations du traité de Versailles par le IIIe Reich. Mécontent, Hitler se dit souffrant : Simon ajourne son déplacement. Le 16 mars, l'Allemagne rétablit le service militaire obligatoire, avec la création de 36 divisions s'ajoutant à l'annonce officielle de la naissance de la Luftwaffe. En riposte, François-Poncet propose le rappel des ambassadeurs et la mise au point d'un pacte de défense contre l'Allemagne. Londres proteste solennellement..., mais demande en même temps si son ministre des Affaires étrangères ne pourrait effectuer la visite prévue et reportée. Stupeur, effarement à Berlin où l'on saute sur l'occasion inespérée ! Le 26 mars, Simon et Eden sont reçus par un Hitler aimable, souriant, évitant de s'échauffer comme l'y porte sa violence naturelle. Les

9. Paul Schmidt, *Sur la scène internationale,* p. 43, Plon édit. , Paris 1950.

entrevues se succèdent, Simon observant Hitler avec une attention non dénuée de sympathie, s'élève sur un « ton très modéré et très amical [10] » contre la dénonciation du traité de Versailles par l'Allemagne, souhaite le retour du Reich à la S.D.N., mais à l'image d'Eden, se montre désireux d'éviter tout incident, bien qu'Hitler réponde par un « non » catégorique à ses propositions successives. Le tout est marqué de grands dîners et déjeuners, comme à l'ambassade d'Angleterre où les enfants du maître de maison, sir Eric Phipps, « avaient tendu leurs petits bras pour faire le salut hitlérien [11] » ! Le séjour des ministres britanniques s'achève par une réception du Führer où l'on chante du Wagner...

Au cours des entretiens, Hitler a parlé des flottes de guerre, réclamant pour le réarmement naval allemand 35 % du potentiel de la Royal Navy ; Simon et Eden n'ont rien rétorqué, comme s'ils étaient « intérieurement d'accord [12] ». Bien qu'ensuite la S.D.N. condamnât l'Allemagne pour violation des traités, le gouvernement britannique récidive dans ses avances au Reich en demandant à Hitler d'envoyer un émissaire pour des conversations navales. Dès le début des discussions, Ribbentrop, « ambassadeur en mission spéciale », exige avec brutalité les 35 %, faute de quoi il regagnerait Berlin sans tarder. Simon « rougit de colère [13] », et quitte la séance avec un salut glacial. Peu après, la délégation allemande est pourtant invitée à l'Amirauté, accueillie avec une « franche cordialité ». L'adjoint de Simon lit une déclaration où le gouvernement britannique se dit disposé à accepter la demande de Ribbentrop, d'où le célèbre accord naval anglo-allemand dont Londres n'avait pas informé Paris !

Au fil du temps et des crises, Hitler sait ouvrir sa porte à des visiteurs anglais qui repartent convaincus des bonnes intentions du dictateur. Habilement, le Führer neutralise l'Angleterre, avance ses pions, divise les puissances. Lorsque, après sa réussite, Ribbentrop (qui s'alite au moindre mécontentement d'Hitler) est nommé ambassadeur du IIIe Reich à Londres, il est l'invité d'honneur d'un banquet de sept cents personnes, truffé de lords détenteurs de biens considérables et propriétaires de journaux renommés. Lors de la réception donnée à l'ambassade d'Allemagne à l'occasion du couronnement de George VI (12 mai 1937), les dirigeants britanniques se précipitent en masse pour saluer le Feldmarschall von Blomberg, ministre de la Guerre, commandant en chef, promu à ces postes pour sa docilité aux nazis, et qui représente Hitler aux cérémonies royales. Dans les salons, on croise ainsi le duc de Kent, frère du roi, Neville Chamberlain, futur Premier ministre, Eden, Duff Cooper, patron du War Office, lord Halifax, garde des Sceaux, qui, sous prétexte d'une invitation à une exposition de vénerie à Berlin, sera reçu par Hitler, et combien d'autres personnalités. Pour séduire ses invités, Ribbentrop a fait venir de Berlin des cantatrices renommées qui enthousiasment les Anglais les plus réservés vis-à-vis du IIIe Reich ; un avion spécial amène les meilleurs orchestres de danse allemands. Le lendemain, Chamberlain,

10. Paul Schmidt, *op. cit.*, p. 48.
11. Paul Schmidt, *op. cit.*, p. 55.
12. Paul Schmidt, *op. cit.*, p. 54.
13. Paul Schmidt, *op. cit.*, p. 67-68.

Le maréchal von Blomberg, ministre de la Guerre allemand, qui représente Hitler aux fêtes du couronnement de George VI à Londres, visite le Royal Tanks Regiment au camp de Bovington. (Ph. Keystone.)

recevant Blomberg en audience privée, lui exprime son désir de voir s'établir de bons rapports entre son pays et l'Allemagne, alors qu'un peu plus tard Eden « se montre extrêmement fermé [14] ». Ces attitudes si opposées de deux ministres anglais reflètent les divisions de l'opinion, avec cette différence qu'au sein du parti conservateur Chamberlain est le chef de file de la tendance majoritaire ; quant à Eden, en désaccord avec Chamberlain, il va quitter sous peu le cabinet. Churchill prêche dans le désert en mettant en garde ses compatriotes contre les menaces de guerre...

L'impatience et l'orgueil de Neville Chamberlain

Au lendemain du séjour de von Blomberg, l'ambassade de France à Londres relève, du côté anglais, une « série de gestes tendant à un rapprochement anglo-allemand », ou tout au moins à « une diminution de la tension des relations [15] ». Les propos du nouvel ambassadeur de Grande-Bretagne à Berlin, sir Neville Henderson, chargé de poursuivre la

14. Paul Schmidt, *op. cit.*, p. 111.
15. Londres, le 16 juin 1937, rapport n° 58 du général Lelong, attaché militaire à Londres, au Deuxième Bureau EMA, Paris. Archives SHAT.

politique d'apaisement, vont dans le même sens : si le Reich garantit la paix et l'évolution pacifique de l'Europe, il ne trouvera pas d'ami plus sincère et utile que le Royaume-Uni. Quant à l'évêque de Gloucester, il va plus loin, assurant que sur « la foi d'un témoin allemand de ses amis, Hitler est un homme profondément religieux, et qui veut seulement un sentiment chrétien correspondant exactement aux besoins vitaux de l'heure présente » *(sic)*.

À Londres, la consigne semble être « de ne faire à l'Allemagne nulle peine, même légère [16] » ; en revanche, on aimerait de la part du IIIe Reich, un peu plus de bonne volonté, au moins provisoire, qu'il ne trouble pas continuellement l'atmosphère européenne par des gestes intempestifs. Aussi le baron von Neurath, ministre des Affaires étrangères, est-il invité à Londres du 23 au 25 juin 1937. Les rédacteurs diplomatiques de la presse conservatrice expliquent ce voyage par la nécessité « de rétablir des contacts personnels », en partie à cause du départ de l'Allemagne de la S.D.N., et aussi parce que « Berlin n'étant pas sur la ligne directe Londres-Genève, M. Eden ne peut voir son collègue germanique avec la même assiduité que son collègue parisien [17] » ! En même temps, se clôt la Conférence impériale où les Dominions ont insisté pour la recherche d'un rapprochement avec l'Allemagne. Or, le 21 juin, Berlin annonce l'annulation du déplacement de von Neurath : quelques jours plus tôt, le croiseur allemand *Leipzig* a été attaqué au large d'Oran à coups de torpilles (sans être touché) par des sous-marins « inconnus ». Les républicains espagnols nient leur responsabilité dans l'affaire ; à Londres, Ribbentrop se plaint à Eden qui n'en peut mais... (d'où la décision d'Hitler !).

Le 28 mai 1937, Neville Chamberlain, âgé de 68 ans, remplace Baldwin comme Premier ministre. Son père, Joseph, riche industriel, fut maire de Birmingham, puis membre des Communes, et, à plusieurs reprises, ministre très représentatif de l'impérialisme britannique sous le règne de la reine Victoria ; il appuya le projet d'un chemin de fer du Cap au Caire, et mena la guerre contre les Boers. Partisan d'un rapprochement avec l'Allemagne, il désapprouva la conclusion de l'« Entente Cordiale ». Son fils aîné, sir Austen, reçut une éducation européenne qu'il termina à Paris comme élève de Sciences-Po, d'où une vive francophilie qui ne se démentit jamais et lui fut reprochée à Londres et ailleurs. Député de Birmingham à son tour, il fut l'un des chefs des conservateurs, plusieurs fois membre du gouvernement à des postes en vue, ses titres de gloire furent la création de l'État libre d'Irlande et la signature du pacte de Locarno. Ce fut un gentleman au plein sens du terme, dont on vantait l'élégance traditionnelle avec ses complets ou redingotes impeccables, son chapeau de soie, son monocle et sa fleur à la boutonnière. Quant à son demi-frère, Neville qui entre à Downing Street en ce mois de mai 1937, il avait débuté dans les affaires familiales, puis s'était orienté vers la politique : lord-maire de Birmingham, député en 1918, il devint de 1924 à 1929, ministre de la Santé, et en 1931, chancelier de l'Échiquier.

---

16. Londres, le 16 juin 1937, *op. cit.*, p. 2.
17. Londres, le 16 juin 1937, *op. cit.*, p. 2.

« L'espoir suprême de sa vie était d'entrer dans l'histoire comme l'Homme de la Paix », écrit Churchill à propos de Chamberlain dont les idées « différaient » beaucoup des siennes « quant à la manière de traiter les problèmes dominants de l'heure » ; les relations entre les deux hommes « continuèrent d'être fraîches ». Toujours selon Churchill, le nouveau Premier ministre était « vif, pratique et confiant en soi à un degré très élevé » ; sa compétence était « tranchante et minutieuse » ; il s'était formé « une opinion décisive » sur toutes les personnalités (anglaises ou étrangères) et « se sentait capable de les manœuvrer toutes [18] ». Tel est, sûr de lui, dominateur, orgueilleux au plus haut point, le nouveau président et maître du parti conservateur, chef du cabinet britannique au printemps 1937. Pour Churchill, une chose est claire : lui ne fera pas partie du nouveau gouvernement, jusqu'à...

À l'Élysée, de gauche à droite, *Lord Halifax, secrétaire au Foreign Office, Daladier, Lady Halifax, Mrs. Neville Chamberlain et le Premier ministre britannique.* (Ph. Keystone.)

Nous compléterons, ou corrigerons cette première esquisse « couverte d'épines » par le portrait de sir Samuel Hoare, ami de Chamberlain, en accord avec ses conceptions : pendant la session des Communes, les deux hommes ont l'habitude de se promener à pied, chaque jour, autour du lac du parc de Saint-James pour parler des affaires du gouvernement, suivis de leurs épouses et de deux détectives. Pendant les vacances du

18. Winston Churchill, *op. cit.*, p. 224 à 277.

parlement, ils se rencontrent dans « diverses maisons de campagne » ou à la chasse, que Chamberlain a découverte sur le tard. Bon tireur, il est « rompu aux secrets des bois et des champs [19] ».

Chamberlain est un travailleur acharné, ayant besoin, pour réfléchir, de plans bien établis, « incapable, selon sa propre expression, de supporter la vue des gens qui gâchaient les choses ». Il a le souci du détail, trait de caractère qui s'aggrave lors de ses fonctions de Premier ministre. Manquant de tolérance, ses sympathies et ses antipathies étaient « si puissantes qu'elles l'amenèrent souvent à prendre des décisions fâcheuses ». Il n'a pas la séduction de son prédécesseur Baldwin avec son éternelle pipe [20].

Lorsqu'il prend la tête du gouvernement, l'espoir et l'angoisse de Chamberlain sont la paix dans le monde. Il a en tête un programme de sécurité internationale avec des mesures précises, étape par étape, sur des points soigneusement repérés de la politique étrangère [21]. Dans ce but, Chamberlain s'efforce de séparer les deux dictatures occidentales ; en cas de guerre, il est capital, pense-t-il, d'éviter les menaces que ferait peser en Méditerranée une Italie hostile. Le rétablissement de bonnes relations avec Rome est donc son « premier objectif ». Dans cet espoir, Chamberlain envoie, le 27 juillet 1937, une lettre personnelle à Mussolini pour préparer une normalisation des rapports entre leurs deux pays. Convaincu de la justesse de son plan et de son voyage car la guerre menace, irrité des lenteurs de « l'antique machine du Foreign Office » à l'époque de la T.S.F. et des avions, il entend traiter, directement, sans attendre, avec le Duce. Mais les choses se compliquent : la belle-sœur de sir Austen (qui a sympathisé avec Mussolini au cours d'une croisière) en voyage à Rome à l'automne 1937, fait du zèle auprès du dictateur qui conclut que Chamberlain, négligeant les conventions préliminaires traditionnelles, est pressé, et par conséquent en position de faiblesse. De son côté, le Foreign Office prend de l'humeur de « l'agitation » inhabituelle d'un Premier ministre, le tout engendrant suspicion et animosité.

Cette précipitation se retrouve en janvier 1938, lorsqu'en l'absence d'Eden (secrétaire d'État au Foreign Office) en vacances en France, arrive un message de Roosevelt informant Chamberlain de son intention de convoquer, à Washington, une conférence de la Paix, à condition d'être soutenu par la Grande-Bretagne. Plus convaincu de l'urgence de sa négociation avec Mussolini, redoutant des interférences dans son plan, sceptique sur l'efficacité de rencontres à grand spectacle (avec arrière-goût de politique intérieure américaine), Chamberlain, sans consulter Eden, répond à Roosevelt que sa proposition n'est pas opportune au moment où se sont engagées des conversations entre Londres et Rome. Polémique et reproches s'ensuivent (notamment ceux de Churchill). Eden démissionne, déjà en désaccord sur les entretiens anglo-italiens ; lord Halifax, dont la prochaine discussion avec Hitler ne débouche sur rien, le remplace. Ce nouvel échec n'incite pas Chamberlain à modifier son horizon et ses méthodes. On le verra en septembre 1938...

---

19. Sir Samuel Hoare, *Neuf années de crise,* p. 54, Amiot-Dumont édit., Paris 1957.
20. Sir Samuel Hoare, *op. cit.,* p. 55.
21. Sir Samuel Hoare, *op. cit.,* p. 200.

ANNEXE
Texte concernant la note 5

Note sur la vie dans l'armée anglaise : les officiers anglais vivent, près de leurs hommes, une vie étrangère à celle de ces derniers. Considérant la guerre comme un sport, ils s'y préparent par une excellente condition physique. De l'allant, de la bonne humeur certes, mais ils ne semblent pas attirés par le travail intellectuel, ne préparent pas les exercices sur le terrain, ce dont l'exécution se ressent. Anglais avant tout, le reste du monde ne les intéresse pas (sauf en cas de réactions sur la vie de l'Empire). Ce qui attire le plus leur curiosité, c'est l'Italie (et Mussolini qui ne saurait lier son sort à l'Allemagne « car il sait bien qu'avec (elle) on n'est jamais l'allié mais l'esclave »). La France serait une alliée « acceptable » si elle ne changeait pas de gouvernement tous les mois...

Les sous-officiers font bonne impression ; la valeur physique de la troupe est moyenne. Si le nombre des malades reste faible, c'est en raison du peu d'intensité de l'entraînement. On a du mal à trouver des spécialistes. L'infanterie ignore tout des chars et ne manœuvre jamais avec eux, mais le général commandant la région (et d'autres officiers) estime que « l'action des armes antichars actuelles rend le plus souvent impossible l'emploi de cet engin sur le champ de bataille ». La motorisation de l'infanterie anglaise n'est pas très avancée.

Le capitaine Cailloux (1re division du ministère de la Guerre) qui fournit ces informations après un séjour (1er/31 juillet 1936) dans une unité d'élite d'infanterie de l'armée anglaise, évoque l'accueil cordial des officiers britanniques, l'exécution de *La Marseillaise* avant le *God Save The King* (George VI) par la musique du bataillon avant les dîners protocolaires traditionnels, mais il relève aussi que ses hôtes n'ont, en fait, pas répondu aux sollicitations qu'ils avaient pourtant provoquées sur des aspects particuliers (chars, manœuvres d'une brigade d'infanterie, etc.) ; autrement dit, une certaine méfiance subsiste... Archives SHAT.

7

ET SI MUSSOLINI « LÂCHE » LA FRANCE ? OFFENSIVE FRANÇAISE EN ESPAGNE ?

Trois mois après la réoccupation de la Rhénanie, l'angoisse du général Georges • La situation favorable de 1935 • L'affaire des sanctions brise l'entente militaire avec l'Italie qui se rapproche de l'Allemagne • Où trouver des soldats ? • Un troisième front du côté de l'Espagne franquiste : « Un champ d'action nouveau » • Mises en garde du haut commandement français • Deux offensives sur le Pays Basque et la Catalogne • Occupation du Maroc espagnol et prise de Cadix • Blum reprend la question en mars 1938.

Le 4 juin 1936, devant les membres du Conseil supérieur de la Guerre, le général Georges confesse une angoisse grandissante. Trois mois plus tôt, Hitler a réoccupé la Rhénanie sans réaction française autre que des paroles grandiloquentes [1]. Sur les petites puissances alliées de la France (Belgique et Petite Entente), cette carence a produit mauvais effet. Certes, assure Georges, face à une Wehrmacht de plus en plus puissante, capable de mobiliser 105 divisions dont quatre grandes unités blindées, la supériorité militaire est encore du côté de Paris et de ses amis. Mais que se passerait-il si l'Italie changeait de camp (neutralité agressive, voire entente avec l'Allemagne) ? « La balance des forces » basculerait alors en faveur des assaillants (germano-italiens). Une telle situation ne saurait

1. Voir t. III.

être admise ! Pourquoi cette inquiétude de Georges, partagée au demeurant par de nombreux hommes politiques et chefs militaires ?

Six mois plus tôt, fin 1935, la situation générale était pourtant favorable :

1°) L'Angleterre entrerait en guerre au cas où l'Allemagne rééditerait la violation de la Belgique. Si l'armée de terre et l'aviation britanniques étaient « inexistantes », la Royal Navy restait la première flotte de guerre du monde ; la City représenterait un potentiel économique et financier considérable.

2°) La Belgique, liée à la France par une convention militaire (1920), entretenait de fréquents, chaleureux contacts d'états-majors avec le haut commandement français ; des plans communs permettaient d'escompter l'arrêt des divisions allemandes, sur la ligne Anvers-Canal Albert-Liège-la Meuse, la préservation des 2/3 du territoire belge, celle du nord de la France avec ses richesses industrielles. Enfin, l'alliance franco-belge fournirait la base nécessaire à une offensive contre la Ruhr.

3°) La Petite Entente (Roumanie, Yougoslavie, Tchécoslovaquie) livrée à elle-même n'était « rien », mais conduite par la France, elle pourrait constituer une force à *la condition capitale* que le haut commandement pût disposer d'un libre accès à ces territoires. L'Italie représentait ce trait d'union en autorisant le transit, par le Piémont, de divisions françaises et de ravitaillement. La protection de l'indépendance de l'Autriche par Mussolini rendait quasi impossible une offensive allemande d'envergure contre le Jura par la Suisse, et consolidait les capacités de résistance de la Tchécoslovaquie. Des entretiens avec le maréchal Badoglio, chef d'état-major de l'armée italienne et le général Gamelin avaient abouti, avec la bénédiction de Mussolini et de Laval, à une véritable alliance en cas de menace du IIIe Reich sur l'Europe centrale ; au besoin, l'Italie enverrait un corps expéditionnaire et de l'aviation sur le front français. Rarement, on avait été aussi loin.

4°) Si la Pologne tenait à la paix avec l'Allemagne nul doute qu'en cas de conflit, elle ne rejoignît la France. Elle le proposera en mars 1936, dans la crise à propos de la Rhénanie.

Quelles que fussent les faiblesses de ce système d'alliances et d'amitiés, l'Allemagne était isolée. En dépit de son réarmement poussé avec vigueur, elle ne pouvait rien. *L'entente militaire franco-italienne lui barrait la route en Europe centrale*. Berlin n'avait pas caché son amertume. Le moral des sphères dirigeantes allemandes était « à plat », mais elles entrevoyaient la possibilité de retourner la situation [2]. En 1935, les deux axes, Paris-Rome et Paris-Bruxelles, « procuraient, à entendre Georges, des directions stratégiques payantes, permettant une manœuvre combinée sous un haut commandement unique [3] ». Cette situation permettrait de mettre militairement à la raison une Allemagne qui troublerait la paix.

2. Général Gamelin, *op. cit.*, p. 171.

3. Paris, le 13 mars 1938, rapport du colonel L. Buisson : « L'Alliance France-Italie. C'est du point de vue militaire la paix en Europe assurée. » Cabinet du ministre de la Défense nationale et de la Guerre. Archives SHAT.

Hitler vole au secours de Mussolini et s'en fait un allié

Mais, en quelques mois, ce panorama se dégrade à la suite de la guerre d'Abyssinie. Au cours de la lune de miel franco-italienne, Mussolini, Badoglio n'avaient pas caché leur intention de s'emparer de l'Éthiopie. Durant sa visite officielle à Rome où il fut reçu avec faste, Laval donna secrètement son accord de principe au Duce, bien que le démentant par la suite. Londres n'avait pas été aussi loin que le ministre français, mais n'avait pas opposé un veto dont la formulation sans ambiguïté aurait donné à réfléchir. Dans cette affaire, ce furent les premières fautes de Paris et de Londres.

Hâtant ses préparatifs étalés au grand jour et environnés de proclamations tintamarresques, minimisant les dangers, sous-estimant les obstructions, le Duce avait lancé ses troupes à l'assaut. En Angleterre,

Au centre, *le maréchal Badoglio, en visite en France le 5 septembre 1935, ami du général Gamelin et partisan d'une entente militaire franco-italienne qu'il essaiera, après la crise éthiopienne, de renouer sous le Front populaire.* (Archives du général Georges, D.R.)

En rade de Naples, Mussolini (à g.) *et le maréchal von Blomberg assistent à un défilé naval.* (Ph. Keystone.)

commença une tempête passionnelle dans une opinion publique qui avait fondé la morale internationale sur le règlement de la S.D.N. dont l'Abyssinie, la victime, faisait partie, et qu'il n'était pas question de laisser bafouer. Politique et stratégie s'alliaient chez les dirigeants britanniques décidés à éviter un contrôle des sources du Nil par l'Italie, et à protéger l'Égypte et le canal de Suez (donc la route des Indes). Sous ces pressions et ces considérations, l'Angleterre prend, à Genève, la tête d'une campagne de sanctions économiques contre l'Italie, renforce sa flotte en Méditerranée, etc. En France, Laval est pris entre deux feux : pour conserver de bonnes relations avec Londres, jugées essentielles par la majorité du personnel politique, il se rallie aux sanctions ; mais, en décembre 1935, il déclare à la Chambre des députés qu'il s'est trouvé d'accord avec l'Angleterre pour repousser les mesures militaires, écarter le blocus naval et la fermeture du canal de Suez, « en un mot, exclure tout ce qui pouvait conduire à la guerre ». Par ces décisions, Laval tente d'éviter une brouille avec l'Italie dont l'alliance militaire est considérée, à juste raison, d'un grand prix.

L'échec de cette politique incohérente est inévitable et total. Les sanctions sont inefficaces : les États-Unis, qui ne font pas partie de la S.D.N., ravitaillent l'Italie en pétrole ; si l'on avait suivi le système jusqu'au bout, il aurait fallu aussi couper la route des carburants à l'Allemagne, avec le risque de guerre découlant de cette décision. À

Londres, il en est encore moins question qu'à Paris : contre vents et marées, les dirigeants britanniques se persuadent d'une entente possible avec Hitler. Habilement, Mussolini a su rassembler les Italiens autour de lui en fustigeant l'égoïsme des puissances nanties, et il s'empare de l'Abyssinie. *Quant à Hitler, dénoncé peu auparavant par Mussolini comme un « fou » et un « barbare », il saute sur l'occasion en fournissant des matières premières (surtout du charbon) à l'Italie et mérite sa reconnaissance, préface à l'alliance qui lui permettra de réaliser son plan d'agression.*

L'accord militaire franco-italien de 1935, dont l'application dépendait d'une entente politique entre les deux pays, désormais délabrée sinon en miettes, est en veilleuse avant de devenir caduc. Le mécontentement de Mussolini et son rapprochement avec le IIIe Reich imposent une révision coûteuse au déploiement des divisions françaises : obligation de garnir la frontière des Alpes, de renforcer les défenses de la Tunisie face à la Tripolitaine, sans parler de la protection des relations maritimes entre la France et l'Afrique du Nord. Quant aux seules possibilités d'aider les alliés de la France en Europe centrale, elles s'évanouissent pour être remplacées par une menace italienne sur la Yougoslavie, voire sur la Grèce, protégée de la couronne britannique…

Revenons au 4 juin 1936, date à laquelle le général Georges s'interroge sur un « lâchage » de l'Italie. Dès le temps de paix, explique-t-il au C.S.G., la France devrait accroître ses réserves générales et le nombre des divisions à mobiliser, d'où une nécessaire augmentation des effectifs des unités d'active servant de creusets aux formations à créer en cas de guerre. Or, pour satisfaire ces impératifs, la France se heurte, jusqu'en 1940, aux classes creuses, à la saturation des engagements volontaires, aux « dangers » du recrutement des « indigènes nord-africains » dont les 100 000 hommes ne sauraient être dépassés sans s'exposer « aux pires inconvénients dans l'ordre politique en A.F.N. ». Une solution consisterait à prolonger la durée du service militaire comme en 1913, devant les menaces de guerre [4]. Mais dans cette hypothèse, quelle serait l'attitude du Front populaire, désormais au pouvoir, féru de sécurité collective et de désarmement ? Georges ne se hasarde pas sur ce terrain délicat, concluant sur la nécessité de maintenir les accords militaires avec l'Italie, et de consolider l'alliance avec la Pologne. C'est dire l'étroitesse de la marge de manœuvre française, son impuissance… et ses illusions !

4. Même à cette époque, le vote de la loi ne fut pas facile, car la gauche se dressa violemment contre elle. Depuis la Grande Guerre, les soucis électoralistes des parlementaires ne favorisaient pas la prise d'une décision atteignant les fils de leurs mandants. On le vit, notamment, en mars 1935, lors du débat sur les effectifs militaires où le gouvernement Flandin répugna à se prononcer clairement. On fit appel à des solutions bâtardes d'application limitée : engagements de volontaires, augmentation des troupes coloniales, etc.

Le 18 août 1938, le président de la République, M. Albert Lebrun (des gants à la main), ayant à ses côtés Daladier, président du Conseil et ministre de la Guerre, assiste à la revue de troupes alpines venant de participer à des manœuvres dans la région du Galibier. À gauche de M. Lebrun, *le général Gamelin ;* à droite, *saluant du sabre, le général Touchon.* (Ph. Keystone.)

Des divisions françaises s'empareront-elles de Bilbao et de Barcelone ?

Quelques semaines plus tard, en juillet 1936, éclate la guerre d'Espagne où Mussolini intervient aux côtés du général Franco. Le gouvernement Blum manifeste son hostilité à ce dernier, en envoyant des armes à ses adversaires. Les contacts entre Berlin et Rome s'intensifient. Du 20 au 27 octobre 1936, le comte Ciano, gendre du Duce, ministre des Affaires étrangères, est reçu avec beaucoup d'honneurs en Allemagne et s'entretient avec Hitler. Il en sort un accord où gouvernements italien et allemand décident de se consulter et de conjuguer leur action. Mussolini, remâchant son amertume vis-à-vis des Franco-Britanniques, se laisse de plus en plus éblouir par les succès d'Hitler qu'il méprisait jusque-là. Il donne davantage de gages au Führer. Personne ne s'y trompe : Hitler va pouvoir s'emparer de l'Autriche, abandonnée par son tuteur italien, et dépecer ensuite la Tchécoslovaquie.

Aux diverses précautions militaires que la France doit envisager du côté de l'Italie, s'ajoute le risque d'ouverture d'un troisième front sur les Pyrénées. Le 24 septembre 1937, le C.S.G. se livre à un Kriegspiel sur « des opérations offensives en Espagne [5] ». Le thème général de cette simulation du haut commandement : en cas de stabilisation des fronts entre la France d'un côté, l'Allemagne et l'Italie de l'autre, l'Espagne pourrait « constituer un champ d'action nouveau » à l'initiative des Allemands et des Italiens. Profitant d'une situation politique favorable dans la péninsule (Franco étend son emprise), les Germano-Italiens seraient tentés de débarquer des renforts importants pour attaquer le Sud de la France. Une seconde hypothèse envisage une action identique visant l'occupation (avec des moyens plus réduits) de bases navales aux Baléares et au Maroc pour entraver les communications entre la France et l'Afrique du Nord, et « agir au plus près avec leur aviation sur les régions de la France les plus éloignées de leur propre frontière ». Cet effort variable des adversaires permettrait-il par soulagement des fronts défensifs du Nord et de l'Est, d'envoyer des renforts dans le Sud ?

Les auteurs du Kriegspiel prennent mille précautions en raison de « différentes incertitudes » (ignorance de l'attitude des provinces espagnoles, du volume des unités récupérables sur les autres fronts, etc.), soulignant qu'il « faudra savoir se borner, car l'Histoire montre *les dangers qu'il pourrait y avoir à laisser absorber des forces importantes en Espagne* tant que l'ennemi ne peut être arrêté sur les autres théâtres d'opérations »... L'expérience « ancienne ou récente », poursuit ce document inédit, montre que les divisions françaises trouveront en face d'elles des forces étrangères (anglaises, par exemple, sous Napoléon Ier) et des éléments espagnols. Les premiers « feront la guerre normale » ; mais comment agiront les seconds (troupes régulières, milices, irréguliers) ? C'est l'inconnu ; unité totale dans un conflit national ? La division opposant un parti à l'autre, voire aux forces étrangères, facilitera-t-elle les opérations françaises, allant peut-être jusqu'à y prêter leur concours ? Quoi qu'il en soit, « l'avance sera prudente ou plus hardie ». Elle devra tenir compte des caractères constants des guerres d'Espagne : c'est le pays de l'imprévu ; l'orgueil espagnol peut provoquer un réveil national. La passion finit par tout dominer, les victoires ne terminent rien ; « l'écho des canons impériaux s'est perdu dans les vallées désertes ».

Une première offensive viserait la région industrielle de Bilbao et les passages de l'Èbre et de Pancorso en direction de Burgos. Les principaux axes d'attaque à partir de Bayonne-Saint-Sébastien-Dancharia-Roncevaux-le Somport nécessiteraient, chacun, une division d'infanterie

5. Archives SHAT.

doublée d'une grande unité en réserve. Mais, en cas de forces adverses importantes, les estimations passent de 5 ou 6 divisions à 20 ou 24 (sans parler, dans les deux cas, des éléments de réserve générale correspondants). L'offensive de l'Ouest serait menée à base d'unités de montagne, de troupes nord-africaines, de cavalerie. De puissants moyens de transport auto pallieraient les insuffisances des chemins de fer espagnols. La marine agirait à Saint-Sébastien et à Bilbao.

Une seconde opération, menée avec des moyens équivalents à ceux du théâtre de l'Ouest, viserait, à l'Est, à s'emparer de la région industrielle de Barcelone. Au départ, les objectifs seraient :

1°) Figueras — Gérone — Blanes ;
2°) Puigcerdá —Vich ;
3°) Puigcerdá —Seo de Urgel ;
4°) Saint-Béat — Val d'Aran — Llavorpi.

Bilbao et Barcelone, une fois tombées aux mains françaises, s'imposerait l'occupation de Saragosse.

Le Kriegspiel évoque aussi les « grandes lignes » d'opérations au Sud de l'Èbre qui, en trois étapes, viseraient Madrid, Valence, les massifs de Teruel. Mais, en raison de moyens supplémentaires nécessaires à ces développements, on se contenterait des deux résultats « très payants » : la mainmise sur le Pays Basque et la Catalogne.

Dans le Sud, le Maroc espagnol serait occupé, ainsi que Tanger (avec l'accord de l'Angleterre). Des forces seraient débarquées à Gibraltar en vue de marcher sur Cadix, base prévisible de sous-marins allemands ou autres. Des couvertures seraient prises sur les directions de Marbella et Ronda. Au cas où Londres refuserait son aval à l'utilisation de Gibraltar, les forces françaises (deux divisions) venues d'Afrique du Nord, débarqueraient à Cadix même.

La conclusion du Kriegspiel reprend les avertissements de prudence soulignés au début de la simulation : « Plus on pénètre en Espagne, plus on dépense ses réserves, ce qui serait évidemment le but visé par l'ennemi. En aucun cas, la situation sur les autres fronts ne doit être compromise par l'absorption de forces trop importantes au-delà des Pyrénées. »

De toute façon, ce Kriegspiel est mort-né : à quelques jours, pour ainsi dire, il coïncide avec le voyage officiel de Mussolini en Allemagne. On n'a jamais vu tant de fastes ni entendu de tels bruits de cymbales ! Le Duce a droit à une démonstration des divisions blindées en action. *Hitler ne néglige rien pour raffermir ses nouveaux liens avec Rome.* Ainsi, l'angoisse du général Georges sur le « lâchage » de l'Italie reçoit-elle une éclatante vérification ! Plus question de s'emparer, éventuellement, de la Catalogne ni de Bilbao ; les données d'un conflit européen ont changé du tout au tout. C'est alors le fameux Kriegspiel de novembre 1937 sur un conflit ayant pour origine un ultimatum d'Hitler à la Tchécoslovaquie, suivi d'une tentative d'offensive française par le Rhin en passant par la Belgique pour soulager l'armée tchèque..., le tout débouchant sur un échec pour Prague et Paris...

Quant à des opérations en Espagne, chose à peine croyable, il en sera de nouveau question à Paris le 15 mars 1938, au lendemain de l'occupation de l'Autriche par Hitler.

8

CRISE ENTRE LA FRANCE ET LA BELGIQUE

Environnement passionnel de « l'affaire belge » • Ascension économique de la Belgique, revendications des Flamands, passivité des Wallons • Portrait de Léopold III qui prend modèle sur son père, Albert Ier en 1914-1918 et la légende du « roi-chevalier » • Les liens militaires franco-belges jusqu'au printemps 1936 • Tout se joue sur le délai d'arrivée des troupes françaises au secours de la Belgique • Les décisions du gouvernement du 14 octobre 1936 ; Tempête d'indignation à Paris : est-elle justifiée ? • « Une politique exclusivement et intégralement belge ? » • Une opération de politique intérieure • Optimisme à Londres • Craintes de la Suisse • Énorme influence du général van Overstraeten sur le roi • La France interroge la Belgique : quelle sera son attitude en cas d'attaque allemande ? • Étonnement, amertume, inquiétude français.

En mai 1940, l'intervention des meilleures divisions françaises et d'unités britanniques en Belgique (poussant jusqu'au Sud de la Hollande) aura des conséquences d'une extrême gravité sur le déroulement des opérations militaires à l'Ouest de l'Europe. Indépendamment des grandes unités motorisées disparaissant dans la fournaise et l'encerclement, c'est l'annihilation de réserves (surtout la 7e armée) qui feront cruellement défaut au centre pour arrêter les unités allemandes débouchant en force des Ardennes, et pour lancer des contre-attaques.

En 1914, le général Joffre avait décidé de se porter au-devant de l'armée impériale allemande qui avait violé la neutralité belge. Cette *bataille de rencontre* s'était avérée désastreuse, et la situation n'avait pu être redressée, *in extremis,* que sur la Marne. L'échec cuisant subi en Belgique en 1914 incitait les successeurs de Joffre — dont Gamelin qui fut l'un de ses collaborateurs intimes — à se poser la question : si, un jour, l'Allemagne réédite le plan Schlieffen, l'armée française doit-elle ou non entrer en Belgique ? Le moment venu, nous ouvrirons ce dossier épineux. On ne doit jamais oublier, en l'examinant, que « l'affaire belge » se déroule dans un contexte d'une intense complexité, passionnel, dont le grand public n'a, en 1940, que des vues incomplètes, déformées, ou outrancières.

Revendications incessantes des Flamands

Lorsqu'au printemps 1934, Léopold III monte sur le trône, l'ambassadeur de France à Bruxelles, M. Laroche, dresse un panorama de la situation belge dans lequel il évoque d'autres difficultés que des questions militaires, mais ayant une indéniable influence sur leur cours [1]. Durant le XIXe siècle, écrit-il, le pays (et la Hollande) avait joui d'une « prospérité véritablement inouïe et presque scandaleuse » par sa sécurité, ses ressources charbonnières, par le bon marché de sa main-d'œuvre, le libéralisme des régimes douaniers étrangers, par son débouché du « plus magnifique système de voies navigables d'Europe » et l'intelligence de l'activité des classes dirigeantes. Le pays s'était développé « d'une manière disproportionnée avec l'étendue de son territoire ». Mais, sous la pression de facteurs économiques, cet eden connaissait, en 1934, de graves déboires.

La situation des finances publiques était préoccupante ; l'application de lois sociales, les allocations aux chômeurs, l'aide au Congo [2], poursuivait M. Laroche, avaient contribué à enfler le déficit. Après une diminution, la dette publique ne cessa d'augmenter. Des efforts avaient, certes, rétabli un équilibre du budget, mais il restait précaire. Sur le plan monétaire, la Belgique ne pouvait pratiquer une politique indépendante : « Le franc belge serait forcément entraîné par une dévaluation du franc

1. Le 12 mars 1934, rapport n° 207 « La Belgique à l'avènement de Léopold III » par l'ambassadeur de France à Bruxelles à M. Louis Barthou, ministre des Affaires étrangères. Archives SHAT.

2. L'outillage, le développement du Congo ont surtout été l'œuvre de la Société générale de Belgique qui, en 1906, a participé à la fondation de trois entreprises importantes : l'Union Minière du Haut-Katanga, la Société internationale forestière et minière du Congo, la Compagnie du chemin de fer du Bas-Congo au Katanga. Des voies de communication étaient construites, facilitant la découverte, puis l'exploitation de richesses minières considérables (elles joueront un rôle important durant la Deuxième Guerre mondiale, notamment avec l'uranium). Mais le train de vie du Congo était fondé sur des recettes anormales de l'exécution temporaire du plan d'outillage, avec des engagements assortis de garanties d'intérêt que la colonie ne pouvait, à la longue, assumer. À ce déséquilibre s'ajoutait la chute des cours des produits coloniaux, mettant les finances congolaises « en fâcheuse posture ».

français. » Toutefois, les banques privées, fortement organisées, avaient résisté à la crise économique ; au premier rang d'entre elles, la Société générale de Belgique, puissance financière influente dans les conseils du gouvernement. Si la Banque de Bruxelles et quelques autres établissements bénéficiaient de la concentration des capitaux, l'existence de groupements financiers de premier plan, comme le Boerenbond et la Mutuelle Solvay, présentaient l'inconvénient de « créer des États dans l'État » avec, en contrepartie, l'avantage de « diminuer le particularisme des provinces belges ». C'était le ciment unitaire par le capitalisme à l'américaine.

En politique intérieure, toujours selon M. Laroche, la note dominante était le succès du flamingantisme lié à l'instauration du suffrage universel après la Première Guerre mondiale qui donne du poids au nombre flamand dans la balance politique belge, son développement lui permettant aussi de « marquer des avances décisives ». Pendant la Grande Guerre, les Allemands avaient tiré parti de l'antagonisme, pour ne pas dire de la haine raciale séparant les Flamands des Wallons [3]. À la victoire de 1918, le roi avait retrouvé un pays en proie à de sourdes rancunes. Des extrémistes flamands « grisés par les espoirs que les Allemands avaient fait briller, réclamaient la séparation de la Flandre du reste de la Belgique, créant une agitation dangereuse » ; aucune politique wallonne solide n'avait été opposée. En dix ans, les « victoires » flamandes furent nombreuses, même lors du procès de Borms, l'ancien président du Conseil des Flandres du temps de l'occupation allemande. Cette ascension politique des Flamands allait de pair avec une force économique croissante due à des hommes d'affaires de premier ordre et au Boerenbond (alors que s'amorce le vieillissement de la sidérurgie wallonne construite sur le bassin houiller). Cette simple banque coopérative agricole s'était élevée à une puissance financière telle que le gouvernement central devait compter avec elle. Finançant les élections, disposant de journaux, contrôlant les partis catholique et démocrate-chrétien, le Boerenbond étendait ses tentacules. Sous la poussée des Flamands, la Belgique se rapprochait de l'Allemagne. Mais le triomphe du nazisme donnait à réfléchir : ainsi, M. Camille Huysmans, député-bourgmestre socialiste d'Anvers, se prononçait contre l'hitlérisme et en faveur de l'alliance française.

Devant la montée en puissance du flamingantisme, les Wallons avaient protesté mais, étant désunis, leur résistance était inégale. La réapparition du danger allemand, la crise économique les poussent à se ressaisir. Irrités par la prépondérance des ministres flamands, l'ascension des fonctionnaires flamands aux postes élevés de l'administration, les

3. Institution par les autorités d'occupation d'une division d'abord administrative, puis politique, entre les deux communautés. En 1916, elles créaient l'université flamande de Gand, et en 1918, à Bruxelles, un Conseil des Flandres devant préluder à la constitution d'un État indépendant : « Les Allemands trouvèrent de nombreuses complicités parmi les petits fonctionnaires et les petits bourgeois ambitieux ; jamais les Flamands n'étaient arrivés si haut. » Si, au front, soldats wallons et flamands s'étaient battus d'un même élan, il n'en restait pas moins que sous l'occupation ennemie, la Flandre « avait pris conscience d'elle-même », les horreurs de l'invasion se faisant plus cruellement sentir en Wallonie où l'on reprocha aux Flamands d'avoir « toléré plus facilement » la présence allemande (rapport n° 207, *op. cit.*).

Bruxellois eux-mêmes s'opposent à la flamandisation de la capitale, réclamant une alliance militaire avec la France ainsi qu'une entente économique dont ils espéraient le retour à la prospérité : « L'antagonisme entre Flamands et Wallons est plus profond que jamais. [4] »

Comment ne pas souligner aussi l'évolution de l'important parti socialiste (le parti ouvrier belge) hostile à l'accroissement des mesures militaires ? Il ne manque aucune occasion de dénoncer le péril allemand, sans être explicite sur les décisions concrètes pour le combattre. Son loyalisme envers le roi ne peut être mis en doute. Léopold III saura-t-il conserver l'attitude de son père qui « s'était appliqué à faire au P.O.B. sa place dans le cadre des institutions existantes [5] » ?

Au début de la guerre de 1914, le roi Albert Ier de Belgique avec son fils aîné, le duc de Brabant, futur Léopold III. (Ph. Keystone.)

Léopold III : un bel homme entêté

En octobre 1936, au moment où la Belgique modifie sa politique de défense au détriment de la France, Léopold III a trente-cinq ans. Grand, bel homme, il manque, dit-on dans les documents français, d'élégance, en particulier lorsqu'il revêt la tenue militaire, portant son sabre « comme un parapluie ». Son père, qui souffrit de ne pas avoir reçu une instruction poussée (et n'aura de cesse de combler ses lacunes) a veillé à ce que son fils échappe à cette infériorité. Le jeune prince a été confié à des professeurs à l'enseignement trop magistral, d'où l'absence de dialogue avec ses maîtres, ce qu'a regretté l'élève.

4. Rapport n° 207, *op. cit.*
5. Rapport n° 207, *op. cit.*

Ci-dessus, *en avril 1933, le prince Léopold, déjà très intéressé par les questions militaires, défile (à cheval) à l'occasion de l'anniversaire de son père, le roi Albert Ier.*

Ci-contre, *le prince Léopold prêtant serment lors de son admission au régiment des grenadiers à Bruxelles.* (Ph. Keystone.)

Au début de 1915, Léopold âgé de 13 ans, est autorisé à s'engager dans un régiment de ligne où, pendant plusieurs mois, il partage la vie de la troupe comme simple soldat ; puis il est envoyé au célèbre collège anglais d'Eton. Revenu aux armées en 1918, il finit la guerre comme sergent. Reprenant ses études, il a comme instructeur militaire un Français, le commandant Plee. Il fréquente l'université de Gand, s'intéresse aux questions historiques, aux applications scientifiques modernes, à l'étude des questions sociales. En ce dernier domaine, comme en politique, Léopold est considéré comme « tout acquis aux idées libérales [6] ». Subissant l'influence de son père, « grand colonial », il a voyagé au Congo, en Indochine, aux Indes néerlandaises, en Égypte. Léopold apprécie le spectacle de la nature ; comme Albert Ier, il est un fervent alpiniste. Il a épousé la princesse Astrid de Suède, subissant ensuite l'influence des socialistes suédois.

On dit de Léopold III qu'il est timide par orgueil, autoritaire, voulant gouverner son peuple et surtout son armée. C'est un consciencieux, se faisant expliquer les affaires en détail, rappelant les ministres à Laeken pour reprendre ce qu'il n'avait pas saisi. Irascible, susceptible, ombrageux, brusque : « Il importerait, est-il conseillé aux généraux français appelés à le rencontrer, de faire preuve de beaucoup de doigté dans ses rapports avec lui [7]. » Dans la crise provoquée par les appétits d'Hitler, il nourrit des ambitions de médiateur (à l'image des pays scandinaves et du groupe dit d'Oslo). Son caractère têtu provoque des heurts avec ses ministres, d'où de pénibles réunions gouvernementales. Encore un trait : le roi n'est plus le jeune homme mystique souhaitant entrer dans les Ordres, mais il est resté religieux ; l'archevêque de Malines, le cardinal van Roey, conserve sur lui une grande influence [8].

Tous les documents, rapports, études sont unanimes : le modèle de vie de Léopold III est son père ; il souffre si on l'oppose à Albert Ier, mais manifeste sa joie du contraire. Ce trait capital explique les impulsions du souverain, ses décisions. Les représentants de la France à Bruxelles en ont informé le gouvernement qui, dans ce domaine comme dans bien d'autres, ne portera guère de soin à ces avertissements. Quant à la presse et à l'opinion publique française, elle en est restée au cliché émotif du « roi-chevalier ».

Qu'a donc fait son père que Léopold III entende calquer de près ? La

---

6. 21 décembre 1938, rapport n° 253/AL du Deuxième Bureau EMA, destiné aux archives de campagne : « Armée belge, le commandement : note sur le roi Léopold III. » Archives SHAT. L'auteur a aussi consulté le chapitre « Le fils du roi-chevalier » dans l'ouvrage de R. Aron, *Léopold III ou le choix impossible,* Plon, édit., Paris, 1977.

7. Rapport n° 253/AL, *op. cit.*

8. Bruxelles, le 24 septembre 1939, rapport n° 535/S du colonel Laurent, attaché militaire et de l'Air près de l'ambassade de France à Bruxelles, au Deuxième Bureau EMA, Paris. Archives SHAT. Le cardinal van Roey a marié, en novembre 1926, le prince héritier Léopold à la princesse Astrid dont il célèbre la messe funèbre en 1935, après sa mort dans un accident d'automobile en Suisse. En octobre 1941, le prélat unit Léopold III à Liliane Baels, gouvernante de ses enfants, et qui devient la princesse de Réthy. À la paix, lors de la crise dynastique provoquée par l'opposition des socialistes et d'une partie des libéraux à un retour du roi (réfugié en Suisse) à Bruxelles, le cardinal prend la défense de l'attitude de Léopold III en 1940 et pendant l'Occupation.

constitution belge de 1830 établit que le roi « commande les forces de terre et de mer » et dirige, en accord avec les ministres, la politique du pays. Certes, cette disposition ressemble à celle figurant dans d'autres constitutions, mais en général (surtout en France), le chef de l'État n'exerce pas le commandement des troupes sur le terrain, alors qu'en Belgique, Léopold Ier, par exemple, avait pris, en 1831, la tête des opérations contre les Pays-Bas. Dès son accession au trône, Albert Ier repoussait un arrêté du ministre de la Guerre le déchargeant de ses responsabilités militaires pour les confier à un général de division. Puis, il avait fait réformer le corps d'état-major pour l'avoir à sa botte. De 1914 à mars 1918, Albert Ier veilla à l'autonomie de l'armée belge, prit ses décisions en fonction de la situation de ses troupes et de ses propres renseignements, sans déférer systématiquement aux désirs du haut-commandement français sur la sagesse desquels il pouvait, à l'occasion, s'interroger. Le représentant de Joffre auprès d'Albert Ier qui avait critiqué les décisions royales fut rappelé.

Cette attitude du « roi-chevalier » provoqua un conflit avec son Premier ministre, le comte de Brocqueville. Celui-ci avait soutenu que les décisions militaires du souverain devaient, pour être valables, être contresignées par un membre du gouvernement comme c'était la règle pour les choix politiques. Si l'article 68 de la constitution belge n'était pas précis quant à l'étendue des pouvoirs militaires du monarque, chaque juriste avait ses conclusions, souvent impulsives et affectives [9]. À ce problème s'ajoutera celui de la personnalité de Léopold III.

Tout au long de la Grande Guerre, Albert Ier souligna aussi que « la cause de la Belgique ne se confondait pas avec celle des puissances alliées [10] ». Prudent, modéré, il était sensible à des raisons politiques belges d'ordre pratique, favorable aussi (comme Briand), suivant les phases du conflit, à des pourparlers secrets pour le rétablissement de la paix. « Servir la civilisation, écrivait-il le 16 mai 1916, ce serait chercher résolument à faire la paix dans une Europe encore saine. [11] » Ces sentiments étaient connus avec défaveur à Paris au point que son premier ministre avertit le roi qu'il était suspect en France ! Sceptique sur le résultat de la guerre, celui-ci déclarait : « Les petits pays doivent se méfier des grands, même quand ceux-ci s'intitulent des alliés. » Deux mois seulement avant la fin des hostilités, il avait consenti à accepter, comme major général, le général français Degoutte. À juste raison, l'historien Robert Aron écrit que pendant « 49 mois sur 51 », Albert Ier aura donné à son fils l'exemple d'un attachement opiniâtre à son autonomie politique et militaire, et de sa vocation royale de chef de l'armée.

À la paix, Albert Ier ne s'en laissa pas conter, d'autant que les grands alliés, en dépit de belles envolées sur la « Belgique martyre », avaient ergoté sur leurs engagements. Non sans humeur, le roi avait enregistré que la solidarité s'estompait dès que les intérêts divergeaient…

---

9. Robert Aron, *op. cit.*, p. 37-38, Plon édit., Paris 1977.
10. Robert Aron, *op. cit.*, p. 113.
11. Robert Aron, *op. cit.*, p. 114.

La famille royale de Belgique au début des années trente, devant le soldat inconnu belge. De gauche à droite, *le prince Léopold, sa mère la reine Elisabeth, le roi Albert Ier, la princesse Astrid et le prince Charles, frère de Léopold.* (Ph. Keystone.)

Le délai, capital, d'arrivée des troupes françaises en Belgique

Jusqu'en 1936, les liens militaires entre Paris et Bruxelles sont régis par un accord militaire signé le 7 septembre 1920, « pour le cas d'une agression allemande non provoquée ». Pendant cette période, une conférence militaire franco-belge, annuelle, permet de connaître les possibilités et les besoins des uns et des autres ; les discussions se déroulent dans un climat chaleureux et confiant. Deux dangers extrêmes se présentent : le premier se situe à la frontière nord de la Belgique, celle qui s'ouvre sur une Hollande sans défense militaire sérieuse. Selon Albert Ier, cette faiblesse est le « talon d'Achille d'un théâtre d'opérations France-Belgique-Hollande [12] ». Le second danger provient de la région des Ardennes et du Luxembourg belge. À ce sujet, le lieutenant-colonel de Gaulle y voit, en 1934, la « route la plus dangereuse » qui, employée par l'ennemi, menacerait la protection de la France : « Qu'une solide barrière ardennaise et luxembourgeoise soit dressée contre l'Allemand, écrit-il, nous sommes assurés du Temps et de l'Espace [13]. »

12. P.E. Caton, *1939-1940 : Une guerre perdue en 4 jours,* t. I. Partie politique, p. 146, l'Amitié par le Livre édit., Blainville-sur-Mer, 1969.

13. Charles de Gaulle, *Vers l'armée de métier,* p. 10 et 25.

La même année, le 7 mars 1934, devant la Commission de l'armée du Sénat, le maréchal Pétain, ministre de la Guerre, fait une déclaration vouée à une dramatique célébrité : « À partir de Montmédy (où s'arrête la ligne Maginot), s'étendent les forêts des Ardennes. *Elles sont impénétrables si l'on y fait des aménagements spéciaux*. Par conséquent, nous considérons cela comme une *zone de destructions*. Naturellement, les lisières du côté de l'ennemi (c'est-à-dire en Belgique) *seraient protégées*. On y installerait des blockhaus. Comme ce front n'aurait pas de profondeur, l'ennemi ne pourrait pas s'y engager. *S'il s'y engage, on le repincera à la sortie des forêts. Donc ce secteur n'est pas dangereux !* » En mai 1940, *une faible partie seulement* des précautions envisagées par Pétain avaient été réalisées (« aménagements spéciaux »), de toute façon les « maisons

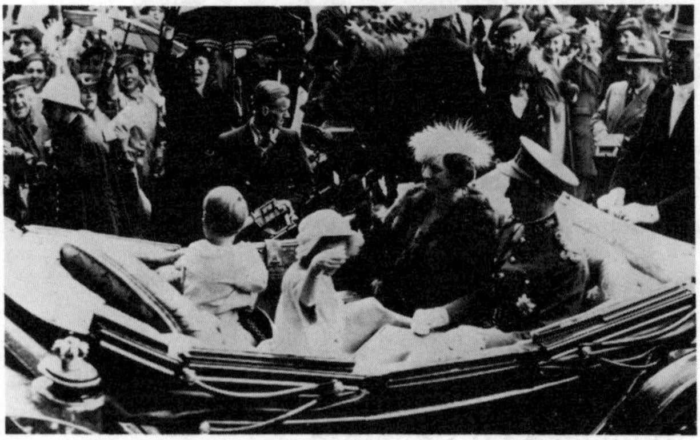

Ci-dessus, *la famille royale se rendant en landau à un concours national hippique*. À droite, *la reine Astrid, au Te Deum donné à l'occasion de la fête nationale belge*. (Ph. Keystone.)

Le 10 novembre 1926 à la cathédrale Sainte-Gudule de Bruxelles, le cardinal Van Roey, archevêque de Malines, bénit l'union du duc de Brabant, prince héritier du trône, avec la princesse Astrid de Suède. La future reine de Belgique était arrivée à Anvers à bord d'un croiseur suédois. Les nouveaux époux, une fois terminées les cérémonies fastueuses et populaires, firent leur voyage de noces dans le midi de la France. Le 11 octobre 1927 naquit la princesse Joséphine-Charlotte, puis le 7 septembre 1930, le prince Baudouin qui succédera à son père en 1951 (après une tumultueuse crise politique consécutive aux événements du printemps 1940 et à la capitulation de l'armée belge).
Le duc et la duchesse de Brabant se trouvaient en Suisse quand, le 17 février 1934, ils y apprirent la mort du roi Albert Ier, qui avait fait une chute mortelle en se livrant à son sport favori, l'alpinisme, dans les falaises de Marche-les-Dames. Léopold accède au trône à 33 ans ; Astrid en a 29. Le 6 juin 1934 naît Albert, prince de Liège. La simplicité de vie, le charme et la gaieté d'Astrid lui valent une popularité qui dépasse les frontières de la Belgique.

fortes » ne sauraient être considérées comme telles. Mais la Wehrmacht décidée, rapide, efficace, y assurera le désastre des armées françaises...

La construction de la ligne Maginot fut commencée en 1930, au moment où, de son côté, la Belgique se posait la question de savoir où dresser ses propres fortifications. De 1932 à 1935, l'édification du canal Albert sembla répondre à la menace d'une offensive allemande par le Nord et la Hollande. Parallèlement, le gouvernement belge, conscient de l'insuffisance de ses troupes pour protéger 340 kilomètres de frontières (d'Anvers à Arlon), s'inquiétait surtout après mars 1936, *des délais nécessaires aux divisions françaises pour leur intervention et leur appui* (au moins cinq jours, ce qui parut, à Bruxelles, au-dessus des capacités de résistance de la Belgique). Une évidence inquiétante se dégageait : *l'Allemand arriverait plus vite au contact que le Français.* Pour gagner le temps nécessaire à l'acheminement des secours, la Belgique devait mettre en place un dispositif de retardement (fortifications, utilisation des fleuves comme la Meuse, la Dyle, l'Escaut, destructions, etc.). Plusieurs projets avec leurs corollaires de manœuvres militaires sont étudiés...

Or, ces choix difficiles à résoudre sur le plan technique sont compliqués à l'extrême par les passions opposant Flamands et Wallons. Chaque camp défend ses conceptions, le gouvernement est accablé de reproches et d'attaques, le parlement reflète ces divisions. D'autre part, la Belgique, touchée par la crise économique mondiale, s'effraie du coût considérable des fortifications. Aussi début 1932, à l'initiative de Weygand, Tardieu, président du Conseil, accepte d'avancer à Bruxelles les fonds nécessaires aux travaux (surtout pour ceux des Ardennes si préoccupantes, pratiquement imposés par le chef d'état-major français en échange des facilités de trésorerie). Battu aux élections législatives du printemps 1932, Tardieu passa la recommandation à ses successeurs de gauche. Mais la France étant à son tour atteinte par la dépression économique, ses nouveaux gouvernants décidèrent d'importantes réductions des crédits militaires. Ainsi, il ne fut plus question de prêter de l'argent à la Belgique au moment où Hitler venait d'arriver au pouvoir. Toutefois, les Belges construisirent un certain nombre d'installations dans les Ardennes, des obstacles antichars sur les futurs itinéraires de Guderian et de Rommel [14], mais que vaut un obstacle s'il n'est battu par le feu d'un ensemble d'armes ?

Délai d'arrivée des troupes françaises, décision sur les lignes fortifiées, où établir la résistance à l'armée allemande, tout se joue là : mai 1940 le confirmera d'une façon terrifiante !

Sur le plan politique belge, les choses évoluent aussi. On s'inquiétait de l'attachement de la France aux principes de la sécurité collective jugée d'une efficacité douteuse, et de « l'interprétation abusive » faite à Paris de la convention militaire de 1920. Dès 1930, Albert Ier avait songé à dénoncer cet accord. Puis, en février 1931, le gouvernement présidé par M. Paul Hymans, précise (avec l'approbation de la France) que l'application du document de 1920 est déterminée par le pacte de Locarno : c'est déjà plus restrictif. Le 6 mars 1936, M. Paul van Zeeland, ministre des

14. P.E. Caton, *1939-1940 : Une guerre perdue en 4 jours, op. cit.*, p. 153-154.

En haut, à gauche, *Astrid et le prince Léopold inaugurent le monument de Dixmude où, en 1914-1918, les fusiliers marins de l'amiral Ronarc'h se couvrirent de gloire.* En haut, à droite, *le baptême du prince Baudouin.* (Ph. R. Viollet.) Ci-contre, *un voyage officiel de la princesse Astrid et du futur Léopold III.* (Ph. Keystone.)

Affaires étrangères, apporte un correctif supplémentaire important : la convention de 1920 ne contient « aucun engagement d'ordre politique, ni aucune obligation quant à l'organisation de la défense nationale, pour l'une ou l'autre des parties intéressées ». Peu après, au parlement belge, van Zeeland souligne, intentionnellement, la « plénitude » de l'indépendance politique de son pays.

Ces « précautions » de plus en plus sensibles s'expliquent surtout à partir de 1930. Comme l'écrit le ministre belge Camille Gutt : « L'un après l'autre, les traités, les monnaies, les engagements, les Républiques (celle de Weimar en tête), tout fut emporté dans une sarabande maléfique. » L'invraisemblable passivité de la France devant la réoccupation de la Rhénanie par Hitler en mars 1936, la dénonciation concomitante du traité de Locarno sur lequel la Belgique avait fondé son système de garanties contre une agression font, à Bruxelles tout comme à Varsovie, à Belgrade, à Prague, à Bucarest et à Rome, une impression du plus mauvais effet sur les capacités de volonté et de résistance de la France. Comment pourrait-on compter sur elle à l'avenir ?

Ensuite, l'expérience du Front populaire provoque en Belgique des réactions diverses, de l'inquiétude dans les cercles dirigeants puisque Blum a, au minimum, le soutien des communistes. L'accord franco-soviétique (pourtant incomplet) amène Bruxelles à s'interroger sur les risques courus par la Belgique, en raison de ses liens avec la France, d'être entraînée dans une lutte Hitler-Staline. Léopold III et ses ministres sont incontestablement troublés par tant de courants qu'ils jugent contraires à la tranquillité et à la sauvegarde de leur pays, favorisant un repliement nettement amorcé.

Toutefois, mais parce qu'elles sont prévues depuis longtemps, des conversations militaires franco-belges tenues à Paris au plus haut niveau débattent, le 15 mai 1936, des modalités de l'intervention française, *d'installations défensives, d'opérations de grande envergure* avec, en avant-garde, le concours de la 1re armée française dont on discute, sans aboutir, de son commandement (quel en sera le chef ? le général Bineau ou Léopold III ?), *de la tête de pont de Gand, du plan de destructions* (en cas d'attaque allemande par surprise). Selon le général van den Bergen, chef d'état-major de l'armée belge, la défense du canal Albert sera achevée fin 1938, mais des unités françaises la renforceraient utilement. De toute façon, le canal « offrira un obstacle considérable à ces éléments » (ce en quoi il se trompe, si les ponts ne sont pas coupés !). Quant à Gamelin, il croit à la menace accrue d'une attaque par surprise à base de chars, en raison « de l'effort considérable fourni par les Allemands en cette matière ». La place de Liège, avec ses actuelles faiblesses, se trouvera plus menacée si, selon le général, la Wehrmacht envahit les Pays-Bas (opinion partagée par van den Bergen « qui croit peu à une résistance efficace des garnisons hollandaises »). Le S.R. belge est réorganisé « et donnera toute satisfaction » ; Bruxelles souhaite que la France n'installe pas d'antennes de ses services secrets en Belgique.

À l'égard de l'aviation, van den Bergen compte sur un appui anglais, car la situation de son pays (muni seulement de trois groupes de chasse) est « terrible ». Mais le général Mouchard, adjoint de Vuillemin, le rassure : « dès l'appel belge », sans attendre l'arrivée des divisions françaises, l'aviation française prendra en compte les missions de reconnaissance. De même sera organisée la D.C.A. franco-belge (avec quel matériel, alors qu'on souffre de pénurie ?) ; des plates-formes doivent être préparées dès maintenant, des réseaux de transmission, installés. En raison de « l'ampleur et de la rapidité » de l'éventuelle offensive allemande, Gamelin demande que la Belgique lance « le plus tôt possible » son appel à la France, antienne que le généralissime reprendra en 1939-1940...

Quels que soient l'irréalisme et les illusions de cette discussion entre généraux français et belges, c'est la dernière de ce genre avant le 10 mai 1940. Tout change avec un « coup de tonnerre » qui éclate à Bruxelles. Le 14 octobre 1936, Léopold III préside, pour la première fois depuis son avènement, un conseil des ministres (chef du gouvernement, M. van Zeeland ; ministre des Affaires étrangères, M. Paul-Henri Spaak ; ministre de la Défense nationale, lieutenant-général Denis). À l'ordre du jour : un programme de réarmement à soumettre au parlement. La présence exceptionnelle du souverain s'explique, dit-on, par son intérêt aux problèmes de l'armée.

« Une politique exclusivement belge »

En ouvrant la séance, Léopold III rappelle les raisons de renforcer le potentiel de la Belgique qui ne répond plus « aux possibilités nouvelles d'une invasion brusquée ». Puis le roi ajoute ce passage capital : « Le pays doit poursuivre *une politique exclusivement belge*. Cette politique doit viser résolument à nous placer en dehors des conflits de nos voisins ; elle répond à notre idéal national ; le but cherché, poursuit le souverain, est de préserver la Belgique de " la guerre, d'où qu'elle vienne ". » En conclusion, Léopold III requiert un effort pour que la Belgique « assure elle-même la défense permanente de ses frontières, la sécurité de sa mobilisation, la concentration de son armée, *qu'aucune alliance, même défensive, ne saurait garantir car si prompt que pourrait être le secours d'un allié (en l'occurrence, la France), il n'interviendrait qu'après le choc de l'envahisseur qui sera foudroyant* ».

Les ministres étant unanimes sur ces propos, un des leurs, M. Vandervelde, surtout président du P.O.B., demande la publication de l'allocution du roi car elle est de nature à rallier les socialistes à la nouvelle politique militaire. (Un communiqué officiel relate, de son côté, des mesures techniques répondant aux désirs du chef d'état-major général.) À Paris, la presse réagit avec véhémence. *Le Petit Journal* du colonel de La Rocque écrit que « le geste de nos amis belges est un succès pour Berlin », tandis que *L'Humanité* de Cachin et Thorez avance que « l'Allemagne pavoise, c'est elle la grande bénéficiaire de la décision du cabinet de Bruxelles ». Selon le quotidien de droite *L'Intransigeant*, « la Belgique rompt implicitement son alliance avec la France, dénonce le traité de Locarno (et la politique de sécurité collective qu'il implique), et tourne le dos à la S.D.N. ». Partout c'est l'émotion, la stupeur, l'indignation, des fausses rumeurs de journaux français annonçant le renforcement des garnisons belges face à la frontière française [15].

Le 15 octobre, lendemain de ce qui fut improprement baptisé le « discours royal », le général Riedinger, attaché militaire à l'ambassade de

15. Bruxelles, le 16 octobre 1936, rapport n° 246/S du général Riedinger, attaché militaire à Bruxelles, au Deuxième Bureau EMA, Paris. Archives SHAT.

Le 29 août 1935, après avoir quitté leur villa, près de Lucerne, en Suisse, où ils étaient en vacances, les souverains belges ont un accident de voiture en bordure du lac des Quatre-Cantons. La reine Astrid, projetée contre un arbre, se fracasse le crâne, avant que Léopold III ne soit éjecté à son tour de la voiture. Le 3 septembre, à Bruxelles, 33 coups de canon saluent le cortège funèbre, au milieu d'une véritable mer humaine qui accompagne le cercueil de la reine à la cathédrale Sainte-Gudule. Le roi, blessé et accablé, a tenu à suivre, à pied, le convoi funèbre. (Ph. Keystone.)

France à Bruxelles, remet les choses à une place plus exacte [16] : la volonté belge « ne doit pas nous surprendre et encore moins nous frapper ». Les rapports entre états-majors français et belges vont-ils se refroidir ? « Rien ne permet encore de le supposer ; le roi a été tenu au courant (de ces contacts) et les a approuvés. » Toutefois, il serait utile que la presse française n'y fasse pas allusion, pas plus qu'à « l'éventualité de leur relâchement ». En fait, pratiquement, le but du souverain « est d'obtenir que le pays consente au renforcement (qu'il repoussait jusque-là), de sa puissance militaire : " nous ne pouvons que nous en féliciter " ». Autrement dit, Léopold III, ses ministres, l'état-major belge, van Overstraeten, compte tenu des clivages et antagonismes de leur politique intérieure, ont trouvé une « présentation » pour faire adopter par un parlement rétif une sensible augmentation des charges militaires. Mais la publication non prévue et non préparée des propos de Léopold III n'a pas permis de préparer le terrain à l'étranger : les ambassades de Belgique n'ont été averties de rien !

Ajoutons que l'opinion publique française, décontenancée, amère, est peu au fait des affaires belges. Et pourtant, le socialiste Spaak, ministre des Affaires étrangères, a prononcé, le 20 juillet, un discours devant l'Union de la presse étrangère où il a employé la célèbre phrase que le roi reprendra le 14 octobre : « Je ne veux qu'une chose, une politique étrangère exclusivement et intégralement belge. » Le mot « neutralité » n'y figure pas, mais le ton général des propos de Spaak est neutraliste et pacifiste [17]. À son tour, le 9 octobre, le Premier ministre van Zeeland a affirmé : « Nous n'acceptons de faire le jeu d'aucune diplomatie, d'aucun groupe, d'aucune tendance quels qu'ils soient. » Sur le fond, les propos tenus par le roi le 14 octobre n'apportent rien de nouveau. Le souverain synthétise les positions de son gouvernement, mais la forme utilisée pour rendre publiques les paroles de Léopold III fait l'effet d'un coup de tonnerre qui ne surprend cependant pas les gens avertis. Autre résultat en France : on jugera sévèrement et souvent faussement le roi [18].

À Londres, les chefs militaires britanniques se veulent « optimistes » : Léopold III, disent-ils, a été « conduit à son geste par son opinion publique : on ne peut aller là contre » ; il n'y aura pas grand-chose de changé. En tout état de cause, la Belgique est hors d'état de se défendre elle-même (sous-entendu, jamais l'armée française ne pourra arriver à temps pour les défendre). Ainsi Paris n'aura qu'à *continuer la ligne Maginot*, « ce sera un peu cher *(sic)* mais elle peut faire ce sacrifice ». Une Belgique, plus ou moins neutre, appuyée à une Hollande également neutre assure une certaine couverture. Cette situation permet à Londres et à Paris d'être averties « un peu à l'avance » d'une attaque allemande. Quant à l'aviation, elle perd sa ligne de guet à la frontière germano-belge,

16. Bruxelles, le 15 octobre 1936, rapport n° 242/S du général Riedinger au Deuxième Bureau EMA, Paris. Archives SHAT.

17. *Les Relations militaires franco-belges de mars 1936 au 10 mai 1940,* travaux d'un colloque d'historiens belges et français (MM. Pierre Renouvin, colonel Pierre Le Goyet, Jacques Willequet, Jean-Marie d'Hoop, Jean Vanwelkenhuyzen), p. 25, édit. du C.N.R.S., Paris, 1968.

18. *Les Relations militaires franco-belges de mars 1936 au 10 mai 1940, op. cit.*, p. 27.

mais si la Luftwaffe survole la Belgique, nous en ferons autant (ce qui se passera), etc. [19].

Quant à la Suisse qui offre une voie possible à la Wehrmacht pour attaquer la France, elle s'inquiète : jusqu'ici, une violation de la neutralité belge pour une offensive sur la France aurait provoqué une réaction anglaise. Maintenant que Bruxelles a relâché ses liens avec Paris, l'Allemagne pourrait avoir intérêt à ne pas toucher à la Belgique, afin d'éviter une intervention britannique. Le IIIe Reich s'en prendrait alors aux fortifications françaises qu'il déborderait par la Suisse, pour laquelle Londres n'interviendrait pas [20]...

Énorme influence du général van Overstraeten

À l'influence de l'exemple paternel sur Léopold III s'ajoute celle, présente, quotidienne, du colonel, bientôt général, van Overstraeten. Né à Ath en 1885, où son père est officier, il reçoit une instruction solide, une culture générale que l'École des cadets, habituée à recevoir les enfants des gradés, n'aurait pu lui dispenser. À l'examen de l'École militaire, il présente le latin comme deuxième langue et devient chef de sa promotion. Intelligent, travailleur acharné, distant, timide, son ambition éclate. En 1914, artilleur breveté d'état-major en stage au commandement d'une division de cavalerie, il convainc son chef de faire mettre pied à terre aux escadrons pour combattre l'infanterie allemande : c'est la victoire d'Halen où Overstraeten fut ce jour-là de ceux qui rendirent un « fameux service ». Blessé ensuite, il est, après un court passage dans les états-majors, envoyé en Afrique pour assurer la liaison entre les unités anglaises et belges. Puis, de retour en Belgique, il professe, selon le colonel Laurent, « avec une suffisance exaspérante dans un établissement militaire [21] ». Les années passent...

Puis, à Paris, les milieux militaires français s'émeuvent d'un livre du général Galet, mais qui est de la plume du major van Overstraeten : *S.M. Albert Ier, commandant en chef devant l'invasion allemande,* qui évoque les relations difficiles entre le roi et le haut-commandement français pendant la Grande Guerre. L'ouvrage est jugé « tendancieux et injuste » à l'égard de la France ; la réaction est d'autant plus vive et amère que l'inspirateur d'Overstraeten est le général Galet (« le sinistre Galet », comme l'appelle l'ambassade de France à Bruxelles), conseiller militaire du « roi-chevalier » depuis de nombreuses années, protecteur du brillant et ambitieux major, bientôt appelé à tenir une place considérable sous Léopold III. En bref, responsables civils et chefs militaires français trouvent que les Belges, en proie à la susceptibilité et au complexe des petits pays, sont des alliés obligés « insupportables ».

---

19. Rapport n° 18/S du général Lelong, attaché militaire à l'ambassade de Londres, au DeuxièmeBureau EMA, Paris. Archives SHAT.

20. Rapport n° 872 du général Lelong au Deuxième Bureau EMA, Paris. Archives SHAT.

21. Bruxelles, le 29 décembre 1937, rapport n° 271/S du colonel Laurent, attaché militaire à l'ambassade de France, au Deuxième Bureau EMA, Paris. Archives SHAT.

Les querelles de personnes et de doctrine se poursuivent, au fil des années pendant lesquelles van Overstraeten devient aide de camp du roi, avec « ses petites et grandes entrées » à la cour, en place, dit-on, pour être un jour à la tête de l'armée belge. En attendant, il commande un régiment d'artillerie, s'y montre un chef de corps parfait, inspirant la crainte autour de lui, suscitant l'admiration pour ses qualités militaires. Il aspire à être nommé à la direction de l'École de guerre où il imposerait sa doctrine, modèlerait le commandement par une promotion de ses disciples, car il aurait les pouvoirs de régler l'avancement au-delà du grade de colonel. Ainsi, l'armée serait entre ses mains d'une façon plus concrète qu'en étant son chef d'état-major général. Pourtant intelligent, van Overstraeten manque de psychologie en parlant sans cesse au nom du souverain : « Le Palais désire... Le Palais désire... », au point qu'on le surnomme le « vice-roi ». Ses méthodes, des propos abrupts (qu'il tient aussi au roi) le font redouter et, à l'occasion, haïr. Quant au général Denis, ministre de la Défense nationale, les observateurs soutiennent qu'il supporterait cette situation pour garder son portefeuille.

Ci-dessus, *le général Van Overstraeten*. En haut, à droite, *manœuvre de l'armée belge*. Ci-contre, *défilé de blindés à Bruxelles* (Centre de recherches et d'études historiques de la Seconde Guerre mondiale, Bruxelles).

On rend donc van Overstraeten responsable des bonnes, mais surtout des mauvaises choses. Ainsi, les cavaliers belges l'accusent de leur avoir enlevé leur dernier cheval pour accélérer la motorisation de leurs unités. La presse wallonne l'attaque à propos de manœuvres symboliques sur le front sud, c'est-à-dire face à la France. Le journal *Pourquoi pas ?* [22] lui reproche de négliger la défense de l'Est contre l'Allemagne, en renonçant à la construction du fort de Sougné-Remouchamps. Van Overstraeten « tyranniserait » l'armée ; l'arrêté royal de 1934 chargeant Overstraeten d'assurer la liaison entre Léopold III et le ministre de la Défense nationale serait anticonstitutionnel, etc. Tout est sujet à polémiques...

À ce stade des passions, van Overstraeten est, à l'occasion, catalogué comme un « ami de l'Allemagne ». En fait, les Français lui gardent rancune de son livre au point qu'au courant de leur hostilité à son égard, il aurait renoncé à devenir attaché militaire à Paris, éprouvant ensuite une « réelle surprise » devant l'aimable réception que lui réservent les cadres de l'École supérieure de guerre française au cours d'un voyage d'étude historique. Overstraeten (qui a épousé une Française) est-il antifrançais ? Questions et réponses reviennent, lancinantes, dans les documents officiels français de la période 1936-1940. Ici, on assure que van Overstraeten, « un homme dur pour lui-même comme il l'est pour les autres, n'est pas vindicatif, et n'a conservé aucune aigreur contre nous ». Là, on fait appel aux opinions d'officiers français qui l'ont connu à Bruxelles : « C'est un homme de talent et d'érudition (...) ; un solitaire, un orgueilleux, mais bienveillant pour les Français qu'il a connus à l'École de guerre ; il entretient avec ceux qui s'y prêtent, des relations personnelles. » Le colonel Laurent, attaché militaire à l'ambassade de Bruxelles, s'avoue tout heureux d'un entretien cordial provoqué par van Overstraeten : « Quel dommage que, se considérant comme l'exécuteur testamentaire du général Galet, il incarne " la hargne " de celui-ci vis-à-vis du haut commandement français ! Peut-être est-il " l'instrument " du vieux (général) Nuyten, homme inférieur et haineux, mais il est nettement supérieur à ses maîtres [23]... »

22. Le 13 juillet 1938, le rapport n° 182/S du colonel Laurent, attaché militaire à l'ambassade de France à Bruxelles, au Deuxième Bureau EMA, Paris, évoque un article de l'hebdomadaire belge satirique *Pourquoi pas ?* (n° 1249 du 8 juillet 1938, auquel nous avons emprunté nombre d'informations) sur le général. Van Overstraeten assure que le texte du journal contient « une grande part de vérité ». Il a été lu par toute l'armée où chacun dit : « C'est tout à fait ça... c'est bien tapé » ; le colonel Laurent regrette cette parution dans un « journal ami » car les périodiques flamingants reprochent à l'ambassade de France d'avoir inspiré *Pourquoi pas ?* qui attaque un « officier à nom flamand ».

Quant aux erreurs de l'article, le colonel Laurent rapporte que la motorisation de la cavalerie a été décidée, non par van Overstraeten, mais par une commission mixte (parlementaires et grands chefs militaires), que les manœuvres face à la France ont été décidées pour des raisons de politique intérieure (nous en reparlerons), de même pour l'abandon de la construction du fort de Sougné-Remouchamps. Archives SHAT.

23. Bruxelles, le 29 décembre 1937, rapport n° 271/S, *op. cit.*

Nouvelle attitude de la Belgique en cas d'attaque allemande

Le 20 octobre 1936, à la question d'Yvon Delbos (ministre des Affaires étrangères) de savoir quelle serait l'attitude de son pays en cas d'attaque de la France par l'Allemagne, l'ambassadeur de Belgique à Paris répond :

1°) si le IIIe Reich entend passer par la Belgique, celle-ci se défendra ;

2°) si la France était « indirectement » attaquée en raison de ses alliances en Europe centrale, Bruxelles ne bougerait pas ;

3°) en cas d'agression « directe » de la France, la Belgique se conformerait à la décision de la S.D.N. [24].

À l'attaché militaire français, le même diplomate précise :

a) vraisemblablement, la Belgique calquerait sa position sur celle de l'Angleterre (or Londres à cette époque n'a aucune intention de s'engager dans un conflit provoqué par les alliances de la France en Europe centrale, et surtout pas en faveur de la Tchécoslovaquie) ;

b) enfin, la France n'a pas intérêt à demander davantage d'éclaircissements au gouvernement belge, « car elle obtiendrait des réponses déplaisantes », en grande partie dues à l'attitude des Flamingants... En fait, il y avait traditionnellement une double opposition parlementaire : l'opposition flamande et l'opposition socialiste, celle-ci voyant en l'armée un appareil de domination de la bourgeoisie, que ce fût pour juguler la volonté d'émancipation des classes laborieuses ou pour mener une politique extérieure impérialiste.

Après la déclaration de Léopold III, le 14 octobre, les informations françaises sur la Belgique sont, tour à tour, empreintes d'étonnement amer, d'inquiétudes, de tristesse, parsemées de lueurs d'espoir montrant que « tout n'est pas perdu ». Ainsi, l'ambassade de France s'émeut : « Le Palais » interdit au ministre de la Défense nationale et à l'état-major de communiquer « aucun renseignement confidentiel » aux attachés militaires français et anglais, en opposant une « fin de non-recevoir polie » à leurs questions, et en se refusant à demander des informations sur les forces britanniques et françaises. D'autre part, une instruction prescrit de ne plus donner à l'avenir pour des achats de matériel de guerre la préférence à la France, mais de la partager, « à égalité de qualité », avec l'Angleterre.

24. L'une des hypothèses du Kriegspiel dirigé à l'automne 1937 par le général Gamelin (voir chap. 1) sur un conflit européen prévoit le droit de passage accordé par la Belgique aux troupes françaises, après la condamnation de l'Allemagne par la S.D.N. pour son invasion de la Tchécoslovaquie, en vue de lancer une offensive sur le Rhin. Si l'on s'en réfère aux réponses transmises le 20 octobre 1936 à M. Delbos, la Belgique ne saurait donner l'autorisation envisagée par Gamelin. C'est donc le général Georges qui avait raison, dans son analyse du Kriegspiel, de « douter » de l'accord des Belges.

Pour le général van Overstraeten, la France ayant de la peine à faire face à ses besoins, il vaut mieux compter sur les États-Unis [25].

L'intention du gouvernement et du roi est sans ambiguïté : rompre toute relation militaire apparente entre la Belgique et la France, y compris au niveau des traditionnelles manifestations franco-belges d'anciens combattants. Le ministre de la Défense nationale, trois généraux doivent décliner l'invitation à un banquet des officiers de réserve français de Belgique, pourtant honoré de la présence de trois importants chefs français. Aussi, devant ce geste, l'ambassade de France à Bruxelles demande-t-elle à Paris d'observer une attitude de réserve identique vis-à-vis des organisations belges en France, en faisant connaître « à qui de droit les raisons de notre changement d'attitude » [26].

Face à ces « coups d'épingle », des astuces enfantines permettent au colonel Laurent, avec la complicité de hautes autorités, de visiter « une partie » du système de défense du pays. Avant le 14 octobre 1936, il utilisait sa voiture avec immatriculation diplomatique « C.D. » ; après la proclamation de la politique de neutralité, le chef d'état-major général de l'armée belge préfère prêter un véhicule de ses services avec chauffeur et officiers de liaison en tenue ; on dit en riant à Laurent et à l'attaché militaire britannique qui l'accompagne : « Vous serez des civils qualifiés, par exemple, des députés belges ! »

Laurent et nos officiers font des observations d'un optimisme démesuré, que rien ne vérifiera au printemps 1940, ou entendent des confidences stupéfiantes qui auraient dû faire dresser l'oreille : *ainsi, les 300 petits abris construits au Luxembourg belge, du propre aveu du chef d'état-major général, ne sont que de « la fortification politique »* (sic !). En revanche, le système de destructions est étoffé, « judicieusement placé ». La position de Namur est « bien renforcée ». Le secteur de Liège, « beaucoup plus favorisé », compte, entre autres, une ligne de trois forts (bientôt quatre) avancés (dont Eben-Emael, pris avec éclat par les parachutistes allemands), modernes [27], que Léopold III doit inaugurer en novembre 1937. « L'obstacle de la Meuse a pris une importance plus grande que jamais : tous les ponts depuis Givet seraient minés, des barrages antichars, à pied d'œuvre ; toutefois, la construction de nombreuses casemates est

25. En avril 1935, la Belgique avait commandé 25 automitrailleuses de combat aux usines Renault. À la suite de « diverses modifications » apportées à ces engins, leur livraison est retardée, puis étalée sur un calendrier qui, deux ans plus tard, n'est pas respecté ! Il faudrait plus de trois ans pour fournir les 25 véhicules. Renault pourrait donc s'attendre à l'annulation d'une partie dc la commande au profit de la société britannique Vickers « prête à fournir sans délai des engins similaires ». (Bruxelles, le 26 avril 1937, rapport n° 347 du général Riedinger au Deuxième Bureau EMA, Paris. Archives SHAT.)

26. Bruxelles, le 19 janvier 1937, rapport n° 14/S du général Riedinger au Deuxième Bureau EMA, Paris. Archives SHAT.

27. La position fortifiée de Liège (P.F.L.) comporte : a) une ligne avancée à proximité de la frontière allemande pour protéger l'exécution des destructions ; b) une première ligne de défense avec les forts modernes d'Eben-Emael, Neufchâteau, Battice, Pepinster, et des abris d'intervalle ; c) une deuxième ligne de défense, composée de huit anciens forts, des abris, des obstacles antichars ; d) la ligne de défense de la Meuse, abris bétonnés, têtes de ponts en place, des organisations permanentes en arrière du fleuve. Le réseau téléphonique enterré de la P.F.L. représente 285 km et 30 centraux bétonnés. (Bruxelles, le 20 octobre 1937, rapport n° 179/S du colonel Laurent au Deuxième Bureau EMA, Paris. Archives SHAT).

retardée par suite du manque d'avancement des travaux des ponts et chaussées. Quant au canal Albert, en dehors de carences jugées secondaires, et un trop grand intervalle (1 200 mètres) entre les casemates de berge, il constitue une bonne défense *(sic)*. Les canaux-frontières ont été améliorés. Les forts de la place d'Anvers n'ont pas été réparés (tourelles démontées) ; un obstacle contre les chars va être établi [28]. »

Léopold III (à g.) *avec le général Van den Bergen, chef d'état-major général.* (Ph. R. Viollet.)

Fin 1937, l'ambassade de France en Belgique relève une amélioration des relations militaires franco-belges. D'abord, le général van den Bergen, chef d'état-major général, « est prêt à causer avec nous sur tout sujet, mais *personnellement* et pourvu que nul ne le sache, ni en Belgique ni en Allemagne [29] », promettant d'informer de tout changement aux plans belges (tels qu'ils sont connus à Paris). Van den Bergen voit la menace allemande et insiste auprès du colonel Laurent pour se méfier de « toute indiscrétion [30] » sur ses conversations avec lui, dont « les comptes rendus, pense-t-il, sont seulement destinés au général Gamelin » (en réalité, ils sont envoyés au Deuxième Bureau à l'état-major de l'armée).

Lorsque van Overstraeten pose sa candidature pour représenter la Belgique à la future Commission internationale de contrôle en Espagne, l'ambassade de France conseille de voir « plus loin que son œuvre généralement hostile à notre égard », car « il n'a pas pu ne pas voir la

28. Bruxelles, le 21 septembre 1937, rapport n° 161/S du colonel Laurent au Deuxième Bureau EMA, Paris. Archives SHAT.

29. Bruxelles, le 16 décembre 1937, rapport n° 260/S du colonel Laurent au Deuxième Bureau EMA, Paris. Archives SHAT.

30. Bruxelles, le 16 décembre 1937, rapport n° 258/S du colonel Laurent au Deuxième Bureau EMA, Paris. Archives SHAT.

menace allemande grandissante ». Prochainement nommé chef de la Maison militaire de Léopold III, restant « personnel, brutal, peu psychologue », il ne faut pas agir contre lui. Si l'officier va en Espagne et rencontre des gradés français, ceux-ci n'oublieront pas qu'Overstraeten, « grand maître de l'armée belge pour de longues années, semble aujourd'hui connaître à la fois la puissance française et le réel intérêt de son pays ; très orgueilleux, infatué de son œuvre d'historien, il semble assez facile à manœuvrer (...). Nous n'avons qu'à gagner à causer avec lui quand l'occasion s'en présente (il ne peut s'agir de courir après lui, ce qui serait indigne de nous [31]) ».

En première conclusion, Léopold III a raison : jamais les troupes françaises n'arriveront à temps pour défendre son pays, ou bien il eût fallu leur permettre d'installer, en temps de paix, des antennes, d'être partie prenante aux fortifications à édifier, et — en cas de tension — d'envoyer préventivement des unités en Belgique. À bien des égards, c'est inacceptable pour l'orgueil et la susceptibilité de ce pays comme pour le particularisme flamand. Qu'y faire ? Se réfugier dans la neutralité, comme le veulent le roi et son gouvernement, est irréaliste pour peu qu'ils se soient préoccupés des buts d'Hitler, claironnés à l'avance, et visant au chambardement général en Europe où la Belgique, en raison de sa situation géographique, serait inévitablement entraînée. Léopold III est dans une situation impossible, inextricable.

« La Belgique est notre champ de bataille » disent tour à tour de Gaulle, Reynaud, Gamelin et d'autres. C'est une stupidité dans l'état où se trouve la France, affaiblie par ses factions, ses hésitations, son trop long retard en armement moderne et des conceptions défensives. Il ne restait qu'à fortifier la frontière belge (ce que Bruxelles a suggéré à la France, contrairement à la légende), c'est-à-dire prolonger la ligne Maginot jusqu'à Dunkerque. Absurde ? Là où elle existait, elle n'a pas été violée, mais tournée par un adversaire habile.

Ainsi, au début de 1937 sont déjà posés les jalons du désastre français en Belgique, avec des fortifications incomplètes et insuffisantes, une armée belge peu apte à affronter des divisions modernes, un tandem militaire (Léopold III et van Overstraeten) mal préparé à s'intégrer dans l'invraisemblable et processionnelle organisation du haut-commandement français.

---

31. Bruxelles, le 29 décembre 1937, rapport nº 271/S du colonel Laurent au Deuxième Bureau EMA, Paris. Archives SHAT.

9

PREMIÈRE OFFENSIVE POLITIQUE CONTRE LA TCHÉCOSLOVAQUIE HITLER DEVIENT COMMANDANT SUPRÊME DES ARMÉES ALLEMANDES

La presse allemande donne le coup d'envoi de l'offensive politique contre la Tchécoslovaquie • Hozda supplie le chef des Sudètes, Henlein, de ne pas aller à Nuremberg • Réquisitoire adressé au Führer • La Yougoslavie passe dans le camp des dictatures • L'étrange permission du général von Fritsch • Opposition de chefs militaires aux plans d'Hitler • À Berlin, agitation au ministère de la Guerre • « Le mariage déraisonnable » du maréchal von Blomberg • La photo de la maréchale • Machination de la Gestapo contre von Fritsch • 4 février 1938 : Hitler à la tête des armées ; limogeages et promotions de généraux • La crise du haut commandement n'est pas close...

Le 7 septembre 1937, un an avant la crise de Munich, le général Renondeau alerte le gouvernement : les frictions entre l'Allemagne et la Tchécoslovaquie sont entretenues avec soin par le IIIe Reich ; l'attitude de Prague à l'égard de la population allemande des Sudètes est un motif de plaintes acerbes de la part de la presse [1]. Ces informations, d'apparence routinière, sont en fait importantes : elles marquent le coup d'envoi de l'offensive politique allemande contre la Tchécoslovaquie ; depuis leur

1. Berlin, le 7 septembre 1937, rapport n° 661 AM du général Renondeau, attaché militaire à Berlin, au Deuxième Bureau EMA, Paris. Archives SHAT.

arrivée au pouvoir, les dirigeants nazis commencent leurs opérations, y compris celles concernant les problèmes intérieurs, par une campagne de journaux organisée par le Dr Goebbels, dans le but de discréditer les futures victimes, et de les pousser, en ripostant, à dévoiler leur système de défense.

Aussi, en France, le Conseil supérieur de la Guerre organise-t-il, à l'automne 1937, le fameux Kriegspiel que nous avons relaté et dont le point de départ d'un conflit européen est justement (rappelons-le) un incident entre l'Allemagne et la Tchécoslovaquie. De son côté, M. Yvon Delbos, ministre des Affaires étrangères, prépare un voyage qui, en décembre, le conduira à Belgrade, Prague, Bucarest et Varsovie pour faire le point avec les alliés de la France.

Henlein parle de puissance à puissance avec Prague

Confirmant Renondeau, deux députés des Allemands des Sudètes avertissent, ce même 7 septembre 1937, le Dr Hozda, président du Conseil tchécoslovaque, qu'à l'invitation d'Hitler, les chefs de leur organisation participeront au congrès nazi à Nuremberg. Craintif, désireux de s'entendre à tout prix avec l'Allemagne, Hozda n'a pas le caractère de résister à la guerre psychologique menée de Berlin pour déstabiliser la Tchécoslovaquie. Épouvanté du voyage d'Henlein, il s'effraie aussi de l'activité d'une « légion tchécoslovaque », campée en Allemagne, prête à marcher sur la Bohême. Le président du Conseil s'étant refusé jusqu'ici à recevoir Henlein sous prétexte qu'il n'est pas parlementaire, le voici désormais disposé à « un entretien politique approfondi dans le délai le plus bref » avec le chef des Sudètes [2]. Le prince autrichien Max Hohenlohe, pangermaniste notoire, agent officieux des Sudètes et de la légation d'Allemagne à Prague, transmet cette « bonne nouvelle » confiée par le malheureux Hozda. Mais Henlein ne se précipite pas chez Hozda ; de puissance à puissance, il négocie les modalités de son entrevue qui, en présence d'Hohenlohe, a lieu le 16 septembre.

Non sans cynisme, le chef sudète évoque la personnalité du président Masaryk, fondateur de la Tchécoslovaquie, décédé depuis peu, l'un des pionniers de l'idée du « droit des peuples à disposer d'eux-mêmes ». Pourquoi, poursuit Henlein, la minorité allemande ne profiterait-elle pas de ce principe ? Cette volonté de retour au IIIe Reich ne faiblira pas : le gouvernement tchécoslovaque ne peut escompter (comme il l'a fait dans le passé) la désagrégation du mouvement sudète. Battant en retraite, Hozda récuse les accusations d'Henlein, soulignant qu'autrefois, il était intervenu auprès des Tchèques en faveur des Sudètes. Il promet des élections, l'ouverture des postes de l'administration (Henlein est prié de désigner « un homme de confiance qui ne soit pas trop en vue » pour donner le nom

2. Les Archives secrètes de la Wilhelmstrasse, t. II, p. 3, Plon édit., Paris, 1951.

de « ceux des amis » des Sudètes que lui, Hozda, « pourrait introduire subrepticement dans les services publics »), ainsi que la révision des interdictions sur l'organisation des réunions, etc. Rendant hommage au « bon démocrate » *(sic)* qu'est Henlein, Hozda le supplie de ne pas faire apparaître son mouvement « comme une filiale de l'hitlérisme » [3]. Entré dans le piège mis au point par les nazis, Hozda ne pourra plus en sortir que vaincu...

À la mi-octobre 1937, la presse allemande reprend son offensive, assoupie un instant : elle accuse la police tchécoslovaque d'avoir, à Teplitz-Schonau, matraqué des membres du parti allemand des Sudètes (S.D.P.) ; de son côté, Henlein proteste par écrit auprès de Beneš, réclamant, une fois de plus, l'autonomie de ses mandants. Mais un document confidentiel allemand [4] établit que si un policier tchèque a été à l'origine de l'incident de Teplitz, un député sudète « a effectivement perdu la tête ». Henlein et Beneš ont donné ordre à leurs affidés « d'étouffer l'affaire » (...) ; en clair, c'est bien Berlin qui tire les ficelles.

La Yougoslavie s'aligne sur Berlin

Le 19 novembre, le « bon démocrate » Henlein écrit à Hitler :

1°) les Tchèques veulent réduire les Sudètes à l'impuissance ;

2°) la solution de la question « ne peut venir que du Reich » ;

3°) la Tchécoslovaquie « est par définition et par vocation anti-allemande, et par essence un État vassal de la France » ;

4°) le régime de Prague a pour objectif « de détruire par tous les moyens et systématiquement les fondements de la vie économique et sociale du germanisme sudète » ;

5°) pratiquement chaque famille sudète a l'un des siens poursuivi pour délit politique, inculpé, ou incarcéré ; la justice tchèque est un instrument de la politique antiallemande du régime de Prague ;

6°) l'accroissement des effectifs de police et de gendarmerie dans la zone allemande est « la révélation d'un pouvoir de contrôle sans précédent ! » ;

7°) la loi sur la Défense nationale de 1936 est une base d'opération contre le Reich ;

8°) des informations « dignes de foi » *(sic)* prouvent que Beneš est décidé à régler le problème de la minorité allemande « par une destruction radicale du germanisme sudète », etc. En conclusion, la question des Allemands des Sudètes est « d'actualité » [5]. Hozda, comme il était prévisible, est récompensé de ses avances à Henlein par un réquisitoire sans appel.

3. Les Archives secrètes de la Wilhelmstrasse, *op. cit.*, p. 11.
4. Les Archives secrètes de la Wilhelmstrasse, *op. cit.*, p. 18.
5. Les Archives secrètes de la Wilhelmstrasse, *op. cit.*, p. 32 à 46.

Par des agitateurs, des agents secrets, des pressions et des menaces, les services allemands commencent un travail de termites. Berlin peut compter, par exemple, sur Mgr Hlinka pour joindre les demandes d'autonomie des Slovaques à celles formulées par les Sudètes, le seul frein — momentané au demeurant — à l'ouverture d'un nouveau front actif contre Prague étant les inquiétudes du prélat à l'égard de la ligne culturelle et religieuse du IIIe Reich, mais…

De Rome, Ciano communique à l'Allemagne une assurance majeure donnée par le président du Conseil yougoslave, Stoiadinovitch, en visite en Italie : Belgrade « *ne se battra en aucun cas pour la Tchécoslovaquie et s'opposera à l'application du système compliqué de liens et d'engagements réciproques voulu par la France* ». Alors qu'on en est aux prémices, la défection yougoslave met en échec le recours à la Petite Entente pour aider la Tchécoslovaquie. La position de Belgrade obligera la Roumanie à rester neutre. À la mi-janvier 1938, Stoiadinovitch est reçu à Berlin avec considération ; les généraux de la Wehrmacht et ceux de la Luftwaffe, Goering en tête, lui montrent leur matériel de guerre, les écoles militaires spécialisées, une manœuvre à laquelle coopèrent l'infanterie, les chars et l'aviation [6]. Une visite chez Krupp, à Essen, complète cette manifestation de puissance (incitative pour passer des commandes d'armement à l'Allemagne) et d'intimidation comme on le fait vis-à-vis des attachés militaires français.

Berlin : agitation au ministère de la Guerre

Tandis que se met en place le plan pour contraindre la Tchécoslovaquie à accepter le rattachement des Allemands des Sudètes au IIIe Reich, une crise d'une extrême gravité s'ouvre à Berlin. Déjà, le 21 décembre 1937, le général Renondeau s'était interrogé sur les mystères faits autour du général von Fritsch. Quelques semaines auparavant, le chef d'état-major de l'armée de terre était parti normalement en permission pour l'Égypte, en transitant par l'Italie. En revanche, on s'était étonné de voir le général accompagné, contrairement à sa discrétion habituelle et à « sa vie de vieux célibataire s'écoulant sans bruit entre son bureau et ses chevaux », de deux officiers et d'un sergent.

L'absence du général se prolongeant de semaine en semaine, Renondeau, pour l'expliquer, se souvint des rumeurs, datant de plusieurs mois, sur un désaccord entre le Parti et von Fritsch appuyé par son chef d'état-major, le général Beck. L'ambassade de France savait en effet la majorité du haut commandement hostile à des initiatives d'Hitler jugées dangereuses pour la paix ; les deux généraux estimaient que l'armée allemande avait besoin d'un certain délai avant de risquer une guerre [7], car

6. Berlin, le 19 janvier 1938, rapport nº 49 AM du général Renondeau au Deuxième Bureau EMA, Paris. Archives SHAT.

7. Berlin, le 21 décembre 1937, rapport nº 956 AM du général Renondeau au ministre de la Guerre, EMA Deuxième Bureau, Paris. Archives SHAT.

le plan de réarmement n'était pas terminé. Une crise couvait entre Hitler, décidé en 1938 à agir contre l'Autriche et la Tchécoslovaquie, et les chefs militaires persuadés que ni l'Angleterre ni la France ne laisseraient bouleverser la carte de l'Europe sans montrer les dents. Or, la Wehrmacht, pensaient-ils (contrairement à l'opinion des généraux français), n'avait pas la puissance suffisante pour dominer son vainqueur de 1918. Ce faisant, l'estimation des chefs militaires allemands reposait plus sur des souvenirs cuisants de l'armée française que sur la réalité de sa puissance à la fin de 1937. Sur ce point aussi, le Führer était d'un avis contraire : en mars 1936, Gamelin n'avait pas bougé. La réputation d'intelligence que lui faisait un homme comme Beck n'était pas, à ses yeux, justifiée, puisque le général français assistait, sans mot dire, à l'édification d'une machine de guerre comme on n'en avait jamais vu...

Enfin de retour à Berlin, von Fritsch, qui n'a pas pour habitude de fréquenter les salons, stupéfie le monde diplomatique en acceptant, le 2 février 1938, une invitation à dîner, et conviant, trois jours plus tard, des diplomates à un repas chez lui. « L'ours s'apprivoise » [8]. Mais le 2 février, von Fritsch annule ses invitations pour cause de maladie, alors qu'il semblait resplendissant de santé au lendemain de son voyage. L'état de santé n'est en fait qu'un prétexte : une fois de plus, les frictions entre le Parti et l'armée se ravivraient-elles à l'occasion d'un projet d'action d'Hitler sur l'Autriche à laquelle von Fritsch serait opposé [9], comme pourrait le donner à penser l'agitation régnant au ministère de la Guerre ? Cinq jours de réunions de généraux de corps d'armée, de leurs chefs d'état-major, des responsables des grandes unités, la présence régulière de Goering, et la venue d'Hitler à deux reprises intriguent l'attaché militaire français.

Autre hypothèse : ce tapage ne serait-il pas plutôt en rapport avec les commentaires sur le récent mariage, le 12 janvier 1938, du maréchal von Blomberg dont le Führer et Goering ont été les témoins ? Ces présences avaient semblé normales aux observateurs, en raison des services rendus par le ministre de la Guerre : attachement au Parti, dévouement absolu à Hitler auquel il a eu l'habileté de faire prendre des décisions comme si elles venaient de sa propre expérience, reconstitution des forces armées allemandes. En 1937, Blomberg a dirigé les grandes manœuvres dans le Mecklenbourg ; en temps de guerre, il serait le commandant en chef effectif.

Toutefois, d'autres spécialistes des questions allemandes voient dans un « mariage qualifié de déraisonnable », une nouvelle preuve de la fin de la carrière active du maréchal ; son rôle serait « très affaibli » : Goering pourrait lui succéder. Sans être absurde, cette désignation — selon Renondeau [10] — n'est guère probable ! Le général occupe déjà de multiples fonctions : ministre de l'air, Premier ministre de Prusse, grand

8. André François-Poncet, *Souvenirs d'une ambassade à Berlin*, p. 284, Flammarion édit., Paris, 1946.

9. Berlin, le 3 février 1938, rapport du général Renondeau nº 95 AM au ministre de la Guerre, EMA Deuxième Bureau, Paris. Archives SHAT.

10. Berlin, le 26 janvier 1938, rapport du général Renondeau nº 71 AM au ministre de la Guerre, EMA Deuxième Bureau, Paris. Archives SHAT.

Le maréchal von Blomberg, mis à la retraite, avec son épouse, au jardin zoologique de Leipzig. (Ph. Keystone.)

chef de la police, président du Reichstag, président du plan de quatre ans, grand maître des forêts, grand veneur du Reich ! Goering est atteint de boulimie des titres ; il serait admis par les officiers, bien qu'il ait peu de chances de devenir commandant en chef, même flanqué d'un chef d'état-major de premier plan. Seul von Fritsch serait acceptable à cette place.

En réalité, un double scandale chemine. Tout d'abord, le service des mœurs de la police criminelle met la main sur le dossier de Fräulein Luise Margarethe Gruhn, récente épouse de von Blomberg : c'est une prostituée que des photos montrent nue, avec pour tout vêtement un fil de perles. Quel coup de tonnerre ! Les policiers sont blêmes : que faire ? Un de leurs chefs, Arthur Nebe, sans illusion sur le régime [11], pressent le moyen de chantage que représente une telle documentation si elle tombait aux mains d'Heydrich, l'adjoint le plus redoutable d'Himmler. Nebe s'ouvre du drame au comte von Helldorf, préfet de police à Berlin, un vétéran du Parti, mais opposé aux S.S. Ensemble, ils conviennent d'informer le général Wilhelm Keitel (collaborateur intime de von Blomberg) dont le fils, Karl Heinz, a annoncé ses fiançailles avec la fille du maréchal.

Keitel, atterré, suggère de détruire les pièces compromettantes, mais selon Helldorf, il est trop tard. Le général ne songe pas à les enfouir à jamais dans les archives du ministère de la Guerre, d'où sa solution de consulter Goering sur l'attitude à adopter. La conclusion est simple : il est impossible de garder Blomberg à la tête de l'armée, mais Fritsch est tout désigné pour lui succéder. Or, le chef de la Luftwaffe convoite le poste de ministre de la Guerre…

---

11. Heinz Höhne, *Canaris,* chap. VII, Balland édit., Paris, 1981.

Le 24 janvier 1938 au soir, Goering se rend auprès d'Hitler pour lui montrer le dossier de Frau Gruhn-Blomberg, lançant aussi des allusions à un « vieux compte rendu d'interrogatoire » dans lequel un maître chanteur connu avait prétendu que Fritsch était homosexuel, et avait eu des rapports avec un jeune prostitué à proximité d'une gare de Berlin [12]. Furieux, mais se ressaisissant, Hitler qui n'a pas oublié l'opposition de Blomberg et de Fritsch à ses plans contre l'Autriche et la Tchécoslovaquie, exploite l'affaire à son profit. Le maréchal sera mis en demeure de démissionner. Quant à Fritsch, soumis à une enquête minutieuse, il sera contraint à se retirer.

Hitler commandant en chef

Le 4 février 1938, un communiqué officiel annonce qu'Hitler assume le commandement des armées allemandes. Le ministère de la Guerre, supprimé, est remplacé par un « commandement supérieur des forces armées » (Oberkommando der Wehrmacht, OKW), véritable état-major du Führer. Son responsable sera Keitel, 56 ans [13]. Carrière sans éclat : aspirant en 1901 dans un régiment d'artillerie prussien, il était, en août 1914, aide de camp à l'état-major de son régiment. Blessé en septembre, il avait commandé ensuite une batterie ; à partir du printemps 1915, Keitel avait occupé diverses fonctions à l'état-major général. À la paix, il avait été volontaire pour servir dans la Reichswehr. En 1929, Keitel était chef du service de l'organisation de l'armée. Colonel en 1931, général major en avril 1934, il avait pris, un an plus tard, la direction des Forces armées ; en fait, il était le chef d'état-major de von Blomberg. Sans être membre du Parti [14], il accompagnait le Führer au congrès de Nuremberg et à la cérémonie annuelle en mémoire des victimes du putsch nazi de Munich de novembre 1923.

Au poste de Fritsch, Hitler nomme le général von Brauchitsch. Âgé de 56 ans, il a, pendant la Première Guerre mondiale, appartenu au grand état-major, puis aux commandements d'un corps d'armée et de diverses divisions. Depuis 1919, Brauchitsch a assumé les fonctions de chef d'état-major d'une grande unité de la Reichswehr, chef de section au ministère de la Guerre, inspecteur de l'artillerie ; depuis peu, il commandait la 4e armée dont le P.C. est à Leipzig.

Seize généraux de haut rang, dont von Leeb (commandant de la 2e armée à Kassel), Lutz (organisateur et commandant du corps blindé), von Kleist (commandant de corps d'armée à Breslau) sont relevés de leurs fonctions ; des mutations touchent beaucoup d'officiers aux importantes

12. Heinz Höhne, *op. cit*, p. 228.

13. Tribunal militaire de Nuremberg, p. 486 et 487, secrétariat du Tribunal, texte officiel en langue française et rapport du général Renondeau n° 734 AM du 18 septembre 1935 et n° 71 AM du 26 janvier 1938 (Archives SHAT).

14. Toutefois, en avril 1939, Hitler lui remettra l'insigne d'or du Parti en commémoration de l'entrée de la Wehrmacht en Tchécoslovaquie.

responsabilités. Hitler procède à des promotions pour les généraux List, von Reichenau, von Wietersheim, von Schobert, von Stülpnagel, von Manstein, von Arnim, etc. ; les noms des « limogés » et ceux des promus se retrouveront dans les communiqués de la Deuxième Guerre mondiale, parfois dans les complots montés contre Hitler.

Par un ami rencontré dans un tramway à Berlin, Guderian [15], stupéfait, apprend qu'il est nommé à la tête du 16e corps d'armée, qui groupe les divisions blindées. Achetant un journal, il y découvre les décisions du Führer avant de se rendre à la chancellerie où il est convoqué. Dans une salle, des généraux forment un demi-cercle autour d'Hitler et écoutent sa narration des mésaventures de Blomberg et de Fritsch. Après la réunion, les officiers, abasourdis, se séparent sans échanger un mot.

Si la disgrâce de Blomberg n'a guère d'échos au sein de l'armée en raison de sa légèreté, la machination montée contre Fritsch [16], estimé de ses pairs, ravive l'hostilité dont de nombreux membres de la hiérarchie font preuve à l'égard du Parti et de ses dirigeants. L'amiral Canaris, chef de l'Abwehr (service d'espionnage de l'armée), entre dans une opposition qui le conduira, en 1944, à la pendaison pour trahison ; l'un de ses adjoints, le colonel Oster, ira plus loin : en 1940, il communiquera à l'attaché militaire hollandais à Berlin (entre autres) la date de l'offensive allemande à l'Ouest [17].

Après le bouleversement opéré au sein du haut commandement, Hitler remplace le baron von Neurath, « un mou », ministre des Affaires étrangères, par von Ribbentrop, plus hitlérien que le Führer. Parmi les télégrammes secrets auxquels il a désormais accès, Ribbentrop possède le compte rendu de la visite à Budapest, en février, d'une délégation des Allemands des Sudètes [18]. Des membres du gouvernement hongrois lui ont rappelé leurs intentions révisionnistes à l'égard des Magyars dépendant

---

15. Heinz Guderian, *Souvenirs d'un soldat,* p. 31, Plon édit., Paris, 1954. À son nouveau commandement, Guderian a comme chef d'état-major le colonel Paulus (futur commandant de la 4e armée à Stalingrad) qu'il décrit comme « le type même de l'officier d'état-major de pensée brillante, intelligent, consciencieux, travailleur, plein d'idées (...). Nous avons travaillé excellemment ensemble, et dans la plus parfaite harmonie » (p. 33).

16. Un tribunal d'honneur imposé par les officiers, présidé par Goering, reconnaît, après enquête, la fausseté des accusations portées contre von Fritsch et le rôle de chefs de la Gestapo. La lecture du jugement innocentant le général est donnée à un rassemblement d'officiers sur un terrain d'aviation par le président du conseil de Guerre du Reich, puis Hitler fait part de ses regrets, assurant qu'une telle affaire ne se reproduirait plus.

La réhabilitation de von Fritsch étant alors réclamée, le général Brauchitsch obtient seulement sa nomination au commandement du 12e régiment d'artillerie à Schwern, et par là sa réintégration dans l'annuaire des officiers ; le faux témoin sera exécuté, mais les responsables de la machination ne seront pas poursuivis. Le 11 août 1938, von Fritsch prend le commandement de son unité, alors que le Führer assiste à des manœuvres dans le même camp, sans toutefois rencontrer le général. Von Fritsch trouve la mort au cours des combats en Pologne de septembre 1939 ; on avancera que la Gestapo a en réalité exécuté l'officier. Quoi qu'il en soit, Hitler lui fit faire de belles funérailles : « Le Führer, comme l'écrit André François-Poncet, a toujours soigné particulièrement les obsèques de ses victimes. »

17. Sur ce sujet, on lira avec intérêt le livre d'Heinz Höhne, *Canaris, op. cit.,* et l'ouvrage de Peter Hoffman, *The History of the German Resistance 1933/1945,* The M.I.T. Press edit., Cambridge Massachusetts, États-Unis, 1977.

18. Les Archives secrètes de la Wilhelmstrasse, *op. cit.,* p. 82.

de Prague ; ils n'ont pas fait de mystère sur leurs efforts « pour contribuer à faire disparaître la Tchécoslovaquie de la carte d'Europe ». Dans ce but, les dirigeants hongrois prient les leaders sudètes « d'aider leurs compatriotes par leurs conseils et par leurs actes ». Lorsque, peu après ces entretiens, le ministre de Hongrie à Berlin propose à Ribbentrop une concertation des états-majors allemands et hongrois « sur un plan d'action militaire éventuel contre la Tchécoslovaquie », le ministre allemand met en garde Keitel contre de « telles discussions » qui risqueraient d'être connues. Certes, l'apparente prudence de Ribbentrop est justifiée, mais la vérité est qu'Hitler est en train de réaliser « un grand coup » — la mainmise sur l'Autriche — dont le succès aura, dans un proche avenir, des répercussions considérables pour la survie de la Tchécoslovaquie…

TROISIÈME PARTIE

1938 : L'ANNÉE HITLER

10. Hitler annexe l'Autriche.
11. Premier avertissement : l'aviation française serait anéantie en quinze jours de guerre.
12. Les deux paralysies du général Gamelin.
13. Extraordinaire répétition du désastre de Sedan de 1940 : comment attaquer la ligne Siegfried ?
14. Chaos dans l'aviation.
15. Sur le chemin de Munich.
16. Complot à Berlin.
17. Capitulation à Munich.
18. Fantastique propagande allemande en France.
19. Au lendemain de Munich : les illusions de Gamelin et de Daladier.

10

HITLER ANNEXE L'AUTRICHE

« L'Angleterre ne lèvera pas le petit doigt » et « pour la France, il est trop tard » • Le 12 février 1938, entrevue orageuse chez le Führer • L'ambassadeur de France à Vienne fait accepter un référendum sur l'indépendance de l'Autriche • Violence de Goering • Guderian exécutera le « plan Otto » • Le feu vert de Mussolini • Les larmes d'Hitler à Linz • Triomphe, lâchetés, persécutions • Exploitation économique de l'Autriche • Nouvel objectif du IIIe Reich : la Tchécoslovaquie • Gamelin lève les bras d'impuissance • À Paris : campagnes pour amener Pétain au pouvoir.

Le 5 février 1938 — jour où Hitler annonce son emprise totale sur l'armée allemande — le lieutenant-colonel Salland, attaché militaire français à Vienne, met en garde Paris [1] : depuis trois semaines, l'Allemagne manifeste un dangereux changement d'attitude vis-à-vis de l'Autriche ; à la croissante mauvaise humeur de Berlin correspond une recrudescence de l'agitation des nazis locaux : une perquisition a permis de découvrir un plan pour renverser le chancelier Schuschnigg avec l'aide de l'aviation et des blindés allemands. Toutefois, rien d'irrémédiable ne se produira tant que l'Italie restera garante de l'indépendance du pays (comme aux heures dramatiques de la tentative de putsch nazi en 1934, marqué par l'assassinat du chancelier Dollfuss) [2].

---

1. Vienne, le 5 février 1938, rapport n° 19 S du lieutenant-colonel Salland (en excellents termes avec l'état-major autrichien) au ministre de la Guerre, EMA Deuxième Bureau, Paris. Archives SHAT.
2. Voir t. III, p. 190-194.

Depuis avril 1936, c'est-à-dire après la réoccupation de la Rhénanie, le Deuxième Bureau a alerté sept fois l'ambassade de France à Berlin (et Renondeau) sur la possibilité, imminente, d'attaques allemandes contre l'Autriche et la Tchécoslovaquie [3]. Rien n'est plus prévisible au demeurant : Hitler l'a écrit et annoncé ; Goering l'a réaffirmé en novembre 1937 à l'ambassadeur Bullitt. Qui, à Paris et à Londres, peut entretenir des illusions ? Le IIIe Reich applique une chronologie de son expansion établie selon l'ordre des difficultés : l'Autriche, la Tchécoslovaquie, la Pologne, et, inévitablement, la France...

Guderian rassemble la 2e panzer

La crise prévue éclate le 12 février 1938, lors d'un entretien à Berchtesgaden, entre le Führer et Schuschnigg, universitaire, bon catholique, aux mœurs simples, « n'apparaissant pas propre à faire face à des situations dramatiques [4] ». Entouré de généraux convoqués d'urgence pour impressionner son visiteur, Hitler se montre menaçant : les fortifications autrichiennes ne retarderont pas plus d'une demi-heure l'avance des unités allemandes, personne ne pourra retenir leur vengeance ni celle des S.A. En un mot, le gouvernement de Vienne tient-il à faire de son pays une « nouvelle Espagne » ? Qui secourra l'Autriche ? L'Italie ? Non, elle est en bons termes avec l'Allemagne. L'Angleterre ? « Elle ne lèvera pas le petit doigt. » *La France, enfin ? « Eh bien, explique le Führer, il y a deux ans, lorsque nous sommes entrés en Rhénanie avec une poignée de bataillons — à ce moment-là, oui, j'ai beaucoup risqué. Si la France avait alors marché, nous aurions été forcés de nous retirer... Mais pour la France, il est maintenant trop tard* [5] ! »

En fin de soirée, Schuschnigg accepte de confier le ministère de l'Intérieur au chef nazi autrichien Seyss-Inquart, d'amnistier les nationaux-socialistes emprisonnés, d'intégrer leur mouvement dans le « Front patriotique » d'inspiration gouvernementale, etc. Néanmoins, Schuschnigg n'a pas cédé sur la conclusion d'accords d'état-major, et a refusé de renvoyer le général Zehmer [6], secrétaire d'État à la Défense nationale,

3. Berlin, le 13 avril 1938, rapport n° 325 AM du général Renondeau au ministre de la Guerre, EMA Deuxième Bureau, Paris. Archives SHAT.

4. Jean Chauvel, *Commentaire,* t. I, p. 20, Fayard édit., Paris, 1971.

5. Winston Churchill, *L'Orage approche,* t. I, p. 267-268, Plon édit., Paris, 1948.

6. Dans la nuit du 10 au 11 avril, le général Zehmer se suicide d'une balle de revolver, au moment de son arrestation par la Gestapo. « Honteusement abandonné par tous ses anciens collaborateurs », le général était obsédé d'être, un jour, privé de liberté. À plusieurs reprises, il avait dit qu'il se tuerait « plutôt que de se laisser toucher par les policiers ». Zehmer, profondément légitimiste, dévoué à Schuschnigg, s'était fait des ennemis en écartant les officiers de sentiments nationaux-socialistes ou germanophiles.

Enfin, le lieutenant-colonel Salland remarque la coïncidence du suicide du général avec la révision du procès du nazi Planetta, exécuté en 1934 pour avoir été l'un des assassins du chancelier Dollfuss. Or, début avril 1938, les journaux accusent Zehmer d'être intervenu, auprès de la cour martiale de 1934 pour la condamnation à mort de Planetta... Vienne, le 13 avril 1938, rapport n° 61 S du lieutenant-colonel Salland au ministre de la Guerre, EMA Deuxième Bureau, Paris. Archives SHAT.

À gauche, *le chancelier d'Autriche Kurt von Schuschnigg avec M. Edvard Beneš, président de la république de Tchécoslovaquie.* (Ph. Keystone.)

dont la tête était réclamée par le général Muff, attaché militaire allemand à Vienne. Sont repoussés les renvois d'autres personnalités, comme l'union des deux économies avec l'adoption d'une monnaie commune.

Selon Salland, l'Autriche est menacée de mort : le « coup » du 12 février a réussi. Il sera répété jusqu'à l'assimilation au Reich. Mussolini n'a pas « bronché », il fait maintenant passer l'alliance allemande avant l'amitié autrichienne. La Tchécoslovaquie, seule, ne peut rien, encore moins la Yougoslavie aveuglée par sa phobie des Habsbourg. Le général Jansa, chef d'état-major autrichien, affirme à Salland : l'Italie seule ne peut plus nous sauver ; aussi longtemps que la France et l'Angleterre n'auront pas déclaré : « Toucher à l'Autriche, c'est déclencher la guerre » ; rien n'arrêtera Hitler. D'autre part, le Führer n'a-t-il pas un « besoin urgent de remonter » son prestige après la crise si grave dans l'armée allemande ? Ce message prémonitoire est envoyé à Paris le 19 février [7]. Trois semaines plus tard, l'Autriche sera sous la botte allemande.

Le 20 février, dans un discours au Reichstag, Hitler se « félicite » de « la compréhension plus marquée » établie entre Berlin et Vienne. Le 24, Schuschnigg assure aux parlementaires autrichiens qu'il n'ira pas au-delà de l'accord de Berchtesgaden. À écouter Goering, si Hitler n'a pas parlé d'indépendance de l'Autriche aux députés nazis, c'est « parce qu'elle

7. Vienne, le 19 février 1938, rapport n° 26 S du lieutenant-colonel Salland au ministre de la Guerre, EMA Deuxième Bureau, Paris. Archives SHAT.

prendrait fin un jour (...). Nous acceptons toutes les hypothèses, et nous ne reculerons pas ; le Führer s'efforcera de régler, à son avantage, la *question des Sudètes* ». Les colonies viendront. L'Allemagne accepte le risque de la guerre.

Coup de théâtre : sur la suggestion de Gabriel Puaux, ambassadeur de France à Vienne, Schuschnigg organise un plébiscite qui aura lieu le 13 mars, sur l'indépendance de son pays [8]. Sentant sa proie lui échapper (les observateurs accordent la majorité à Schuschnigg), Hitler, par ultimatum, exige l'annulation du plébiscite, sinon il envahira l'Autriche. D'une rare violence, Goering téléphone à Vienne exigences sur exigences. Schuschnigg démissionne. Quant au président de la République, Miklas, il résiste en refusant de nommer Seyss-Inquart chancelier.

Une extrême tension règne autour d'Hitler : aux préparatifs militaires de l'annexion de l'Autriche se mêlent les remous de la crise secouant le haut commandement et les conflits d'attributions des nouveaux responsables militaires [9]. Dans la nuit du 9 au 10 mars, Hitler convoque Goering, ordonne le rappel du Caire du général von Reichenau, appelle à la chancellerie Keitel (qui, alité, souffre d'une phlébite) pour discuter du « plan Otto » d'invasion. Dans l'après-midi du 10, Guderian est mis dans le secret : sous les ordres du général von Bock, responsable de l'opération militaire, il participera à l'entreprise avec l'état-major de son corps d'armée blindé et la 2e panzer qu'il a commandée. Trois cents Junkers 52 s'apprêtent à lancer des tracts sur l'Autriche ; des escadres de chasse, de bombardement, une compagnie de parachutistes sont en alerte sur divers aérodromes.

Le 11 mars, la Kriegsmarine ordonne aux navires en mer de rallier les ports allemands. Des instructions désignent les réserves des divisions d'infanterie destinées au coup de force autrichien : S.A., S.S., forces de police. La D.C.A. est vigilante. Guderian pousse les préparatifs des chars qui parcoureront 400 kilomètres pour rejoindre leur base de départ à Passau, et rameute des officiers en voyage d'étude en Moselle. Au général, Hitler accorde de garnir ses engins blindés de drapeaux et de feuillages verts « en signe d'intentions pacifiques [10] » ! Les cartes d'Autriche manquant à l'état-major, on achète des guides touristiques. Le responsable d'un important dépôt d'essence militaire en Bavière n'étant pas dans la confidence des préparatifs, il faut le contraindre par la force à ouvrir ses réservoirs. Pour le ravitaillement des troupes, des camions civils sont, en hâte, réquisitionnés.

Entre-temps, Hitler envoie le prince de Hesse avertir Mussolini de ses intentions. Le messager téléphone au Führer : Mussolini, ayant bien pris la nouvelle de l'annexion de l'Autriche, lui transmet ses meilleures salutations ! Devant ce « feu vert » capital, Hitler déborde de joie. Il prie Hesse d'affirmer à Mussolini qu'il « n'oubliera jamais sa compréhension, jamais, jamais, jamais, quoi qu'il arrive (...). Nous sommes sortis de la terrible

8. Jean Chauvel, *op. cit.*, p. 22.
9. Carnet de notes du général Alfred Jodl, chef du Bureau de direction des Forces armées. Archives SHAT.
10. Heinz Guderian, *op. cit.*, p. 34-35.

situation où nous nous trouvions militairement, veux-je dire, si un conflit avait dû éclater [11]... ».

Vers midi (toujours le 11 mars), la légation de Suisse avertit l'ambassade de France à Berlin : des troupes, des camions réquisitionnés, font mouvement vers trois points de la frontière autrichienne. Un peu plus tard, l'ambassade d'Angleterre signale une agitation identique, niée par l'entourage de Keitel. Peu après 17 heures, Renondeau obtient la reconnaissance des faits, ce qu'apprend Daladier vers 19 h 30. De son côté, le S.R. recueille des indications similaires. En fin de journée, les consuls français de Munich, Nuremberg, Dresde, télégraphient des précisions supplémentaires à François-Poncet, mais l'entrée des forces allemandes en Autriche a précédé la transmission de leurs messages [12] !

Le 12 mars, à 9 heures, les premiers chars de la 2e panzer, Guderian en tête, franchissent la frontière autrichienne. Le général souligne l'accueil cordial de la population, les anciens de la Grande Guerre portant leurs décorations ; des vivres sont offerts aux envahisseurs [13]. Au milieu d'une foule en délire, Hitler pénètre à Braunau où il est né quarante-neuf ans plus tôt ; un peu plus loin, le Führer s'arrête devant un vieux cloître où il a pris des leçons de chant. À la nuit, cent mille personnes l'accueillent à Linz dans le délire. S'adressant à la foule du balcon de la mairie, des larmes coulent sur son visage. Aux côtés d'Hitler, Keitel parle « d'atmosphère électrique à peine croyable », et Guderian, présent lui aussi, assure qu'il ne s'agit pas de comédie [14]. Avant ce triomphe, Hitler s'est rendu dans son village de Leonding, pour s'incliner sur la tombe de ses parents et retrouver des camarades d'enfance. Avant de gagner Vienne, il téléphone à Eva Braun de l'y rejoindre.

Triomphe, lâchetés, persécutions

Le lendemain, le Führer arrive en voiture dans la capitale autrichienne, descend à l'hôtel Impérial. Depuis des heures, une foule immense, frénétique, l'y attend en chantant, le contraint à apparaître souvent au

11. John Toland, *Adolf Hitler,* t. I, p. 462, Pygmalion édit., Paris, 1978.

12. Berlin, le 13 avril 1938, rapport n° 325/AH, *op. cit.* Renondeau se préoccupe d'être informé, à l'avenir, dans des « conditions plus satisfaisantes » : en effet, les troupes ont commencé à être alertées le 10 mars, et il n'a été prévenu que le 11, dans l'après-midi.

Pour perfectionner son réseau de renseignements, le général suggère une meilleure utilisation du personnel militaire de l'ambassade de France à Berlin ; en cas de tension, il procéderait à de rapides reconnaissances des « points chauds » de la garnison de la capitale du Reich. Il faudrait aussi loger quelques sous-officiers près des « quartiers généraux et des casernes ». En province, le réseau des consuls est à améliorer : certains d'entre eux se refusent aux investigations spéciales. Il faut donc mettre en place un « personnel spécial, sûr, suffisamment instruit en particulier sur l'armée allemande » ; la transmission des informations s'opérera sous le couvert des consuls mais en perdant sa lenteur. Enfin, des agents supplémentaires des services spéciaux (S.R.) seront installés dans des villes de passage. Archives SHAT.

13. Heinz Guderian, *op. cit.,* p. 36.

14. John Toland, *op. cit.,* p. 464.

Après son entrée à Vienne, Hitler passe en revue des officiers autrichiens (à dr.) *qui ont déjà revêtu l'uniforme allemand. Le Führer est suivi du général von Bock* (au centre) *qui commande les forces d'invasion allemandes.* (Ph. Keystone.)

balcon. Il harangue ensuite deux cent mille personnes, tandis que défile le général von Bock, escorté à cheval par les généraux autrichiens. Dans la soirée, le cardinal Innitzer, archevêque de la ville, l'accueille par le signe de croix, et l'assure de la fidélité des catholiques autrichiens au grand Reich. Hitler, enchanté par de tels propos, promet à l'Éminence « tout ce qu'Elle voudrait [15] », mais Innitzer déchantera vite [16].

Derrière cet enthousiasme, commence l'épuration. La Gestapo se plonge dans les fichiers, s'empare des codes secrets. En s'appuyant sur les lois dites de Nuremberg, entrées en application sur-le-champ, les nazis locaux persécutent les Juifs, opèrent des rafles, les obligent à laver les toilettes des casernements S.S., à balayer les rues, voire à avaler le contenu d'un crachoir lors d'un interrogatoire [17]. Au Prater, les nouveaux maîtres contraignent d'autres Juifs, hommes et femmes, à sauter comme des grenouilles jusqu'à épuisement. La nuit, les arrestations se multiplient. Schuschnigg, retenu prisonnier à son domicile, sera bientôt déporté. Le maire de Vienne est jeté en prison. La plupart des membres du gouvernement, à moins qu'ils n'aient réussi à fuir à l'étranger, sont incarcérés. Devant les consulats se forment des files d'attente pour obtenir un visa [18]. Des passeurs clandestins font fortune ; l'enthousiasme qui avait

15. John Toland, *op. cit.*, p. 468.

16. La prise du pouvoir par les nazis, admet Salland, s'est déroulée dans l'ordre le plus parfait, un « véritable triomphe ». S'il en a été ainsi, c'est que l'Autrichien, quel que soit son milieu social, est — à en croire l'attaché militaire — un « invertébré (...), mais cette fois il a dépassé les limites permises. Les volte-face les plus répugnantes, les bassesses les plus viles, surtout peut-être parmi les officiers, permettent de penser que ce peuple de valets n'a que ce qu'il mérite, et qu'il n'était pas digne de demeurer indépendant ». Vienne, le 21 mars 1938, rapport n° 45 S du lieutenant-colonel Salland au ministre de la Guerre, EMA Deuxième Bureau, Paris. Archives SHAT.

17. Jean Chauvel, *op. cit.*, p. 31.

18. Dans ce domaine, les Américains se montrent plus généreux que les Français, car Paris donne des instructions formelles pour n'accueillir que des fugitifs en transit, assurés d'être reçus ailleurs !

À Vienne, au milieu des cérémonies marquant l'annexion de l'Autriche au Reich, Hitler s'entretient avec M. Seyss-Inquart, chef du parti nazi, qu'il vient de nommer statthalter. (Ph. Keystone.)

marqué l'entrée d'Hitler retombe. Lors de l'arrivée de Goering, un service d'ordre au coude à coude est mis en place, mais il n'y a pas de foule [19]...

Sur le plan économique, l'exploitation de l'Autriche est confiée à Goering qui prend dix-sept mesures : conversion du schilling, suppression des douanes austro-allemandes, construction de casernements, terrains d'aviation et d'usines aéronautiques, développement des fabriques d'armement, augmentation de la production d'électricité avec construction d'une centrale sur le Danube, amélioration des conditions d'exploitation du sous-sol (cuivre, manganèse, plomb, etc.), construction d'aciéries, exécution de nouveaux forages pétroliers, mise sur pied d'une usine de cellulose, aménagement de l'exploitation forestière, prolongement des autostrades allemandes jusqu'à Vienne, Linz, Salzbourg, et construction de deux ponts, accélération du canal Rhin-Main-Danube, crédits agricoles !... L'ensemble de ces décisions sert l'équipement stratégique du Reich.

Raisons et conséquences d'un désastre majeur

La rapidité d'exécution de l'occupation de l'Autriche déconcerte l'état-major français. Une étude du Deuxième Bureau reconnaît :

1°) *la surprise* sur les plans diplomatique et militaire. La passivité à l'égard de l'Allemagne, montrée dans de récents événements par la Grande-Bretagne et la France, a donné à Hitler la tranquillité pour réaliser une nouvelle étape de son programme ;

19. Jean Chauvel, *op. cit.*, p. 27.

2°) entre l'ordre d'alerte aux troupes et leur entrée dans Vienne, la réalisation militaire a duré sept heures. En une nuit, le commandement allemand a pu mettre en mouvement trois divisions d'infanterie et une grande unité blindée [20]. Cette rapidité est possible avec *une Wehrmacht « en état de marche permanent (...) ;* sur une plus grande échelle, c'est ce qui s'est passé pour la réoccupation de la Rhénanie » ;

3°) les événements ont devancé la transmission des renseignements ;

4°) sûre de l'absence de réactions françaises et anglaises (et de leurs alliés en Europe centrale), l'Allemagne n'a pris aucune mesure de sécurité sur ses frontières [21] !

Quinze jours après l'entrée d'Hitler à Vienne, la Tchécoslovaquie « constitue de toute évidence, selon l'état-major de l'armée française [22], le prochain objectif de l'expansion allemande » ; cette opération sera réalisée avec la même rapidité que l'invasion de l'Autriche, « mais avec des moyens plus puissants ». De plus, la Wehrmacht dispose maintenant en partant de l'Autriche, d'une direction nouvelle d'attaque, vers Brno, « très vulnérable » pour la Tchécoslovaquie (fortifications légères et discontinues, terrain favorable à l'action en masse des chars, possibilité de couper en deux l'armée de Prague). Cette offensive « a d'autant plus de chance de succès rapide qu'une désagrégation interne du pays se manifeste (agitation chez les Sudètes, mais aussi chez les minorités slovaques, polonaises, hongroises) ». Une concentration de troupes allemandes aux frontières tchèques serait de nature à « hâter la dissociation politique (...). La notion d'État pourrait en être affectée au point d'annihiler la volonté de résistance (...) et de paralyser les dispositions du gouvernement ». Prague ne peut procéder à une mobilisation préventive sans fournir au IIIe Reich le prétexte d'une intervention armée. À partir du 10 avril, s'ouvre une période particulièrement critique ; la neutralité bienveillante de la Pologne semble acquise à l'Allemagne. Fin mars 1938, cette analyse aboutit aux mêmes conclusions que le Kriegspiel de l'automne 1937.

---

20. Dans ses mémoires (*L'Orage approche,* t. I, *op. cit.,* p. 275) Winston Churchill évoque les graves contretemps rencontrés par les unités allemandes dans l'envahissement de l'Autriche : véhicules lourds en panne, défauts de l'artillerie lourde motorisée, déficiences et arrêt de nombreux chars, d'où une colère d'Hitler au « spectacle des insuffisances manifestes de sa machine de guerre... ».

Guderian n'est pas de cet avis : « De toute évidence, Churchill a été mal informé. » Il n'y eut pas de défauts de l'artillerie lourde : les divisions n'en comprenaient pas ! La plus grande partie des blindés est arrivée à Vienne sans incident, les déficiences ne dépassant pas 30 %. En réalité, pour apprécier la performance de la 2e panzer, il faut savoir :

a) la troupe n'était pas encore préparée à ce type de mission, pas plus que le commandement supérieur ;

b) la marche sur Vienne représenta un parcours de 700 kilomètres en 48 heures pour les chars ;

c) les défauts du ravitaillement en carburant furent comblés ;

d) les possibilités d'emploi d'une grande unité blindée furent confortées ;

e) il n'y eut aucune difficulté à déplacer sur une seule route un tel nombre d'engins.

En conclusion, « l'armée blindée allemande était dans la bonne voie » (Heinz Guderian, *op. cit.,* p. 38 à 41).

21. Le 15 mars 1938, note sur l'intervention allemande en Autriche, EMA Deuxième Bureau, Paris. Archives SHAT.

22. Fin mars 1938, note de l'EMA Deuxième Bureau SAE sur « la menace allemande contre la Tchécoslovaquie ». Archives SHAT.

Quant au général Gamelin, il lève les bras d'impuissance ! *La Tchécoslovaquie, écrit-il*[23], *est entièrement encerclée, et son système fortifié est tourné d'avance.* Seule la Pologne pourrait, par son intervention, sauver son voisin « mais les conditions sont désormais plus défavorables » (quel euphémisme quand on sait les mauvaises relations entre Varsovie et Prague !). Et la France ? Elle n'aurait pas les moyens d'opérer une diversion sur le Rhin. Là encore, le général ne se déjuge pas : il n'y a rien à faire pour sauver la Tchécoslovaquie. Il en revient à son obsession : la France ne peut songer à une guerre victorieuse qu'avec des alliés, or ceux-ci, à l'image de l'Angleterre, sont impuissants militairement pour de longs mois encore. Une fois de plus, Gamelin donne dans le flou et l'incertain. Dans ses commentaires, on ne sent ni flamme, ni imagination.

Comment le gouvernement français a-t-il (ou non) réagi ? Le 19 janvier 1938, le radical-socialiste Camille Chautemps s'était succédé à lui-même en tant que président du Conseil, mais le gouvernement ne comprend plus de ministres socialistes. Le Front populaire agonise. Les problèmes de Défense nationale, l'effort de réarmement amorcé sous un ministère Léon Blum font certes partie des urgences, mais il y en a bien d'autres : la hausse des salaires, l'augmentation des prix de revient, la baisse du franc, les troubles sociaux, les licenciements, l'aménagement de la loi des quarante heures, etc. Personne n'est satisfait. Le projet d'un « statut moderne du travail », déposé par le gouvernement, suscite controverses et hostilité. La majorité est divisée ; l'opinion désenchantée et amère.

Un débat de politique étrangère amorcé à la Chambre des députés les 25 et 26 février (alors que la crise autrichienne est ouverte depuis le 12) ne débouche sur rien. En fait, la crise financière est à l'ordre du jour. Pour y faire face, Chautemps recourt à une solution usée, celle des pleins pouvoirs. Le climat parlementaire n'y est pas favorable. Chautemps lui-même affirme qu'il n'a pas l'intention de « se cramponner au pouvoir » *(sic)*. Il démissionne le 10 mars[24]. Blum lui succède le 14. Entre-temps, Hitler est entré dans Vienne ; l'opinion ironise sur les politiciens, toujours

23. Paris, le 14 mars 1938, note très secrète n° 1082 du chef d'état-major général de la Défense nationale et de l'armée. Archives SHAT.

24. Accusé d'avoir démissionné en pleine crise autrichienne, Camille Chautemps se défend dans son livre *Carnets secrets de l'Armistice* (p. 37 à 41, Plon édit., Paris, 1963). Après avoir soutenu que « l'Anschluss était parmi les éventualités plus ou moins proches de la vie internationale », il rappelle la décision de Schuschnigg d'organiser un plébiscite, mais qui intervient après la réunion du Conseil de cabinet où le chef du gouvernement a annoncé sa démission.

Chargé d'expédier les « affaires courantes » dans l'attente d'un nouveau ministère, il rappelle qu'apprenant les préparatifs militaires allemands du 11 mars, il avait chargé le ministre des Affaires étrangères (Yvon Delbos) de prendre contact avec Londres et Rome : la France s'associerait à une action commune. En même temps, il avait invité le ministre de la Défense nationale (Édouard Daladier) « à prendre les mesures nécessaires en vue d'opérations militaires éventuelles ». L'Italie ne répondit pas ; la Grande-Bretagne indiqua qu'elle avait conseillé à Schuschnigg de céder à l'Allemagne…

On est surpris, qu'après avoir connu les conditions violentes de l'entretien Hitler-Schuschnigg du 12 février, le président du Conseil (qui devait avoir en mémoire l'affaire de la Rhénanie) n'ait pas montré plus d'énergie. Il est enfin étonnant de justifier la passivité

absents au moment des crises : « cet Hitler » a vraiment de la chance [25] !

Trois personnalités conservatrices, écartées du pouvoir depuis le Front populaire, jugent que l'heure est venue d'appeler un « dictateur républicain ». Le 12 mars, Wladimir d'Ormesson réclame la constitution d'un gouvernement de salut public dont Pétain serait le chef indiscuté. Le 14, Pierre Taittinger [26] préconise l'union nationale autour du maréchal « qui concrétise pour les anciens combattants de tous les partis la victoire et la fierté françaises ». Selon le professeur Fred Kupferman, le document le plus intéressant est sans conteste la lettre adressée le 13 par Jacques Bardoux [27], grand-père maternel de Valéry Giscard d'Estaing, à Lebrun. Après avoir rappelé au président de la République les liens de « collaboration et d'amitié » qui les unissaient à Raymond Poincaré, Bardoux écrit : « Si au lendemain de l'annexion de l'Autriche et à la veille de l'opération contre la Tchécoslovaquie, vous ne retirez pas à Léon Blum le mandat immérité que vous avez cru devoir lui confier (pour succéder à Chautemps), si vous ne chargez point un Pétain ou un Daladier de former un cabinet de salut public qui imposera la trêve des partis et des métiers, suspendra toute élection et interdira toute manifestation, réalisera l'union des Français et le redressement de la patrie, aura en main un décret de dissolution (de la Chambre des députés) et gouvernera avec le Sénat, vous prendrez à l'égard de l'histoire une effrayante responsabilité. »

Pétain a-t-il des ambitions politiques ?

Le 26 mai 1938, à Caen, au Congrès de l'Union nationale des Combattants [28], Pétain reproche à ses anciens camarades et aux partis politiques de laisser la division s'établir entre Français. Après avoir évoqué la victoire des vaincus (l'Allemagne), il appelle à « reforger une âme nationale unie aux jeunes Français par l'école et par l'armée (...) à l'union des énergies ». Nous avons déjà dit que le maréchal, depuis longtemps, aurait souhaité devenir ministre de l'Éducation nationale au lieu de détenir, en 1934 sous Doumergue, le portefeuille de la Guerre ; rien d'étonnant donc à ce qu'il reprenne une idée tenace et ancienne. Mais il y a plus surprenant : le 9 octobre 1937, Pétain fait, chez son ami le sénateur Henri Lémery et la reine Marie-Amélie du Portugal, la connaissance de Raphaël Alibert.

---

de la France par l'hostilité britannique à toute réaction positive, alors que Paris dispose de l'essentiel des moyens militaires. La leçon de la Rhénanie n'a donc servi à rien !

25. Du côté de Londres, mieux valait ne rien attendre. Le Premier ministre Neville Chamberlain croyait, comme de nombreux Anglais, pouvoir discuter avec Hitler. En octobre 1937, lord Halifax, président du conseil privé, membre de la Haute Église, pacifiste et bien élevé, rencontra le Führer, mais cela ne servit à rien, Hitler n'étant pas dans son meilleur jour. Puis, du 30 novembre au 2 décembre, Chautemps se rendit à Londres où Chamberlain lui apprit l'hostilité de l'opinion anglaise à une guerre pour l'Autriche, voire pour la Tchécoslovaquie. En mars 1938, Hitler a joué sur du velours...

26. Documentation aimablement communiquée à l'auteur par M. Fred Kupferman.

27. Voir t. I.

28. Voir t. III.

Brillante personnalité intellectuelle, passionné de politique, Alibert, entré au Conseil d'État, le quitta pour des « raisons alimentaires » (éducation de ses cinq enfants). Ami de Tardieu, il devient collaborateur momentané et peu facile d'Ernest Mercier au « Redressement français » [29], et un candidat malheureux et dégoûté à la députation à Pithiviers. Alibert trouva son « homme fort » lors du 6 février 1934, en la personne du maréchal Lyautey qui, au cours d'un dîner du cercle, très huppé, des « affinités françaises » du marquis de Fraguier, déclara : « Je suis catholique, je suis monarchiste, je suis aristocrate, je suis antidémocrate. » De 1937 à 1938, Alibert, familier du duc de Guise, donna régulièrement des cours de politique générale et de droit au comte de Paris, futur « prétendant » à la couronne de France...

En 1937, Marx Dormoy, ministre socialiste de l'Intérieur, fit perquisitionner chez Alibert, en relation avec des dirigeants de la « Cagoule [30] » comme le général Duseigneur, l'étrange docteur Martin, le polytechnicien Eugène Deloncle (avec lequel il avait souvent des relations tendues). La visite de la police ne donna aucun résultat, mais place Beauvau, Alibert était fiché depuis longtemps comme « un ennemi du régime »... Chez Lémery, Alibert entretient donc Pétain de « problèmes financiers, économiques et sociaux du moment », auxquels le maréchal s'intéresse pour « occuper en grande partie ses loisirs ». Après ce premier contact, excellent (Alibert est flatté de l'intérêt du « vieux soldat » à ses propos), Pétain demande des éclaircissements. Alibert les lui donnera au cours d'une dizaine d'entretiens entre novembre 1937 et mars 1939 (date à laquelle Pétain est nommé ambassadeur en Espagne) se déroulant au bureau officiel du maréchal aux Invalides, ou encore à son domicile privé. Pour être sûr de ses « leçons », Alibert en parle à des spécialistes : Jacques Rueff (dont l'une des filles est la filleule du maréchal) et Henry Michel. Le « professeur » proclame son admiration devant la « lucidité du vieillard, sa présence d'esprit et sa faculté d'assimilation [31] ». Le discours de Caen aux anciens combattants (dans lequel on retrouve certaines idées du régime de Vichy), les « cours du soir » d'Alibert, les articles de presse sur le thème de la brochure d'Hervé : « C'est Pétain qu'il nous faut », la proposition de candidature du maréchal pour succéder à Lebrun à l'Elysée seront retenus comme autant de preuves qu'un complot contre la IIIe République « flottait » dans l'air...

29. Voir t. II.
30. Voir t. III.
31. Entretien de l'auteur avec M. Jacques Alibert le 6 novembre 1978, et « Le Bouclier », souvenirs de mon père Raphaël Alibert, ancien garde des Sceaux communiqués par M. J. Alibert.

11

PREMIER AVERTISSEMENT : L'AVIATION FRANÇAISE SERAIT ANÉANTIE EN QUINZE JOURS DE GUERRE

En dépit de l'annexion de l'Autriche, l'Angleterre ne se hâte pas de coopérer militairement avec la France ; « Il faut s'armer de patience ! » • Pour apaiser (en vain) les Flamingants, l'armée belge manœuvre « face au sud » ; vive campagne antifrançaise • Mauvais état inquiétant des forts de Liège • À Rome, Hitler obtient le feu vert de Mussolini contre la Tchécoslovaquie • Blum interroge les chefs militaires sur une intervention en Espagne • Pétain : ne vaudrait-il pas mieux travailler jour et nuit ? Réponse négative de Gamelin • L'avis catégorique du général Vuillemin : en cas de conflit avec les Germano-Italiens, l'aviation française serait anéantie en quinze jours...

« Après un certain nombre de rappels à l'ordre discrets de ma part, télégraphie, le 24 mai 1938, le général Lelong (attaché militaire à Londres), j'ai été enfin convoqué au War Office par le général Pownall, directeur des opérations militaires et du renseignement. » Futur collaborateur intime de Churchill pendant la guerre, il confie à son visiteur qu'il comprend son impatience « surtout en présence de la complication chaque jour plus grande de la situation internationale », mais il n'a pu, jusqu'ici, obtenir l'autorisation de Downing Street d'entamer des entretiens d'état-major avec le haut commandement français [1].

---

1. Londres, le 24 mai 1938, rapport n° 51/S du général Lelong au Deuxième Bureau EMA, Paris. Archives SHAT.

Un mois auparavant, les 28 et 29 avril, Daladier et Georges Bonnet, ministre des Affaires étrangères, s'étaient rendus à Londres pour rencontrer Chamberlain. On parla de l'agitation croissante des Sudètes, de l'Italie avec laquelle la Grande-Bretagne venait (le 16 avril) de conclure un accord pour tenter de freiner son rapprochement avec l'Allemagne dont l'Autriche avait fait les frais. Il fut aussi question de la prochaine et troisième dévaluation du franc depuis la victoire du Front populaire en 1936. Chamberlain se montra favorable à de larges conversations militaires entre les armées de l'air britannique et française, mais refusa des discussions similaires concernant les forces de terre. Le prétexte avancé fut que l'aide éventuelle à la France était si faible — deux divisions d'infanterie aux maigres effectifs — qu'elle ne valait même pas des contacts d'état-major. *Chamberlain finit par avouer qu'il redoutait « la nervosité qui se produit toujours en Angleterre quand il s'agit de contracter des obligations qui pourraient entraîner un effort considérable sur le continent*[2] ».

Après de « longues discussions », les ministres anglais admirent le principe d'études pour le transport et le débarquement de ces deux D.I., « mais en spécifiant bien que cela ne constituait point un engagement définitif ». Moins nettement encore, si l'on peut dire, ils acceptèrent d'envisager des améliorations à ces unités, mais sans aller jusqu'à les transformer en divisions mécanisées, « ce qui serait reconnaître en fait des engagements que l'Angleterre n'était pas en position de prendre ». Finalement, les deux parties se mirent d'accord pour l'« ouverture de contacts entre les états-majors » par l'intermédiaire des attachés militaires à Londres et à Paris : les conversations détermineraient les « arrangements » à prendre « dans l'éventualité de l'envoi en France d'un corps expéditionnaire britannique », sans omettre toutefois l'absence « de tout engagement définitif » comme l'avait souligné Chamberlain. Ces pas en avant, assortis de coups de freins et de restrictions, sont néanmoins considérés par les Français comme « un progrès sérieux[3] » eu égard aux pourparlers de mars 1936, au lendemain de l'annexion de la Rhénanie par Hitler. Quelle différence par rapport aux accords d'état-major de 1913 ! Quant à la marine, Chamberlain était d'abord resté « nettement hostile » à des discussions bilatérales en raison des « répugnances instinctives et des habitudes traditionnelles » de l'Amirauté, « mais surtout par crainte d'inquiéter l'Italie ». En insistant, Daladier obtint un adoucissement de la position anglaise, mais on attendrait l'entrevue Hitler-Mussolini pour les premiers entretiens. Une seule satisfaction sans contrainte : des experts franco-britanniques prépareraient des achats d'approvisionnements et de matières premières[4].

---

2. Londres, le 2 mai 1938, rapport n° 39 du général Lelong au Deuxième Bureau EMA, Paris. Archives SHAT.

3. Rapport n° 39 du général Lelong, *op. cit.*

4. La première réunion se tient à Londres le 23 mai 1938. Les représentants français ont un dossier plus étoffé que celui de leurs interlocuteurs. On y discute « d'achats urgents » de blé en Argentine, dont l'exécution pourrait commencer en temps de paix, à l'occasion d'une tension politique. Pour éviter la concurrence et la hausse des prix, les pays neutres seront priés de différer leurs acquisitions. Pour les mêmes raisons, la France achètera 120 000 tonnes « avec précaution ». D'autre part, « les moyens d'action politique » dont dispose Londres en

Retrouvons, au War Office, les généraux Pownall et Lelong : est-il possible, demande le premier, d'envoyer un officier anglais « en civil », visiter les ports prévus pour le débarquement ? En revanche, l'état-major français, interroge le second, pourrait-il connaître, « sans engagement britannique et de façon approximative », l'effort (si tant est qu'il y en ait un ?) supplémentaire envisagé par Londres après l'envoi en France des deux premières divisions ? Dans quel délai ? Pour l'instant, Chamberlain n'a pas donné d'éclaircissement ; toutefois, Pownall a proposé à son gouvernement de constituer une section de trois officiers pour traiter les deux questions « à condition qu'on lui accorde les crédits nécessaires ». Quant au colonel Beaumont-Nesbitt, spécialiste des problèmes de renseignements, il guette l'ordre de reprendre le dossier des échanges d'informations de 1936, « de façon qu'il n'y ait aucun retard » *(sic)*. En ce qui concerne enfin le matériel de guerre, Pownall est d'accord pour en parler.

« Une fois de plus, il faut donc s'armer de patience ! » conclut Lelong dans ses télégrammes au gouvernement. Retenons la date : 24 mai 1938. Hitler, ayant « digéré » l'Autriche, a déjà mis sur orbite la crise des Sudètes. Prague informe Londres et Paris d'importants mouvements militaires allemands sur la frontière tchécoslovaque...

Mauvais état des fortifications belges

Du côté de la Belgique, les relations avec la France se détériorent de différentes façons. Lors d'un match de football entre les équipes des deux armées, auquel assistent deux ministres et des généraux belges du plus haut niveau, les 25 000 spectateurs manifestent violemment contre les Tricolores, vainqueurs de la rencontre, descendent sur le terrain pour les huer et les menacer. Contrairement aux usages, *La Marseillaise* n'est pas jouée ; le ministre de la Défense nationale quitte le stade avec sa suite sans demander à féliciter les joueurs. Les autorités tentent de faire porter la seule responsabilité des injures sur des partisans de Léon Degrelle, mais selon l'ambassade de France : « toute la masse hurlait aussi bien dans la tribune d'honneur qu'aux places populaires [5] ». Le lendemain, la presse,

Argentine empêcheront l'Italie de constituer des stocks importants rétrocédés ensuite à l'Allemagne. Le Comité Central Interallié, prévu en cas de guerre, sera organisé en temps de paix. L'intendant Puvieux explique aussi aux Anglais, étonnés des prévisions françaises d'achat, qu'en cas de conflit la production chuterait de 10 millions de quintaux par suite de la mobilisation de très nombreux cultivateurs. Il est également question des approvisionnements en riz, en viande congelée (l'Angleterre, seul acquéreur, rétrocéderait à la France une moyenne mensuelle de 18 000 tonnes), en avoine, en légumes secs, en amandes, en arachides, etc.

Dans l'immédiat, Paris n'envisage pas d'achats de vivres aux États-Unis pour laisser la place libre à l'Angleterre. La question des transports n'est qu'effleurée, mais est reprise dès le lendemain. (Londres, le 2 juin 1938, rapport n° 6119 de M. Meric de Bellefon, attaché commercial à Londres, à M. Corbin, ambassadeur de France en Grande-Bretagne. Archives SHAT.)

5. Bruxelles, le 14 mars 1938, rapport n° 240 du colonel Laurent, attaché militaire à Bruxelles, au Deuxième Bureau EMA, Paris. Archives SHAT.

sans mentionner l'incident, s'étend pourtant sur les « irrégularités des joueurs français », n'ayant pas oublié que le matin du match, les journaux avaient écrit : « Félicitons-nous d'avoir rompu avec les Français. » Avec un humour involontaire, l'attaché militaire français déconseille que le prochain match, prévu en 1940, se déroule à Bruxelles !

Fin mars 1938, en présence de Léopold III, se déroulent des manœuvres militaires « face au sud », c'est-à-dire contre la France. Gêné, le chef d'état-major général de l'armée belge tente de justifier ces opérations par des « raisons de politique intérieure [6] », la presse flamingante [7] réclamant depuis longtemps des exercices sur le front sud. Par ces démonstrations, les Belges sont « décidés à tout faire pour éviter le moindre reproche de la part de l'Allemagne (...) mais les *dispositions réelles* du haut commandement (favorable à la France) ne sont pas changées [8] ». Les Flamands restent néanmoins virulents : ils ne doivent pas « se laisser aveugler par des histoires de déplacements de troupes ou d'exercices d'alerte dans la région de Mons ». Il faut autre chose que des « gestes symboliques » face au sud, « les (...) comparses de la France au parlement belge discutent au sujet de l'Autriche, alors que les troupes françaises sont à la frontière ! (...) Les Flamands ne sont nullement d'avis de jouer une seconde fois le rôle de " Sénégalais " [9] ».

Des Wallons inscrivent sur le socle du monument de Waterloo : « Nous voulons l'accord avec la France. » Le 19 juin, ils sont 15 000 à défiler devant l'Aigle de Gérome ; des discours proclament la fidélité à la France. La tempête intérieure fait rage comme si, depuis l'annexion de l'Autriche, le spectre de la guerre n'avait pas grandi démesurément ! Les Flamands accusent l'ambassadeur de France de faire pression sur des personnalités belges « pour obtenir aux troupes françaises le droit de passage ». Des conférences sur l'histoire militaire de la Belgique, présidées par M. Crockaert (parti catholique et ancien ministre de la Défense nationale) déplorent la victoire de Fleurus comme « ayant établi la tyrannie française », présentent Waterloo comme « un affranchissement du joug français [10] » ! Le député flamingant Leuridan interroge le gouvernement sur les déplacements en Belgique d'officiers français en civil (répartis dans deux autocars dont il a relevé les numéros d'immatriculation !) appartenant à l'École supérieure de Guerre...

---

6. Bruxelles, le 24 mars 1938, rapport nº 84/S du colonel Laurent au Deuxième Bureau EMA, Paris. Archives SHAT.

7. Le 30 mars 1938, le journal *De Standaard* écrit : « Il est clair que la Belgique n'a rien à voir avec un conflit tchécoslovaque » ; il n'est pas question que l'armée française utilise le territoire belge pour aller au secours de la Tchécoslovaquie (offensive sur le Rhin). « Est-ce que notre pays est tout à fait en ordre pour offrir de la résistance à une éventuelle tentative française de violation de notre territoire ? Notre population a accueilli avec satisfaction les récents exercices militaires prévoyant la défense vers le Sud... » (Archives SHAT.)

8. Bruxelles, le 24 mars 1938, *op. cit.*, p. 3.

9. Bruxelles, le 14 avril 1938, rapport nº 108/S du colonel Laurent au Deuxième Bureau EMA, Paris. Archives SHAT.

10. Bruxelles, le 14 avril 1938, rapport nº 109/S du colonel Laurent au Deuxième Bureau EMA, Paris. Archives SHAT.

Sous la pression des Flamingants, le ministre de la Défense nationale se résigne à programmer, pour 1939, des fortifications en béton face à la France. La presse belge se déchaîne : selon *Pourquoi pas ?*, les pelles de ouvriers risquent de « se heurter aux os de quelques soldats français tombés là entre le 4 août 1914 et le 11 novembre 1918 ». Ce sera symbolique à souhait ! Fort embarrassé, *Le Peuple,* journal socialiste du même bord que le chef du gouvernement, soutient : « Nous ne voyons rien de désobligeant pour nos amis français dans ces mesures protégeant les frontières sud », et de développer — à l'appui — un cours de stratégie. Quant au *Soir,* il donne la note juste : la décision ministérielle équivaut à la « mort du bon sens en Belgique ».

À gauche, *travaux de construction du canal Albert, élément important du système de défense de la Belgique contre une invasion allemande.* À droite, *à Liège, le fort moderne d'Eben-Emael qui, en 1940, tombera, en quelques heures, aux mains des parachutistes allemands amenés par planeur* (Centre de recherches et d'études historiques de la Seconde Guerre mondiale, Bruxelles).

À l'automne 1938, des Wallons s'indignent de voir sur les bords de la Sambre des mitrailleuses en batterie braquées vers la France, ce qui oblige des gendarmes à protéger ces armes ; des officiers proclament : « Si nous voyons arriver les Français, nous mettrons la crosse en l'air [11]. »

À la veille d'un voyage officiel à Paris le 12 octobre, Léopold III, « vivant dans la crainte perpétuelle de l'invasion allemande », désireux de ne pas déplaire au IIIe Reich, souhaiterait être accompagné par sa mère et sa sœur (Marie-Josée, épouse du prince du Piémont, héritier de la couronne d'Italie) ; « il aurait plus d'assurance et son voyage apparaîtrait d'ordre purement familial [12] ». On ignore le sentiment d'Hitler sur ces précautions royales !...

11. Bruxelles, le 28 septembre 1938, rapport n° 298/S du colonel Laurent au Deuxième Bureau EMA, Paris. Archives SHAT.

12. Bruxelles, le 4 octobre 1938, rapport n° 312/S du colonel Laurent au Deuxième Bureau EMA, Paris. Archives SHAT.

Plus graves que ces agitations et ces inconséquences (voire les naïvetés) du souverain, sont les constats de carence militaire de la Belgique. Ainsi, dans les forts de Liège, de nombreux moteurs électriques aux alternateurs grillés sont hors d'usage. Ils devront être remplacés, mais étant donné l'exiguïté des locaux, la solution restera imparfaite. Il faudrait également transformer le système de ventilation des galeries fortifiées (le génie belge s'est laissé dominer par des raisons d'économie). Le personnel, au courant de ces déficiences, pense : « Les Allemands savent aujourd'hui que les fortifications couvrant la Meuse ne valent guère mieux que celles de 1914 (...) ; ils peuvent avec quelque chance de succès, recommencer leur attaque brusquée (de la Grande Guerre) sur Liège et Namur [13]. » En attendant les réparations (mais quand ?), *on coupe « les installations du service de santé (de ces forts) qui prenaient trop de courant. Le reste peut fonctionner à condition de ne pas mettre en marche toutes les tourelles en même temps »*. Un autre défaut empêche de lutter contre une condensation telle en certains points, que des « magasins de munitions sont inutilisables [14] ».

Mussolini se désintéresse de la Tchécoslovaquie

À Rome, le printemps 1938 est marqué par l'ouverture de négociations anglo-italiennes voulues précipitamment (comme nous l'avons vu) par Chamberlain. Elles ont pour but de :

1°) dissocier d'urgence les deux dictatures occidentales ;

2°) retenir l'Italie sur le chemin de la guerre en raison des difficultés majeures que sa situation géographique lui permettrait, en Méditerranée, de créer à la fameuse « route des Indes ». Les documents diplomatiques allemands, saisis en 1945, montrent avec quelle diligence servile les dirigeants italiens informent les Allemands de ces pourparlers. Le 16 avril 1938, ils aboutissent à un accord dont le protocole « met en valeur le désir des deux pays de poursuivre, de façon permanente, des relations amicales ». Toutefois, la condition d'application de ce « gentleman's agreement » est liée au règlement de la révolution espagnole, où — en dépit d'importants succès franquistes — personne n'est en mesure de dire dans combien de temps les nationalistes emporteront, définitivement, la partie. En outre, le comte Ciano a ordonné à Dino Grandi, ambassadeur d'Italie à Londres, d'ouvrir des « conversations avec Chamberlain au sujet de choses pouvant se produire dans le futur... »

À son tour, la France tente (par « l'escalier de service » pour reprendre une expression de Mussolini) de suivre l'exemple donné par Chamberlain. Là aussi, les archives montrent l'ampleur de la rancune de Mussolini : en 1935, c'est à Paris et non à Londres que le Duce a offert une

13. Bruxelles, le 10 septembre 1938, rapport n° 241/S du colonel Laurent au Deuxième Bureau EMA, Paris. Archives SHAT.

14. Bruxelles, le 29 septembre 1938, rapport n° 301/S du colonel Laurent au Deuxième Bureau EMA, Paris. Archives SHAT.

alliance capitale en échange de sa liberté d'action en Abyssinie ; à ses yeux, il a été « trahi ». Les atermoiements de Laval n'ont servi à rien. Au lendemain de Munich, Paris enverra François-Poncet à Rome pour tenter d'éviter l'irréparable...

Le 2 mai 1938, trois trains spéciaux quittent Berlin pour Rome : Hitler, accompagné d'une délégation de 500 personnes environ, se rend en voyage officiel en Italie. Avant le départ, Bulow-Schwante, chef du protocole de la Wilhelmstrasse, a minutieusement choisi, en fonction des cérémonies officielles, la garde-robe de chaque Allemand. Les wagons-lits ressemblent aux coulisses d'un film à grand spectacle : « Jamais, dit un diplomate, je n'aurais cru me rendre en Italie dans une penderie [15] ! » Cette vigilance vestimentaire s'explique en partie par un mauvais souvenir d'Hitler : lors de sa première rencontre à Venise avec Mussolini, son entourage l'avait laissé arriver en habits civils, le chapeau feutre à la main, ridicule face au Duce en uniforme rutilant... Dans le train, souffrant, hanté depuis longtemps par la crainte d'un cancer, le Führer passe des heures à rédiger son testament. Avant d'arriver à Rome, Hitler envoie un aide de camp avertir ses compagnons : à la gare, ils seraient accueillis par un homme de très petite taille, mais « ils devraient bien se tenir, et ne pas éclater de rire ; c'est un ordre, le petit homme est le roi d'Italie ! [16] ».

Mussolini, agacé par les longs monologues d'Hitler, s'est arrangé pour truffer son séjour de cérémonies le maintenant occupé jour et nuit [17]. Mais le Führer parvient à parler de la Tchécoslovaquie : le Duce fermera les yeux sur ce qui pourrait s'y passer ; le IIIe Reich a les mains libres. C'est en abandonnant l'Autriche que Mussolini, en réalité, a scellé son destin qui le conduira à être pendu par les pieds à Milan...

Blum veut intervenir en Espagne, mais...

Pour achever ce tour d'horizon au lendemain de l'Anschluss, revenons à Paris. Lors d'un « Comité permanent de la Défense nationale » le 15 mars 1938, Léon Blum, à nouveau président du Conseil, et Paul-Boncour, ministre des Affaires étrangères, interrogent Daladier et les chefs militaires (Pétain, Gamelin, Vuillemin, Darlan) : a) quelle aide pratique la France peut-elle apporter à la Tchécoslovaquie ? b) quelles réactions prendre si, comme annoncé, des renforts allemands débarquent en Espagne ?

Pour Daladier, le seul soutien possible à la Tchécoslovaquie est « indirect », en retenant, par la mobilisation, des divisions allemandes à l'Ouest. Dans ces conditions, Hitler aurait-il assez de forces pour réaliser son offensive contre Prague ? À écouter Gamelin, l'action de fixation pourrait être renforcée par des attaques contre une zone allemande

15. Paul Schmidt, *op. cit.*, p. 141.
16. John Toland, t. I, *op. cit.*, p. 472.
17. John Toland, t. I, *op. cit.*, p. 474.

fortifiée « mais elle conduirait à des opérations de longue durée [18] ». Selon Blum, la Russie interviendra, mais Gamelin rétorque : quelle aide efficace l'U.R.S.S. pourrait-elle, initialement, apporter (pour sauver la Tchécoslovaquie) ? Son concours risquerait de détourner la Pologne et la Roumanie « d'entrer en action »... Aussi réservé que Gamelin, Vuillemin juge « très difficile » l'intervention aérienne soviétique. En dehors des autorisations (aléatoires) de survol de la Pologne et de la Roumanie, la Tchécoslovaquie ne possède qu'une quarantaine d'aérodromes pouvant être rendus inutilisables par la Luftwaffe.

De ces opinions militaires négatives, circonspectes, Blum déduit qu'elles offrent « une façon concrète de montrer aux Anglais la nécessité (pour eux) d'agir à Bucarest et à Bruxelles [19] ». Étonnant et déconcertant jugement ! Comment le président du Conseil parviendrait-il à décider les Anglais (dont il connaît l'hostilité à s'engager au profit de la Tchécoslovaquie) à intervenir auprès de Bucarest (pour faciliter l'intervention soviétique), puis à Bruxelles (en faveur du droit de passage des troupes françaises pour attaquer sur le Rhin) ? Sur ses gardes, Gamelin observe : l'offensive par la Belgique pourrait, à la rigueur, s'opérer à condition d'être couverte par la S.D.N. (désignant le IIIe Reich comme agresseur), mais pour être puissante, les troupes d'Afrique du Nord ne devraient pas être retenues au-delà de la Méditerranée (par une neutralité agressive de l'Italie, voire son ralliement armé à l'Allemagne, comme l'avait analysé le général Georges). Quelles illusions Blum entretient-il ? Comment peut-il ignorer les réponses données, au lendemain de la déclaration belge de « neutralité », aux questions de la France sur l'attitude de Bruxelles en cas de conflit ? Le procès-verbal de l'importante discussion du « Comité permanent » ne mentionne, en aucune manière, ce que Gamelin a déclaré à Blum sur ce point capital, ni que le général ait rappelé les conclusions du fameux Kriegspiel de l'automne 1937. Les avis techniques sont donc tamisés, gommés, incomplets. Stupéfiant aussi le comportement du président du Conseil : mal informé, il n'exige aucun renseignement complémentaire !

« Comment pourrions-nous intervenir en Espagne ? » demande ensuite Blum, et envoyer un ultimatum à Franco ? Si dans les 24 heures, il ne renonçait pas à l'appui des forces étrangères, la France reprendrait sa liberté d'action (abandonnant le principe de la non-intervention, ainsi que son « sacro-saint » enracinement à la politique anglaise) et se réserverait le droit de prendre toutes les mesures d'intervention utiles ? Sous cette forme, dit aussi Blum, la manœuvre réalisée serait du même type que celle réussie par Hitler, en Autriche... Mais Gamelin apporte un correctif : au moment de l'Anschluss, le Führer disposait d'une armée de 900 000 hommes, contre 400 000 seulement pour la France : « Si nous voulions jouer un jeu pareil, il nous faudrait un million de soldats », et donc mobiliser les « forces de couverture ». Quant à l'aviation, le rappel des réservistes s'imposerait pour « mettre le guet en place ». « Ces

18. Paris, le 16 mars 1938, Comité permanent de la Défense nationale, séance du 15 mars sous la présidence de Daladier. Général Gamelin, *op. cit.*, p. 324.
19. Général Gamelin, *op. cit.*, p. 324 et 325.

mesures, déclare Vuillemin, nous conduisent à dévoiler notre dispositif, et ne se comprennent que si l'on est bien décidé à aller, le cas échéant, jusqu'au bout, c'est-à-dire jusqu'à la guerre [20]. »

Anéantissement de l'aviation française en quinze jours

Blum enregistre que « toute opération en Espagne » exigerait la mise en place de la « couverture » pour donner à l'armée plus du double de ses effectifs actuels. Paul-Boncour s'interroge sur les répercussions d'une offensive française sur le Maroc espagnol : suffirait-elle, du fait que Franco devrait y envoyer des troupes, à « dégager » les républicains espagnols ? Quid aussi d'une diversion sur les Baléares ? Darlan répond : s'agissant d'une « opération de grande envergure », il faudrait à terre une division. Oui, mais que se passerait-il étant donné la faiblesse de l'aviation française et la maîtrise totale (fort possible) de l'air par la Luftwaffe ?

« En quinze jours, coupe Vuillemin, notre aviation serait anéantie ! » La France n'a pas les moyens de sa politique d'alliances, ni ceux de donner un coup de semonce à la politique expansionniste du IIIe Reich. À la carence aérienne s'ajoute la faiblesse de l'armée de terre.

Pétain, le plus souvent silencieux, avance qu'en dehors des considérations militaires, « il conviendrait d'intensifier les fabrications (d'armement) en s'attelant au travail jour et nuit ». Guy La Chambre, ministre de l'Air, rappelle le mauvais rythme de production des avions : 40 par mois, bientôt 60… Revenant à la question d'Espagne, Paul-Boncour s'inquiète : qu'adviendrait-il « d'un succès total du général Franco et sa collusion avec l'Allemagne et l'Italie » ?

De sa serviette, Gamelin sort une note. En résumé, la victoire nationaliste aurait surtout une « importance capitale » dans le domaine maritime, par les bases navales (Le Ferrol, Vigo, Cadix, Ceuta, Carthagène, les Baléares, Villa Cisneros, les Canaries, Fernando Po et la Guinée) dont disposeraient les « marines ennemies ». Des escadres aériennes seraient à même de bombarder les régions de Bordeaux et de Toulouse — considérées jusqu'ici comme « peu exposées » et où ont été décentralisées « un grand nombre d'installations industrielles » — ainsi que la « partie peuplée et sensible » de l'Afrique du Nord, etc., sans parler, évidemment, des menaces terrestres sur les Pyrénées et ailleurs. Les Germano-Italiens imposeraient une « véritable opération de vive force » pour le passage de chaque convoi maritime français en Méditerranée ou sur l'Atlantique, créant ainsi « une situation alarmante ».

Alexis Léger (alias Saint-John Perse), secrétaire général du Quai d'Orsay, sans nier de si redoutables perspectives, donne un avis proche de l'opinion de Daladier (l'intervention française en Espagne déclencherait une guerre générale : que ferait l'Angleterre ? Peut-être interviendrait-

20. Général Gamelin, *op. cit.*, p. 325.

elle ?). En fait, selon Léger, « il ne saurait s'agir de notre part que de mesures de réaction et non de gestes préventifs ». Sans éléments nouveaux (mais de quelle nature et de quelle importance ?), Londres ne suivra pas Paris ! Blum, qui n'a pas abandonné son idée de secourir (d'une façon ou d'une autre) les républicains espagnols, s'interroge : sans intervenir militairement, la France pourrait-elle intensifier son aide ? Gamelin désapprouve ce concours car il désarmerait les forces françaises « pour un résultat aléatoire », les gouvernementaux étant tout à fait inaptes à la manœuvre ». Peut-être existe-t-il un moyen diplomatique de séparer Franco des Germano-Italiens ? Pour atteindre ce but, les Anglais, selon Léger, spéculent plutôt sur la xénophobie espagnole. Pour reconstruire son pays, assure Pétain, Franco aura besoin du concours financier de Londres (ce qui représente un moyen d'action efficace). Une intervention en Espagne, non motivée par des faits nouveaux, conclut Daladier, risquerait de laisser la France seule face à l'Allemagne et à l'Italie, médiocrement secourue par une Russie lointaine et affaiblie, et sans être du tout assurée du concours de la Grande-Bretagne.

Ainsi, au lendemain de l'Anschluss autrichien, alors que personne ne doute du prochain objectif d'Hitler (qui a obtenu l'assentiment de Mussolini) : la Tchécoslovaquie, la position de la France reste marquée par la faiblesse, l'illusion, le manque d'imagination. « Il faut s'armer de patience » pour reprendre les propos de l'attaché militaire à Londres, avant que ne se concrétise la coopération militaire de l'Angleterre dont le Premier ministre espère, contre vents et marées, une entente avec l'Allemagne. En Belgique, sous la pression des Flamingants, les Français doivent « raser les murs », tandis qu'est révélé le mauvais état des fortifications. À défaut de pouvoir fournir un nouveau souffle à la production d'armements — problème angoissant et capital entre tous — Blum interroge les chefs militaires sur une intervention en Espagne. Ceux-ci y opposent l'impuissance française en moyens, les risques de guerre avec l'Allemagne et l'Italie dans l'isolement, puisque l'Angleterre resterait neutre. Ce débat au plus haut niveau, truffé de faux-fuyants et de silences, sans conclusion véritable, retentit comme un sinistre avertissement : on l'entendra encore au cours de l'été, lorsque le gouvernement se posera la question d'honorer l'alliance avec la Tchécoslovaquie ; en quinze jours de conflit, l'aviation française serait anéantie…

12

LES DEUX PARALYSIES DU GÉNÉRAL GAMELIN

Disparition de la majorité de Front populaire • Daladier à nouveau président du Conseil et ministre de la Guerre • Portrait du « Taureau du Vaucluse » • Grève dans la métallurgie • Brouille entre Daladier et Gamelin • Pétain empêche le généralissime de démissionner • Qui est donc Gamelin ? • La protection de Joffre • « Exil » au Brésil • L'amertume du retour à Paris en 1925 : Gamelin « pantouflera-t-il » ? • Commandant en chef au Levant • Henry de Jouvenel demande le rappel de Gamelin auquel s'oppose Pétain • La syphilis de Gamelin • Adjoint « républicain » de Weygand • Janvier 1935 : commandant en chef de l'armée française • Difficiles rapports entre Gamelin et son adjoint, le général Georges • Pendant 5 ans, Gamelin, « homme clé de la politique militaire de la France ».

Le 10 avril 1938, Édouard Daladier constitue son troisième ministère où il conserve les portefeuilles de la Défense nationale et de la Guerre, détenus depuis plusieurs années déjà. En dehors de quelques aménagements ultérieurs, c'est ce gouvernement qui, le 3 septembre 1939, après l'attaque de la Pologne par Hitler, déclarera la guerre à l'Allemagne.

Fils d'un modeste boulanger de Carpentras où il voit le jour le 18 juin 1884, Daladier grandit à travers les grandes tempêtes du boulangisme, de l'affaire Dreyfus, du scandale des fiches du général André, des affrontements consécutifs à la loi de séparation de l'Église et de l'État. Après des études au lycée Ampère à Lyon où il est l'élève d'Herriot, il devient professeur d'histoire. C'est déjà un laïque ardent, ce qui ne sera pas sans influencer ses réactions et ses choix lorsque, devenu ministre de la Guerre, il sera en rapport avec des généraux traités de « calotins » (comme on l'entend chez les radicaux et les francs-maçons), favorisant des nominations d'officiers « de gauche » pour donner des gages et tenter de changer la majorité au Conseil supérieur de la Guerre. Candidat à la députation avant 1914, il est battu, au premier tour, mais on doit noter qu'il s'est prononcé courageusement en faveur de la loi portant le service militaire à trois ans, combattue alors par une partie de son électorat.

Sous-officier d'infanterie au début de la Grande Guerre, impressionné par la puissance de l'armée allemande, il traverse des périodes de découragement, mais son patriotisme l'emporte, et sa bravoure lui vaut de devenir officier. Marié, menant une vie modeste, il est élu, en 1919, député radical-socialiste d'Orange sur une liste du « Bloc national » avec l'appui de la puissante « Union des Intérêts économiques », spécialisée dans la distribution des fonds électoraux du patronat, et dont il approuve le programme de défense de l'économie libérale et la lutte contre les monopoles d'État de l'époque. Par rapport à l'importante corruption des milieux politiques et à la vénalité de la presse, Daladier a la réputation d'un honnête homme. Au fil des législatures, son mandat est renouvelé et il s'élève au sein du parti radical, froissant la susceptibilité maladive d'Herriot. Ainsi, au congrès de Paris, il devient, en 1927, président du parti radical (et le reste jusqu'à l'été 1930). A cette époque, Herriot le supplante jusqu'au 5 janvier 1936, où Daladier retrouve la présidence. C'est le début de l'inénarrable « guerre des deux Édouard » qui vogue de congrès en congrès, pour la plus grande joie des échotiers ! L'intervention d'un médiateur ami des deux hommes permet des « suspensions d'armes » autour d'une table raffinée, choisie à égale distance des résidences des deux rivaux !

Daladier connaît mieux que quiconque les délices et les poisons de la Place de Valois (après la guerre, âgé, tombé dans l'oubli, il continuera à s'y rendre). C'est un comitard, sourcilleux, spécialiste de la moindre fluctuation électorale. Vigilant aux bruissements et aux rumeurs de couloirs de la Chambre des députés et du Sénat, il est à l'écoute des menaces sur son pouvoir et sa place au gouvernement. Comme d'autres caciques, il est un « drogué » de la puissance politique, irrité à l'extrême d'en être un instant à l'écart, disponible aux manœuvres, voire aux compromissions pour le reconquérir. Ainsi, il rejoindra le Front populaire pour se venger, en partie il est vrai, de son échec spectaculaire du 6 février 1934 (bien qu'il y ait sa part de maladresse) ; puis, le vent ayant tourné, il deviendra le porte-drapeau des milieux bien-pensants, jetant les communistes en prison à la déclaration de guerre. Cette « obsession » de la politique au jour le jour dévore la vie de cet homme travailleur ; aussi lui est-il difficile de dégager le temps nécessaire pour un entretien plus important que celui où on lui rapportera une confidence sur les dernières intentions d'Herriot.

En 1933, lorsque Daladier devient, pour la première fois, chef du gouvernement, son adversaire ne peut plus qu'être le maire à vie de Lyon, grand « pontife » du régime certes, mais ayant échoué comme homme d'État.

Au centre, *en casque avec des lunettes : Édouard Daladier, en tenue d'aviateur au Bourget.* (Ph. R. Viollet.)

Trapu, la tête s'enfonçant de plus en plus dans les épaules (à mesure qu'il s'épaissit), il offre une allure décidée, « le taureau du Vaucluse » comme on le nomme. En fait, Daladier est un sceptique, un influençable, un hésitant coléreux. S'accrochant au ministère de la Guerre, il souffre de complexes d'infériorité à l'égard de la haute hiérarchie militaire dont il est le chef et le responsable au sein du gouvernement et devant le parlement. Dans cette attitude, il faut faire la part de son admiration d'ancien combattant pour les héritiers (ou les collaborateurs) des vainqueurs de la Grande Guerre. Ses débuts boulevard Saint-Germain ne sont pas, tant s'en faut, un succès : pour faire des économies, il prend des décisions pas toujours heureuses [1]. Or, en Allemagne, le général Schleicher [1 bis], ministre de la Reichswehr juste avant l'arrivée d'Hitler au pouvoir, décide, secrètement, « de faire sortir l'armée allemande du cadre fixé par le traité de Versailles [2] ». L'objectif est de tripler les unités existantes « en cas de nécessité », pendant qu'un plan d'armement de cinq ans fournira les

1. Le ministre procède à une réduction importante du budget de la Défense nationale, ne portant pas sur les crédits affectés au matériel, mais pour supprimer 5 000 postes d'officiers (février-mars 1933). Certes, ce dégagement permet le départ de cadres trop âgés ou inadaptés, ce qui est utile, mais en même temps il réduit sensiblement l'encadrement, ce qui va à l'encontre des nécessités pour former, en cas de tension ou de guerre, les divisions « A » et « B » à base des grandes unités d'active. On en verra bien l'erreur lors de la mobilisation de septembre 1939, où trop de régiments auront un encadrement manquant de formation.

Daladier crée aussi, en avril 1933, la division des Fabrications d'armement, donnant ainsi aux ingénieurs un pouvoir leur permettant de trop influencer les programmes de matériel au détriment des utilisateurs, c'est-à-dire de mettre un peu la charrue devant les bœufs.

En accord avec le général Weygand, le ministre prend un décret, le 30 mai 1933, pour la constitution d'une division mécanique, c'est-à-dire de la Ire D.L.M. En février, il avait aussi passé une commande d'automitrailleuses aux usines Renault.

1 bis. Voir t. III.

2. Georges Castellan, *Les Relations franco-allemandes de 1933 à 1939,* p. 283, Colloque du C.N.R.S., Paris 1976.

équipements nécessaires. Après son installation à la chancellerie, Hitler hâte le mouvement ainsi préparé ; sur son ordre, le général von Blomberg réalise en deux ans ce qui était initialement prévu en cinq ! En mai 1933, le Deuxième Bureau en avertit Daladier (ainsi que d'autres décisions militaires allemandes allant dans le même sens). Début 1934, les services secrets polonais communiquent à la France le plan complet de Schleicher repris à son compte par le Führer, mais le signal d'alarme avait été donné à temps... Une fois de plus, les services français de renseignements avaient fait leur travail ; pouvait-on en dire autant du ministre de la Guerre ? Par son inconséquence, il continue la tradition des responsables militaires de la France de 1914, dont l'impéritie va entraîner des pertes humaines monstrueuses et scandaleuses, mais la victoire de 1918 fait oublier tant d'erreurs !

L'autosatisfaction, pour ne pas dire l'infatuation, de nombreux généraux l'irrite, mais pour masquer son impuissance, il prononce des phrases caustiques : le Conseil supérieur de la Guerre, dit-il, est le « syndicat des généraux ». Quelle belle excuse pour ne le présider pratiquement jamais ni y faire entendre sa voix ! Or les généraux, peu solidaires entre eux, fort respectueux, obséquieux à l'occasion des autorités civiles et politiques, s'inclineraient devant une présence, une personnalité, un caractère. Daladier prend un chemin différent. On le voit dans ses rapports, exécrables, avec Weygand (opposé, non sans raison, aux vues malencontreuses du ministre) auquel il affirme : « Cela ne peut plus durer ; il faut que l'un de nous deux s'en aille » ; ce à quoi le général réplique : « Servir sous vos ordres, monsieur le Ministre, est pour moi une épreuve ; cependant pour que je parte, il faudra que vous m'en donniez l'ordre [3]. » Daladier n'insiste pas : comment oserait-il limoger l'ancien chef d'état-major de Foch pourtant en désaccord complet avec la politique décidée par le gouvernement ? C'est impensable ! Daladier pourrait aussi procéder à des entretiens individuels avec les grands « barons » de l'Armée, mais il y répugne, n'y cédant que sur incitation de Gamelin ; le résultat est souvent négatif, nuisible. Le ministre ne s'affirme pas davantage auprès des bureaux de son administration, et est donc incapable de secouer leur conservatisme. En revanche, la porte de Daladier est ouverte à un défilé interminable de parlementaires [4].

Le ministre se contente donc de biaiser avec ses subordonnés, de faire des gracieusetés à l'aile gauche de l'Armée, de favoriser des généraux francs-maçons comme Garchery, sans oublier le « grand maître » de l'armée coloniale, le général Buhrer, ou de laisser, à son cabinet militaire, la bride au général Bourret dont le tact n'est pas la qualité dominante au point que le souple Gamelin lui-même s'émeut de son attitude ! Le tout fait que Daladier est incapable de s'imposer au Conseil supérieur de la Guerre [5], et d'en modifier les conceptions processionnelles. Certes, il sait parfois accorder sa confiance à des gens imaginatifs comme le capitaine

3. Jacques Weygand, *Weygand mon père,* p. 232, Flammarion édit., Paris, 1970.
4. Gamelin, *Servir, le prologue du drame,* p. 89, Plon édit., Paris 1946.
5. Jacques Nobecourt, *Une histoire politique de l'Armée,* t. I, p. 203, Le Seuil édit., Paris 1967.

Pierre Jacquot, saint-cyrien, fils d'un officier de gendarmerie, mais c'est insuffisant pour atténuer la pesanteur générale.

Quant à ses relations courantes avec Gamelin, elles ne sont ni bonnes ni mauvaises, mais celles d'un « mariage de raison [6] ». Nous aurons l'occasion de revenir sur ce point au fil des événements... Mais déjà une question se pose : que peut-il naître de l'alliance de circonstances entre un politicien besogneux, complexé, sans conceptions militaires personnelles, et un général en chef, rongé par une terrible maladie, et qui cache derrière des spéculations intellectuelles son refus de commander, d'être un chef pour ne pas risquer sa place ?

Dans l'immédiat, au printemps 1938, Daladier doit faire face à une grève de 150 000 ouvriers qui se répand dans la métallurgie. Des procédures de conciliation sont mises en place, mais l'événement se produit chez Renault, où le préfet de Police, Roger Langeron, fait évacuer les usines par les gardes mobiles. Le 19 avril, le travail reprend un peu partout. Quelques jours plus tard, le franc donne des signes de faiblesse : *le 4 mai, la monnaie est dévaluée pour la troisième fois en trois ans.* Des mesures d'assainissement, prises par décrets-lois, sont trop timorées pour inverser le cours des choses. À grand renfort de publicité, le gouvernement lance un emprunt de la Défense nationale de cinq milliards. Daladier déclare à la radio qu'il « donnera à tous les Français, en pleine conscience, l'occasion de faire le plébiscite de leur patriotisme [7]» *(sic)*. Les souscriptions affluent.

Comme en témoigne une note du C.S.G. du 10 mai 1938, les rapports entre Daladier et Gamelin ne sont pas simples [8] : « La situation est très tendue avec le ministre. Le général Gamelin n'a pas vu (Daladier) depuis 18 jours (le 23 avril), et avant depuis un mois. » Cette attitude s'expliquerait par des divergences de vues à propos de nominations au Conseil supérieur de la Guerre, et de diverses mesures pour l'armée. Les deux hommes sont en effet en désaccord sur le choix d'un inspecteur de l'Infanterie. Gamelin a avancé le nom du général Besson ; Daladier a répondu avec celui de Bourret, proposition à laquelle Gamelin a rétorqué : « Jamais ! » Quant aux décisions à prendre immédiatement, elles concernent :

1°) l'incorporation, en octobre 1938, de conscrits avec deux mois d'avance sur la date théorique de leur incorporation dans le but d'obtenir 20 000 hommes supplémentaires pour renforcer la défense aérienne du territoire, et encadrer des formations nouvelles ;

2°) la création d'une nouvelle division nord-africaine appelée à stationner dans l'Est ;

3°) l'augmentation des forces coloniales de 30 000 hommes. L'urgence, selon Gamelin, s'impose, si l'on veut récolter le bénéfice de ces dispositions (60 000 soldats en tout) au printemps 1939 !

Le 11 mai 1938 au soir, Daladier informe le général Colson (l'un des adjoints de Gamelin) qu'il refuse l'avancement des incorporations et la

6. Gamelin, *op. cit.*, p. 92.
7. Edouard Bonnefous, *Histoire de la IIIe République,* t. VI, 312, P.U.F. édit., Paris 1965.
8. Archives SHAT.

création de la division nord-africaine. Il accepte néanmoins les renforts demandés par Buhrer et Mandel, ministre des Colonies, qu'il lui faut ménager et dont il redoute la causticité, mais refuse l'augmentation correspondante de l'encadrement blanc, interdisant en fin de compte la naissance de formations supplémentaires ! Gamelin, spécialiste des coulisses politiques, prête à Daladier des motivations parlementaires ; le président du Conseil « voulant sans doute donner un coup de barre à gauche » : en raison d'un refus (prévisible) de soutien à son gouvernement des députés socialistes et communistes, il s'en prendrait au haut commandement « pour se rejeter à gauche et retenir les socialistes ». Le même document nous apprend aussi que Churchill, en visite à Paris, a affirmé à Gamelin sa confiance en lui « pour obtenir du gouvernement qu'on renforce l'armée française [9] ». Inquiet des bruits de changement dans le haut commandement, Gamelin prépare sa lettre de départ. Si le ministre maintient son point de vue, il l'enverra le 13 (mai) au matin, après avoir pris conseil des deux maréchaux, Pétain et Franchet d'Esperey. Si la lettre de démission reste dans la poche de Gamelin, c'est en raison d'une phrase prononcée par le vainqueur de Verdun au généralissime : « Partir, c'est déserter. Quel serait l'effet produit dans le pays et à l'étranger [10] ? » Combien de fois lui-même avait-il pu obtenir tout ce qu'il réclamait ? Mais il n'était pas parti, se réservant de revenir à la charge en un moment plus favorable. « J'étais, parmi les grands chefs, le seul à avoir l'autorité incontestée, l'audience du gouvernement et l'indépendance morale *(sic)* (...). Je n'osais passer outre [11]. »

Imaginée ou corrigée (les mémoires de Gamelin pèchent en effet par de nombreuses omissions ou contrevérités), cette discussion avec Pétain paraît vraisemblable. En dépit de son âge, le maréchal « s'accroche », consulte, tient des propos qui, après mai 1940, donneront à réfléchir ; n'oublions pas non plus (comme nous l'avons vu à propos des affaires de Syrie en 1925), qu'il avait sauvé Gamelin d'un limogeage. Restant dans le pittoresque ou la mythomanie, Gamelin assure que peu avant leur brouille temporaire du printemps 1938, Daladier lui dit son intention de le faire nommer maréchal pour accroître son prestige en France et à l'étranger [12]. Modeste, Gamelin se déroba dans de belles phrases, rappelant qu'à son « actif comme grand chef, il avait son rôle » à la tête de l'armée du Levant *(sic)*...

Qui est donc le général Gamelin ? Son père, originaire des Flandres françaises, est un contrôleur général de l'Armée, c'est-à-dire un haut

---

9. Dans ses mémoires (*op. cit.*, p. 288), Churchill relate comment, installé à l'ambassade de Grande-Bretagne à Paris, il reçut Blum qui, étonné, s'entendit parler de la supériorité de l'obusier de campagne de la Wehrmacht sur le canon 75 modifié. Reynaud avait conseillé la création d'une armée britannique de six divisions blindées, et évoqué un livre du colonel de Gaulle « fort critiqué » sur les chars, « l'armée de métier », Flandin, persuadé que le dernier espoir de la France résidait dans une entente avec l'Allemagne ; Gamelin enfin, qui lui « parut à juste titre plein de confiance en ce qui concernait la force de l'armée française à cette époque *(sic)*, mais me parut trop à l'aise lorsque je lui posais des questions sur l'artillerie, domaine qu'il connaissait de façon précise » *(re-sic)*.
10. Général Gamelin, *op. cit.*, p. 336-337.
11. Général Gamelin, *op. cit.*, p. 337.
12. Général Gamelin, *op. cit.*, p. 336.

fonctionnaire chargé des questions d'administration. Sa mère appartient à une famille de l'Est qui a fourni le dernier gouverneur militaire de Strasbourg avant l'occupation allemande de 1870. Le jeune Maurice est élevé dans le respect de la tradition et une ambiance militaire. Jouant au tambour, manœuvrant une belle collection de soldats de plomb, il est studieux et appliqué. À l'heure des décisions de l'adolescence, refusant de préparer Polytechnique, comme le voudrait son père, ou de devenir peintre, comme le souhaiterait sa mère, il veut entrer à Saint-Cyr et devenir général [13].

Les religieux du célèbre collège Stanislas le préparent à son destin d'officier. En classe, Maurice Gamelin excelle en tout. Reçu quarante-quatrième sur 451 à l'École spéciale militaire, il s'y fait, dit-on, davantage remarquer par son zèle et ses bonnes études, que par le relief de sa personnalité ; il manquerait de brio [14]. Major de sa promotion, Gamelin choisit de servir en Algérie. De retour en France quatre ans plus tard, il prépare l'École de Guerre où il est reçu dans un bon rang [15].

Dur apprentissage chez Joffre

En 1906, Gamelin devient, grâce à une intervention de son père, officier d'ordonnance du général Joffre, commandant de la 6e division d'infanterie ; pour faire carrière, un jeune officier (tout comme un médecin ou un ingénieur débutant) doit accrocher son destin à celui d'un « patron », entrer dans une « écurie ». Le choix fait de Joffre par Gamelin est intéressant : le général, franc-maçon, est catalogué « bon républicain ». Se faisant apprécier, le capitaine puis commandant Gamelin fait partie, entre deux temps de commandement, de l'entourage de Joffre. À la déclaration de guerre en 1914, Gamelin est aux côtés du généralissime dans une position d'intimité : au cours de promenades à pied, par exemple, Joffre tient son collaborateur au courant de ses entretiens les plus délicats. Dans les journées de la bataille de la Marne, maintes fois racontée, Gamelin joue le rôle important d'un conseiller imaginatif, décidé, opportun du « Grand Chef ». Cet événement, si intense, si capital, couronné par la victoire, tient une place dans l'image de marque de Gamelin (comme l'est, par exemple, pour Weygand le fait d'avoir été le chef d'état-major de Foch, et d'avoir ainsi profité de ses « recettes »).

La situation du commandant Gamelin au G.Q.G., où il côtoie les intimes de Joffre, lui permet de découvrir un monde complexe, redou-

13. Pierre Le Goyet, *Le Mystère Gamelin,* p. 13, Presses de la Cité édit., Paris 1975.
14. Pierre Le Goyet, *op. cit.,* p. 15.
15. Dans ses notes, on lit « intelligence supérieure, très vive et ouverte ; esprit fin, lucide, méthodique, cultivé ; jugement sûr et prompt. Très bien doué pour l'étude des hautes questions d'art militaire. En tactique, un sens développé et solide. Caractère ardent, droit, ferme, décidé. Beaucoup de personnalité. Très actif et endurant. Manières et éducation très bonnes (...). Doit s'affirmer officier de tout premier ordre. À pousser ». (Pierre Le Goyet, *op. cit.,* p. 17). C'est important, car au cours de sa carrière, un officier est jugé sur ses débuts, comme si les qualités montrées alors étaient acquises à vie !

table, rempli de chausse-trapes. À cinquante kilomètres des tranchées, il assiste à une effrayante guerre d'usure, à l'arrière, entre Joffre et les politiciens désireux de le « contrôler » (ce que le général refuse farouchement) et de jouer les « commissaires aux armées », sans parler des bruits, des intoxications sur la stabilité du gouvernement. Le départ du ministre de la Guerre, Alexandre Millerand, qui avait soutenu Joffre sans défaillir, marque l'amenuisement de la position du commandant en chef. Arrive enfin le tumultueux limogeage du général Sarrail, peu facile, vindicatif, attiré par les intrigues politiques et parlementaires, décidé à faire payer l'affront dont il est victime. Cette crise est pimentée : Joffre et Sarrail sont francs-maçons ! La lutte des « frères ennemis » aboutit au départ de Joffre qui, en compensation, reçoit son bâton de maréchal. Quel apprentissage pour Gamelin ! Quelle ligne de conduite entend-il suivre, quand, arrivé à son tour aux plus hauts postes, pour ne pas répéter les erreurs et les fautes de Joffre ? Quelles leçons en tire-t-il pour conduire sa carrière et parer aux embûches ? Mais Gamelin se fait aussi de précieuses relations parmi des politiciens importants amis de son chef : à droite, avec André Tardieu [16], plus tard ministre puis président du Conseil ; à gauche, avec Maurice Sarraut, « roi de Toulouse », l'un des pontifes du radicalisme sans lequel ne se fait aucun gouvernement de la IIIe République déclinante. Sous cette forme, Gamelin fait l'apprentissage de l'utilité des « copineries ».

En attendant, Gamelin quitte Joffre pour le front, à la tête d'une brigade de chasseurs où il fait la meilleure « impression » [17], passe colonel, est promu, fin 1916, général de brigade, prend, au printemps 1917, le commandement d'une division d'infanterie. À chaque étape, des éloges : « tête froide, beau caractère, droit, franc, énergique, crânerie, supériorité intellectuelle, grand sens tactique, etc. ». À l'armistice de 1918, Gamelin est donc passé, en quatre ans, de chef de bataillon au commandement d'une division. Il a séduit les uns et les autres, récoltant succès sur succès.

Graves conséquences d'un premier échec

Au début de 1919, Gamelin est nommé chef de la mission militaire française au Brésil ; pourquoi pas ? Titre apparemment enviable, horizons nouveaux, situation de prestige. Mais cette désignation est surprenante alors que l'armée française, la première du monde, tient l'Allemagne à la gorge, caracole en Europe centrale, conduit des opérations contre les bolcheviks à Odessa. N'est-il pas étrange que Gamelin aille au Brésil au lieu de participer à cette chevauchée impériale (impérialiste, accusent les Anglo-Saxons), ou plutôt n'est-il pas victime d'avoir appartenu à la « chapelle » Joffre ? Dans ses mémoires [18], Gamelin soutient cette thèse :

16. Voir t.I.
17. Pierre Le Goyet, *op. cit.*, p. 36.
18. Général Gamelin, *op. cit.*, avant-propos, p. VI.

le maréchal avait fait des « mécontents. Ses fidèles qui avaient été ses hommes de confiance, sentions que d'aucuns désiraient nous voir mis à l'écart ». Le général en déduit « que l'on souhaiterait (lui) faire marquer le pas ». Toutefois, on peut se demander s'il n'existe pas une autre raison, encore secrète, de l'envoi de Gamelin au Brésil.

Le ton employé, près de trente ans plus tard, par Gamelin pour relater sa désignation au Brésil montre combien il a été affecté par cette affaire, reflet des vives animosités régnant entre Joffre, Foch et Pétain, et se répercutant sur leurs entourages. Or, en 1919, Joffre n'est plus qu'un maréchal sans emploi ; et les « amitiés » de 1914 n'ont pu jouer à temps. Gamelin découvre qu'il est ainsi un isolé sans protecteur : sa carrière risque d'en pâtir.

Début 1925, mission accomplie au Brésil, Gamelin est de retour en France. Quelle affectation va-t-il recevoir ? Le général fait le tour des gens en place : Herriot, Briand se disent impressionnés par ses qualités. Il rencontre aussi les généraux Nollet, ministre de la Guerre du gouvernement du Cartel des gauches (mais qui démissionne en avril), Debeney, chef d'état-major de l'Armée, et le maréchal Pétain. Ces deux derniers songent à envoyer Gamelin au Maroc où la situation militaire s'aggrave dans le Rif, mais l'affaire ne se fait pas. Une seconde fois, Gamelin « marque le pas ». On le lanterne. Amer, il envisage de « pantoufler », c'est-à-dire d'abandonner l'uniforme.

S'ouvrant de son infortune au socialiste Albert Thomas (qu'il a connu chez Joffre), directeur du Bureau international du travail, il frappe à la bonne porte. Ayant retrouvé le séduisant Gamelin de 1914, Thomas réagit : comment la France pourrait-elle se passer d'un officier si intelligent ? Aussi écrit-il à son « ami » Paul Painlevé, ministre de la Guerre, pour qu'il reçoive personnellement Gamelin [19]. C'est un tournant important dans la carrière du général, le voilà remis en selle par un des chefs de file de la gauche, recevant par contrecoup le précieux label d'officier « républicain ». Le 2 septembre 1925, Gamelin est nommé commandant des troupes au Levant, et adjoint au général Sarrail, haut-commissaire de la République française à Damas, et qui, péniblement, fait face à la révolte des Druzes [20].

Pétain sauve Gamelin

En apparence, cette mission de Gamelin au Moyen-Orient semble préparer de nouveaux succès [21] ; le général est fait grand officier de la Légion d'honneur, puis, le 19 février 1928, est nommé à la tête du XXe

19. Fonds Albert Thomas, Archives Nationales.
20. Voir t. II.
21. Dans ses mémoires, le général Gamelin se délivre sur ce point un brevet d'autosatisfaction sans évoquer le rôle de Billotte, ni les graves divergences qui ont existé entre Jouvenel et lui, et dont il n'a pas pu manquer d'être informé (*Servir, le prologue du drame,* avant-propos, *op. cit.*, p. IX).

corps d'armée à Nancy, « le plus beau [22] ». La vérité semble différente. À Sarrail a succédé un autre homme de gauche, M. Henry de Jouvenel [23]. Au gouvernement le nouveau haut-commissaire en Syrie demande, sans l'obtenir, le rappel de Gamelin et son remplacement par le général Gaston Billotte qui percevrait mieux le type d'opérations propres à ramener la paix. À son « ami » Painlevé, encore ministre de la Guerre, Jouvenel a écrit que Gamelin était un homme intelligent, de compagnie agréable et auquel il ne manquait rien pour être un bon chef, « sinon la colonne vertébrale » [24] ! Avec causticité, Jouvenel accuse Gamelin de manquer de caractère et d'autorité. En 1926, l'alerte est déjà donnée sur le défaut majeur du général.

Dans la cour des Invalides, le maréchal Pétain remet la médaille militaire au général Gamelin. À droite, *le général Alphonse Georges, désigné pour commander, en cas de guerre, le front s'étendant de Bâle à Dunkerque.* (Ph. Keystone.)

Les analystes imputent l'origine de ces carences aux observations que Gamelin tire, peu à peu, pour son avenir, des avatars d'un Joffre pourtant au sommet de la hiérarchie et « bon républicain », de son exil brésilien, des obstacles rencontrés en 1925 pour recevoir un nouveau poste. Il en déduit la nécessité de manœuvrer pour éviter les catastrophes personnelles, veillant à se protéger, à se couvrir, à trouver des boucs émissaires, à ne jamais accorder trop d'autorité à ses subordonnés, mettant ensuite en place (en 1938) une invraisemblable organisation du commandement (dont on verra les effets désastreux en 1939/1940). Il ne s'écoule pas un jour où le général ne mène cette politique de défense de ses intérêts.

---

22. Général Gamelin, *op. cit.*, avant-propos, p. XII.
23. Voir t. I.
24. Bertrand de Jouvenel, *Un voyageur dans le siècle*, p. 168, Robert Laffont édit., Paris 1979 et lettre à l'auteur le 27 mai 1982. De son côté, Pierre Le Goyet (*op. cit.*, p. 51) écrit que « certains responsables, dont Jouvenel, ont décelé dans la personnalité de Gamelin des failles inquiétantes… Il n'en sera pas tenu compte ».

La syphilis de Gamelin

Mais les louvoiements de Gamelin ne seraient pas uniquement dus à des accidents de carrière ; on est resté silencieux sur un accident de santé survenu avant 1930. Comment douter que cet aspect si particulier, si dramatique des choses ait modifié les qualités et facultés premières de l'officier.

Gamelin a contracté une neurosyphilis pour laquelle il est soigné à l'hôpital militaire du Val-de-Grâce où on lui applique la thérapeutique de choc de l'époque (les antibiotiques n'existaient pas), aussi éprouvante que le mal lui-même (mercure, arsenic, bismuth). Selon les auteurs de cette intéressante enquête, « l'affection déborda la science. Elle gagna les fibres nerveuses, provoqua une méningo-encéphalite insidieuse, c'est-à-dire une inflammation du cerveau et de ses enveloppes (...) Les malades, tel le général Gamelin, présentaient alors des atteintes neurologiques sévères et tardives [25] ».

Pour tenter de limiter les ravages inquiétants du fléau, les médecins emploient, en 1933, une « arme nouvelle », l'impaludation ou malariathérapie. Gamelin reçoit des injections intraveineuses de sang prélevé chez un paludique. Au bout de quelques mois, le traitement apporte une amélioration et « gomme les symptômes psychiques » [26]. Toutefois, ce résultat n'est pas maintenu, il faut recommencer la malariathérapie dont l'efficacité, avec la répétition, va en diminuant. En 1935, lorsque Gamelin est nommé à la tête de l'armée française, les effets de la neurosyphilis du général sont encore « dissimulés » [27].

Revenons en Syrie où Painlevé répond à Jouvenel qu'il doit garder Gamelin : Pétain (un ancien « joffriste ») entend en faire un généralissime et dans l'immédiat, « il convient donc que la victoire sur les Druzes soit sienne... ».

---

25. Pierre Accoce, Dr Pierre Rentchnick, *Ces malades qui nous gouvernent,* p. 134, Stock édit. Paris 1976. Dans leur ouvrage, les deux auteurs évoquent les cas de F.D. Roosevelt, Wilson, Harding, Eisenhower, John Kennedy, Lyndon Johnson, Nixon, Hitler, Mussolini, Neville Chamberlain, Daladier, Churchill, Franco, etc.

26. Pierre Accoce, Dr Pierre Rentchnick, *op. cit.*, p. 136.

27. Pierre Accoce, Dr Pierre Rentchnick, *op. cit.*, p. 136. Les auteurs affirment que la « dégradation mentale » de Gamelin « se mesure encore à la lecture des trois tomes de ses Mémoires. La mégalomanie le dispute aux contradictions. La confusion des idées gêne. Le raisonnement maladif du généralissime pourrait être cité aux étudiants en médecine, en illustration clinique de cette destruction lente qu'engendre le tréponème pâle » (p. 137).

Dans la revue *Médecine et Hygiène*, le Dr Pierre Rentchnick a publié en 1981 un nouvel article (p. 1674) sur le « cas » Gamelin où il écrit, notamment, avoir eu « beaucoup de difficulté pour obtenir des renseignements médicaux concernant le généralissime ». Il connaissait l'existence d'un dossier clinique à l'hôpital du Val-de-Grâce à Paris, mais que le ministère des Armées refusa de lui communiquer. Toutefois, « plusieurs collègues français qui avaient eu en main le dossier médical de Gamelin » lui indiquèrent que le général avait été impaludé en 1932, « confirmant implicitement le diagnostic de syphilis » (malgré les déclarations du ministère des Armées français affirmant qu' « il n'y a rien d'intéressant dans le dossier médical de Gamelin » !). Le Dr Rentchnick assure aussi que Gamelin avait contracté sa syphilis en 1930. (Communication et lettre à l'auteur, le 2 février 1983.)

Comment Gamelin devient l'adjoint de Weygand

Le 7 mars 1929, Gamelin fait, à cheval, son entrée officielle à Nancy dont dépendent quatre divisions et la défense des frontières Nord-Est. Il n'y reste guère : la succession du général Debeney provoque mille intrigues au plus haut niveau politique et militaire. En effet, début 1929, le nom de Weygand avait été avancé comme nouveau chef d'état-major de l'Armée, mais Painlevé avait opposé son veto : le général « fait de la politique » ; n'a-t-il pas prononcé, sous l'égide des Écrivains catholiques, une conférence sur la pensée et les méthodes de commandement de Foch ? C'est un « sacrilège » ; à entendre Painlevé, jamais le parlement n'entérinera la nomination de Weygand ! Il faut trouver quelqu'un d'autre [28] : le général Maurin, par exemple.

L'explication (sinon la justification) de la position de Painlevé n'avait rien à voir avec la compétence (ou non) de Weygand ; en réalité, la gauche lui faisait « payer » son tempérament fougueux, impulsif, sa façon de ne pas cacher son jugement sur telle ou telle décision où il souhaitait engager sa responsabilité [29]. Pour arranger les choses, Pétain avait proposé une solution byzantine : Maurin commanderait l'armée en temps de paix, Weygand, en cas de guerre [30] ! La proposition du maréchal ne fut pas retenue ; à la suite d'une crise ministérielle, Maginot remplaçait Painlevé au ministère de la Guerre.

André Tardieu, nouveau chef de gouvernement, songe alors à Gamelin (qu'il a connu, on le sait, chez Joffre) de préférence à Weygand qui, à la conférence de la Paix en 1919, avait osé combattre ses propositions [31]. Briand est un autre adversaire du général. Ministre des Affaires étrangères, il redoute les réactions de Berlin en raison des liens d'amitié de Weygand avec la Pologne [32]. Toutefois, Maginot préfère Weygand quitte, dit-il, « à empêcher de dormir » [33] son président du Conseil qui, à l'image de Painlevé, frémit d'une interpellation à la Chambre des députés.

Un compromis est trouvé : le gouvernement flanque le « factieux » Weygand d'un « homme sûr », Gamelin. Quittant Nancy, il est promu premier sous-chef d'état-major de l'Armée ; à ce titre, il devient le collaborateur le plus immédiat de Weygand, dans la meilleure position pour lui succéder. Les deux hommes se connaissent peu (toutefois en 1914, Joffre avait recommandé Weygand à Foch en quête d'un chef d'état-major). En 1931, Weygand devient vice-président du Conseil supérieur de la Guerre et inspecteur général de l'Armée en remplacement de Pétain

28. Voir t. III.
29. Voir t. I.
30. Jacques Nobecourt, *op. cit.*, p. 199.
31. Jacques Nobecourt, *op. cit.*, p. 199.
32. Cette attitude de Briand illustre la versatilité des hommes politiques : en 1922, Briand, en accord avec Millerand, avait signé un traité d'alliance franco-polonais malgré la ferme opposition de Foch et de Weygand !
33. Weygand, *op. cit.*, p. 342.

Le général Weygand (à g., *en chapeau clair avec un galon noir*) *qui se rend au Maroc après son départ à la retraite, est salué, à la gare d'Orsay, par son successeur, le général Gamelin* (à dr., *en chapeau melon*). [Ph. Keystone.]

dont Maginot souhaitait le départ pour permettre « un renouvellement des méthodes et des hommes » [34]. Quant à Gamelin, il gravit (comme prévu) l'échelon supérieur : le voilà chef d'état-major de l'Armée [35].

De 1930 à 1935, Weygand et Gamelin vont cohabiter, jusqu'au moment où le premier des deux généraux prend sa retraite. En dehors d'incidents mineurs (mais qui prendront de l'ampleur à l'heure des affrontements sur les responsabilités du désastre de 1940), les relations entre les deux hommes sont bonnes, courtoises et hiérarchiques, sans être chaleureuses : tempérament et caractère sont trop opposés pour qu'il en soit autrement. Au début de leur collaboration, Weygand prend l'initiative de s'entendre avec Gamelin sur les principaux problèmes à résoudre. En fait, le 26 avril 1930, Weygand remet à Maginot — avec copie unique à Gamelin — une note d'une importance indéniable. Après un constat de carence des possibilités de l'Armée en cas de guerre moderne, des propositions de changement sont établies [36].

---

34. Jacques Nobecourt, *op. cit.*, p. 199. Pour faciliter le départ du maréchal qui s'accroche à son fauteuil, Maginot crée une nouvelle fonction qu'il lui confie : inspecteur général de la Défense aérienne...

35. Avant de quitter ses fonctions, Weygand note ainsi Gamelin : *Possède les connaissances, l'expérience et tous les dons de conception et d'activité qui lui permettront de rendre dans ce poste les plus grands services à la Défense nationale* (Pierre Le Goyet, *op. cit.*, p. 53).

36. Weygand énumère d'abord les carences : l'instruction souffre de l'insuffisance des camps, les dotations de mobilisation sont très incomplètes, la modernisation de l'armement et de l'outillage est à peine commencée (pour ne pas être en état d'infériorité devant un

En 1932, Tardieu (président du Conseil) emmène Gamelin à la Conférence du désarmement à Genève. Le général prend plaisir à découvrir le monde de la politique internationale [37]. En mai, la gauche gagne les élections législatives ; Herriot forme son troisième gouvernement dans lequel Paul Boncour, avocat socialisant, est ministre de la Guerre. À quelques semaines près, ce changement de majorité parlementaire coïncide avec le contrecoup sur la France de la dépression économique mondiale ; des difficultés financières (cessation des paiements allemands au titre des Réparations, etc.).

En janvier 1935, la nomination, pourtant programmée, de Gamelin comme vice-président du Conseil supérieur de la Guerre, ne s'opère pas sans de graves difficultés. Interrogé sur son successeur présumé, Weygand ne cache pas son hostilité pour les raisons décelées par Henry de Jouvenel : Gamelin manque de caractère. Aussi Weygand préconise-t-il la nomination du général Alphonse Georges. À son habitude, Pétain échafaude une transaction où Georges serait le successeur de Gamelin, mais les sacro-saintes questions d'âge et d'annuaire des officiers généraux ne cadrent pas avec cette formule de toute façon pitoyable. Le gouvernement s'arrête à une autre solution « nègre-blanc », en donnant deux coadjuteurs à Gamelin : les généraux Colson et Georges.

Du premier, polytechnicien, on connaît peu de chose, sinon qu'il est au fait des mécanismes de l'administration générale. À l'occasion il écarte les projets qui lui déplaisent ; anticommuniste, il s'opposera aux tentatives d'accord militaire avec l'U.R.S.S. Colson est un partisan de la fortification, s'intéressant peu à l'offensive [38]. Inutile d'attendre de sa part des innovations ou une révolution dans les méthodes. Discret, travailleur, il ne présente aucune menace pour Gamelin, ce qui empêche (autant qu'on le sache) des difficultés entre les deux généraux.

Peu faciles seront les rapports entre Georges et Gamelin. Nous avons déjà parlé de Georges à plusieurs reprises [39]. Ancien collaborateur de Foch, responsable, avec succès, de la remise en route de la Ruhr occupée par l'Armée française en 1923, Georges fut le chef d'état-major de Pétain dans la guerre du Rif. Il occupa ensuite des postes de plus en plus

---

« agresseur à la page », il faut de la D.C.A., des canons antichars, un obusier léger, une artillerie de campagne de portée supérieure, des *chars rapides, des appareils de transmission de modèles récents,* du matériel amélioré de protection contre les gaz, *une motorisation plus poussée*). Weygand se plaint aussi de la tenue négligée de l'armée et « de bâtiments lépreux ».

Dans une première conclusion, Weygand pose le problème des crédits qui représente *pour l'Armée une question d'être ou de ne pas être* ; les crédits doivent échapper aux fluctuations budgétaires pour permettre la réalisation garantie d'un programme de dotation et de modernisation. Des économies peuvent être faites... (Weygand, *op. cit.,* p. 349 à 351).

37. Pierre Le Goyet, *op. cit.,* p. 54-55.

38. Lieutenant-colonel Henry Dutailly, *Les Problèmes de l'armée de terre française* (1935-1939), p. 35, ministère de la Défense, Service historique de l'armée de terre, Imprimerie Nationale édit., Paris 1980. Ce travail de qualité, complété par de nombreux documents, fait suite aux trois volumes du colonel Paoli sur l'évolution de l'armée de terre française depuis la fin de la Grande Guerre jusqu'en 1939. La consultation de l'ensemble est indispensable pour l'étude de cette période.

39. Voir les t. I, II et III.

importants, surtout en Afrique du Nord. En 1934, il fut grièvement blessé dans l'attentat qui, à Marseille, coûta la vie au roi Alexandre de Yougoslavie et à M. Louis Barthou, ministre des Affaires étrangères. Parmi les séquelles de ses blessures, il allait subir la douleur, quasi permanente, de nerfs sectionnés, apaisée avec peine, rendant son sommeil difficile, et donc moins réparateur.

Au centre, *assis : le général Georges et son état-major particulier du Conseil supérieur de la guerre ;* de gauche à droite, *debout : Bernard, Navereau, Poupinel, Trolley de Prévaux.* (Archives du général Georges, D.R.)

Quand Weygand soutint à Pétain qu'il préférait Georges à Gamelin pour lui succéder, il appuya en partie son argumentation sur le fait que son « candidat » avait « l'estime de l'Armée » ; aucun document ne le contredit. Au long de sa carrière, Georges a montré un caractère droit et simple. On ne lui connaît pas d'échecs qui auraient pu remettre en question ses capacités. Il ne passe pas pour intriguer avec la droite ni avec la gauche. Sa vie privée est toute familiale ; ses amis se comptent surtout parmi les hauts fonctionnaires civils (notamment dans les chemins de fer) connus dans l'exercice de ses fonctions. Il est sentimentalement attaché à l'Afrique du Nord où il a été sous-lieutenant, et par son mariage avec la fille de l'administrateur de Cherchell. (En 1943, Georges se retrouvera à Alger dans des circonstances exceptionnelles.) Enfin, Georges, ni franc-maçon ni « calotin », échappe aux courants passionnés ravageant sa caste comme ils dévorent les milieux dirigeants. Si Georges appartient à un « clan », c'est, à l'instar de bien d'autres camarades, à celui de Weygand dont il diffère pourtant sur de nombreux points.

Gamelin tiendra Georges à l'écart, l'employant peu pour une raison fondamentale : la crainte d'en recevoir de l'ombre, et plus, d'être mis en défaut. La crise reste feutrée jusqu'à la déclaration de guerre pour devenir alors éclatante, dramatique, d'autant que Reynaud et Churchill, trouvant Gamelin trop incertain, sans autorité, ne cacheront pas leurs préférences pour Georges. Nous ouvrirons ce dossier volcanique.

Quant à Daladier, il tient Georges à distance sous prétexte qu'il « l'inquiète » *(sic),* sans en donner les raisons ; de son côté, Georges s'est interrogé sur cette animosité. À la lumière du caractère rancunier et comitard de Daladier, deux explications peuvent être avancées. D'abord, Georges est lié au colonel Fabry, député de droite de Paris depuis 1919, qui s'est spécialisé dans les questions militaires (présidant, suivant les

Manœuvres de l'armée française : en haut, à gauche, *camions américains Chevrolet ;* en haut, à droite, *chars H. R35.* En bas, à gauche, *un vieux char Renault F.T. de 1918 ;* en bas, à droite, *un char H. R35 en position de tir.*
(Ph. E.C.P. Armées.)

majorités, l'importante commission de l'Armée où il défend les thèses de l'état-major, comme il le fait également dans les colonnes de *L'Intransigeant*). Longtemps, les relations entre Fabry et Daladier étaient restées chaleureuses. Tout avait basculé entre les deux hommes lorsque Fabry, nommé ministre de la Guerre par Daladier dans son gouvernement de janvier-février 1934, en avait démissionné [40]. De cet éclat, Daladier avait conçu à l'égard de Fabry une amertume tenace ; cette réaction se reportait aussi sur Georges. Ensuite, Georges avait pu être victime de l'influence du général Bourret sur Daladier : or, en 1930, Georges avait refusé à André Tardieu que Bourret devienne son sous-chef de cabinet. Comment expliquer autrement que par ce genre de querelles l'attitude du ministre de la Guerre, car les origines modestes, ouvrières, républicaines de Georges, sa jeunesse aidée par des sœurs enseignantes ont tout pour « rassurer » le « jacobin » Daladier ? Cette exploration ne doit toutefois pas négliger l'essentiel : Georges aurait-il mieux fait que Gamelin ? Les documents répondront à cette question.

Quel personnage complexe et secret que Gamelin ! Son intelligence n'est pas mise en doute, ni l'importance qu'il y attache pour convaincre, mais il sape cette force par l'emploi de sous-entendus. Que pense-t-il vraiment ? « Il passe pour un tenant de la défensive bien que l'offensive soit pour lui la seule source de la victoire [41]. » Les alliés de la France ? Il compte sur eux, prêt à les aider, mais avec quels moyens alors que la plupart sont démunis de l'essentiel (sans parler des propres carences en matériel moderne de l'armée française) ?

Au moment où Weygand quitte ses fonctions, en janvier 1935, il dresse devant le C.S.G. un constat sévère de l'état de l'armée, ce à quoi Gamelin réplique : *« Tout cela est fort intéressant (...) mais vous savez, moi, je suis un stratège. » Réponse d'adepte de la fuite en avant, qui se réfugie dans les études et les hypothèses, évitant de prendre à bras le corps le problème des moyens, de leur définition, de leur financement, de leur industrialisation, de leur mise en œuvre, c'est-à-dire de se heurter aux habitudes, aux féodalités, au conservatisme* [42].

Le 18 janvier 1935, le conseil des ministres [43] avait désigné le général Maurice Gamelin, 63 ans, pour succéder à Weygand atteint par la limite d'âge, comme vice-président du Conseil supérieur de la Guerre (C.S.G.). Cumulant cette fonction avec celle de chef de l'état-major général de l'Armée dont il était déjà titulaire, Gamelin avait retrouvé les pouvoirs dont Joffre avait disposé à l'ouverture de la Grande Guerre, mais qu'à la paix le gouvernement avait séparés pour ne pas mettre trop de puissance dans une même main ! En cas de conflit, Gamelin serait le « généralissime » des forces françaises, et fort probablement, celui d'une éventuelle

40. Voir t. III.

41. Lieutenant-colonel Henry Dutailly, *op. cit.*, p. 35.

42. Retenons aussi que Weygand présentant, comme le veut le protocole, ses devoirs et ses adieux au président de la République, profite de l'audience à l'Élysée pour développer ses inquiétudes. Albert Lebrun s'en offusque ! Comment s'étonner de la suite...

43. Le gouvernement est présidé par M. Pierre Étienne Flandin avec le général Maurin comme ministre de la Guerre, le général Denain au ministère de l'Air, Pierre Laval aux Affaires étrangères.

coalition alliée : l'horizon européen s'assombrit... Pendant cinq années dramatiques, de 1935 au 19 mai 1940 où il sera limogé par Paul Reynaud, Gamelin est « l'homme clé de la politique militaire de la France » [44], et donc du désastre.

44. Pierre Le Goyet, *op. cit.*, p. 11.

13

EXTRAORDINAIRE RÉPÉTITION DU DÉSASTRE DE SEDAN DE 1940 : COMMENT ATTAQUER LA LIGNE SIEGFRIED ?

Danger dans les Ardennes mal défendues • Le thème du Kriegspiel de 1938 du général Prételat : l'attaque-surprise d'une puissante force allemande vers Montmédy-Sedan • Impuissance de l'aviation française à déceler les mouvements ennemis, puis à enrayer son offensive • Pourquoi Prételat mélange-t-il les conceptions allemande et française des chars ? • Graves difficultés d'acheminement des renforts • Pas un mot sur les transmissions • Gamelin : Prételat a surestimé la Wehrmacht, sinon ce serait « le pire » ! • Simulation d'une attaque de la ligne Siegfried • Le général Héring emploie les blindés contre l'Allemand Guderian...

Juste après l'occupation de l'Autriche par Hitler, Gamelin et le C.S.G. font un Kriegspiel saisissant : ils vont figurer, par anticipation, le désastre de Sedan de mai 1940 !

En temps de guerre, les forces françaises sont groupées au sein d'armées, disposées le long des frontières. Sur le front Nord-Est (de la mer du Nord à la Suisse), ces armées sont à leur tour réparties en deux groupes d'armées. Le premier, sous les ordres du général Gaston Billotte, détient la responsabilité de la région allant de la mer du Nord à Sedan, où Napoléon III capitula en 1870. C'est la voie traditionnelle des invasions, la faiblesse des défenses naturelles, le franchissement des voies d'eau rendu plus facile par du matériel moderne (canots pneumatiques, etc.), *surtout l'absence d'un système fortifié sérieux étalé en profondeur accentuent à l'extrême la vulnérabilité de cette région.* Pour des raisons de crédits, la ligne Maginot s'arrête à Montmédy, d'où un énorme trou de plus de trois cents kilomètres jusqu'à Dunkerque ! Pour arrêter l'invasion allemande, le premier groupe d'armées dispose des unités les plus modernes, dont les divisions légères mécaniques (D.L.M.). Le haut commandement envisage d'entrer en Belgique dès que l'Allemagne aura violé sa frontière. Nous y reviendrons.

Le second groupe d'armées, commandé par le général Prételat, comprenant la totalité de la ligne Maginot, s'étend de Sedan aux confins du Jura. Il fait face à la ligne Siegfried. De la mer du Nord à la frontière suisse, les deux groupes d'armées dépendent, en principe, du général Georges.

À diverses reprises, les autorités se sont inquiétées des insuffisances de protection de la frontière franco-belge, mais que de priorités à satisfaire par ailleurs : avions, chars, canons, D.C.A., etc., alors que la France se débat dans des crises financières. À propos de la crise franco-belge, nous avons parlé de la fortification des Ardennes et des opinions de Pétain et de De Gaulle. Quant à la défense du Nord même de la France, le problème reste entier. Fin 1936 par exemple, le général Georges rappelle la nécessité d'une « liaison solide » entre la région Dunkerque-Maubeuge (elle-même dépourvue de points d'appui solides !) et les casemates de l'Est. Il faut « étayer » *le centre du dispositif* militaire qui incombe au *détachement d'armée des Ardennes* (transformé en 9e armée quelques semaines après la déclaration de guerre). Or, cette mission est rendue plus difficile avec l'apparition d'une possible *attaque brusquée* ajoutée à d'incertaines conditions de coopération avec l'armée belge (à la suite de la politique de neutralité décidée à l'automne 1936 par Bruxelles). *Il serait imprudent,* ajoute le général, *d'escompter le redressement du dispositif français sur* la Meuse, jusqu'à Namur, et même l'improvisation d'un front défensif Givet-Philippeville-Beaumont. L'effort devrait porter sur la position frontière Rocroi-Trélon, à peine amorcée jusqu'ici. En conclusion, les propositions de renforcement sont justifiées dans les limites du budget [1]... On flaire le danger, mais sans mettre en place les moyens d'y parer !

Sedan : une attaque brusquée allemande

En 1936, lors d'un Kriegspiel dirigé par le général Gamelin sur le thème d'une attaque allemande de la Belgique et de la Hollande, la Wehrmacht était supposée porter son effort principal sur ces deux pays, mais elle amorçait aussi sur la Meuse une opération intéressante à l'endroit où, le 13 mai 1940, le général Guderian attaquera avec trois divisions de panzers [1bis].

1. Paris, le 19 novembre 1936, avis du général Georges sur le programme des travaux à exécuter en 1937 dans le secteur défensif des Ardennes. Archives SHAT.

1 *bis*. Colonel J. Delmas, « L'exercice de 1936-1937, la manœuvre défensive face à une invasion brusquée de la Belgique et de la Hollande », in *Revue historique des Armées*, p. 31.

Une des phases de l'exercice de 1936 prévoit en effet la conquête de têtes de ponts sur la Meuse de Dinant à Namur ; une première tentative de l'adversaire de s'emparer de Sedan et d'attaquer le secteur fortifié de Montmédy échouerait. Mais un deuxième effort permettrait aux Allemands de prendre pied au sud de Sedan, puis d'élargir leur avantage. Une des observations majeures du Kriegspiel faite par le général Georges concerne le manque de réserves qui, non résolu, jouera un si grand rôle au printemps 1940 dans l'échec des tentatives françaises pour endiguer la Wehrmacht, et notamment à Sedan pour colmater la percée de Guderian !

Le général Gaston Prételat, directeur du fameux Kriegspiel de mai 1938 sur l'attaque de Sedan par la Wehrmacht, qui, au printemps 1940, commandera l'ensemble de la région et de la ligne Maginot.

Le général Huntziger, commandant de la 2e armée, qui, attaqué le 13 mai 1940 dans la région de Sedan par les panzers du général Guderian, s'effondrera en même temps que la 9e armée, commandée par le général Corap. Mais par un étrange concours de circonstances, Paul Reynaud accusera seulement ce dernier, alors que le général Huntziger portait, de son côté, autant de responsabilité dans le désastre.
(Ph. E.C.P. Armées.)

Or, en mai-juin 1938, deux ans donc avant la percée de Guderian dans les Ardennes, le général Prételat dirige un exercice de cadres de la 2e armée chargée de la défense de la région Sedan-Montmédy [2]. Le thème du Kriegspiel débute précisément, anticipation sur mai 1940, par une attaque « brusquée » allemande et les conditions dans lesquelles la 2e armée y ferait face.

Grâce à un secret bien protégé jusqu'à la veille de la violation des frontières luxembourgeoise et belge, la France n'a pas décelé la concentration, en Rhénanie, d'une armée ennemie (7 divisions d'infanterie, 1 division cuirassée, 16 régiments d'artillerie et de réserves générales, etc.) chargée d'attaquer le secteur fortifié de Montmédy. Le haut commandement de la Wehrmacht a procédé au recensement des ressources sur place, dépêché des agents secrets, opéré la reconnaissance des emplacements à occuper, etc. Compte tenu des possibilités de la chasse et de la D.C.A. allemandes, de la puissance de bombardement de la Luftwaffe, le C.S.G.

2. Paris, le 23 juin 1938, Conseil supérieur de la Guerre, rapport du général Prételat sur l'exercice de cadres d'armée exécuté par la 2e armée du 30 mai au 3 juin 1938, dans la région de Sedan-Montmédy. Archives SHAT.

admet aussi que *« dans l'état actuel de l'aviation française,* celle-ci n'aurait pu intervenir tant soit peu sérieusement » sur les voies de communication des forces assaillantes.

Selon Prételat, l'ennemi a besoin de 36 groupes de transport, en supplément des moyens ordinaires propres aux unités, pour acheminer son infanterie et son ravitaillement (facilité par une exploitation aisée des ressources locales : bois, bétail, fourrage). En gros, les véhicules représenteraient une colonne de 1 000 kilomètres, répartie sur 5 itinéraires (de 200 à 220 kilomètres chacun). Pour un mouvement continu, l'allure prévue représente 20 kilomètres à l'heure le jour, 10, la nuit. En raison de la destruction des voies ferrées belges, le transport des munitions par camions est l'unique problème « délicat ». Selon le directeur du Kriegspiel, « il n'est pas douteux qu'une aviation (française) plus puissante, travaillant avec une artillerie d'armée, aurait eu des chances de couper court à l'offensive allemande en appliquant la majorité de ses moyens sur la coupure de la Chiers ». Cette force aérienne est supposée accordée par Gamelin vingt-quatre ou trente-six heures après le début de l'attaque de la Wehrmacht.

D'autre part, le Kriegspiel évalue au quart de l'aviation allemande la force aérienne protégeant les colonnes en marche et leur débarquement également couvertes par l'emploi d'une importante D.C.A. et par de nombreux groupes de chasse survolant les divisions, le reste de la Luftwaffe engagée *détruisant l'aviation française sur ses aérodromes.* Pour retarder l'arrivée des renforts français, *les voies ferrées seront coupées entre 80 et 100 kilomètres du front* seulement (« pour ne pas rendre trop tardive » l'arrivée par voie de terre de troupes fraîches). Des bombes seront lancées sur les grandes unités en cours de regroupement.

Comment — point capital — Prételat envisage-t-il l'utilisation des panzers ? Il ne prévoit aucun bataillon de chars au sein des divisions allemandes, car il aurait fallu des moyens de transport supplémentaires dont il ne dispose pas dans les données du Kriegspiel. En revanche, il existe une division cuirassée « en vue des missions d'exploitation » qui se présenterait après la rupture du front français. Le général ajoute une disposition qui est un aveu de taille : « pour ne pas mettre, écrit-il, la défense française dans une situation trop critique », les panzers n'ont pas été poussés en tête des colonnes ! Mais il « n'est pas douteux, en raison des tendances allemandes » concernant l'emploi tactique des chars « qu'elle eût été employée de cette sorte » car avant tout, il importe d'agir vite... Prételat précise enfin que dans la suite des opérations, et « faute d'un terrain permettant l'emploi de l'ensemble de ses unités », la division cuirassée interviendrait par « fraction ».

Pour quelles raisons Prételat mélange-t-il les conceptions allemande et française de l'utilisation des blindés ? D'un côté, le général se montre au courant de la tactique de Guderian : l'attaque brusquée, l'effet de masse pour provoquer la rupture du front ; mais de l'autre, il avoue — quelle confession ! — qu'il n'agira pas ainsi : 1°) la défense française risquerait de s'effondrer ; 2°) la topographie obligerait à fractionner la division de panzers. De comportement pourtant plutôt brutal, Prételat, qui a rêvé de succéder à Weygand, s'est aussi fait remarquer par son extrême souplesse

Scènes de la vie courante des défenseurs de la ligne Maginot : en haut, *dans leur chambrée ;* à droite, *dans la salle des machines pour l'alimentation en électricité, et enfin, un transport de ravitaillement par chariot dans les couloirs bétonnés.* En bas, *un des attachés militaires de l'ambassade des États-Unis à Paris interroge un officier commandant l'un des blockhaus.* (Ph. E.C.P. Armées.)

à l'égard de ses supérieurs, pratiquant à la perfection l'art de désobéir en donnant l'apparence d'obéir. Ce manque de caractère apparaît en toute clarté dans sa critique de la manœuvre de la 2e armée ! Force est d'en déduire que Prételat « ouvre le parapluie » et veille à ménager son chef, le général Gamelin, longtemps partisan de l'emploi des chars « par petits paquets », non pas en tête de l'attaque, mais en appui et au pas de l'infanterie. Le 14 octobre 1936 [3], Gamelin avait déclaré au C.S.G. que la France n'avait pas à copier la conception allemande des divisions de panzers ; Prételat ne pouvait donc aller plus loin sans déplaire !

Quoi qu'il en soit, après avoir percé le front français, l'armée allemande, à défaut de moyens suffisants d'artillerie, s'empare de la tête

3. Pierre Le Goyet, *op. cit.*, p. 88.

de pont de Montmédy par encerclement. Gênée alors par l'intervention d'une division nord-africaine, la Wehrmacht élargit la brèche initiale en s'attaquant au môle de Sedan : « La défense est incapable d'opposer une résistance sérieuse aux moyens mis en œuvre par l'attaque. » C'est la chute de Sedan, l'élargissement de la trouée où subsistent néanmoins de gros ouvrages fortifiés capables de tenir un certain temps.

À ce stade (quatrième jour de l'offensive nazie) Prételat suppose que la phase de « l'attaque brusquée est close » : la 2e armée commandée par le général Huntziger (comme en mai 1940) serait installée sur sa 2e position avec les divisions reçues en renfort.

Que s'est-il passé entre-temps du côté français ? Une partie des réservistes nécessaires à la mise sur pied totale des équipages et des services des forces du secteur fortifié de Montmédy n'ont pu arriver à temps : les coupures des voies ferrées par la Luftwaffe auraient provoqué « un retard considérable » dans leur acheminement. L'absence d'hommes entraîne donc « un affaiblissement sensible de l'occupation de la ligne de combat ». Pour des raisons identiques provenant de destructions, les divisions de renfort ne peuvent débarquer qu'à une centaine de kilomètres du front. Et si l'aviation allemande, interroge Prételat, était intervenue plus profondément sur les arrières français ? Dans cette hypothèse : *« aucune des grandes unités considérées ne serait arrivée à temps pour enrayer l'attaque brusquée ! »* Bref, à quelques exceptions près, les unités entrent en ligne avec un retard de 48 heures. Sur ce point, *« seule une division se trouvant à pied d'œuvre »,* en réserve d'armée, aurait pu intervenir à temps pour s'opposer au franchissement de la Meuse et canaliser l'adversaire entre ce fleuve et la Chiers. Une autre D.I. eût été nécessaire pour couvrir le, ou les flancs de la tête de pont.

Autre constatation : l'obstacle constitué par la vallée de la Chiers n'a pas paru *infranchissable* à l'ennemi (une gêne considérable se ferait sentir toutefois pour la continuation de son opération, en cas d'intervention de l'aviation française bombardant ponts et points de passage). En outre, les demandes de munitions, de matériel, de génie, de moyens de transport n'ont pu être satisfaites ; les blessés n'ont pas été soignés, encore moins évacués sur l'arrière. En cas de gazés, aucun traitement n'était disponible à l'avant [4]. Il faudrait y ajouter une sensible amélioration du commandement sur ce théâtre d'opérations.

---

4. Le 19 août 1938, le Premier Bureau de l'EMA par lettre n° 7381 répond aux critiques et suggestions faites par le général Prételat. 1°) Il est trop tard pour modifier les conditions de mise sur pied du Q.G. d'armée, mais on en prendra « bonne note » pour le modificatif… d'octobre 1939 ! 2°) Impossibilité de rendre disponible à la 2e armée la compagnie du train, dès le deuxième jour ; on va tenter de réduire le délai prévu d'une journée ; la situation déficitaire des véhicules autos ne permet pas de renforcer les moyens actuels, encore moins de constituer une compagnie supplémentaire comme le réclame le général Prételat. 3°) Les conditions de mise sur pied des sections sanitaires constituent « un minimum au-dessous duquel il sera illusoire de vouloir descendre ; elles ne peuvent être réduites », etc.

Le 27 juillet 1938, le Quatrième Bureau de l'EMA par lettre n° 01227 fait rechercher les possibilités d'augmenter le stockage des munitions « dans la mesure du possible », et « aux moindres frais ».

Le 27 juillet 1938, le Quatrième Bureau de l'EMA par lettre n° 01996 demande une étude pour améliorer la capacité des hôpitaux de couverture, jusque-là trop éloignés de la zone des combats (Verdun et Vouziers). Archives SHAT.

À ce stade du Kriegspiel, et avant de connaître l'opinion la plus prophétique que le général Gamelin ait formulée, constatons que, du côté de la défense française, tout est à reprendre (même avec un emploi tactique des chars « mi-chèvre mi-chou ») : deux D.I. supplémentaires sont nécessaires ainsi qu'un renfort dans l'aviation. Des pans entiers du système fortifié sont à compléter. Reprenons, pour mémoire, différentes carences : munitions, transports, services sanitaires, etc. Nulle part, Prételat ne mentionne la faillite des transmissions : au printemps 1940, elle jouera un rôle aussi important que les retards considérables des renforts, pour l'exécution des contre-attaques les mieux conçues…

Gamelin : « Le pire… »

Qu'en pense-t-on au sommet de la hiérarchie militaire française : Georges puis Gamelin ? Pour le premier, Prételat se voit reprocher « d'avoir un peu surestimé » les possibilités allemandes : vitesse de marche des colonnes de la Wehrmacht supérieure à celle des unités françaises, destructions opérées sur les itinéraires ennemis surmontées en douze heures, aucun incident retardant les colonnes « sur cinq itinéraires dans un pays accidenté »… Autre critique au responsable du Kriegspiel : il a calculé « très justes » les délais de mise en place de l'attaque, sans tenir compte du temps pour mettre en batterie une artillerie puissante. S'il en était ainsi, selon Georges, le haut commandement allemand « agirait d'une façon singulièrement audacieuse [5] » ! En conclusion, le général se rapproche des « sages » conceptions françaises : la Wehrmacht aurait été obligée de retarder son offensive et n'aurait pas bénéficié de l'effet de surprise et de sa puissance, délai qui aurait permis d'acheminer les divisions nécessaires à la 2e armée, pour faire face à la situation…

Après avoir lu ces opinions de Georges, totalement invalidées en mai 1940 (!), Gamelin écrit de sa propre main : *« Tout à fait d'accord. J'ai assisté à l'exercice de la 2e armée et j'ai, lors de la critique, attiré l'attention sur le fait que, dans mon esprit, le général Prételat avait voulu jouer le pire [6] ! »*

Quel flagellant démenti le général von Manstein, inventeur du plan d'offensive de mai 1940, et Guderian, dans le secteur même des Ardennes et de Sedan, vont infliger à Gamelin ! Les 1re, 2e, 10e panzers agiront comme l'avaient annoncé les différents services de renseignements, et provoqueront *« le pire »*…

---

5. Paris, le 3 août 1938, Conseil supérieur de la Guerre, exercice de cadres de la 2e armée exécuté du 30 mai au 3 juin 1938, avis du général Georges. Archives SHAT.

6. La démonstration du « pire », c'est-à-dire le coût de l'exercice, a été de 60 000 francs (frais de déplacement), 25 000 francs (location d'automobiles), 7 000 francs (articles matériels et dépenses diverses, dont 1 100 pour achat de cartes), 500 litres d'essence. (Paris, le 14 mars 1938, EMA Bureau des opérations militaires et instruction générale de l'Armée, crédits alloués à M. le général Prételat, membre du C.S.G. pour l'exécution d'exercice de cadres et de reconnaissance en 1938).

Comment attaquer la ligne Siegfried ?

Les alliances conclues avec la Tchécoslovaquie et la Pologne imposent à la France de leur porter secours en retenant des forces allemandes à l'Ouest. Deux solutions se présentent : une attaque sur le Rhin au cas (fort improbable) où la Belgique accorderait le droit de passage ou une tentative de percée de la ligne Siegfried. Ainsi le général Héring, membre du C.S.G., gouverneur militaire de Strasbourg, procède-t-il, du 28 juin au 2 juillet 1938, à la simulation de l'attaque d'une position fortifiée du même type que celles réalisées par les Allemands en Rhénanie [7].

En 1937, aux manœuvres de Normandie, le général Héring explique, sur la carte, le thème de l'exercice à Daladier et à Hoare (à g., en chapeau clair), ministre britannique de l'Intérieur. (Ph. R. Viollet.)

En 1936, Hitler avait ordonné la construction d'un système fortifié sur les frontières occidentales du IIIe Reich. Jusqu'au printemps 1938, il s'était agi de travaux bétonnés, sans profondeur, visant à barrer les zones de parcours faciles, à interdire les points de franchissement du Rhin, le tout ne présentant qu'une faible valeur défensive.

Mais à partir de mai 1938, six semaines après l'invasion de l'Autriche, la construction de la ligne Siegfried passe, à la suite d'un nouvel ordre du

7. Strasbourg, le 22 juillet 1938, rapport du général Héring au Troisième Bureau EMA, Paris, « exercice de cadres d'armée ». Archives SHAT.

Führer, au premier plan de l'activité allemande. Une main-d'œuvre considérable est mise à la disposition du Dr Fritz Todt, constructeur des autostrades : 350 000 ouvriers et 100 000 hommes du service du travail renforcent la quasi-totalité des bataillons du génie et l'équivalent, en effectifs, de plusieurs divisions d'infanterie ! 8 000 wagons par jour acheminent sable, fer, ciment sur un chantier allant de la Suisse au Limbourg hollandais. Des travaux de campagne suppléent aux 17 000 ouvrages bétonnés et blindés à terminer avant l'hiver, répartis sur trois lignes (parfois quatre), échelonnés sur une profondeur de 50 kilomètres. Non sans raison, Hitler parle des « fortifications les plus formidables de tous les temps [8] ». C'est qu'il a pris la décision de régler l'affaire des Sudètes au besoin par la guerre. Le Kriegspiel du général Héring est en pleine actualité !

La fortification choisie pour le Kriegspiel est celle de la Bruche, construite par les Allemands en 1914-1918, analogue à la position en cours d'édification sur la Lauterbach au nord de Wissembourg. Il s'agit d'ouvrages d'infanterie, pour armes de petits calibres (mitrailleuses et canons antichars), dont la protection est assurée par une dalle de béton épaisse de 80 cm à 1 mètre. Des inondations, un canal, un double réseau de fil de fer complètent la défense.

Le côté le plus intéressant de cette simulation est le rôle attribué par Héring aux chars. Pour protéger l'artillerie, le général engage un groupement mécanique (automitrailleuses, 2 bataillons de chars B ou D2, des chasseurs portés, une batterie de 47 automoteurs, des éléments de transmission, de dépannage), puis il exploite la brèche produite dans le dispositif ennemi en lançant à nouveau ses blindés « *appuyés par l'aviation,* l'infanterie suivant dans le sillage ». Héring ajoute que ce groupement s'est révélé « très maniable et parfaitement adapté aux missions étudiées au cours de l'exercice : attaque d'un ennemi solidement installé, exploitation, contre-attaque. Quant à l'aviation, elle est « indispensable pour donner aux groupements mécaniques l'appui nécessaire ». Pour pénétrer dans un dispositif ou pour exploiter un succès, *l'arme aérienne « constituera, à proprement parler, l'artillerie d'accompagnement des chars »* étant bien entendu que dans des opérations de ce genre, elle sera aux seuls ordres du commandant des unités blindées. C'est la théorie de Guderian.

Lors de la séance du Conseil supérieur de la Guerre du 8 décembre 1938, une discussion oppose le général Gamelin à Héring. Ce dernier revient sur l'idée que si l'on veut faire quelque chose de neuf, il ne faut pas mettre la division cuirassée dans le système d'artillerie normal. Pour cette grande unité, ce sont les chars eux-mêmes qui constitueront l'artillerie et pourront d'ailleurs être appuyés par l'aviation de bataille ; mais le généralissime n'est pas de cet avis et ne croit pas qu'on puisse concevoir actuellement, et devant le développement les armes antichars, une action quelconque dans la bataille sans un important appui d'artillerie. Le même jour, le C.S.G. ne retient comme moyens aériens de la division cuirassée

8. Ministère de la Guerre, synthèse sur *la tension de septembre 1938,* p. 6 et 7. Archives SHAT.

qu'une section d'avions-estafettes et une section photos. Il n'y a pas de dotation en avions d'assaut ou de piqué à la disposition directe, immédiate, du responsable de l'opération au sol ; aucune allusion en effet à une intervention possible au profit des unités cuirassées des formations de bombardements faisant partie du groupement des « forces aériennes réservées », c'est-à-dire des unités d'aviation dépendant directement du commandant en chef [9].

9. Commission d'enquête parlementaire, note de M. Guy La Chambre, t. II, *op. cit.*, p. 362-363.

14

CHAOS DANS L'AVIATION

Pierre Cot se défend contre les critiques • Enseignements aériens de la guerre d'Espagne • Un nouveau ministre de l'Air : le Malouin Guy La Chambre • Sur son bureau : deux avertissements sinistres • Querelles et démagogie entre l'armée de terre et les aviateurs • Les premiers Plans • Nationalisation et production • Les « mille » carences de la construction aéronautique étatisée • Plan V et faute tactique • Le général Joseph Vuillemin.

Fin 1937, à Londres, Camille Chautemps, président du Conseil, recueille les inquiétudes du Premier ministre Neville Chamberlain sur le réarmement aérien allemand et sur la faiblesse de l'aviation militaire française ! Chautemps est frappé de l'effort en cours (mais lent) de la Royal Air Force. Ce constat établi, le chef du gouvernement téléphone à Pierre Cot pour qu'il redresse la situation.

Le 6 décembre 1937, le ministre de l'Air tente de se justifier auprès de Chautemps. L'armée de l'air est la plus pauvrement dotée (22 % du budget militaire). De nouveaux crédits s'imposent pour l'aéronautique : onze milliards en trois ans. Cot assure que le Plan I, insuffisant, fut exécuté à 60 % : à son retour au ministère en juin 1936, les caisses étaient vides, la production ralentie au point que les entreprises débauchaient du personnel. Dès août 1936, il avait décidé un important programme mais qui subit des réductions de crédits. Contrairement aux engagements pris, les nouvelles sociétés nationales de constructions aéronautiques manquaient de fonds de trésorerie, d'où le recours aux banques, avec des charges financières amputant de 7 à 8 % le montant des marchés en cours.

En juin 1937, Cot avait demandé à Vincent Auriol, ministre des

Finances, des « crédits d'engagements », mais il ne les avait obtenus qu'en octobre, avec un abattement de 50 %. La production s'en ressentirait en 1938, d'autant que, de leur côté, les « crédits de paiement » avaient subi un abattement d'un milliard [1] ! Cinq cents avions de guerre prévus ne seront pas construits. À défaut de commandes suffisantes, les usines avaient diminué le rythme de leurs sorties de matériel.

Entre-temps, les informations sur les activités aéronautiques allemandes [2], russes, italiennes, anglaises avaient incité le ministre de l'Air à réclamer un nouvel effort [3] en dehors des moyens du Plan II, soit 700 officiers, 10 000 hommes de troupes, un crédit de trois milliards supplémentaires qui permettrait aussi d'organiser un réseau « très dense et très compact » de défense aérienne (alors que la D.C.A. souffre d'une « insuffisance effroyable » face aux enseignements de la guerre d'Espagne), dégageant les appareils de nombreuses servitudes. Peu après, un Plan IV avait suggéré de nouvelles mesures [4]. En dehors de l'échec de ses démarches au ministère des Finances, Cot s'était heurté aux états-majors de la Guerre et de la Marine. Ainsi, le Comité permanent de la Défense nationale avait décidé, le 24 février 1937, de ne pas suivre le ministre de l'Air qui entendait scinder l'artillerie de défense aérienne en deux tronçons, et avait maintenu l'ensemble des formations de D.C.A. sous l'autorité du ministère de la Guerre. D'autres conceptions de Cot sur ce problème sont toutefois acceptées.

Pour compenser l'infériorité aéronautique française, Cot avait préconisé une alliance avec l'U.R.S.S. dont la production aéronautique était supérieure à celle de l'Allemagne. Ces propositions n'avaient pas eu de suite au sein du gouvernement (seul le maréchal Pétain, lors d'une séance du Comité permanent de la Défense nationale le 21 juillet 1936, avait

1. Indépendamment des difficultés financières du moment, il semble que le ministre des Finances ait été sceptique sur les possibilités du ministère de l'Air de doubler la production aéronautique en 1938 et de son besoin, par conséquent, d'un gros volume de « crédits de paiement » !

2. « Nous nous rendions compte au ministère de l'Air, écrit Pierre Cot, que nous ne pourrions jamais équilibrer l'effort aérien de l'Allemagne. Plus encore qu'un problème de crédits, se pose un *problème industriel* (sans parler du problème de conception). L'Allemagne a un potentiel industriel général deux fois supérieur au nôtre. Ses techniciens, ses physiciens et ses chimistes sont aussi bons (pour ne pas dire meilleurs) que les nôtres. Son régime social — pour odieux qu'il soit — lui permet de consacrer plus de ressources et de moyens que quiconque à son armée de l'Air. La Défense nationale et l'Économie allemande sont dirigées par le général Goering, ancien aviateur de guerre, qui attribue, évidemment, au facteur aérien plus d'importance que nos chefs militaires. »

Certes, Goering — numéro deux du régime hitlérien — favorise la Luftwaffe, mais le général Denain a eu une réaction identique lorsqu'il était ministre de l'Air. La vérité est surtout dans la suprématie industrielle allemande.

3. Le 30 décembre 1936, rapport n° 10 913 R/E.M.A.

4. En fait, le Plan IV n'est jamais étudié en détail par l'état-major de l'armée de l'air. Il en est resté à des échanges de vues verbaux entre le chef de cabinet militaire de Cot et le général Féquant. Il s'agit d'un exposé de renforcements à envisager dans le cas de certaines hypothèses stratégiques : a) doublement du Plan II si l'appui anglais fait défaut ; b) dans le cas contraire le complément d'appareils à fabriquer devrait répondre aux besoins particuliers de la guerre et de la marine en ce qui concerne la participation de l'armée de l'air à leurs opérations (mais cette importante question est elle-même fort peu débattue, en raison des difficultés financières, et aussi parce que d'autres besoins particuliers ont une urgence plus accusée pour la Guerre et la Marine).

exprimé son accord avec Cot, mais en notant que le rayon d'action des avions russes était insuffisant pour attaquer l'Allemagne par-dessus la Pologne). Quant aux États-Unis (où l'on se heurte à des arguments politiques et financiers), le ministre avait pu y acquérir une licence de moteurs ; elle aiderait à compenser en partie la médiocrité et le manque de puissance (endémique) des moteurs français.

S'expliquant sur les accusations portées contre les nationalisations rendues responsables d'un affaiblissement de la production, Cot avait admis les répercussions des lois sociales (comme sur l'ensemble de l'appareil industriel français, public ou privé). Le prix de revient des cellules et des moteurs était comparable aux coûts étrangers. En conclusion, il faudrait au minimum suivre l'exemple de la production aéronautique britannique (après quatre ans de mises au point : 300 avions par mois). Pour y parvenir, il faudrait commencer par construire des usines ; trois années seraient nécessaires pour obtenir, en 1940, une production de 3 400 avions par an. Sans attendre, s'imposait l'achat à l'étranger de 200 appareils et de 500 moteurs [5]. Avec cette dernière suggestion, le ministre amorce la solution du recours à la construction aéronautique étrangère.

La longue explication de Cot à Chautemps — mi-plaidoyer, mi-réquisitoire, mélange d'aveux, d'impuissance, d'utopies, de réalisme — jette une lumière sur la crise de l'aviation. Au début de 1938, l'état-major de l'armée fait le point des premiers enseignements du conflit espagnol [6]. L'aviation, plus que les chars [7], est la vedette de cette confrontation. Décousues pendant les premiers mois de combat, les opérations aériennes prennent tournure dans le courant de 1937 : actions massives de bombardement, de chasse, d'assaut en liaison étroite avec les troupes de terre vérifiant, dix-huit mois avant l'attaque de la Pologne puis l'offensive en France, le bien-fondé de la doctrine allemande.

Qu'a-t-on constaté ? À Bilbao, la rupture du système fortifié est obtenue après six heures d'intervention de 70 bombardiers trimoteurs et de 40 chasseurs ; l'infanterie gouvernementale (surtout des miliciens), ébranlée par les détonations (comme nombre de soldats des 2e et 9e armées en 1940) abandonne ses abris bétonnés pourtant non détruits. À Brunete, par vagues successives et durant neuf heures d'affilée, 150 avions républicains bombardent les tranchées des nationalistes, leurs P.C., puis

5. Le 6 décembre 1937, le ministre de l'Air (lettre n° 712 CM) au président du Conseil des ministres.

Pendant les dix-huit mois du ministère Cot, le Conseil supérieur de l'Air se réunit à deux reprises : 1°) Le 24 novembre 1936, sous le présidence du général Féquant (le ministre étant absent), il conclut à la nécessité de réorganiser l'artillerie de défense aérienne en donnant au ministère tous les moyens pour cette mission, à l'augmentation de cinq groupes de l'aviation de reconnaissance et de dix groupes pour l'aviation légère. Un ordre des urgences est décidé : matériel de D.C.A., puis avions légers et enfin appareils de renseignements. 2°) Le 19 juillet 1937, sous la présidence de Pierre Cot, il discute des conditions d'emploi des groupes aériens de renseignements, la création d'une aviation d'artillerie, l'ajournement du programme d'avions spécialisés dans le bombardement en piqué, la réalisation d'un caisson d'expériences pour études de l'avion stratosphérique.

6. Mars 1938, Études : enseignement de la guerre d'Espagne, EMA. Archives SHAT.

7. Nous examinerons ce problème dans le chapitre consacré à cette question dans le 2e volume, « La Guerre Éclair ».

l'infanterie submerge les premières positions. À Saragosse, c'est le contraire : près de 200 avions franquistes stoppent une offensive adverse qui, jusque-là, progressait sans difficulté ; l'intervention de l'aviation donne le temps à Franco d'amener des renforts. À Majorque, les 8 000 hommes d'un corps de débarquement sont taillés en pièces par les aviateurs italiens. À Guadalajara, des escadrilles gouvernementales (bombardiers légers, chasseurs, appareils russes opérant à quelques mètres du sol) arrêtent, disloquent deux divisions motorisées italiennes qui laissent sur le terrain près de 2 000 morts, des canons, des camions, etc.

En fait, les méthodes d'emploi de l'aviation sont pratiquement identiques dans les deux camps : évoluer à basse altitude pour engendrer la surprise, améliorer l'efficacité, se soustraire à la D.C.A. *« L'aviation d'assaut » (attaque au sol) est un incontestable succès*, à condition que l'action ne soit pas gênée par les avions adverses. Les raids lointains de bombardement, réalisés surtout de jour avec des moyens restreints, ont produit plus d'effet moral que matériel ; mais la doctrine est en cours de modification. L'utilisation de l'aviation impose la mise en œuvre d'une D.C.A. variée ; pour contrecarrer les vols à basse altitude, surgissant à l'improviste, il faut développer les pièces de petits calibres. *Aucun doute : dans un conflit militaire, l'arme aérienne est un « facteur nouveau ».* Dans ce domaine, la situation de l'aviation française est dramatique. Daladier, qui entend contrôler étroitement (à sa façon) le domaine de la Défense nationale, pousse son ami Guy La Chambre, député radical-socialiste d'Ille-et-Vilaine, à devenir ministre de l'Air dans le quatrième cabinet Chautemps formé le 19 janvier 1938 où Cot prend le portefeuille du Commerce et de l'Industrie.

Voilà donc Guy La Chambre chargé d'une mission redoutable, capitale aux approches de la guerre. Comment parviendra-t-il à remettre de l'ordre dans le gâchis qui enveloppe le ministère de l'Air, les interventions en tous genres, les désordres des conceptions entrecroisées de luttes d'influences et d'intérêts divers, à ranimer la production face à une industrie aéronautique allemande puissante, moderne, conquérante, une Luftwaffe dotée d'une doctrine d'emploi ?

Immense tâche pour ce grand bourgeois affable, cultivé, distingué, habillé chez les bons faiseurs, originaire de Saint-Malo où il est né il y a quarante ans. De père en fils, les La Chambre comptent marins et commerçants. Sous le Consulat et le Premier Empire, ils armèrent quatre navires de corsaires [8], dont le plus connu fut « La Clarisse ». Vers 1840, Charles Émile La Chambre, grand-père du ministre de l'Air, découvrit les îles Chincha qui recelaient un prodigieux gisement de guano, le meilleur des engrais. C'était le début d'une fortune considérable. Son fils, Carl La Chambre, consacrait son temps à des organisations sociales en Bretagne, et fut élu, en 1905, député de Saint-Malo. De son mariage, naquit en 1898

8. De 1803 à 1813, les Malouins armèrent 150 bateaux corsaires comptant 9 400 officiers et matelots. Les pertes furent de 65 bateaux et les prises de 190 ! (Michel de Ladoucette, Guy La Chambre, *Un Malouin illustre homme de cœur et de devoir,* p.8, La Vigie de Dieppe édit., 1979.) De nombreuses informations de cet ouvrage ont servi au portrait de M. Guy La Chambre, complétées par sa biographie dans le *Dictionnaire des parlementaires français,* t.VI, p. 2077, P.U.F. édit., Paris, 1970.

Charles-Émile La Chambre, grand-père du ministre de l'Air, eut une existence prodigieuse et pleine de rebondissements. Après avoir découvert un gisement de guano aux îles Chincha, il conclut avec le gouvernement péruvien un accord d'exploitation, ouvrit des comptoirs à Lima et à Valparaiso. L'engrais débarquait à Nantes, Bordeaux, Marseille, Le Havre et Dunkerque. En fret de retour, les navires chargeaient des produits européens dont des tissus. Puis, par son mariage avec la fille de notables dieppois, intimes du duc d'Orléans, il devint à son tour un familier, puis l'un des gérants de la fortune royale. Résidant place Vendôme à Paris, s'intéressant à la pêche à la morue, Charles-Émile La Chambre était aussi conseiller municipal de Saint-Malo (où il reçut Napoléon III sur son voilier), député de l'Ille-et-Vilaine en 1873 comme « libéral-conservateur », défenseur du drapeau tricolore, réélu, invalidé et de nouveau parlementaire. Après une nouvelle tempête dans ses affaires, toujours infatigable et chanceux, il exploitera le guano des îles Seychelles, amassant au fil des années une fortune considérable, avant de mourir à 91 ans. (Collection de M. Michel de Ladoucette, D.R.)

à Paris, un enfant unique, Guy. Couvé, élève discipliné, il figurait, à chaque trimestre, au tableau d'honneur du lycée Louis-le-Grand, donnant « satisfaction sous tous rapports ». Il passait ses vacances à la Briantais, magnifique propriété acquise par son grand-père en bordure de la Rance. En août 1916, à dix-huit ans, il s'engage, suit le peloton d'élèves aspirant à Fontainebleau, rejoint le front, est gazé, puis participe, en 1918, aux offensives de la Somme et de la Champagne. À l'armistice, Guy La Chambre est sous-lieutenant d'artillerie, et reçoit la croix de guerre.

En haut, à gauche, *le jeune Guy La Chambre révisant ses leçons.* En haut, à droite, *ses débuts politiques à la Conférence de la paix à Londres en 1921 avec Aristide Briand* (à g.). Ci-contre, *avocat stagiaire au barreau de Paris.* (Collection de M. Michel de Ladoucette, D.R.)

Édouard Daladier (assis à son bureau de président du Conseil) et Guy La Chambre (debout) pour la première fois sous-secrétaire d'État à la Guerre. (Collection de M. Michel de Ladoucette, D.R.)

Après quelques mois passés dans l'entourage du général Gérard, commandant des troupes d'occupation en Rhénanie, où il éprouve une sorte de « griserie », il se fait embaucher à la Haute Commission Interalliée en Allemagne, siégeant à Coblence. Cette satisfaction obtenue, il entend reprendre ses études de droit, et démissionne en octobre 1919. Un an plus tard, il fait son entrée dans la politique au cabinet de Briand qu'il accompagne à la conférence de Londres. Jeune avocat, il apprend le métier auprès d'Anatole de Monzie [9], l'un des maîtres du barreau parisien, député puis sénateur du Lot. En 1923, La Chambre devient secrétaire de la Conférence du stage (étape quasiment obligatoire pour effectuer une grande carrière).

La même année, il éprouva un coup de foudre pour Cora Madou, une chanteuse pour laquelle écrit Vincent Scotto. Si attaché soit-il à sa conquête (elle restera sa compagne jusqu'à sa mort en 1971), il sait que ses parents ne permettront jamais son mariage avec une « saltimbanque » ! Il attendra... Impatient de réussir, de briller, angoissé, nerveux, il cherche sa voie : ici, aux services commerciaux des chantiers maritimes de Penhoët à Saint-Nazaire ; là, auprès de Lyautey qui le reçoit sans pouvoir toutefois le garder à ses côtés. Fougueux, il ne recule pas devant les duels : en 1924, à Saint-Malo, avec un notable qui l'a giflé, mais l'affrontement n'a pas lieu ; en 1929, à Paris, il provoque le polémiste – député de droite, Henri de Kerillis, qui refuse de se battre. Plus tard, en 1934, au champ de courses de Saint-Malo, il blesse le professeur Renouvin, historien réputé, qui lui a reproché son appartenance au gouvernement Daladier, au moment de l'affaire Stavisky. À l'occasion, son ancien précepteur avec lequel il est

9. Voir t. II.

resté lié, l'abbé Coupel, lui rappelle la position de l'Église sur le duel et lui interdit d'être parrain au baptême d'un enfant ; La Chambre esquive la difficulté en se faisant remplacer par son père !

L'année 1928 marque un tournant important dans la vie du futur ministre de l'Air : pour la première fois, il se présente aux élections législatives en Ille-et-Vilaine (circonscription de Saint-Malo). Son principal adversaire est le baron Surcouf, descendant du grand corsaire. On ne se ménage pas ! Polémiques, fracas, menaces de procès... Il est finalement élu au premier tour, ajoutant le mandat de député à ceux de conseiller général et de maire de Saint-Servan qu'il avait déjà. À Paris, il s'est lié d'amitié avec l'un des leaders du parti radical-socialiste, Édouard Daladier qui, lui aussi, guette son heure et le pouvoir. En décembre 1932, Guy La Chambre reçoit son premier portefeuille (sous-secrétaire d'État à la Guerre) dans un cabinet Paul-Boncour, puis fait partie de ministères (éphémères) Sarraut, Chautemps, Daladier. À ce dernier, La Chambre envoie, le 1er mars 1933, une étrange correspondance pour lui annoncer son intention « de résilier ses fonctions » parce qu'il croit voir diminuer « la confiance affectueuse et continue qui présidait à leurs relations » ! Une crise de mal aimé... Daladier retourne la lettre à son auteur en lui demandant s'il n'a pas « perdu la tête » !...

Ministre le 6 février 1934, La Chambre attend quatre ans avant de revenir au gouvernement en tant que ministre de l'Air. Un mois plus tard, en février 1938, il épouse Cora Madou à l'église de Saint-Servan (son père, décédé en 1937, n'avait jamais voulu donner son consentement). Toute la région assiste au mariage de l'Excellence.

La première lettre que trouve le ministre sur son bureau lui est adressée le 15 janvier 1938 par le général Joseph Vuillemin, commandant le 1er corps aérien, membre du Conseil supérieur de l'Air :

Mariage de Guy La Chambre et de la chanteuse Cora Madou en février 1938, à l'église de Saint-Servan-sur-Mer. (Collection de M. Michel de Ladoucette, D.R.)

1°) *Aucune expédition* (aérienne) de jour, par beau temps, n'est possible sans risque de pertes considérables. Les raids de nuit pourraient l'être (mais sur des objectifs facilement repérables, pas trop défendus) par une partie seulement de l'aviation, car le Bloch 210 est « absolument inapte » (avec ses pots d'échappement, il se voit aussi bien de jour que de nuit !). Les vols par temps nuageux ne sont réalisables qu'en été, et à condition de « prendre de grandes précautions », (dégivreur, etc.).

2°) *L'encadrement.* Officiers : excellents ou bons cadres supérieurs (généraux et commandants de groupes, mais ces derniers sont en nombre insuffisant) ; déficit de 150 capitaines ; lieutenants et sous-lieutenants : manque d'instruction. Chez les *sous-officiers,* les deux tiers sont excellents, mais pas assez de mécaniciens qualifiés et de radios ; les groupes n'ont pas suffisamment d'équipages confirmés.

3°) *Le matériel.* Les enseignements de la guerre d'Espagne confirment les craintes exprimées depuis des mois sur les possibilités de l'aviation de bombardement française telle qu'elle est actuellement équipée : impossibilité de faire des opérations de jour ! Le général dresse une liste de suggestions pour améliorer le rendement des avions en service, signalées depuis longtemps, appliquées parfois, « mais à une cadence telle qu'on n'en voit vraiment pas l'aboutissement ».

4°) *Le personnel.* Certes, les aviations étrangères ont aussi rencontré des difficultés pour l'encadrement de leurs unités, mais elles ont su, et pu, prendre des mesures permettant d'économiser près de 50 % des officiers. En France, entre les commandants de groupe et les très jeunes officiers, il y a un « trou » impossible à combler avant deux à trois ans. Les états-majors des grandes unités aériennes sont trop pauvrement dotés.

5°) *Instruction.* Au lieu de se consacrer aux missions d'entraînement de guerre, les escadres font de l'instruction individuelle. Parfois la pénurie d'officiers confirmés fait que des unités ressemblent à des écoles sans professeurs ! Il faut créer un centre d'instruction. Les règlements ayant été élaborés sans consultation des responsables de l'instruction en vue de la guerre, il convient de les « reprendre à peu près entièrement ».

6°) *Organisation.* À défaut de personnel adéquat, de matériel, les commandants des grandes unités « ne commandent plus rien » ; les formations sont de plus en plus sous la dépendance des régions aériennes qui cependant « n'ont pas la responsabilité de leur préparation à la guerre » !

7°) *État d'esprit.* Bon, quand il y a assez de matériel pour voler ; très bas sans cela. Découragement profond des cadres supérieurs en raison des difficultés de leur travail et de l'état dans lequel se trouve l'aviation.

« La situation, conclut Vuillemin, est extrêmement grave. Nous ne savons pas ce que l'avenir nous réserve. Mais je suis bien convaincu que si un conflit éclatait cette année (1938), l'aviation française serait écrasée en quelques jours... » [10], ce que le général répète à Léon Blum trois mois plus tard.

---

10. Paris, le 15 janvier 1938, lettre personnelle et confidentielle du général Vuillemin au ministre de l'Air.

Au sombre tableau de Vuillemin à son ministre s'ajoute, le 24 janvier 1938, une mise en garde aussi inquiétante, adressée par M. Henri de l'Escaille, président (désigné en 1936 par Pierre Cot) de l'ensemble des sociétés nationales de constructions aéronautiques, à Guy La Chambre.

1°) *Situation industrielle.* Depuis janvier 1937, un effort considérable a été réalisé pour augmenter le potentiel de l'industrie des cellules (début 1938, cette puissance est supérieure de 30 % à celle des anciennes entreprises). Deux « remarquables » usines ont été construites à Nantes (Bougenais) et à Châteauroux « Déols » ; de nombreuses machines-outils modernes ont été achetées. Mais, pour assurer le maintien actuel du rythme de fabrications, il faudrait un chiffre de commandes d'un milliard deux cents millions (alors que ce budget n'en prévoit que la moitié). *Cette situation est aussi grave* dans le domaine de la main-d'œuvre. En outre, les retards de fabrication en 1937, l'augmentation considérable des sorties d'appareils prévue en 1938 (si les moteurs et les accessoires peuvent suivre...) *« sont le résultat de la politique ou plutôt de l'absence de politique industrielle, qui crée une coupure brutale et non prévue dans le temps à chaque changement de type de matériel ».* L'augmentation des livraisons dépend des crédits. La poursuite, en 1938, de l'effort en cours permettra de doubler la production en un an...

2°) *Situation financière.* Absolument critique, elle exige des *remèdes urgents.* Les prix fixés dans les marchés sont « tout à fait insuffisants, déficitaires » (forte élévation des coûts de revient consécutive à la politique du Front populaire) : aucune industrie ne peut travailler longtemps à perte. Les sociétés nationales sont dans une *situation angoissante en raison de l'insuffisance de leur trésorerie et de leurs crédits.* On n'a pas tenu compte de multiples avertissements sur l'obligation pour les usines d'avoir des marchés à des prix rémunérateurs (le dégagement de bénéfices aurait servi à acheter de l'outillage ou à construire des prototypes sans marché préalable). Cette attitude a acculé les sociétés nationales à *la faillite :* la seule explication « d'une pareille aberration » est la volonté de certains de faire échouer la solution actuelle pour imposer la « formule arsenal » (en 1936, Pierre Cot avait rejeté l'idée d'imiter, pour l'Air, les statuts des arsenaux de la marine ou de l'armée de terre). Pour résoudre de tels problèmes financiers, une commission doit se réunir dans les huit jours !

3°) *Politique des commandes.* L'élévation des prix des avions français est due à la « fluctuation incessante du volume des commandes », ce qui est aussi « néfaste » dans le domaine de la main-d'œuvre. L'état-major doit se préoccuper des nécessités industrielles.

Chaos dans l'aviation

À première vue, cet état de choses est stupéfiant si l'on se remémore le rôle d'avant-garde joué par la France dans les débuts de l'aéronautique.

En 1914, n'existent que de modestes ateliers vivant plus de passion et de mécénat que de réalités industrielles et financières. Quatre ans plus tard, une puissante force aérienne a été mise sur pied et les usines ont même équipé des pays alliés, y compris les États-Unis. Autre exemple : en 1918, le maréchal Pétain, commandant de l'Armée française, dispose de la « Division aérienne » d'environ 1 000 appareils qu'il peut jeter dans la bataille en renfort des escadres affectées aux différentes armées terrestres.

À la paix, la France possède 3 000 avions militaires de première ligne, et elle a passé commande de 5 000 appareils ! Cette production n'ayant plus de raison d'être, les contrats sont dénoncés, obligeant les usines à fermer leurs portes, car elles n'ont pas d'autres clients possibles. L'associé d'Henry Potez, Marcel Bloch (le futur Marcel Dassault) tire, avec réalisme, les conséquences de cette situation ; il se reconvertit dans des affaires immobilières, avenue Ledru-Rollin, qu'au besoin il pourra vendre si, un jour, il revient à l'aviation. D'autres constructeurs cherchent de nouvelles activités : Voisin s'intéresse à l'automobile, Blériot aux bateaux, etc.

Les aérodromes militaires sont désaffectés ; la majorité du personnel navigant et des mécaniciens, d'une haute qualification professionnelle, est obligée de se recycler (notamment dans l'automobile). Un petit noyau entre dans des compagnies aériennes naissantes, mais seules des subventions officielles leur permettent de ne pas disparaître, en attendant de fusionner au sein d'Air France. Pour des raisons de politique étrangère et de prestige, le gouvernement favorise la création d'une liaison aérienne Paris - Bucarest, mais l'exploitation est déficitaire. Pierre Latécoère qui, à Toulouse, pose les jalons de la fameuse ligne de l'Atlantique Sud, doit passer la main.

Le grand capital privé ne se presse pas d'investir dans une industrie où tout est à faire : infrastructure au sol, sécurité des vols ouverts au public, etc. Les risques commerciaux sont jugés trop élevés. Les usines aéronautiques vivent dans les crises de trésorerie. Devant reconstruire les régions dévastées par les combats, l'État se contente de transfusions urgentes. Peu à peu, la puissance publique exerce une tutelle sur l'aviation. Dans cette politique au jour le jour, interfèrent les relations, les copineries, les recommandations, les trafics d'influence, les luttes politiques. En 1931/1932, le scandale de « l'Aéropostale » en est un exemple.

L'État tâtonne sans cesse sur le statut administratif à donner à l'aéronautique. En 1910, a été créée une Inspection permanente de l'Aviation au ministère de la Guerre. Dix-sept combinaisons différentes (sans omettre une centaine de rectifications internes importantes) retombant sur des formules similaires, se succèdent jusqu'en 1938 [11] ! Nous avons relaté les difficiles conditions de la création du ministère de l'Air en 1928 [12], confié à un avocat grassouillet, jovial, ancien sous-lieutenant dans une escadrille de bombardement, Laurent Eynac. À plusieurs reprises, il a

11. Avril 1938, rapport sur l'armée de l'air présenté au parlement par M. Laurent Eynac.
12. Voir t.II, chapitre 15.

été sous-secrétaire d'État à l'Aéronautique, devenant, avec le temps et l'usage, un « spécialiste ». La définition des attributions et responsabilités du nouveau ministère soulève de vives querelles. À l'époque de la politique de désarmement, les ministres s'effraient des réactions de l'opinion internationale en créant un troisième portefeuille militaire au sein du gouvernement.

Les « grands chefs », Pétain en tête, s'inquiètent de la naissance d'une armée de l'Air autonome, échappant peu ou prou au contrôle et à l'impulsion d'un commandement interarmées en cas de guerre. Le 24 février 1919, le maréchal, lors d'une directive fameuse [13], a dressé les bases de l'utilisation de l'aviation comme « artillerie aérienne » coopérant au sol avec les canons et les chars. Qu'en serait-il à l'avenir ? Quant au général Weygand, ses appréhensions sont identiques. C'est l'époque où le général italien Guilio Douhet (mort en 1930) prétend, à grand fracas, pouvoir emporter la décision militaire au moyen des seuls bombardements aériens. Cette thèse est une excellente occasion de battre en brèche la primauté séculaire des fantassins, voire leur instinct de domination. Dans l'armée de terre, certains accusent des officiers aviateurs, déçus dans leur avancement, d'avoir intrigué pour la création d'un ministère de l'Air donnant satisfaction à leurs ambitions par l'établissement d'une nouvelle hiérarchie. Ces querelles de bouton, ces rivalités, ces appétits sont, on s'en doute, à l'opposé de l'essentiel.

Le but du nouveau département ministériel est de remettre de l'ordre dans l'industrie aéronautique et d'unifier la politique des fabrications. Ainsi, huit ans avant le Front populaire (et la loi de nationalisation), un gouvernement présidé par le chef de file de la droite libérale (Raymond Poincaré), où figure le principal tribun d'une droite agressive (André Tardieu) prend des mesures de dirigisme industriel [14].

Un embryon de plan apparaît avec le choix de M. Albert Caquot comme directeur général du ministère de l'Air. Ingénieur renommé, polytechnicien, intègre, Caquot avait reçu de Clemenceau, en 1918, les pleins pouvoirs pour remédier aux désordres de la production aéronautique. En 1928, il met en place la politique dite des prototypes : l'État accordera aux bureaux d'études, ou aux sociétés aéronautiques, des moyens financiers pour réaliser l'appareil dont les conceptions auront reçu son aval. Grâce à cette aide, Marcel Bloch revient à son vrai métier — fabriquer des avions — (il n'a jamais caché son admiration pour Caquot, et la reconnaissance qu'il lui devait).

Toutefois, les vues de Caquot sont loin de plaire à tous. Oppositions et campagnes apparaissent, inspirées à l'occasion par des constructeurs mécontents de voir les portes du ministère (donc d'éventuelles commandes) trop ouvertes. Des erreurs sont commises. Sous le règne de Caquot, la construction d'appareils métalliques détrône les avions à armature en bois. D'octobre 1928 au 1er mars 1933, 250 prototypes d'avions et d'hydravions voient le jour ; moins d'une cinquantaine de modèles sont retenus pour

---

13. Voir t.I, p. 98 à 103.

14. Poincaré avait déjà procédé ainsi avec la politique pétrolière de la France. Voir t.II, chapitre 8.

l'aviation militaire [15]. L'absence de concentration chez les constructeurs et l'insuffisance des investissements engendrent des déceptions. Les ambitions sont trop hardies pour les mentalités et les conceptions industrielles de l'époque.

Les premiers Plans

Après dix ans de responsabilités gouvernementales à l'aviation, Laurent Eynac quitte le ministère de l'Air en décembre 1930 (Paul Reynaud le rappellera en mai 1940). Suivant les combinaisons politiques, il est remplacé, ici, par Painlevé, là, par Dumesnil ; à l'occasion, on fait de Laurent Eynac un ministre des P.T.T. ! Le 31 janvier 1933, Daladier, président du Conseil, confie l'aéronautique à Pierre Cot, député radical-socialiste de la Savoie [16].

Peu après, le général Denain devient le premier chef d'état-major général de l'armée de l'Air, constituée officiellement. Originaire de Dax, saint-cyrien en 1901, Denain, à sa sortie de l'École, choisit la cavalerie : chasseurs à cheval, chasseurs d'Afrique, cuirassiers. En juin 1915, après un passage dans les états-majors, il apprend à piloter à Étampes et à Chartres. À l'automne, le capitaine Denain est affecté à Salonique comme chef du service aéronautique de l'armée d'Orient. En 1919, envoyé au Levant, il commande le 39e régiment d'aviation, et participe aux opérations contre les Druzes [17]. De retour en France en 1923, il entre au cabinet de Millerand, président de la République. Nommé général de brigade en 1928, Denain dirige pour une période de trois ans, la mission militaire française en Pologne.

Cot [18] et Denain définissent les missions de l'armée de l'air : coopération et lutte aérienne. Mais une querelle, aigre parfois, s'engage à propos des urgences et de la répartition des moyens pour leur réalisation. Le ministre se prononce pour le bombardement, et ensuite l'aviation de chasse, quitte à réduire le volume des forces de coopération. Weygand ne l'entend pas ainsi : si l'aviation, dit-il, persiste dans ses conceptions, le ministre de la Guerre organisera, « par ses propres moyens, l'aviation de coopération nécessaire organiquement à ses grandes unités » [19]. C'est le retour au bon sens qu'ont su garder les marins. Devant cette menace, Cot fait patte de velours… D'autres projets sont adoptés : division du territoire en régions aériennes, création d'une direction du matériel aérien militaire, etc.

15. Général Charles Christienne, Général Pierre Lissarague, Patrick Facon, Marcellin Hodeir, *Histoire de l'aviation militaire, l'armée de l'air 1928-1981,* p. 11, Lavauzelle édit., Paris 1981.

16. Voir t. III, chapitre 21.

17. Voir t. II, p. 455 à 464.

18. La réduction du budget pour les prototypes et la suppression des recherches entraînent la démission d'Albert Caquot. Kérisel, *Albert Caquot,* p. 75, Eyrolles édit., Paris 1978.

19. Général Charles Christienne, *op. cit.*, p. 23.

Sont jetées aussi les bases d'un plan pour remplacer les appareils en service : 1 010 avions (350 de bombardement, 350 de chasse, 310 de renseignement, complétés par un volant de 35 %). Ce « Plan I » (comme on l'appelle) est voté le 6 juillet 1934. Une première tranche (580 appareils) équipera au 1er janvier 1936 douze groupes de bombardement, des unités de chasseurs multiplaces rapides, 9 groupes de renseignement.

En réalité, les modèles choisis, issus du programme de 1930 ou de celui de 1932, sont anciens. Le Plan I joue sur un multiplace de combat (Bloch 100, Potez 54, Amiot 143) baptisé B.C.R. (Bombardement-Chasse-Renseignement), apte à toutes les missions, compromis entre la foi du ministère de l'Air dans le bombardement et la nécessité de faire une concession à l'armée de terre ! C'est l'éternelle recherche par les Français du « mouton à cinq pattes » : bon à tout, mais propre à rien...

En février 1934, Denain est ministre de l'Air dans le gouvernement Doumergue. Au printemps 1935, convaincu de la menace d'un conflit à court terme avec l'Allemagne (hypothèse contestée dans certaines sphères officielles), il accélère les réalisations du Plan I en passant aux industriels des « lettres de commande » pour gagner du temps sur les discussions des clauses des marchés. Profitant des pleins pouvoirs votés au gouvernement, il engage, par anticipation, sans consentement parlementaire, les sommes nécessaires aux contrats.

Or les usines de la construction aéronautique sont incapables de répondre à des commandes aussi importantes. Aussi le 16 juillet 1935, le directeur des constructions aériennes avertit Denain : la réalisation du Plan I exigerait de travailler jour et nuit dans la majorité des usines, de développer les outillages et d'imposer un effort équivalent aux fournisseurs de matières premières. À ces impossibilités industrielles s'ajoutent les atermoiements des constructeurs craignant de subir, après les commandes en cours, une chute de leur plan de charge. Ils font pression pour obtenir des délais supplémentaires (quatre à six mois). Ne pouvant passer outre, le ministre accepte un premier « étalement » des livraisons qui s'avère insuffisant.

Une nouvelle crise éclate le 18 novembre 1935. Denain est mis en garde contre son projet prévoyant, en 1936, la diminution des crédits destinés à préparer la mobilisation industrielle [20], afin de verser des soutiens aux constructeurs, peut-être même à les aider à réaliser de nouveaux marchés après la fin des contrats en cours. Mais quels matériels fabriqueraient-ils, « les résultats techniques des prototypes n'étant pas encore connus » [21] ? D'où un second « étalement » des délais... Le Plan I doit alors être achevé pour juillet 1936.

Un an plus tard, plus de 150 appareils (sur un total de 1 420) ne sont pas encore livrés. Au 1er janvier 1938, 1 358 avions du Plan I sont sortis des usines. Les retards des constructeurs par catégories s'étalent entre quatre

20. Constitution d'un stock minimum de matières premières et de produits semi-finis nécessaires au démarrage des fabrications, réalisation d'outillages spécialisés.

21. Le 26 août 1941, rapport de M.G. Chossat, contrôleur de l'Administration de l'Aéronautique, p. 16, sur la réalisation des programmes de matériel aérien (Plan I, Plan quinquennal, Plan II).

mois et demi et un an pour la chasse (Dewoitine, Loire, Spad), deux et onze mois pour le bombardement (Bloch, Amiot, Farman, Léo), enfin un à vingt-deux mois (!) pour le renseignement (Potez, Mureaux, Autogires, Bloch). On est loin du compte : le Plan I, prévu pour être achevé fin 1935, ne l'est même pas un an plus tard ! Quant au matériel neuf sorti d'usine, il est surclassé... Les critiques pleuvent : par sa hâte et sa méconnaissance des réalités techniques, Denain aurait désorganisé — comme si elle avait jamais été organisée ! — l'industrie aéronautique. Il aurait exagéré le danger allemand [22] ! On adresse les mêmes reproches à Vuillemin. Les ingénieurs critiquent les chefs d'état-major de l'armée de l'air, mais ils oublient qu'ils sont au service des utilisateurs au sol ou sur mer...

Début 1936, le successeur de Denain au ministère de l'Air, le néo-socialiste Marcel Déat, porte un jugement abrupt sur l'industrie aéronautique : « Elle ne vit que par l'État. Or, tout y est chaotique. Les entreprises s'enflent et meurent, comme des champignons malsains. On confond inventeurs et constructeurs, qui tous ne vivent et n'espèrent que par et dans les munificences de l'État. Il faut absolument éliminer les parasites, grouper les maisons sérieuses, supprimer les états-majors inutiles et faire du neuf. » Déat affirme qu'il ne peut faire confiance aux constructeurs travaillant « quand il leur plaît, pratiquant le chantage, jouant du chômage possible ». C'est la pétaudière [23].

Les tentatives de regroupement de la construction avaient toutes échoué ou n'avaient pas été appliquées. On en est toujours au stade artisanal. Certes des Morane, des Breguet, des Blériot, des Farman et d'autres ont rendu des services dans le passé, mais leur position s'est dégradée, et ils coûtent cher à l'État. À défaut de commandes — et peut-être plus par manque d'une organisation valable — de nombreuses sociétés sont sur le point de fermer leurs portes.

Nationalisation et production

Début 1936, un Plan quinquennal est étudié, puis voté le 25 août : son but est le renouvellement complet de l'aviation militaire en cinq ans (1937 à 1941), à la cadence de 270 appareils tous les douze mois. Les premiers marchés de l'industrie sont lancés en septembre et octobre 1936 (Bloch 131, 132, 210 ; Dewoitine 510 ; Farman 222 ; Amiot 143 ; Morane 405). Mais excepté le Morane 405, les types d'appareils sont identiques à ceux du Plan I : il n'y a donc aucun progrès !

---

22. Il n'en demeure pas moins qu'en mars 1936, lors de la réoccupation de la Rhénanie par Hitler, l'armée de l'air passe pour surclasser la Luftwaffe : plus de 1 000 avions contre 860, avec un avantage plus net pour la chasse (trois contre un). La supériorité qualitative est aussi nette. Et le général Pujo, chef d'état-major de l'armée de l'air, appuie la position de Gamelin réclamant la mobilisation pour agir ! (Général Christienne, *op. cit.*, p. 35.)

23. Le 25 février 1936, audition du ministre de l'Air devant la sous-commission de contrôle des dépenses engagées pour la Défense nationale au Sénat, p. 12 et 13.

La raison tient au fait que Pierre Cot — redevenu ministre de l'Air dans le gouvernement du Front populaire — a exigé « un démarrage immédiat de la fabrication » ; mais, à défaut de prototypes susceptibles de sortir en séries, l'on doit « se rabattre sur les modèles existants »[24]. De toute façon, les marchés passés par le général Denain n'étant pas terminés, il s'agit davantage d'une extension de l'armée de l'air que d'un réel renouvellement, puisque les appareils sont les mêmes dans les deux Plans. En outre, les nouvelles commandes du Plan quinquennal surgissent en pleine réorganisation de l'industrie aéronautique, désormais nationalisée. À ce bouleversement s'ajoutent des conditions générales (économiques, financières, sociales, etc.) défavorables. La production s'en ressent, ainsi que les délais de livraison. Le premier Dewoitine 510 prend quatre mois et demi de retard, le Bloch 210 entre six mois et demi et onze mois ! Le Bloch 131/132 rencontre des difficultés pires encore...

Ainsi, l'existence du Plan quinquennal ne dépasse pas l'exécution de la première tranche de commandes sur les cinq prévues. En septembre 1936, il est remplacé par le Plan II visant à porter le nombre d'avions en ligne de 1 000 à 1 500. Cette formule n'est pas une nouveauté ; dans le cadre du Plan I, Denain avait déjà favorisé l'aviation « lourde », c'est-à-dire de bombardement (41 % contre 35 % à la chasse et 24 % au renseignement). À son tour, Cot accentue cette orientation pour donner, dit-il, à l'aviation lourde française une puissance offensive comparable à celle de la Luftwaffe (ce n'est pas l'aviation lourde qui lui donnera le succès, mais la coopération et la chasse). Au départ, le Plan II est prévu pour trois ans, mais comme ses prédécesseurs, il sera réévalué en raison de l'importante élévation des coûts de fabrication. Fin 1940, le programme doit aboutir à 1 553 avions en ligne, et 1 297 en volant (le bombardement figurant pour un total de 1 339 appareils, la chasse en ayant 756, et la coopération 645, dont 138 autogires).

Entre la conception et la pratique, que s'est-il produit ? 1°) C'est seulement au second semestre de 1937 que sont commandés des avions modernes pour la Chasse : 80 Morane 406, 10 Potez 630, 170 Potez 630-631. 2°) L'exécution des contrats varie avec des retards de cinq mois pour le Dewoitine 510, trois à dix mois pour le Bloch 210, neuf mois pour le Farman 222, trois mois pour le Potez 540, cinq mois pour les Mureaux, quatre mois et demi pour les Autogires C.30, etc. Au début 1938, le Plan I est pratiquement achevé ; le Plan quinquennal et le Plan II sont en pleine réalisation, mais une bonne partie des appareils nouveaux sont périmés dès leur sortie d'usine. Sur 771 avions livrés au titre des deux derniers plans, 424 peuvent être classés comme « modernes »...

Consciencieux jusqu'aux moindres détails, appliqué, impétueux à diriger réunions et conseils, Guy La Chambre complète l'inventaire de la situation[25]. Ses archives déposées au Service historique de l'armée de l'Air

24. Rapport de M.G. Chossat, *op. cit.*, p. 33.

25. Dans cette tâche, le ministre est assisté de son directeur de cabinet, M. Hoppenot, plus serein et prenant un air dégagé pour étudier les problèmes, du préfet Jouany (chef de Cabinet), gros travailleur souvent fébrile, du général Bouscat, de l'ingénieur en chef Thouvenot (l'un des principaux responsables des prochaines négociations avec les firmes

permettent de faire un panorama de son constat, et à l'occasion des solutions préconisées par le ministre.

La mise sur pied d'une véritable industrie de la construction aéronautique étatisée pour forger, dès le temps de paix, une aviation de guerre, souffre de « mille » carences. Pour faire avaliser, en août 1936, sa loi de nationalisation, Pierre Cot a minoré (et profondément sous-estimé) le coût et l'ampleur de son opération. Ainsi, à défaut de moyens suffisants, il a dû limiter l'emprise de l'État aux usines de cellules (sans possibilité d'intervenir en amont sur les aciéries, forges, fonderies, fabricants de produits semi-ouvrés dont la construction aéronautique est tributaire), et à une seule affaire de moteurs — Lorraine Dietrich — à l'outillage vétuste ; chez Hispano-Suiza, la qualité des moteurs est satisfaisante, mais la production trop restreinte.

En ce qui concerne le problème capital des moteurs, l'impossibilité où s'est trouvé le gouvernement de prendre le contrôle de la puissante société Gnome et Rhône contribue, en revanche, à raffermir la situation de monopole de celle-ci, à encourager, selon le ministre, sa politique de facilité (fournitures de qualité médiocre, tel le moteur K.14, hostilité à investir dans des prototypes qui entraîneraient des changements de fabrication, cadence de production basse qu'on se refuse à relever sans assurance d'une continuité de commandes). Le président de Gnome et Rhône, Paul-Louis Weiller, 45 ans, brillant aviateur de 1914-1918, ingénieur, est un capitaine d'industrie sûr de lui, un « homme de fer » qui a tenté de mettre la main sur l'Aéropostale au moment de sa déconfiture. Ses arrières politiques sont bien assurés. En effet, son père, Lazare (décédé en 1929), passionné de sciences, intéressé par les récentes découvertes (électricité, téléphone, etc.) a présidé de multiples sociétés en renom, tout en étant député de la Charente, puis sénateur du Bas-Rhin, sa région natale. Ici et là, il faut compter avec Paul-Louis Weiller qui n'est pas à la veille de la faillite comme tant d'autres constructeurs aéronautiques privés. Guy La Chambre devra mener, avec lui, des négociations ardues d'autant que l'industriel sera hostile à la décision du gouvernement d'acquérir des avions américains…

Autre handicap : les techniques françaises de moteurs ont deux ans de retard sur les techniques américaines, anglaises, allemandes et italiennes qui réalisent des engins de 1 000 chevaux et davantage (contre 960 au maximum en France). Dès 1938, d'importants efforts financiers et des constructions d'usines atténueront le handicap français. Ce qui ne dispensera pas toutefois le ministère de l'Air d'acquérir des milliers de moteurs américains (nous examinerons les négociations aéronautiques franco-américaines dans un prochain chapitre).

La fabrication des hélices et des trains d'atterrissage présente insuffisances et goulots d'étranglement. Dans ces domaines, de nouveaux efforts s'imposent. Seules deux sociétés, Chauvière et Ratier, produisent des hélices à pas variable. Messier possède le quasi-monopole des trains

---

américaines aéronautiques), l'ingénieur général Sabatier, directeur technique et industriel, jusqu'en juin 1938 où, épuisé par les mesures à prendre d'extrême urgence, il doit céder la place à l'inspecteur général Joux, etc. (Joseph Roos, *L'Effort de l'industrie aéronautique française de 1938 à 1940 et les résultats,* GIFAS Paris).

d'atterrissage. De nouvelles usines seront implantées. Sur le plan des accessoires, les difficultés sont moindres ; les entreprises travaillant pour l'automobile ont un potentiel d'outillage de base facile à développer [26].

Par suite d'une carence de leur outillage, des procédés de fabrication archaïques, les sociétés productrices de matières premières sont à rénover. Le budget doit fournir des crédits élevés d'investissements qui s'ajouteront, à valeur à peu près égale, aux millions fournis par les industriels [27].

De gauche à droite, *aux manœuvres militaires de septembre 1937, Guy La Chambre, Daladier et le général Gamelin.* (Collection de M. Michel de Ladoucette, D.R.)

Aucun secteur industriel n'échappe à l'obligation d'ajustements, voire de refonte complète, exigeant du temps, des moyens financiers considérables. « Les problèmes posés par les investissements nécessaires à l'industrie, écrit l'ingénieur général Joseph Roos (alors chef du bureau industriel), ont fait l'objet des premières mesures prises dès avril 1938 (...) ; elles ont modifié profondément la physionomie et l'équipement de l'industrie aéronautique [28]. » En 1936, par exemple, et à l'exception des usines de moteurs, le matériel de la construction aéronautique est « d'un âge moyen relativement élevé » (comme celui d'autres secteurs de l'industrie française). Au printemps 1937, des achats en Europe et aux États-Unis de plusieurs centaines de millions avaient été décidés, mais les

26. « Quand le niveau se fut sensiblement accru, l'Air éprouva de grandes difficultés à généraliser la passation de sous-commandes du fait de l'existence d'un contrat collectif spécial pour l'industrie aéronautique. Les firmes de la mécanique et notamment les usines d'automobiles pour les moteurs et les firmes de construction ou de réparation de matériel ferroviaire pour les cellules répugnaient à la prise de sous-commandes de matériels aéronautiques, redoutant la dualité d'un statut pour le personnel qu'elles emploieraient à ces fabrications traditionnelles. Cet obstacle subsista jusqu'au 8 avril 1939 avec la prise d'un arrêté interministériel. » (Joseph Roos, *op. cit.*, p. 481).

27. Déposition de M. Guy La Chambre le 25 novembre 1947 devant la commission chargée d'enquêter sur les événements survenus en France de 1933 à 1945, t. II, p. 306, Assemblée nationale édit. Paris 1951.

28. Joseph Roos, *op. cit.*, p. 482.

livraisons exigeaient de très longs délais en raison de la « ruée » des nations en train de se réarmer (la Grande-Bretagne, grande puissance industrielle, n'échappe pas à cette dépendance ; pour augmenter le potentiel de la R.A.F., elle achète des machines jusqu'en Allemagne !).

Surgissait un motif supplémentaire de controverses passionnées : les fabricants français de machines-outils (autre secteur délicat des activités nationales) s'irritaient de voir leurs compatriotes préférer, parfois à qualité égale, des machines étrangères. Guy La Chambre « n'était pas pleinement persuadé que les achats pour le compte de l'État effectués par les industriels ne donnaient pas lieu à des tractations irrégulières » *(sic)* ; aussi le ministre décide-t-il de confier ces coûteuses acquisitions aux services d'État, diminuant les risques mais ne les éliminant pas. On achète ainsi des presses hydrauliques de grande puissance, des soudeuses électriques par points. D'immenses usines sont édifiées, acquises, étendues, en attendant la construction d'ensembles industriels souterrains ou bétonnés (le seul de ce genre fut l'usine Gnome et Rhône, boulevard Kellermann à Paris). Le statut de ces entreprises et des machines payées par l'État provoque d'âpres discussions ; les industriels n'ont pas oublié les conditions de la « lente liquidation fiscale de la guerre de 1914-1918 » [29].

À ces difficultés s'ajoute le problème de la direction et du fonctionnement des sociétés nationalisées. Cette question de méthodes et de personnes évolue dans le climat tumultueux entourant la politique du Front populaire. Dans le cas de la construction aéronautique étatisée, l'opposition relève que Cot a laissé à la tête des entreprises des « copains » du pouvoir (comme Marcel Bloch), se privant du concours de personnes « ne pensant pas bien », ou réduisant les adversaires par de profitables nominations.

Le président de l'ensemble des entreprises aéronautiques « socialisées », l'Escaille, est accusé de manquer de relief, d'autorité, choisi (dit-on aussi) à cause de cela, afin de mieux laisser les mains libres au cabinet de Pierre Cot, et surtout aux conceptions du contrôleur général Hederer [30]. Aucun doute, Guy La Chambre devra remplacer l'Escaille (il rappellera Albert Caquot comme responsable suprême de la construction aéronautique... mais trop tard). Il faudra mettre fin à l'irresponsabilité, non incitative et démobilisatrice, des directeurs des sociétés nationales. Guy La Chambre avertira les administrateurs-délégués : à défaut de résultats satisfaisants, ils perdront leur place !...

En janvier 1938, l'aviation militaire comprend 1 350 appareils. Les quatre cinquièmes de cette flotte proviennent de commandes passées en 1935 (plan Denain), donc périmées, avec une vitesse de 100 à 120 kilomètres à l'heure, inférieure aux modèles correspondants de la Luftwaffe (qui met en série la fabrication de nouveaux prototypes). Le retard technique sur l'Allemagne est d'environ trois ans ! Par mois, la France produit entre 35 et 37 avions de guerre, contre 400 outre-Rhin. Quant aux matériels à sortir des usines, seuls 477 engins correspondent à des normes soutenant la concurrence.

---

29. Joseph Roos, *op. cit.*, p. 482 et 483.
30. Voir t. III, chapitre 21.

Plan V et faute tactique

Interrogeant le haut commandement pour savoir si la force aérienne française existante correspond à ses besoins, Guy La Chambre s'entend répondre « non ». Le 22 février 1938, le ministre remplace le général Féquant, chef d'état-major général de l'Air, par Vuillemin.

Qui est-il ? Une sorte de « brave à trois poils », issu du rang. Né à Bordeaux en 1883, simple soldat appelé dans un bataillon d'artillerie à pied, puis sous-officier, il rengage pour préparer une école d'officier. Lieutenant, il passe dans l'aéronautique en juillet 1913, obtient son brevet de pilote. Au début de la Grande Guerre, Vuillemin est versé à l'escadrille C.11 : au bout de vingt jours, s'étant « particulièrement distingué », il reçoit la Légion d'honneur. Hardi, voire téméraire, il commande une escadrille, se fait remarquer par des « reconnaissances périlleuses, montrant, sous le feu, une bonne humeur et un sang-froid inaltérables » ; Vuillemin passe capitaine. Dans la bataille de Verdun, il livre combat sur combat contre des appareils allemands, et se voit décerner la rosette pour son mépris du danger. Le 15 juin 1917, les zouaves et les tirailleurs d'une division marocaine l'applaudissent et réclament qu'il soit récompensé : sous leurs yeux, il a affronté cinq avions ennemis qui ont fini par abandonner la partie !

Au début de 1918, Vuillemin commande l'escadre 12. C'est à cette époque qu'apparaît l'aviation offensive réunissant de véritables pilotes de bombardiers et de chasseurs. Jusqu'à la paix, le commandant Vuillemin fait jouer à ses avions et à ses hommes le rôle autrefois dévolu à la cavalerie. Les tonnes de bombes se succèdent, en Picardie, dans l'Aisne, etc. En juillet, l'escadre 12 bombarde les ponts et les passerelles de la Marne pour tenter d'endiguer l'ultime et dangereuse ruée allemande sur Paris. Vuillemin soutient ensuite l'offensive-poursuite de Mangin, attaquant l'adversaire en retraite (son escadre abat 43 avions ennemis). À l'arrêt des hostilités, Vuillemin a sous ses ordres trois groupes de bombardement protégés par des escadrilles triplaces de combat.

Le 7 août 1919, sur l'un de ses anciens appareils de guerre, un Breguet 14 B.1, il quitte Paris pour Le Caire (escales à Istres, Naples, Salonique, Constantinople, et retour par Beyrouth). C'est un grand succès : Vuillemin va recommencer. En 1920, il entame des randonnées africaines (première traversée aérienne du Sahara) marquée par de spectaculaires péripéties. Le voilà commandeur de la Légion d'honneur, populaire grâce à des exploits dont le public est friand. Après un commandement en Allemagne occupée, Vuillemin retrouve, fin 1923, l'Afrique du Nord, le Sahara. En 1925, au cours d'une liaison entre Paris et le Niger, Vuillemin s'écrase, grièvement blessé. Rétabli, colonel en 1928, il prend part à un vol groupé de 15 000 kilomètres. Décorations, responsabilités, promotions se succèdent : qu'il est loin le 2e classe de Bordeaux en 1903 !

Général de brigade en 1933, il prend la tête de la fameuse « Croisière noire » avec une trentaine d'équipages pour visiter les principales villes françaises d'Afrique. Le Président de la République lui remet le grand cordon de la Légion d'honneur le 13 janvier 1934. Successivement, Vuillemin suit les cours du Centre des hautes études militaires, commande, en août 1936, le 1er corps aérien (région de Paris), passe général de division [31]...

D'autres chefs de l'aviation auraient pu, avance-t-on [32], être choisis de préférence à Vuillemin. Ainsi, Féquant (limogé par La Chambre, mais nommé à un autre poste important), qui passe pour avoir une expérience des problèmes et un entourage d'excellente qualité (le général Keller, les colonels Tarnier et Carayon) ; les généraux Mouchard (saint-cyrien, breveté d'état-major), Houdemon (saint-cyrien et du prestige !), Aubié (polytechnicien). Une « figure » de gloire, le sens du contact avec les subordonnés favorables à sa nomination, une moustache, de l'embonpoint, une certaine simplicité sont-ils suffisants à Vuillemin pour se battre « contre les services techniques, contre les autres états-majors, contre les politiques et plus encore, contre le temps [33] » ? A-t-il l'imagination, les connaissances, le tempérament nécessaires ? En fait, ces « soupçons » sur les compétences de Vuillemin proviennent des partisans acharnés de l'indépendance de l'armée de l'air — porteuse de « la solution » — reprochant au général (et à Guy La Chambre) d'être influencés par l'état-major général de l'Armée.

On n'est pas persuadé que les autres généraux de l'Air auraient mieux fait au milieu de tant de querelles et de problèmes inextricables ! L'article II du décret du 5 mars 1938 charge Vuillemin de « définir les besoins de l'armée de l'air », inséparables d'une doctrine d'emploi : veut-on, par exemple, bombarder les centres industriels et de communication allemands, ou... ? Le Conseil supérieur de l'Air, réduit en nombre, aidera Vuillemin à se prononcer.

Les 7, 8, 9 et 15 mars 1938, Daladier, Guy La Chambre, Gamelin, Darlan approuvent un « Plan V » (« un minimum » selon Vuillemin, tandis que Daladier affirme : « La France disposera déjà d'une force aérienne puissante »). En l'espace de trois ans [34], le nombre des avions de *première ligne* — dotation des escadrilles de combat — passerait de 1 437 à 2 617. Avec les « volants » jugés nécessaires pour conserver le potentiel des unités en cas de conflit (100 %, puis 120 % pour la chasse, 70 % pour les autres catégories, mais ces pourcentages augmenteront), le programme des fabrications du Plan V serait de 4 800 appareils de guerre. L'ensemble sera composé d'un matériel dit « moderne » (vitesse supérieure à 400 km/h, volets d'intra-dos, hélices à pas variables, trains d'atterrissage escamotables, etc.), mais ce qui l'est en 1939 risque fort d'être surclassé en 1940 !

Deux tranches de réalisation du Plan V sont prévues :

1°) 1er avril 1938-31 décembre 1939 ;

2°) 1er janvier 1940-31 mars 1941.

Divers accroissements sont décidés, et traduisent un changement de

---

31. Les éléments d'information concernant la carrière du général Vuillemin proviennent des archives du service historique de l'armée de l'Air (notices, articles, etc.).
32. Général Charles Christienne, *op. cit.*, p. 68.
33. Général Charles Christienne, *op. cit.*, p. 68.
34. Mais, après l'Anschluss, le ministre tentera de réduire le délai à 24 mois.

politique par rapport aux décisions antérieures, prises notamment sous Pierre Cot. En fait, il faudrait ajouter au Plan V d'autres solutions. C'est là où Guy La Chambre interviendra de façon dramatique, spectaculaire, et dont il n'avait certainement pas prévu les prolongements considérables sur le cours même de la Deuxième Guerre mondiale.

15

SUR LE CHEMIN DE MUNICH

Étonnant voyage du général Vuillemin en Allemagne ; conversation avec Goering : la France défendra-t-elle la Tchécoslovaquie ? • Quinze jours après l'Anschluss, Hitler accélère ses préparatifs : « Plan vert », constitution de stocks de matières premières, mobilisation de la main-d'œuvre • L'Angleterre tient « la France par la main » • 20 mai : coup de force contre Prague • Vaines reconnaissances des attachés militaires • Hitler : « Si une occasion favorable... » • Le « Plan vert » en action le 1er octobre 1938 au plus tard • Le Führer imagine l'attaque de l'Allemagne par la France • Le « médiateur », lord Runciman • L'ambassadeur américain à Paris conseille Roosevelt • Bilan de la situation militaire française pour le Président américain • Le ministre milliardaire Raymond Patenôtre • Daladier : « Il faut remettre la France au travail ! »

Étonnant spectacle, le 16 août 1938, sur l'aérodrome de Staaken, près de Berlin. En grande tenue, l'état-major de la Luftwaffe (les généraux Milch, adjoint de Goering, Stumpff, chef d'état-major, Udet, directeur technique, un « as »), l'ambassadeur François-Poncet entouré des attachés militaires français, attendent, en bavardant, une personnalité de marque. À mille détails, confirmés par la suite, on devine le soin apporté au séjour de Vuillemin, invité de Goering. Au sol, des Allemands sûrs d'eux, orgueilleux ; en vol, un général français inquiet de régler la marche de son Amiot 340 et du Potez 65 transportant sa suite ; arriveront-ils à l'heure, ou (en raison de pannes) perdront-ils la face ? Vuillemin est également anxieux de juger sur pièces la suprématie écrasante de la Luftwaffe... Étonnante visite : dans quelques heures, une semaine peut-être, l'Allemagne et la France peuvent entrer en guerre à propos de la Tchécoslovaquie.

À son arrivée en Allemagne, le général Vuillemin (à g.) *est accueilli par l'ambassadeur de France André François-Poncet (en haut-de-forme) et le général Milch, adjoint de Goering.* En bas, de gauche à droite, *le constructeur Willy Messerschmitt (en civil et tête nue), les généraux d'Astier de La Vigerie (s'appuyant sur une canne), Vuillemin, Udet et le lieutenant-colonel Moraglia (au 2e rang).* (Collection de Mme Paul Stehlin, D.R.)

Du 16 au 21 août 1938, les Allemands sortent « le grand jeu ». Le 17, Vuillemin visite la base de Döberitz où séjourne la célèbre escadre de chasse Richthofen. Vingt-sept Messerschmitt 109 sont présentés avec leurs équipages — chaque escadrille de neuf appareils en ligne possède 12 avions en réserve avec le personnel correspondant et un parc supplémentaire de trois avions — ; mais n'y figure pas le tout dernier modèle, le ME 110. Un exercice de combat n'apporte rien que ne sachent les visiteurs (le ME 109 ne peut se livrer à des « acrobaties brutales »).

Après Döberitz, le Focke-Wulf Condor, qui vient de réaliser la double traversée de l'Atlantique Nord, conduit Vuillemin à l'usine « Erla » (4 000 ouvriers travaillant 48 heures par semaine) à Leipzig où l'on fabrique le ME 109 depuis août 1937, à une cadence de soixante appareils par mois. L'outillage, les espaces libres dans les halls de montage permettraient de doubler, rapidement, la production. Les pilotes prennent livraison des appareils, armés et équipés, qui, sur-le-champ, sont pris en compte par la Luftwaffe. Découvrant le système de défense passive, le confort matériel du personnel (réfectoires, cuisines avec repas à très bas prix), les terrains de sport (football, tennis, piscine, etc.), le général n'en croit pas ses yeux ! Que d'admiration pour l'orientation professionnelle, « l'ardeur au travail, les figures ouvertes et gaies des ouvriers, la joie des enfants jouant ou se baignant après le travail et nageant tous d'ailleurs parfaitement... [1] ».

Aux usines d'Augsbourg — autre étape — le constructeur Willy Messerschmitt montre ses ateliers (où le travail manuel est éliminé au maximum) sortant des ME 109 et ME 110 (ce dernier en grande série depuis juin 1938) ; 6 500 ouvriers et 600 apprentis. Vuillemin estime à 120 ME 109 par mois et à 60 ME 110 la capacité de production de l'ensemble des usines. Dans un magasin sont rangés 140 canons de 20 mm. Vuillemin a droit à une séance de tir des quatre mitrailleuses et des deux canons équipant chaque avion, et à la présentation en vol d'un ME 110 qui « fait grosse impression » par « sa grande maniabilité ».

Le 18 août, Vuillemin et sa suite quittent Tempelhof à bord des avions « personnels » de Milch et de Stumpff, « remarquablement aménagés », pour l'École de pilotage et l'usine de moteurs Junker de Magdebourg (nouvelles machines ultra-modernes ; la production mensuelle étant de 500 à 600 moteurs). Le lendemain, séjour au centre d'expérimentation de Barth (une escadre avec quatre groupes — bombardement, bombardement en piqué avec les Junkers 87, chasse, reconnaissance, et un régiment de D.C.A.). Le plus frappant, selon Vuillemin, est « la liaison intime entre les unités de l'armée de l'air et la D.C.A. dont les résultats sont impressionnants ». Des exercices avec tirs réels sur cibles, un simulacre d'une attaque d'avions en piqué par des batteries de D.C.A., etc., constituent la partie « la plus intéressante et la plus nouvelle pour des officiers français [2] ».

À en croire le capitaine Stehlin qui accompagne Vuillemin, le général

1. Rapport du 2 septembre 1938 du général Vuillemin au président du Conseil. Archives SHAT.

2. Paul Stehlin, *op. cit.*, p. 89.

est sceptique : le bombardement classique, comme le réalise la Luftwaffe, ne résisterait pas à la chasse ni à la D.C.A. des forces terrestres. La vulnérabilité du bombardement en piqué est plus grande encore, et ce n'est pas une utilisation « raisonnable » de l'aviation de chasse [3] !

Le 20 août, Vuillemin parcourt l'usine Heinkel d'Oranienbourg, « la plus moderne du monde ». 7 000 ouvriers et 700 apprentis y fabriquent le Heinkel 111, un bimoteur de bombardement lourd, à la cadence mensuelle d'une soixantaine d'appareils. Le Heinkel 100, vainqueur du record de vitesse mondial, effectue un vol ; il succédera au ME 109 : « Tout est prêt pour sa sortie en série, assure Milch, mais l'avance technique de l'aviation allemande est telle qu'on se contente pour le moment de le garder en réserve ! » Enfin, Udet, aux commandes d'un Fieseler Storch, invite Vuillemin à bord : « L'avion, écrit Vuillemin émerveillé, a pratiquement toutes les qualités de l'autogire sans en avoir les servitudes. »

Goering interroge Vuillemin sur la Tchécoslovaquie

En dehors des visites aux usines, des essais de tirs, des simulacres d'attaque, Vuillemin est reçu à la Chancellerie le 18 août. Parmi diverses banalités, le Führer souligne qu'il « aime beaucoup la France » où il désirerait retourner pour revoir les endroits où il s'est battu en 1914-1918 (ce qu'il fera d'ailleurs en 1940). Plus significative est l'audience avec Goering après le déjeuner offert aux Français par le maréchal dans sa propriété de Karinhall au luxe tapageur... En tête à tête avec Vuillemin, Goering, sérieux, calme, évoque les questions espagnole et tchécoslovaque ; leur règlement permettrait d'établir « d'excellentes relations » franco-allemandes et un « rapprochement amical ».

Si l'on ne s'étend guère sur l'Espagne, Vuillemin rappelle en revanche que la France tiendra sa parole à l'égard de la Tchécoslovaquie : elle lui portera secours en cas d'agression. Prenant un « air fâché », plus nerveux, Goering souligne :

1°) l'alliance franco-tchécoslovaque ne doit jouer qu'en cas d'attaque de Prague sans provocation (les préparatifs allemands vont dans ce sens...) ;

2°) les Tchèques provoquent l'Allemagne « d'une manière insupportable » en brimant les Sudètes ; cette situation a assez duré : *avant un an, cette affaire devra être réglée.*

Vuillemin réplique qu'une solution à l'amiable est préférable à une guerre entraînant la ruine des vainqueurs et des vaincus (de surcroît, il serait impossible de discerner la preuve ou non d'une « provocation », indépendamment de savoir qui en jugerait). Goering ajoute : un conflit serait tout à fait malheureux « pour une poignée d'individus qu'il considère comme très inférieurs » (les Tchèques) ! Prague veut la guerre immédiatement : le IIIe Reich n'est pas prêt, la France, l'Angleterre, l'U.R.S.S.

3. Paul Stehlin, *op. cit.*, p. 90.

À la résidence de Goering (en uniforme blanc), près de Berlin, le général Vuillemin (à dr.) *commente ses visites d'usine au chef de la Luftwaffe. Au centre, en uniforme, l'interprète d'Hitler, Paul Schmidt.* (Collection de Mme Paul Stehlin, D.R.)

Réception de la délégation aéronautique française par Goering (à g.) *avec Vuillemin, l'interprète Paul Schmidt, M. André François-Poncet (en civil), le général Milch (veste d'uniforme à parements blancs), le capitaine Petitjean-Roger, le général de Geffrier, le général Bodenschatz (directeur du cabinet de Goering) et le capitaine Paul Stehlin.* (Collection de Mme Paul Stehlin, D.R.)

soutenant la Tchécoslovaquie. Les hostilités débuteraient par l'assassinat des Sudètes *(sic)* ; Londres et Paris doivent faire pression sur les Tchèques « pour arriver à une entente convenable ». Solennel, Goering assure que l'Allemagne n'attaquera jamais la France, puis s'excuse d'avoir été « peut-être un peu rude », mais il a exprimé sa pensée, à titre personnel, sans engager son gouvernement !...

Dans ce même rapport à Daladier, Vuillemin souligne que rien n'a été négligé « pour montrer la puissance de l'aviation allemande », dans le but d'impressionner les Français et leur gouvernement. Toutefois, Vuillemin n'a pu vérifier le niveau d'instruction du personnel de la Luftwaffe, car les exercices de combat ont revêtu un caractère d'extrême simplicité (cette précaution vérifierait les renseignements des attachés militaires français selon lesquels l'aviation allemande « n'a pas encore atteint dans son instruction le degré obtenu dans les autres domaines »). Il n'en reste pas moins l'obligation, pour reprendre les termes du général, de reconnaître la puissance impressionnante de l'aviation allemande (dont la production peut être doublée, voire triplée) ; l'avance technique est indéniable. Les performances des avions (bombardement et chasse) les placent « en tête du progrès aéronautique international » ; la délégation française n'a été en contact qu'avec « les favorisés du régime » (ouvriers jadis au chômage, officiers sans emploi), mais le survol, en avion, du camp de concentration d'Oranienbourg a permis de constater qu'il était très « habité » !

Selon François-Poncet et Stehlin, le voyage de Vuillemin a été inopportun à un moment où les Allemands tentent d'infléchir la position de la France à l'égard de la Tchécoslovaquie. Les constatations du général risquent d'amoindrir le « moral » de Daladier et du gouvernement au moment où ils doivent se montrer fermes et résolus. Dans ses mémoires, l'ambassadeur de France à Berlin soutient qu'il avait été opposé au voyage des aviateurs, mais que le ministre des Affaires étrangères (M. Georges Bonnet) était passé outre [4].

Pré-mobilisation allemande

En dépit des assurances solennelles et paroles d'honneur répétées des dirigeants nazis au lendemain de l'Anschluss sur la sauvegarde de la Tchécoslovaquie, Hitler n'avait pas tardé à préparer une nouvelle crise. Moins de quinze jours après son entrée à Vienne, le Führer avait informé ses intimes qu'il avait l'intention « de résoudre le problème tchèque dans un avenir relativement proche », ajoutant qu'Henlein était « son homme, et demain son Statthalter ». Le chef des Sudètes avait pour instruction « de formuler à Prague des demandes qui soient inacceptables [5] ». Le 21 avril, Hitler avait entretenu le général Keitel du « Plan vert », nom de code de l'opération contre la Tchécoslovaquie, et de sa version « Rouge » au cas où la France mobiliserait. Sous le timbre « Secret d'État », les chefs des missions diplomatiques allemandes à l'étranger se voyaient rappeler les mesures de sécurité (codes, service du chiffre, sauvegarde des archives, destruction de documents, etc.) à prendre « en période de tension ».

Nous avons dit comment l'ingénieur Todt reçut des moyens fantastiques pour hâter la construction de la ligne Siegfried. En même temps, le IIIe Reich entreprit la constitution de réserves de matières premières et de denrées alimentaires « pour lui permettre de vivre en cas de conflit extérieur de longue durée [6] ». Les importations de fer, ferrailles, cuivre,

4. André François-Poncet, *op. cit.*, p. 326.
5. Les Archives secrètes de la Wilhelmstrasse, *op. cit.*, p. 112.
6. La tension de septembre 1938, p. 8, synthèse de l'EMA. Archives SHAT.

lin, caoutchouc enregistraient des augmentations appréciables. En Argentine, au Canada, dans les pays danubiens, l'Allemagne passa des commandes considérables de blé, de maïs et d'avoine [7] ; les frigorifiques étaient « pleins à refus » de viande congelée. Pour payer de tels achats, il fallut entamer les réserves de devises disponibles, voire le « trésor de guerre clandestin dont l'existence ne fait plus de doute [8] ».

L'ingénieur Todt.
(Ph. R. Viollet.)

En sa qualité d'ordonnateur du Plan de quatre ans, Goering promulgue un décret destiné à « assurer la main-d'œuvre nécessaire pour l'exécution de travaux d'un intérêt particulier pour l'État ». Ainsi, sans limite d'âge, les ressortissants allemands des deux sexes, quelle que soit leur profession, peuvent être assignés n'importe où dans le Reich, à des tâches imposées par le gouvernement. Cette décision est appliquée au bénéfice des fortifications de l'Ouest, puis, au cours de l'été 1938, elle permet de remplacer par de la main-d'œuvre féminine le personnel masculin appelé sous les drapeaux. Une loi autorise, dès le temps de paix, à procéder à des réquisitions... Dans les domaines les plus divers, les préparatifs sont menés tambour battant en vue d'une action militaire pouvant être déclenchée « dans un délai rapproché ». Rien de cette pré-mobilisation n'est ignoré à Paris ni à Londres, toutes deux étrangement passives, comme si l'on y avait baissé les bras !

7. Les silos et les entrepôts disponibles étant utilisés à la limite de leur capacité, les minotiers sont obligés de conserver leur grain sur des péniches.

8. La tension de septembre 1938, *op. cit.*, p. 10.

L'Angleterre « tient la France par la main »

Du côté de la Wilhelmstrasse, Ribbentrop collectait informations, confidences, rapports pour cerner l'attitude de Londres et de Paris. À l'évidence il se confirmait que Chamberlain et le gouvernement britannique multipliaient les démarches auprès de Prague pour obtenir un maximum de concessions dans la question des Sudètes, comme si, parallèlement, on se bouchait les oreilles sur la surenchère d'Henlein organisée par Berlin. Le Premier ministre, le secrétaire d'État au Foreign Office, l'ambassadeur de Grande-Bretagne en Allemagne subissaient une offensive psychologique, avec son lot d'avanies et de rebuffades, sans pour autant renoncer à leur politique « d'apaisement » qui, traduite en allemand, était celle de l'abandon.

L'autre constatation majeure était que la France, pourtant liée à la Tchécoslovaquie, entendait calquer son attitude sur celle de l'Angleterre qui n'avait passé aucun accord avec Prague, et ne cachait pas son intention d'aller très loin dans la voie des concessions (comme Churchill l'écrit cruellement : « L'Angleterre tient la France par la main ! »).

Selon un document de la Wilhelmstrasse, un agent secret allemand, de nationalité anglaise, rapporte avoir entendu Daladier dire que le gouvernement britannique doit agir à Berlin et à Prague, « et si possible plus énergiquement à Prague qu'à Berlin [9] ! » ; la paix en Europe, la solution tchèque, avait ajouté le président du Conseil, dépendent de ce que fera « particulièrement » M. Chamberlain. Quant à Georges Bonnet, ministre des Affaires étrangères, il pousse la complaisance, sinon la flagornerie, jusqu'à déclarer au comte Welzeck, ambassadeur d'Allemagne à Paris, son « admiration pour l'ascension et les conquêtes de la nouvelle Allemagne qui, après l'incorporation de l'Autriche, avait devant elle un programme de construction si beau et si varié *(sic)* ». Toutefois, si la France (comme d'autres puissances) avait fini par « s'accommoder de ce changement », il n'en serait pas de même en cas d'action violente contre la Tchécoslovaquie. Paris et Londres étaient prêtes à servir de médiateurs et à user de leur influence auprès de Beneš pour qu'on s'y montre « conciliant jusqu'à la limite du possible ». Peu après, comme en écho, le ministre d'Angleterre à Prague « reçoit l'ordre de faire d'urgentes représentations » au gourvernement tchèque « pour qu'il recherche sans délai un règlement de la question des Allemands des Sudètes sur de larges bases », ce dont Chamberlain informe Ribbentrop. *Comment, à travers ces exemples, Hitler ne douterait-il pas de la volonté des Franco-Britanniques de protéger la Tchécoslovaquie ?*

La tension monte brusquement en Europe : le 20 mai, Prague s'inquiète de rassemblements de troupes allemandes en Saxe. Est-on à la veille d'un coup de force ? À Berlin, sir Neville Henderson s'entend répondre : « Pure folie ! » Au ministre de Tchécoslovaquie qu'il a convoqué, Ribbentrop assure : il n'y a pas un mot de vrai dans les rumeurs faisant état de concentrations de troupes et formations de S.S. et de S.A.

9. Les Archives secrètes de la Wilhelmstrasse, *op. cit.*, p. 143.

Un incident à Eger où deux Sudètes sont abattus par un policier tchèque aggrave les choses. À Paris, le 22 mai, Daladier invite l'ambassadeur d'Allemagne, M. Welzeck, à son domicile privé pour l'entretenir « en sa qualité d'ancien combattant français s'adressant librement à son camarade allemand ». Une guerre, dit-il à son visiteur, signifierait la destruction « complète » de la civilisation européenne, « des hordes de Cosaques et de Mongols (...) apporteraient à l'Europe une nouvelle culture, ce qu'il fallait éviter, même au prix de grands sacrifices [10] ». Enfin, à propos d'une attaque de la Tchécoslovaquie, « les Français devraient se battre s'ils ne veulent pas être déshonorés ». Après ces préliminaires de Daladier, l'ambassadeur d'Allemagne expose, à sa façon, l'ensemble du problème sudète, met en cause « un groupe de fauteurs de guerre, siégeant à Prague, soutenu par des éléments russophiles » et par la juiverie internationale « utilisant des agents provocateurs pour créer des incidents ». En conclusion, Daladier dit sa satisfaction d'avoir été « instruit sur bien des choses qu'il ignorait ! »... Ironie ?

Pendant ce temps-là, les attachés militaires français et britanniques tentent de déterminer le vrai du faux des assertions tchèques sur des concentrations de la Wehrmacht. À Berlin, ils relèvent autant de soldats permissionnaires que d'habitude. Quant au colonel anglais Mac Farlane, il parcourt mille kilomètres, longeant la frontière germano-tchèque, observant les gares, cherchant — en vain — des mouvements anormaux de troupes. Son adjoint en fait autant, sans davantage de résultats probants. Les collaborateurs de François-Poncet aboutissent aux mêmes conclusions. Devant l'insistance de l'attaché militaire de Tchécoslovaquie à Berlin, d'autres reconnaissances sont effectuées, mais restent infructueuses [11].

Hitler : « Si l'occasion favorable... »

Si les casernes, les routes, les voies ferrées n'ont pas connu, semble-t-il, d'agitation inquiétante, Hitler en revanche poursuit ses préparatifs au plus haut niveau des chefs militaires. Ainsi, le 30 mai, le « Plan vert » subit-il des modifications dont la plus importante concerne sa date d'application, le 1er octobre 1938, car le Führer « a pris la décision irrévocable d'écraser la Tchécoslovaquie par une action militaire dans un proche avenir ». Si « une occasion favorable » se présente, il agira plus tôt pour « une action éclair ». L'armée allemande devra profiter au maximum de l'effort de surprise pour créer, dans les deux ou trois premiers jours, une situation démontrant aux alliés de la Tchécoslovaquie que sa situation militaire est sans espoir, à la Hongrie et à la Pologne que le moment est venu de satisfaire leurs revendications sur leurs minorités, instruire ces dernières sur la façon de soutenir les opérations militaires, et « d'influencer » les neutres en faveur du IIIe Reich.

---

10. Les Archives secrètes de la Wilhelmstrasse, *op. cit.*, p. 127.

11. Berlin, le 23 mai 1938, rapport de l'attaché militaire français à Berlin à l'EMA, Paris. Archives SHAT.

L'essentiel de la Wehrmacht sera employé contre la Tchécoslovaquie, tandis qu'à l'Ouest « un minimum de troupes » couvrira les arrières ; face à la Pologne et à la Lituanie, les frontières seront tenues en défensive. L'impératif de la surprise exige de ne pas souffrir des délais imposés par des transports par chemin de fer, et de bénéficier, à l'inverse, de la motorisation des colonnes d'assaut chargées de pénétrer les fortifications tchèques, puis de les prendre à revers. Les Sudètes, les déserteurs de l'armée tchécoslovaque, les parachutistes, des unités du service de sabotage aideront au succès. La Luftwaffe détruira l'aviation tchèque « dans l'espace de temps le plus court », paralysera la mobilisation, la conduite des affaires civiles, le système de communications. Si la marche des opérations le permet, les usines seront épargnées (des renseignements seront recueillis pour les remettre en état de marche dès que possible). D'importants centres de D.C.A. seront mis en place à Berlin et dans les principales régions industrielles [12].

Trois jours après ces directives, Hitler passe à l'opération « Rouge » pour le cas où la France se porterait au secours de la Tchécoslovaquie. Prêtant curieusement aux dirigeants français une audace et une énergie dont ils sont, à l'évidence, démunis plus que tout, Hitler pense que la France l'attaquera par son aviation et sans déclarer la guerre, violant à l'occasion la neutralité de la Belgique et du Luxembourg pour se porter sur le Rhin. L'essentiel de la défense allemande est confiée au Groupe 3 de la Luftwaffe dont l'activité s'étendra à l'ensemble de l'hexagone « pour empêcher la France d'avoir une maîtrise de l'air complète ». Des « activités simulées », comme l'installation d'aérodromes factices, viseront à créer une « impression trompeuse de grande puissance aérienne » pour obliger Vuillemin à morceler ses moyens. Des attaques seront prévues sur les centrales électriques de la région parisienne pour priver d'énergie les industries d'armement, sur les dépôts de carburants, etc. À mesure des succès remportés en Tchécoslovaquie, des escadres seront transférées sur le front de l'Ouest. Le 7 juillet Keitel apporte de nouvelles précisions, sans modifier le cadre général des décisions d'Hitler.

Le « médiateur » Walter Runciman

Le 25 juillet, Chamberlain informe Berlin de son intention d'envoyer à Prague un « médiateur officieux » entre les Sudètes et les Tchèques, servant de conseiller « indépendant » aux deux parties en conflit à la recherche d'un « compromis pacifique ». Parallèlement, Londres accentue sa pression sur la Tchécoslovaquie « pour imposer de telles concessions » que le « médiateur seul ne pourrait obtenir [13] ». La presse anglaise abonde dans ces propositions si proches du point de vue allemand que le chargé d'affaires à l'ambassade d'Allemagne à Londres, Theodor Kordt, en est

12. Les Archives secrètes de la Wilhelmstrasse, *op. cit.*, p. 213 à 219.
13. Les Archives secrètes de la Wilhelmstrasse, *op. cit.*, p. 290.

À l'occasion de la visite officielle du roi d'Angleterre George VI et de la reine Elisabeth à Paris, du 19 au 22 juillet 1938, le gouvernement Daladier a voulu donner, de mille manières, un éclat exceptionnel tant aux festivités mondaines qu'aux démonstrations militaires. Ci-dessus, *des chars d'assaut, près de 200, arrivent place de la Concorde qu'ils vont ceinturer bord à bord.* (Ph. Keystone.)

À Versailles, où a lieu une importante parade militaire, le roi George VI et M. Albert Lebrun, président de la République, sont accueillis par une salve de 101 coups de canon. Le défilé comprend des unités de hussards, de dragons, de cuirassiers, de spahis passant au grand trot, les grandes écoles militaires, des skieurs, des bataillons d'infanterie, puis des trompettes d'artillerie annoncent l'armée motorisée : une unité de side-cars (notre photo), *des canons tractés, des pièces de D.C.A., des automitrailleuses et des chars.* (Ph. Keystone.)

Après leur arrivée à Paris, les souverains britanniques avaient pris possession de leurs appartements privés au quai d'Orsay, où avaient été réalisés d'importants travaux de rénovation. Dans la soirée du 19, le roi s'était rendu à l'Élysée où il avait remis à M. Lebrun la grand-croix de l'ordre du Bain, pendant que, de son côté, le président de la République faisait la reine grand-croix de la Légion d'honneur. Après un dîner de gala de 80 personnes, des centaines d'invités, en uniforme et habit, et leurs épouses assistent à un spectacle donné par des artistes de l'Opéra et de la Comédie-Française ; Sacha Guitry a écrit un à-propos sur la naissance du God Save the King. *Le lendemain, au milieu d'une foule immense, la reine Elisabeth et le roi George VI gagnent l'Opéra pour assister à un gala. À l'Hôtel de Ville, c'est M. Le Provost de Launay, président du conseil municipal, qui accueille les souverains et M. Lebrun, venus du quai d'Orsay en un cortège nautique. Dans l'après-midi, réception grandiose dans les jardins de Bagatelle, où parmi les milliers d'invités on remarque Winston Churchill* (en haut) ; *au buffet, le roi George VI (en civil) boit une tasse de* thé. En bas, *la reine Elisabeth et M. Albert Lebrun, au dîner de l'Élysée.* (Ph. Keystone.)

Ci-dessus, *entretien, à Prague, entre Lord Runciman* (à g.) *et M. Edvard Beneš* (à dr.), *président de la République tchécoslovaque.* Ci-contre, *Lord Runciman et son épouse. Au cours d'un dîner à la légation anglaise à Prague ; Lady Runciman montre (selon un rapport allemand) « une remarquable compréhension pour la cause des Allemands des Sudètes »* et *parle de « l'influence bolcheviste en Tchécoslovaquie ».* (Ph. Keystone.)

stupéfait ! Reçu par le conseiller intime du Premier ministre, Horace Wilson, il s'entend dire que « le gouvernement britannique est fermement convaincu de la nécessité de concessions bien plus larges » de la part de Prague [14].

Au cours d'une visite à Paris, Chamberlain et lord Halifax avaient entretenu Daladier et Bonnet de leur idée du « médiateur », leur proposant d'y adjoindre un représentant français (le professeur Brunet). Or le

14. Les Archives secrètes de la Wilhelmstrasse, *op. cit.*, p. 292.

gouvernement français avait décliné cette offre, sous prétexte de laisser l'Angleterre agir seule ! Quant à la Tchécoslovaquie, on devine son peu d'empressement à voir désigner un envoyé spécial dont le but, non déguisé, va dans le sens des concessions à Hitler.

Le « médiateur », lord Walter Runciman, 68 ans, est peu connu en dehors de son pays. Il appartient à une richissime famille d'armateurs, bailleurs de fonds du parti libéral. À sa sortie de Cambridge, le jeune homme est entré dans les affaires paternelles, puis, vers l'âge de trente ans, il s'est présenté sans succès à diverses élections. Il emporte sa première victoire contre Churchill, mais celui-ci prend sa revanche l'année suivante. Avec l'arrivée au pouvoir des libéraux, Runciman trouve un siège aux Communes et devient, grâce au soutien de M. Asquith, ministre à plusieurs reprises. Battu aux élections de 1918, réélu en 1924, il retrouve un portefeuille dans le ministère d'Union nationale MacDonald-Baldwin. À la mort de son père, il lui succède à la Chambre des Lords...

Le 3 août, Runciman et son épouse sont accueillis à Prague par un flot de personnalités dont le maire de la ville, mais aussi des députés sudètes, prévenus et surveillés par le ministre d'Angleterre, M. Newton. Le lendemain, « le médiateur » reçoit une délégation des Sudètes, tandis qu'à Berlin, au cours d'une réception, sir Neville Henderson assure à plusieurs reprises le chef de la section étrangère de l'Abwehr (qu'il a connu à Londres) que « l'Angleterre ne songe pas à engager un seul marin ou un seul aviateur en faveur de la Tchécoslovaquie ». Quelle étrange façon de négocier ! Le 18 août, Runciman rencontre Henlein chez le prince de Hohenlohe. Déception à Berlin où l'amiral Horty, régent de Hongrie, montre un empressement modéré à s'engager dans une action directe contre la Tchécoslovaquie.

Le 22 août à Moscou, Litvinov, commissaire du peuple aux Affaires étrangères, assure au comte von Schulenburg, ambassadeur d'Allemagne, que « l'Union soviétique avait promis son aide à la Tchécoslovaquie ; elle tiendrait parole et ferait de son mieux [15] ».

Chez l'ambassadeur des États-Unis à Paris

À Paris, l'un des hommes les mieux placés pour suivre les événements est, rappelons-le, l'ambassadeur des États-Unis William C. Bullitt. Ancien représentant américain à Moscou, d'abord enthousiaste puis amèrement

15. Selon Schulenburg et l'attaché militaire allemand, l'U.R.S.S. s'abstiendra d'attaquer le Reich tout en s'efforçant de lancer la Grande-Bretagne et la France dans la guerre, mobilisera dans les régions militaires de l'Ouest, pourrait gêner les transports de minerais allemands venant de Suède et de Norvège, attaquer la Prusse-Orientale par air et par mer, fournir abondamment la Tchécoslovaquie en matériel de guerre, voire y envoyer du personnel technique militaire. Elle excitera aussi les ouvriers contre l'Allemagne ; « la propagande et l'argent soviétique seront employés sur une plus grande échelle dans tous les pays et dans tous les domaines contre l'Allemagne, avec l'aide notamment de la presse marxiste et juive ». (Les Archives secrètes de la Wilhelmstrasse, *op. cit.*, p. 369 à 371.)

déçu, intime de Daladier, confident de nombreux hommes politiques, invité dans les milieux dirigeants, aimant recevoir, il possède un sens inné du contact. Au début du printemps 1938, Bullitt avait rencontré Roosevelt avec lequel il avait tissé des liens personnels qui font de lui une sorte de représentant *in partibus* du Président en Europe. Au cours de son entretien à la Maison-Blanche, il avait donné son avis sur la situation :

1°) en Éthiopie, l'Italie se chargeait d'un lourd fardeau financier ;

2°) Franco l'emporterait, mais dans un délai plus long qu'on ne le pensait ;

3°) Chamberlain resterait Premier ministre ;

4°) l'Allemagne prendrait le contrôle de la Tchécoslovaquie car Hitler savait arriver à ses fins sans tirer un coup de fusil ; les grandes puissances, y compris l'U.R.S.S, n'aideraient pas la Tchécoslovaquie. À son retour à Paris, peu avant la première alerte de mai sur les mouvements de troupes allemandes en Saxe, *Bullitt avait, pendant quatre heures, écouté Guy La Chambre lui relater l'immense faiblesse de l'aviation française et l'impérieuse nécessité d'y parer en achetant des avions américains.*

Le 20 mai, l'ambassadeur suggérait à Roosevelt un plan d'ensemble au cas où la tension s'aggraverait encore entre Berlin et Prague. Ainsi, il convoquerait à la Maison-Blanche les ambassadeurs de France, d'Angleterre, d'Allemagne et d'Italie pour inviter Daladier, Chamberlain, Hitler et Mussolini à envoyer des représentants à La Haye (siège de la Cour internationale de Justice) qui débattraient d'un règlement pacifique du

De gauche à droite, *M. César Campinchi (avec des lunettes), ministre de la Marine, M. Georges Bonnet, ministre des Affaires étrangères et l'ambassadeur des États-Unis William Bullitt* (à dr., *des gants à la main), qui joue un rôle de premier plan en France dans les années précédant la Seconde Guerre mondiale.* (Ph. Keystone.)

contentieux germano-tchèque. Au besoin, un délégué des États-Unis siègerait parmi eux. Le Président adresserait aussi un appel personnel pour souligner qu'il ne pouvait rester à l'écart d'une menace risquant de détruire la civilisation européenne, remplacée ensuite par l'impérialisme asiatique (dans son entretien privé avec l'ambassadeur de l'Allemagne, Daladier avait parlé du triomphe des Mongols...). À l'ambassadeur d'Allemagne en particulier, il soulignerait qu'une guerre en Europe profiterait au bolchevisme (l'une des aversions de Bullitt), et que Hitler lui-même réfléchirait à cette perspective. Quant à la réunion de La Haye, elle déboucherait vraisemblablement sur un plébiscite pour déterminer les volontés des différentes minorités composant la Tchécoslovaquie. En cas de refus de Prague, la France se trouverait dégagée de ses engagements militaires et moraux, et de ce fait, la guerre serait évitée.

Bien entendu, Roosevelt assurerait ses auditeurs américains de la nature exceptionnelle de son intervention motivée par l'urgence et réaffirmerait l'intention des États-Unis de ne pas se mêler aux querelles de l'Europe. En fait, ce plan reprenait la suggestion émise en janvier 1938 par le sous-secrétaire d'État Summer Welles à Chamberlain de réunir à Washington une conférence internationale de la Paix, repoussée malencontreusement et sans tact par le Premier ministre tout à sa prochaine réconciliation avec Mussolini.

À maintes reprises au cours de la crise des Sudètes, Bullitt poussera Roosevelt à intervenir : selon l'ambassadeur, la crainte des États-Unis retient Hitler sur le sentier de la guerre. L'intervention américaine de 1917 a, sans nul doute, fait pencher la balance en faveur des Alliés, et les Allemands ne l'ont pas oublié. Mais en 1938 et 1939, ils connaissent les puissants obstacles à une intervention américaine active, constitués par l'hostilité d'une partie de l'opinion et du Congrès ; mais pour combien de temps ? C'est une course de vitesse comme celle qui oblige Hitler à agir avant le plein effet du réarmement franco-britannique en 1941. En 1914, on a assuré qu'un engagement précis de l'Angleterre aurait fait reculer Guillaume II. Un dilemme identique se pose en 1938 et en 1939 avec l'éventuelle entrée en jeu de la puissance américaine. Dans l'immédiat [16], Bullitt suggère à Roosevelt de convoquer l'ambassadeur d'Allemagne pour lui dire : si au début de la Grande Guerre, l'opinion américaine était favorable au Reich, elle lui est désormais en majorité hostile (sans omettre qu'Hitler n'ignore pas la position personnelle du Président).

Le général Réquin : retards sur la ligne Maginot

Pour transmettre à Roosevelt un bilan de la situation militaire française, Bullitt reçoit, à la mi-juin, dans sa magnifique résidence de Chantilly,

16. Message du 17 août 1938 de Bullitt à Roosevelt, *« For the President, personal and secret »*, *op. cit.*, p. 279.

Gamelin (qu'il a déjà rencontré deux fois dans la même semaine) et le général Edouard Réquin, commandant d'une armée désignée pour attaquer, dans la Sarre, la ligne Siegfried. Sous-secrétaire d'État à la Marine du président Wilson, Roosevelt a connu Réquin à Washington en 1917, lorsque détaché par Joffre il aidait l'état-major américain à organiser le corps expéditionnaire de Pershing. De 1919, expert militaire à la Conférence de la Paix, puis envoyé par Clemenceau à la naissante S.D.N., jusqu'en 1932, Réquin fut mêlé aux conférences internationales, gardant d'étroits contacts avec des hommes politiques de tous pays (qu'au passage il « croquait » avec talent sur ses aquarelles). À cette date, il avait pris à Nancy le commandement de la 11e division, la « division de fer » composée de régiments d'élite.

Après un intermède de quinze mois à la tête de la région de Bordeaux, Réquin fut de nouveau nommé à Nancy au printemps 1935, mais comme responsable de l'ensemble des unités, soit 70 000 hommes. Son autorité s'étendait aussi à d'importants secteurs fortifiés de la ligne Maginot. Réquin eut aussi l'occasion de se heurter aux routines, lenteurs et incompréhensions du service du génie. Les retards apportés aux renforcements nécessaires varient entre un an et dix-huit mois, visant surtout « la fourniture des armes mixtes », des canons de 37 et de 47 antichars de forteresse, de cuirassements, cloches, portes étanches, ventilateurs, périscopes, câbles téléphoniques et centraux d'ouvrages [17]. Alerté sur ce déplorable état de choses, Gamelin avait conseillé d'en faire part à Daladier lorsqu'il visiterait les travaux du secteur de Rohrbach. Mais le ministre de la Guerre n'apprécia pas les observations du directeur des fortifications qui, ne jugeant pas du caractère fondé ou non des revendications sociales, s'était borné à en évoquer les conséquences sur la Défense nationale. À cette époque, Daladier était encore l'un des leaders du Front populaire, et « n'avait pas encore viré sa cuti » ! Toujours est-il que ce secteur fortifié laisse à désirer au moment où Hitler s'en prend à la Tchécoslovaquie, et il faudra attendre des mois avant d'enregistrer une amélioration. Ces carences se retrouvent dans la construction des obstacles antichars, car, avant l'automne 1938, les crédits étaient insuffisants. On a construit à l'économie une centaine de petits ouvrages de « valeur très inégale et généralement faible [18] ». Fin 1938 (après la conférence de Munich), on établira un programme de solides casemates : deux d'entre elles seulement seront prêtes à la déclaration de guerre [19].

Réquin a aussi constaté la situation déficitaire des stocks de mobilisation. Certes, des rapports l'ont signalé à l'état-major de l'armée, mais sans échos depuis trois ans ! Gamelin, averti, joue l'étonné : « Comment en sommes-nous arrivés là ? » La pauvreté des dotations en munitions, par mesure d'économie, nuit à l'instruction du tir. Près de Réquin à Nancy,

---

17. Général d'armée E. Réquin, *D'une guerre à l'autre,* p. 207, Charles Lavauzelle édit., Paris, 1949.
18. Général d'armée E. Réquin, *op. cit.*, p. 209.
19. La 4e armée que commande alors le général Condé (auquel va succéder Réquin) accomplit, en juin 1938, un exercice similaire en bien des points à l'attaque allemande du 14 juin 1940 contre ce secteur qui aura reçu entre-temps d'énormes améliorations permettant aux troupes de forteresse de briser les assauts de la Wehrmacht.

relevant directement de Daladier, fonctionne l'état-major de la division cuirassée qui étudie sur cartes et en chambre les problèmes d'emploi des chars, mais on en reste à la théorie sans exercice pratique sur le terrain. En conclusion, la seule satisfaction réside dans la qualité de l'encadrement, bien que le nombre des officiers soit insuffisant et l'instruction des cadres de réserve trop déficiente. Gamelin, ayant commandé quelques mois à Nancy, y revient avec plaisir ; il informe Réquin de ses difficultés avec Daladier et son chef de cabinet, le général Bourret : « Les choses vont bien mal » en conclut le chef de la XXe région !

Retournons à Chantilly où Réquin montre à Bullitt une carte sur laquelle il a tracé des axes d'attaques françaises contre la ligne Siegfried et les directions d'une éventuelle offensive allemande sur la France. Selon le général, ses troupes pourraient avancer en Sarre d'une trentaine de kilomètres avant d'être stoppées, mais une opération frontale sur les fortifications allemandes, même avec de meilleurs chars que ceux de l'ennemi, provoquerait des pertes horribles, trois à quatre fois supérieures à celles de l'adversaire, sans que l'entreprise réussisse ! Gamelin, partageant cette opinion, ajoute : la Wehrmacht peut contenir l'ensemble de l'armée française avec le tiers ou la moitié de ses forces. Les deux généraux estiment à deux ou trois semaines le temps nécessaire à Hitler pour s'emparer de la Tchécoslovaquie. La suprématie de la Luftwaffe est telle, poursuivent-ils, que Paris peut être détruit. On pourra résister sur la ligne Maginot en attendant que le blocus étrangle le IIIe Reich.

Le commandant en chef est plus optimiste que Réquin sur le temps nécessaire pour réduire de cette façon la puissance combative de l'Allemagne. Même si elle prend le contrôle des pétroles roumains et polonais (s'ajoutant au stock considérable d'essence synthétique), la capacité militaire ennemie diminuera rapidement après deux ans de guerre (Réquin estime, au contraire, que le ravitaillement en pétrole ne jouera pas un rôle aussi décisif ; aussi le conflit durerait six ans...) La situation se dégraderait plus vite si l'Italie entrait dans le conflit car le Reich serait contraint de l'approvisionner. L'Axe pourrait être tenté cependant de s'emparer des pétroles d'Irak et d'Iran. Il n'empêche, poursuit Gamelin, que la France et l'Angleterre, tout en résistant, souffriront horriblement des bombardements aériens allant, selon Réquin, jusqu'à provoquer un effondrement du moral des populations.

L'ambassadeur de Pologne a déclaré à Gamelin que *son pays ne s'alignerait pas sur la France si celle-ci apportait son soutien à la Tchécoslovaquie dans une guerre contre l'Allemagne.* Il n'est pas question non plus d'autoriser les troupes russes à traverser son pays (et la Roumanie) pour se porter au secours de Prague : si l'U.R.S.S. passait outre, Varsovie et Bucarest s'y opposeraient par la force.

Quant aux États-Unis, ils seraient entraînés dans le conflit au bout d'une période assez brève. Bullitt rappelle qu'il ne passe pas de jour sans assurer aux dirigeants français qu'en cas de conflit en Europe, son pays, appliquant le « Neutrality Act », se tiendrait à l'écart. Mais ses interlocuteurs objectent qu'ils comptent sur le comportement d'Hitler pour contraindre les Américains à s'engager ouvertement. Bullitt hoche la tête ! Les destructions seront telles qu'aucun pays ne sera en état d'en relever les ruines ; au moins, si les États-Unis restent neutres, pourront-ils aider les survivants en Europe...

S'excusant auprès de Roosevelt de perspectives aussi pessimistes, Bullitt assure que sa lettre est conforme aux opinions qu'il recueille autour de lui : « Je ne connais pas un seul Français informé qui ne sente qu'il vit les derniers jours d'une civilisation si belle et qu'il apprécie tellement [20]. »

Le gouvernement présidé par M. Édouard Daladier. Au 1er rang, de gauche à droite, *MM. Marc Rucart (Santé publique), Henri Queuille (Agriculture), Georges Bonnet (Affaires étrangères), Camille Chautemps (vice-président du Conseil), Daladier, Albert Sarraut (Intérieur), L.O. Frossard (Travaux publics), Jean Zay (Éducation nationale), Guy La Chambre (Air).* Au 2e rang, de gauche à droite, *Raymond Patenôtre (Économie nationale), César Campinchi (Marine), Paul Reynaud (Justice), Jules Julien (P.T.T.), Fernand Gentin (Commerce), Auguste Champetier de Ribes (Anciens Combattants).* [Ph. Keystone.]

Le ministre milliardaire Raymond Patenôtre

Indépendamment de la crise internationale qui s'ouvre sous ses pas, Daladier doit faire face à de graves difficultés intérieures. Ni le président du Conseil, ni ses ministres d'ailleurs, ne donnent l'impression d'avoir la stature, l'envergure nécessaire pour les circonstances. Mandel, Bonnet, Reynaud (pour ne citer qu'eux) ne cachent pas leurs ambitions à de plus hautes destinées, voire celle de s'installer dans le fauteuil de Daladier ! À peine le ministère formé, Reynaud manifeste son aigreur d'être seulement garde des Sceaux alors qu'il se jugeait tout désigné pour obtenir au moins

20. William C. Bullitt, « For the President personal and secret », *op. cit.*, p. 271. De fin juin à la crise de Munich, Bullitt reçut John Kennedy, 21 ans, fils de l'ambassadeur américain à Londres. Le futur président des États-Unis n'apprit guère le français, fut invité dans les ambassades, rencontra des jeunes femmes et se fit des amis, tout en s'intéressant à la marche des événements et en discutant chaque jour avec des collaborateurs de Bullitt.

le portefeuille des Finances confié au maire radical de Reims, Paul Marchandeau.

À côté du dilettante fort intelligent Anatole de Monzie [21], figure Raymond Patenôtre, ministre de l'Économie nationale. C'est un cas ! 38 ans, fils de Jules Patenôtre, ambassadeur de France à Washington marié à une richissime américaine, il naquit à Atlantic-City. Pour faire une carrière politique en France, Patenôtre avait liquidé une partie de son immense fortune. Il avait flirté, un moment, avec le *Journal des Débats* financé par le conservateur François de Wendel, puis s'était constitué un groupe de presse, comprenant à la fois des journaux locaux et un quotidien d'audience nationale avec le *Petit Journal* (revendu au colonel de La Rocque que Patenôtre avait constamment attaqué !). Entré en conflit sur le plan de la publicité avec la puissante agence Havas (non encore nationalisée), il dut, malgré sa puissance financière, composer avec son président Paul Guimier, homme d'affaires de talent « aux dents pointues », dont l'influence était considérable dans les mécanismes de la IIIe République.

En 1936, Patenôtre commandita l'hebdomadaire *Marianne,* édité par Gaston Gallimard et dirigé par Emmanuel Berl. Y collaboraient Joseph Kessel, Marcel Aymé, Ramon Fernandez, etc. Contrairement à un autre grand homme de presse de l'époque comme Jean Prouvost, Patenôtre ne fréquentait guère les rédactions et les journalistes. Au fond, insatisfait, angoissé, on le sentait en perpétuelle recherche de ce qu'il ne pouvait acheter ni en dollars, ni en francs.

Grand, mou, un visage glabre au nez long et un peu incurvé à sa base, l'air endormi, regardant rarement son interlocuteur, Patenôtre est d'apparence peu séduisante. Son hôtel particulier de la rue de la Faisanderie (celui de sa mère) offre un superbe ensemble de mobilier doré, classique, comme l'argent permet d'en acquérir, mais impersonnel et assez fade. Nombreux sont les laquais, valets de pied, chauffeurs et personnel de cuisine. Les dîners, présidés par son épouse, y sont plus glacés que chaleureux ; d'ailleurs, le maître de maison n'y participe guère. En revanche, il reçoit en seigneur florentin dans une autre résidence, plus agréable, charmante, entouré d'une cour où figurent Georges Auric, André David, Stanislas de La Rochefoucauld, le docteur Chantemesse, etc. Patenôtre entretient également de nombreux parasites, assurant leur train de vie, payant des suites au Meurice, au Napoléon... On y rencontre quelques fumeurs d'opium ; des femmes, ravissantes et de passage, viennent agrémenter les soirées.

Dans son sillage, apparut un coiffeur que Patenôtre avait connu sur le paquebot *Île de France* en se faisant couper les cheveux. Ce figaro lui avait demandé, un jour, d'entrer à son service, de « le mettre à l'épreuve » ; un séide de plus ou de moins, pourquoi pas ? Et voilà le coiffeur rendant de menus services, puis étrangement chargé de vendre un journal de Philadelphie. Après plusieurs semaines de va-et-vient, de propositions, un groupe américain s'était porté acquéreur. Lorsque Patenôtre proposa une commission à son courtier d'occasion, il s'entendit opposer un refus ;

21. Voir t. III.

stupéfaction du milliardaire habitué à être exploité ! « J'ai enfin rencontré un honnête homme ! »...

Dès lors, rien, chez Patenôtre, ne s'achète ni ne se vend sans passer par l'intermédiaire de l'habile ex-coiffeur, qui, désormais, n'oublie pas de prendre son pourcentage... Jour et nuit, il est le double, l'ombre du député de Rambouillet. Ayant fait fortune, il place ses gains en achetant un hôtel sur la Côte d'Azur, et circule en Ford blindée par « prudence » comme il le faisait, dit-il, aux États-Unis. À l'occasion de soirées où Patenôtre souhaite épater ses invités, il part réveiller à 2 ou 3 heures du matin, sur ordre de son maître, Maurice Chevalier ou Edith Piaf pour qu'ils viennent chanter. Comment résisteraient-ils au chèque en blanc de Patenôtre que leur tend son messager, où ils sont priés d'inscrire la somme de leur choix pour ce dérangement incongru ?...

En 1928, élu député de Rambouillet, Patenôtre défendait la stabilisation du franc, préconisait l'expansion économique, s'instituait protecteur des petits rentiers victimes de la dévaluation de Poincaré, croyait à la paix vue par la S.D.N. Quel cocktail électoral ! Habitué à tout acheter (les voitures et le reste), il étendait sa « générosité » au parti radical qui, « reconnaissant », le consacra, de 1932 à 1934, secrétaire d'État à l'Économie nationale sous Herriot, Chautemps et Daladier. Quelle dérision de la part de ces leaders pas au fait de l'économie moderne dont Patenôtre s'était fait une spécialité [22] !

Daladier :
« Il faut remettre la France au travail »

Cinquante-trois décrets-lois, pris grâce aux pleins pouvoirs financiers votés à Daladier, tentent d'apporter un peu d'oxygène à la production et à l'économie [23]. Le président du Conseil doit mener une usante bataille parlementaire. Les socialistes, écartelés entre la gauche révolutionnaire de Marceau Pivert et les amis de Blum (qui l'emportent après un débat interminable), divisés entre pacifistes et partisans de la guerre, boudent les mesures gouvernementales et mènent des opérations de « coups d'épingle » contre le cabinet. De leur côté, les communistes lancent une double offensive en soutenant des projets qui sèment des zizanies supplémentaires à la S.F.I.O. et contraignent Daladier à les repousser sous divers prétextes (augmentation des traitements des fonctionnaires, création d'une retraite des vieux travailleurs, etc.). Des grèves éclatent ici et là, comme chez les dockers de Marseille, et les revendications voient le jour un peu partout [24].

22. Documentation personnelle de l'auteur.

23. Programme de deux ans de travaux en France et aux colonies (mais l'effet d'une telle décision est à long terme), assouplissement timide au mythe de 40 heures, facilités de crédit au commerce et à l'industrie, mesures pour l'exportation (fléchissement du commerce extérieur au premier semestre 1938 par rapport à 1937), etc.

24. Edouard Bonnefous, *op. cit.*, t. VI, p. 310 à 332.

Le 21 août 1938, Daladier évoque le malaise général : baisse du revenu national (38 milliards de francs-or en 1914, 49 en 1931 juste avant les effets de la crise américaine, 22 en 1937 !) ; les revenus du capital immobilier et mobilier ont chuté de 45 %, et les revenus mixtes ont diminué de 65 %. Un seul remède : « Il faut accroître le revenu national, et *remettre la France au travail.* » Quelle belle découverte fait ainsi Daladier qui, démagogue à l'occasion, brûle ce qu'il a adoré ! Pour encourager employeurs et industriels, l'État va mettre en œuvre des allégements fiscaux, ouvrir plus largement le marché financier, et surtout modifier la réglementation des 40 heures : les entreprises, affirme le président du Conseil, doivent disposer des heures nécessaires à leur activité sans taux prohibitif, sans formalités inutiles et discussions interminables ! Comment faire autrement quand les usines allemandes d'armement, équipées de matériel plus moderne, travaillent entre 50 et 60 heures par semaine ?...

Malgré ce dramatique constat, c'est la tempête ! Sous prétexte de ne pas avoir été consultés par Daladier, Paul Ramadier et L.O. Frossard, ministres du Travail et des Travaux publics, alliés politiques d'Adrien Marquet — le député-maire néo-socialiste de Bordeaux [25] — démissionnent ; ils sont remplacés par Charles Pomaret, conseiller d'État originaire de Montpellier, et l'avocat Anatole de Monzie. Blum s'effraye du programme de Daladier ! « Pas cela ou pas nous », écrit-il dans *Le Populaire.* Les communistes renchérissent. La C.G.T. appelle ses militants à s'opposer aux modifications de la réglementation des 40 heures. Comme appuis, le gouvernement a celui des radicaux, de l'opposition modérée, et du patronat. C'est le renversement des alliances et de la majorité [26]...

25. Voir t. III.
26. Edouard Bonnefous, *op. cit.,* p. 332 à 336.

16

COMPLOT À BERLIN

Lord Runciman favorable au retour des Sudètes à l'Allemagne • Préparatifs militaires d'Hitler • Mobilisation des antinazis • Le colonel Hans Oster et le général Beck • Mise en garde du docteur Carl Goerdeler à Paris, Londres, Washington contre les projets du Führer • « La résistance » allemande auprès de Chamberlain • Comment tuer Hitler ? L'étonnante histoire du diplomate von Herwarth • Partie de tennis à Moscou : « Envoyez Churchill... » Des généraux allemands rebelles • Le Dr Schacht change de camp • La mystérieuse entrevue de Downing Street.

Août 1938 se déroule dans un climat de pourparlers infructueux. Pour lord Runciman, il est « évident que les districts frontières (des Sudètes) doivent recevoir immédiatement le droit de disposer pleinement d'eux-mêmes » [1] ; on prévoyait, avant qu'il ne l'eût prononcé, un tel avis du « médiateur ». Mais, ni l'Allemagne ni la Tchécoslovaquie n'entendent céder sur leurs positions de départ. Le 24 août, le général Jodl, ajoint de Keitel à l'O.K.W., transmet au Führer une nouvelle étude sur le déclenchement du « Plan vert » : *« un incident »* fournirait à l'Allemagne un prétexte à une intervention militaire contre la Tchécoslovaquie. Attention : cette provocation « doit avoir lieu dans des *conditions générales atmosphériques servant la supériorité de la Lutfwaffe ;* (...) il n'y aura aucune mesure préparatoire » (rappel des Allemands séjournant dans des pays, ennemis potentiels du Reich ; impossibilité, en raison d'indiscrétions, de prévenir

1. Rapport du 21 septembre 1938 de lord Runciman à MM. Chamberlain et Beneš, synthèse de l'EMA Paris sur *La tension en septembre 1938, op. cit.* Archives SHAT.

les représentants diplomatiques à Prague « avant la première attaque aérienne » au risque d'y faire des victimes !) [2]. Dans son train spécial, du 26 au 29 août, Hitler inspecte la ligne Siegfried entouré d'une population nombreuse et de dizaine de milliers de travailleurs des fortifications : « Celui qui ne tient pas cette position, s'exclame-t-il, est un lâche. » Au général Adam dont le visage est sombre, il lance : « Je regrette simplement d'être le Führer et chancelier, et de ne pouvoir être le commandant en chef du front de l'Ouest [3]. »

Préparatifs militaires allemands

Depuis plus d'un mois, la Wehrmacht poursuit ses préparatifs. Le 27 juillet, la presse allemande avait donné de l'éclat à l'annulation des grandes manœuvres d'automne remplacées par « l'instruction de détail des unités dans le cadre de la division », et « à la mise sur pied et à l'instruction des formations de réserve ». Derrière ces subterfuges n'abusant que ceux qui voulaient l'être, le commandement convoque de nombreux hommes récemment formés, voire non instruits ; pour porter en effectifs de guerre la quasi-totalité des divisions d'active, constituer des corps particuliers et des grandes unités de formation (6 à la fin août, 12 dans la première quinzaine de septembre, 25 à la veille de la conférence de Munich). Une récente loi sur les réquisitions permet de fournir les dotations nécessaires. Sans atteindre la mobilisation totale, ces mesures, prises dans le calme, rassemblent deux millions d'hommes sous les drapeaux. Ainsi, avec des procédés différents de ceux normalement prévus, l'O.K.W., pour le « cas particulier » que représente la Tchécoslovaquie, dispose de divisions d'active et de réserve de valeur sensiblement égale.

Les services de renseignements notent aussi, face à la Tchécoslovaquie, la présence de bataillons d'artillerie de marine dont les canons sont destinés à briser les fortifications, des affectations de régiments S.S. à chaque grande unité d'active, une brigade de police (identique à celle utilisée pour l'invasion de l'Autriche), des dispositions afin d'éviter l'afflux des réservistes en multipliant les centres de concentration. Sous couvert d'instruction et de manœuvres locales, l'O.K.W. a étiré sa mobilisation dans le temps, facilitée, il est vrai, par l'existence de nombreux camps militaires à proximité de la frontière tchécoslovaque.

À partir du 11 septembre commencent les mouvements des divisions blindées ; deux jours plus tard, une nuit d'approche leur suffirait pour attaquer. Les services secrets britanniques confirment ce que découvrent les agents français. En Autriche, en Bavière, en Saxe, chemins de fer et camions transportent des troupes. Au 12 septembre, 26 divisions et le corps franc sudète (40 000 hommes, avancent les Allemands) sont prêts à passer à l'offensive. Chaque jour amène des forces supplémentaires, le

2. Les Archives secrètes de la Wilhelmstrasse, *op. cit.*, p. 361.
3. Journal du général Jodl pendant les années 1937 et 1938, *op. cit.*, p. 33.

tout groupé en cinq armées aux ordres de généraux chevronnés : von Rundstedt, von Bock, von Reichenau, von Leeb, List.

La Tchécoslovaquie offrant une excellente plate-forme pour des attaques aériennes contre le IIIe Reich (Berlin, Magdebourg, Leipzig, Breslau, Oppeln, Vienne sont des cibles à moins d'une demi-heure d'un avion moderne), la Luftwaffe ne néglige pas l'éventualité d'un renforcement de la modeste aviation de Prague (moins de 70 appareils de bombardement !). Dès 1936, bien avant la crise des Sudètes, Goering a ordonné des mesures aériennes offensives de l'organisation correspondante nécessaire autour de la Bohême. Ces instructions illustrent les intentions agressives de l'Allemagne, connues à Londres et à Paris, démontrant une fois de plus l'inconscience des Franco-Britanniques ! Plus de la moitié des escadres de bombardement, l'ensemble des formations d'action en piqué (sauf un groupe), la majorité des dépôts en munitions de la Luftwaffe sont déjà à proximité de la « victime ». Aussi les déplacements de l'aviation allemande (échappant en partie aux informations françaises et anglaises ; l'identification des unités est difficile du fait que le personnel des escadres ne porte aucun signe distinctif) sont-ils moindres que ceux de la Wehrmacht.

Hitler et son intendant chargé du Berghof, Arthur Kamenberg. (Collection de Mme Paul Stehlin, D.R.)

Entre-temps, fin août, les usines fabriquant des cellules d'avions accélèrent leur cadence : 20 heures par jour en deux équipes (les ouvriers mobilisés sont remplacés par des femmes). Quant à la Flak (la D.C.A. allemande), elle a été mise sur pied au début de la crise ; dès le 4 septembre, Berlin, Hambourg, les centres de la Ruhr reçoivent des batteries antiaériennes. Des canons légers (20 mm) sont installés sur les terrasses des immeubles. Jour et nuit, des exercices rodent les équipes de défense passive. Les autorités accélèrent les travaux en cours d'abris souterrains (comme dans les usines situées aux alentours de Düsseldorf). À partir du 10 septembre, le préavis d'alerte est supprimé pour « mettre les habitants dans les conditions mêmes de la réalité du temps de guerre [4] ». Selon des confidences invérifiables, mais vraisemblables, d'un

4. *La tension en septembre 1938, op. cit.*, p. 47.

général de la Luftwaffe, l'intervention de l'aviation sur la Tchécoslovaquie est ainsi envisagée : les équipages des 2 000 appareils prévus auraient subi une préparation minutieuse du terrain où ils devaient opérer (bombardement en piqué sur des objectifs de petite dimension, d'importance capitale, facilité par les renseignements fournis par les Sudètes, attaques en vol rasant ; en face de pertes évaluées à 60 % des effectifs permettant à l'armée de terre d'agir de façon décisive) ; toute une « agitation » artificielle aurait impressionné les Tchèques !

Sous la pression insistante d'Hitler, le haut commandement se persuade, sans réticences profondes, que la France ne bougera pas ; aussi les précautions militaires à l'Ouest sont-elles minces. À partir du 25 août, les divisions, déjà en place, resserrent leur dispositif (au 28 septembre, une douzaine seulement de grandes unités, dont cinq d'active). De faibles éléments de la Landwehr occupent la rive droite du Rhin. Aucune mesure d'envergure n'est prise face à la Hollande, à la Belgique (qui, à l'inverse, procède à une mobilisation partielle) ni à la Suisse. De même à l'égard de la Pologne (qui ne prend aucune précaution militaire sur la frontière allemande !) où, dès le début de la tension, l'Allemagne semble avoir été rassurée sur l'attitude de Varsovie (l'O.K.W. a même transféré une division en Silésie) ! Enfin, face à la Yougoslavie, quelques troupes frontières montrent de la vigilance (on se rappelle les assurances de M. Stoiadinovitch à Rome et à Berlin : Belgrade n'interviendra en aucune façon au secours de Prague). Quant à la Hongrie, impatiente de se joindre à l'Allemagne, elle prend, avec précaution, des décisions d'appels individuels, puis de convocations d'ensemble sous prétexte de manœuvres d'automne, pourtant ses effectifs de 70 à 120 000 hommes.

Le général Beck et le bourgmestre Goerdeler organisent la résistance antinazie

Derrière les minutieux préparatifs de la Wehrmacht et de la Luftwaffe mûrit une conspiration destinée à empêcher Hitler de déclencher la guerre pour avoir raison de la Tchécoslovaquie. Malgré les succès du Führer, l'emprise grandissante des S.S., des noyaux de résistance au régime se sont formés et parviennent à survivre. Cette opposition, d'origine diverse, connaît un tournant important au lendemain de la conférence du 5 novembre 1937 où Hitler a annoncé aux chefs militaires sa volonté de satisfaire, au besoin par les armes, les ambitions d'espace vital du IIIe Reich.

Le colonel Hossbach, aide de camp du chancelier, secrétaire de cette conférence, en a montré le procès-verbal au colonel-général Ludwig Beck, chef d'état-major du général von Fritsch. Ce dernier, ayant manifesté son hostilité aux projets du Führer, a été rapidement l'objet d'une machination visant à l'écarter de ses fonctions, qui, ajoutée au scandale von Blomberg, permet à Hitler de devenir, début février 1938, le commandant suprême des forces armées allemandes. Le piège monté contre von Fritsch a provoqué de vives réactions parmi ses pairs ; à la suite d'une démarche du général von Rundstedt, « le plus ancien dans le grade le plus élevé », Hitler a dû composer, autoriser une enquête poussée démontrant que le complot avait été ourdi au plus haut niveau de la Gestapo. En fin de compte, cette intervention empêche l'assassinat de von Fritsch, protégé à son domicile par un groupe d'amis dont Beck et Hossbach. Quelle étrange atmosphère !

Ce n'est pas la première fois que se heurtent la hiérarchie militaire et l'appareil du parti nazi. Le 30 juin 1934, « la nuit des longs couteaux » avait liquidé dans le sang la puissance des S.A. dont la hiérarchie militaire s'inquiétait. Une « alliance objective » fut constituée entre certains chefs de la Reichswehr (tel von Reichenau) et ceux des S.S. (Himmler, Heydrich) pour cette opération. Mais les sicaires exécutèrent aussi le général von Schleicher [5], ancien chancelier et ministre de la Guerre, et le général von Bredow. Indignés, von Fritsch et Beck protestèrent auprès de von Blomberg et de Reichenau, mais ne furent pas écoutés ; ne le furent pas davantage les généraux Witzleben, von Leeb et von Rundstedt qui réclamèrent, sans insister, une enquête par un tribunal militaire.

À l'intérieur de l'Abwehr, le colonel Hans Oster venait de passer à une opposition énergique au régime. Décoré plusieurs fois en 1914-1918 pour sa bravoure, « instable, fantasque, coureur de jupons impétinent, et passionné de chevaux [6] », Oster avait fait la connaissance de son futur chef, Wilhelm Canaris, en 1931, alors qu'il servait à l'état-major d'une division sous les ordres du colonel Franz Halder (futur comploteur, plus prudent). Canaris et Oster sympathisèrent. En septembre 1933, Oster, obligé de quitter l'armée à la suite d'une liaison avec la femme d'un officier de réserve, fut embauché comme surnuméraire à la section III C1 (contre-espionnage) de l'Abwehr en contact avec les ministères.

Grâce à cet excellent poste d'observation, il s'informa sur les luttes des clans autour d'Hitler. Un fonctionnaire du ministère de l'Intérieur, le Dr Gisevius, en querelle avec l'un des chefs de la Gestapo, mit Oster dans son camp, le bombardant d'informations peu reluisantes à propos du parti nazi et de ses dirigeants. Ces confidences allaient accélérer la mutation du colonel vers une opposition farouche. Il commença à recruter des collègues de l'Abwehr, et fit de son bureau un centre important de lutte contre le national-socialisme. Entre-temps, le contre-amiral Canaris, nommé à la tête des services de renseignements, était devenu le patron d'Oster, le laissant faire, sans apprécier toutefois les gens qui gravitaient autour de lui.

Quant à la liquidation des S.A. en juin 1934, Hitler en était seul sorti vainqueur, tandis que le poids des S.S. ne cessait d'augmenter, constituant un étrange État dans l'État. Les généraux qui avaient cru, imprudemment, tirer les marrons du feu de la tuerie, s'attiraient des adversaires puissamment renforcés, dont le Führer. Pour diverses raisons, les chefs militaires ne présentaient pas un front unanime ; les opposants eux-mêmes se

5. Voir t. III.
6. Heinz Höhne, *Canaris, op. cit.*, p. 230.

partageaient suivant leur tempérament et leur force de caractère. Si haut placés fussent-ils, si grande fût leur révolte, ces dignitaires étaient respectueux de la discipline traditionnelle. Ayant juré obéissance au Führer, même si ce serment s'avérait pesant, il leur était difficile de l'enfreindre.

Le chef de l'opposition militaire est le général Beck qui s'était déjà heurté, au cours d'un procès politique, à de jeunes officiers de son unité sympathisants du nazisme [7]. Il s'en fallut de peu qu'il ne fût mis à la retraite. Toutefois le général avait approuvé l'arrivée au pouvoir d'Hitler, pensant que l'Armée et l'Allemagne y gagneraient. C'est aussi un officier attaché à la tradition prussienne, travailleur acharné, sérieux, actif, volontaire, généreux, au niveau moral élevé. Si on le dit dépassé par l'évolution des techniques, ses pairs soutiennent qu'en temps de guerre, il aurait été un remarquable général. Il n'accepte pas que la place dominante de chef d'état-major ait perdu son rayonnement par la limitation de ses pouvoirs. Lorsqu'il prend ses fonctions aux côtés de von Fritsch, il redoute que son pays ne soit entraîné dans une aventure sans grandes chances de succès et pense qu'il faut tout mettre en œuvre pour éviter un conflit armé [8]. La personnalité de Beck s'oppose à celle d'Hitler qu'il juge antipathique, et avec lequel il entretient peu de contacts personnels. Quant au Führer, il a manœuvré avec succès pour s'arroger des pouvoirs militaires absolus (4 février 1938), n'admettant que des gens souples pour l'assister (Keitel et Jodl). Il n'a guère de considération pour les généraux de la vieille école et les consulte peu, agacé par leurs objections, leurs lenteurs. Et surtout, il s'en méfie...

Lors de l'annexion de l'Autriche (mars 1938) Beck se demande s'il ne doit pas démissionner ; ses camarades tentent de le persuader qu'il rendra plus de service à son poste qu'à la retraite. Il lui faut aussi s'accommoder de rapports différents instaurés au sein de l'état-major par le nouveau chef de l'armée de terre, le général von Brauchitsch qui néanmoins approuve ses suggestions et ses rapports oraux, mais qui est plus souple, réaliste, diplomate et manque de fermeté. Beck poursuit ces avertissements contre les vues militaires d'Hitler. Le 7 mai 1938, il transmet à Brauchitsch une note inspirée par la situation politique et militaire du IIIe Reich : pour l'essentiel, écrit-il, l'Allemagne ne peut gagner une guerre de longue durée (la situation économique devenant alors pire qu'en 1917-1918), ce qui n'est pas le cas de ses adversaires franco-britanniques. Il est persuadé qu'en cas d'intervention armée contre la Tchécoslovaquie, Londres (qu'il admet prête à composer dans un cadre pacifique) et Paris s'y opposeraient militairement. Jusqu'à la conférence de Munich, Beck se débat de mille façons, rédige de nombreux mémoires...

L'homologue, civil, du général (mais sans qu'il existe une organisation hiérarchique) est le Dr Carl Goerdeler, originaire de Prusse-Orientale, bourgmestre de Leipzig en 1930, membre du parti national de l'industriel Alfred Hugenberg (favorable à Hitler) dont il démissionne, après être

7. Gert Buchheit, *Le Complot des généraux contre Hitler,* Arthaud édit., Paris, 1967, p.46.
8. Gert Buchheit, *op. cit.*, p. 47.

entré en conflit avec les nazis dès leur arrivée au pouvoir, en refusant de hisser la croix gammée sur l'hôtel de ville tant qu'elle ne serait pas devenue un oriflamme national, protégeant les Juifs contre les brutalités des S.A.... Son optimisme est indéracinable. Réélu bourgmestre en 1936 pour un nouveau mandat de douze ans, il proteste contre l'enlèvement d'un monument à la gloire de Mendelssohn exigé par les nazis. N'obtenant pas sa remise en place, il démissionne le 1er avril 1937. À partir de cette date, Goerdeler consacre son temps à s'opposer à la guerre qui menace. Au début de sa campagne, il reçoit l'appui d'industriels du Sud de l'Allemagne hostiles, comme lui, au nazisme. Grâce à leur aide financière, Goerdeler entreprend, en juin 1937, des voyages : Belgique, Angleterre, retour à Berlin, Pays-Bas, France, Canada, États-Unis. En mars et avril 1938, il séjourne à Paris et à Londres. À la fin de l'été, il gagne la Suisse, l'Italie, etc. Durant l'année 1939, il accomplit de nouveaux déplacements à l'étranger.

Aux dirigeants des pays visités (surtout à l'Ouest), il expose les dangers qui menacent et ses idées pour y parer, mais on ne l'écoute pas. Ainsi agissent MM. Daladier, Reynaud, Montagu Norman, gouverneur de la Banque d'Angleterre, Eden, sir Robert Vansittart, lord Halifax, Churchill, Cordell Hull et Summer Welles à Washington ainsi que Mackenzie King, Premier ministre canadien. Au printemps 1938 à Paris, il rencontre le normalien et germaniste Pierre Bertaux, chef de cabinet de Jean Zay, ministre de l'Éducation nationale. Goerdeler lui explique les raisons que le gouvernement français aurait de se montrer ferme face aux revendications allemandes sur la Tchécoslovaquie et sur d'autres territoires. Au début avril, sans être attendu, Goerdeler fait irruption chez Bertaux pour lui demander d'entrer en contact avec les milieux gouvernementaux ; le jour même, pendant deux heures, l'ancien bourgmestre de Leipzig s'entretient avec Alexis Léger. Au secrétaire général du Quai d'Orsay, Goerdeler soutient qu'il pourrait exercer une influence afin de modifier la politique allemande si, à l'étranger, on l'y aidait en montrant de la rigueur contre les prétentions d'Hitler. Tel un radical-socialiste, Léger, parlant en termes généraux, ne s'engage en rien, et Goerdeler repart les mains vides. À leur décharge, Bertaux et Léger savent, au fond, peu de choses sur l'émissaire de la résistance allemande qui pourrait être aussi bien un agent secret chargé de rapporter à Berlin des engagements « imprudents » des dirigeants français. Au cours d'un dîner qu'il partage avec Bertaux, après son entretien avec Léger, Goerdeler insiste avec ferveur : il y a urgence sur une attitude décidée de la France...

La « résistance » allemande à Londres

À Londres, Goerdeler est mieux accueilli, notamment parce que sir Robert Vansittart, secrétaire général du Foreign Office, n'a aucune confiance en Hitler, et qu'il croit en la sincérité de son visiteur ; toutefois, celui-ci souhaite que la région des Sudètes soit restituée à l'Allemagne, ce qui semble contradictoire et amenuise la force de sa position. Aux yeux de

Goerdeler (comme de bien d'autres), la cause de la Tchécoslovaquie dans l'affaire des Sudètes est insoutenable : il faut tirer un trait, mais se montrer intransigeant pour les ambitions territoriales à venir du IIIe Reich.

Nombreux sont ceux qui prennent contact, à Berlin, avec des Anglais ; ainsi, le capitaine en retraite devenu journaliste, Victor von Koerber, parle d'une restauration monarchique et du retour au drapeau traditionnel. D'autres défilent à Londres (plus qu'à Paris). Un correspondant anglais à Berlin, Ian Colvin, lié à un propriétaire terrien, Ewald von Kleist-Schmenzin, s'entend relater les plans de conquête du Führer insatisfait de l'annexion de l'Autriche ; aussi faut-il marquer un refus à propos de la prochaine victime, la Tchécoslovaquie. Kleist assure que le grand état-major allemand, opposé à la guerre, a besoin de fermeté à l'étranger pour pouvoir, à l'intérieur, s'opposer à Hitler. À l'ambassade de Grande-Bretagne à Berlin, on est convaincu de la nécessité d'envoyer Kleist à Londres pour y rencontrer de hautes autorités. Fin juillet, Colvin apprend, de source militaire, que les opérations contre Prague commenceraient le 28 septembre, renseignement transmis à un proche de Chamberlain et de lord Halifax. Le 18 août, Kleist se rend à Londres avec la protection de l'amiral Canaris, d'Oster et la garantie de sir Neville Chamberlain : quelle extraordinaire « alliance » ! Kleist rencontre Vansittart : l'Angleterre, lui affirme-t-il, est le seul pays capable d'empêcher la guerre ; il confirme la date du jour « J », le 28 septembre.

Pour démontrer, publiquement, que ni l'Angleterre ni la France ne bluffent dans leur opposition à « l'espace vital », un homme d'État britannique devrait lancer un appel (proposition déjà avancée par d'autres antinazis) aux Allemands hostiles à la guerre, d'autant que l'inquiétude de la population est indéniable. Avec Hitler au pouvoir, rien de raisonnable n'est à attendre de Berlin ; si le Führer subit une défaite politique, ce sera « le commencement de la fin ». C'est également l'avis de l'attaché militaire britannique en Allemagne. Chamberlain, averti de ces confidences (dont le sérieux n'est pas mis en doute, conscient des risques de pendaison encourus par Kleist en cas d'indiscrétion), doit choisir : 1°) Offrir un compromis à Hitler qui, selon les renseignements unanimes, ne joue pas « au poker ». 2°) À l'inverse, lui indiquer fermement le point de non-retour. Or le Premier ministre, entêté, a fait son choix et n'en changera pas ; Henderson, quant à lui, ne risque pas de le convaincre du contraire puisque, le 19 août, il recommande de « ne pas irriter Hitler ». Chamberlain a opté pour les concessions et, dans son sillage, la France fait de même. Quant à Kleist, il n'aboutit à rien, y compris après son entrevue avec Churchill dont nous savons l'isolement. En final, seule une démonstration navale serait envisagée…

À son retour à Berlin, Kleist relate son échec à Canaris et Oster. Mais les opposants n'abandonnent pas. Le 18 août, Beck a offert à Hitler sa démission, acceptée trois jours plus tard ; le général Halder, qui partage les opinions de son prédécesseur, devient chef d'état-major de l'armée de terre. Entre-temps, un autre opposant allemand, le lieutenant-colonel en retraite Hans Böhm-Tettelbach est envoyé à Londres par Halder et Oster pour répéter les propos de Kleist : nouvel échec…

La « résistance allemande » n'a pas d'organigramme : ni chef unique, ni organisation structurée dans les Länder comme elle pourrait, vraisemblablement, y trouver des concours. C'est un noyau restreint de fortes individualités ayant leurs entrées dans le haut appareil traditionnel de l'État. Sociologiquement, les « comploteurs », aux solides convictions religieuses, sont des notables dont les familles se sont illustrées au service de l'Allemagne ; à l'occasion, ils disposent d'une certaine fortune, de propriétés terriennes. Ils sont souvent monarchistes, nationalistes. En Hitler, ils ont cru trouver l'homme qui mettrait fin à l'anarchie, aux grèves, au désordre parlementaire de la République de Weimar, et redonnerait une volonté, une puissance au Reich. En fait, ils ont été, bon gré mal gré, des « compagnons de route » comme le général Beck qui, désormais, risque sa vie dans sa lutte contre le Führer. L'engagement de certains va jusqu'à la participation active à des services secrets étrangers (nous l'avons vu avec la France), la collaboration (plus tardive) au célèbre réseau d'espionnage soviétique de « l'Orchestre Rouge ».

Les comploteurs de la Wilhelmstrasse

Des diplomates bien placés agissent aussi. Passionnant est le témoignage de Johnnie von Herwarth [9]. Son père, après avoir servi dans un régiment de uhlans de la Garde, quitta l'uniforme en 1912 (sous Guillaume II, la tradition pour un officier bien né était de devenir capitaine, puis de démissionner pour s'occuper de son rang dans la vie civile). Sa mère appartient à la famille von Tiedemann dont les ancêtres furent généraux de l'armée prussienne, banquiers, négociants spécialisés dans les échanges entre l'ouest et le sud de l'Europe jusqu'à leur ruine provoquée par la faillite de princes auxquels ils avaient prêté de l'argent. Certains émigrèrent en France et achetèrent le château de Saint-Cloud, d'autres s'installèrent à Londres où l'un d'eux devint membre des Communes. Avant 1914, la famille Tiedemann-Herwarth possède un domaine en Prusse que le chef du clan (également président de l'organisation chargée d'installer des colons allemands dans des régions à dominante polonaise) dirige à la façon de son époque : paternalisme, puissance, nombreux personnel mi-allemand, mi-polonais, attaché de la naissance à la mort. Les fils du maître de maison, oncles du jeune Johnnie, sont officier de marine, diplomate à Londres et gentleman-farmer, voire collaborateur d'une affaire familiale. Le grand-père von Tiedemann exerce une immense influence sur son petit-fils. Le soir, l'adolescent est autorisé à écouter les discussions des adultes sur Bismarck, le grand amiral von Tirpitz, le chancelier von Bülow. Après la Grande Guerre, la tribu Tiedemann-Herwarth est, pour une fois, d'accord pour dauber sur le « faible » Bethmann-Hollweg. Jamais un Bismarck n'aurait conduit les affaires de l'Empire comme le chancelier de 1914.

9. Johnnie von Herwarth, *Against two devils, memoirs of a diplomat-soldier during the Third Reich,* Collins édit., London, 1981.

Issue d'une famille de banquiers de Karlsruhe d'origine juive convertie au catholicisme (ce qui influencera, sous le nazisme, la carrière de Johnnie), la grand-mère du futur diplomate a autant de personnalité (différente) que le grand propriétaire terrien. Après avoir vécu en France et en Angleterre, elle s'est installée dans une agréable propriété du pays de Bade, au milieu des collines et des vignobles où l'on ne mène pas la rude vie de l'Est. C'est chez sa grand-mère, en août 1914, que Johnnie von Herwarth apprend l'ouverture des hostilités.

Au lendemain de la Grande Guerre, la situation matérielle familiale est bouleversée ; de la fortune terrienne vendue par étapes, il ne reste plus que la maison de Potsdam et assez d'argent pour vivre confortablement, mais Johnnie n'est plus fils de millionnaire. Pendant dix-huit mois, il travaille dans une firme commerciale, se rode aux affaires de banque, poursuit des études universitaires puis, en avril 1927, entre à la Wilhelmstrasse où il se lie à de jeunes diplomates de sa génération comme Brucklmeier (exécuté après le complot de juillet 1944), les frères Theo et Erich Kordt, dont nous verrons le rôle de premier plan en 1938. Son admiration va au ministre des Affaires étrangères, Stresemann [10], qui, par la négociation, a écorné le traité de Versailles. Au printemps 1931, Johnnie von Herwarth est nommé à Moscou où l'ambassadeur du Reich (jusqu'en 1933), Herbert von Dirksen, est un vieil ami de son père. L'arrivée d'Hitler au pouvoir change peu de choses à la vie de l'ambassade, les successeurs de Dirksen, Rudolf Nadolny puis le comte von Schulenburg, maintiennent dans leurs relations avec le personnel le traditionnel « Guten Tag » s'opposant au « Heil Hitler » pourtant de rigueur. À Berlin, ils se justifient en excipant du caractère particulier des relations germano-russes en raison des attaques permanentes du Führer contre l'U.R.S.S. et le bolchevisme ; la représentation diplomatique de l'Allemagne à Moscou, soutiennent-ils, doit montrer plus de « réserve » pour maintenir de bonnes relations courantes. (De fait, malgré les imprécations du Führer, les dirigeants soviétiques ne tiennent pas à l'écart l'ambassade du IIIe Reich, à l'étonnement des autres diplomates étrangers.) Il n'y aura pas non plus de section du parti nazi, mais un simple délégué inoffensif avec lequel ses camarades de bureau se montrent prudents. Quid aussi du Juif von Herwarth auquel la loi interdit désormais de rester fonctionnaire ? À Berlin, un ami de son père, nazi proche de Rudolf Hess, devenu directeur du personnel au ministère, le protège (comme il le fera courageusement avec d'autres), ainsi que les frères Kordt. Quand il s'interroge sur une démission volontaire, ses chefs le retiennent (en 1939, il est le seul Juif de la Wilhelmstrasse).

Au fil du temps, von Herwarth prend ses distances avec le régime, sans s'affirmer encore dans une opposition engagée. Au cours d'un séjour à Berlin en septembre 1936, son ami Erich Kordt le presse, à son vif étonnement (étant donné les opinions de celui-ci), d'assister au congrès de Nuremberg : il se rendra compte de l'impact (inquiétant) d'Hitler sur l'Allemagne ! Pour faciliter les choses, Kordt affuble son ami de la qualité « d'invité étranger », ce qui représente, en cas de découverte de cette

10. Voir t. II.

usurpation, un risque énorme ! Fin 1937, la Wehrmacht ayant demandé à Schulenburg une importante étude sur la situation en U.R.S.S. depuis 1917, toute l'ambassade y participe, Herwarth en tête. Le point capital de cet important travail : grâce à diverses similitudes grandissantes entre les deux pays, il deviendrait plus aisé de clarifier leurs relations (à l'appui, Schulenburg rappelle l'importance des relations économiques entre l'Allemagne et les Soviets à la fin de la Grande Guerre !). Une détente pourrait donc intervenir entre les deux puissances. Nul doute qu'un tel document ne renforce la position des membres du haut commandement favorables à un rapprochement entre les nazis et leur « bête noire », l'U.R.S.S. [11]. Lorsqu'en 1938 éclate la crise des Sudètes, la mission de l'ambassade du IIIe Reich à Moscou est de conjurer une aide aérienne russe à la Tchécoslovaquie.

Complot à Moscou

En voyage en Allemagne au mois d'août, von Herwarth y revoit ses amis Eddie Brucklmeier et Erich Kordt, tous deux dans l'entourage immédiat de Ribbentrop, qui lui donnent un panorama de la situation et de la menace de guerre. Plus stupéfiant, il apprend que Theodor Kordt, chargé d'affaires à l'ambassade d'Allemagne à Londres, s'emploie à convaincre les dirigeants britanniques de résister aux plans d'Hitler contre Prague ! Il ne s'agit plus d'opposition courante, mais de lutte à mort, de complot. À Herwarth, dont ils font leur complice et auquel ils révèlent leurs liens avec Beck et d'autres membres du grand état-major, ils demandent d'agir de même auprès des diplomates étrangers à Moscou pour mieux persuader les Anglais et les Français que les démarches insolites prodiguées à Londres ne sont pas le fait d'un isolé... Inutile de recommander la prudence à Johnnie, celle-ci étant de rigueur dans la vie quotidienne en U.R.S.S.

Schulenburg doit être mis personnellement dans la confidence, excepté quant aux préparatifs directs du complot. Von Herwarth entreprend donc le tour de ses amis dans les autres ambassades. Tout en défendant la cause de leurs pays respectifs, de nombreux diplomates ont tissé des liens d'amitié, facilités par leur aversion commune du stalinisme et de ses méthodes. Américains, Anglais, Italiens, Français, Allemands se voient fréquemment en dehors du service, chacun apportant ses « richesses » : du vin du Rhin et de la bière, du whisky, du chianti. Le lieu principal de rencontre est la petite datcha louée par un groupe américain, à une vingtaine de kilomètres au sud de la capitale, où l'on peut jouer au tennis, monter à cheval, marcher dans la forêt, etc.

Les maîtres de maison, Charles E. Bohlen, « Chip », Georges Kennan, parmi d'autres collaborateurs du Département d'État, seront appelés à de hautes destinées. Fitzroy Maclean, Noël Charles et William Haytes (futur sous-secrétaire d'État au Foreign Office) sont les Anglais de

11. Johnnie von Herwarth, *op. cit.*, p. 120.

Au centre, *M. Johnnie von Herwarth, ambassadeur de la République fédérale d'Allemagne à Londres, avec le chancelier Adenauer* (à dr.). *À partir du printemps 1938, M. von Herwarth, alors jeune attaché à l'ambassade d'Allemagne à Moscou, lutta contre les préparatifs militaires d'Hitler en communiquant des renseignements inestimables, notamment à M. Charles Bohlen, conseiller à l'ambassade des États-Unis à Moscou.* (Ph. Keystone.)

l'assemblée (ils possèdent leur tennis où joue l'agent secret de la Reichswehr, Oskar Ritter von Midermager, chargé de suivre l'entraînement des officiers allemands dans l'Armée rouge !). Les étonnantes relations qu'ils entretiennent avec von Herwarth les poussent à décider qu'en cas de guerre, chacun quittera la diplomatie pour se battre dans ses armes respectives, ce qu'ils feront... On trouve aussi l'Italien Guido Relli. Parfois, ils accueillent un visiteur de marque comme John Kennedy (dont le père est ambassadeur des États-Unis à Londres). À la demande de Bohlen, von Herwarth parle des perspectives allemandes sur l'U.R.S.S.

Le 22 août 1938, Herwarth s'ouvre de ses informations (concernant les intentions d'Hitler à l'égard de la Tchécoslovaquie) à Maclean ; le lendemain, l'ambassadeur d'Angleterre les code pour Londres. Le correspondant de l'agence allemande de presse D.N.B., qui a accès aux télégrammes confidentiels de son ambassade, tient des propos identiques à Choleston, envoyé spécial du *Daily Telegraph* à Moscou. Le 23 août, nouveau message secret des Anglais dans lequel il est question d'un entretien entre Schulenburg et Litvinov, commissaire aux Affaires étrangères, et ainsi de suite.

À la datcha de Bohlen, Herwarth s'est aussi lié avec le baron Gontran de Juniac, deuxième secrétaire à l'ambassade de France, très élégant, amateur de bonne chère et de bons vins, un gai compagnon. Fin août 1938, à la fin d'une partie de tennis entre Juniac et l'un de ses collègues le baron Maurice Dayet, Herwarth tente de les rattraper au moment où les deux Français remontent dans leurs voitures pour regagner Moscou : « Je ne vous parle pas seulement comme un ami de la paix, leur jette von Herwarth, mais aussi comme un bon Allemand. Hitler annonce une politique qui nous conduit à la guerre générale. Il va provoquer une coalition mondiale contre l'Allemagne qui subira une défaite pire que celle de 1918. Il faut l'arrêter pendant qu'il en est temps encore. Le seul moyen d'y parvenir est de se montrer ferme et de lui parler, si nécessaire, avec brutalité. Le démembrement de la Tchécoslovaquie ne peut être toléré passivement. Hitler doit comprendre que s'il emploie la force, il se heurtera à la résistance de l'armée française et à l'Angleterre. Je l'ai dit aussi à nos amis anglais. Il faut envoyer à Berlin quelqu'un capable de parler énergiquement, qui fera comprendre la résolution britannique ; « Envoyez Churchill », c'est votre dernière chance, si personne n'arrête Hitler, il persistera et la guerre générale éclatera [12] ! » Étonnant...

De retour à l'ambassade de France, Juniac et Dayet écrivent à Alexis Léger les adjurations du diplomate allemand, mais il n'en tire vraisemblablement pas plus de conséquences que de son entretien, en avril, avec Goerdeler ! Le 21 août, après une entrevue avec M. Payart, chargé d'affaires à l'ambassade de France, von Herwarth répète la même opération. Le lendemain, inquiet de son impuissance, il envoie un câble à Berlin sur une résistance probable de la France et de l'Angleterre à un coup de force contre la Tchécoslovaquie.

Organisation du putsch contre Hitler

Malgré leurs échecs successifs, les têtes du complot n'abandonnent pas leur idée de persuader les dirigeants anglais de parler haut à Hitler. Une nouvelle occasion, plus spectaculaire que les précédentes, se présente avec le passage à Berlin du professeur suisse Carl Jacob Burckhardt, haut-commissaire de la S.D.N. à Dantzig où le parti nazi a embrigadé les Allemands de la ville, introduit clandestinement des armes, monté des provocations à l'égard des Polonais, annoncé, malgré l'opposition de Varsovie, le prochain retour du port au IIIe Reich. Dantzig est une véritable poudrière. Burckhardt ne cache pas ses inquiétudes à son ami, von Weizsäcker, secrétaire d'État aux Affaires étrangères. Or le numéro deux de la Wilhelmstrasse (après Ribbentrop) est un opposant. Son rang, ses fonctions lui imposent la plus extrême prudence dans son double jeu : d'un côté, il a accès aux informations les plus secrètes et relaie les instructions de son ministre ; de l'autre, il s'efforce de contrecarrer le plan d'agression contre la Tchécoslovaquie. Ne pouvant agir directement, il suggère à Burckhardt, dès son retour à Berne, de prévenir Chamberlain et lord Halifax de ses sentiments et des dramatiques préparatifs en cours. Avec leur accord, Theodor Kordt, en poste à Londres comme nous le savons, pourrait les rencontrer afin de les informer en détail.

Burckhardt rejoint son pays sans tarder, se précipite chez sir George Warner. À son tour, le ministre d'Angleterre en Suisse entre en rapport avec le cabinet de lord Halifax. Par un autre canal, Burckhardt informe Londres que des généraux allemands importants, de hautes personnalités, et même Goering, sont hostiles à la guerre ; certes, l'armée obéirait aux ordres du Führer mais le premier échec entraînerait la chute du régime [13]. Chamberlain, dont les comploteurs connaissent l'attitude pacifique, la

12. Johnnie von Herwarth, *op. cit.*, p. 129-130. En 1982, au cours d'une entrevue à Neuilly avec l'auteur, M. l'ambassadeur de Juniac confirme cette scène et ces propos.
13. Peter Hoffmann, *op. cit.*, p. 64.

politique défensive, est-il réellement au courant de l'état d'esprit de l'Allemagne, de celui des chefs de la Wehrmacht ? Connaît-il la faiblesse de la ligne Siegfried que des travaux forcenés n'ont pu encore achever ?

À ce stade du complot, le général Franz Halder, religieux, conservateur, officier d'état-major suivant la meilleure tradition, poursuit le travail commencé par Beck, auquel il a succédé. Peut-être Halder est-il trop respectueux de la discipline pour désobéir à un ordre formel du Führer ? Peut-être n'a-t-il pas non plus la fermeté de caractère ni la passion de Beck, sur lesquelles on s'interrogera longtemps : il n'empêche que le général risque la corde pour avoir entrepris ses démarches et son plan. Sans entrer dans les détails de cette opération, sachons que :

1°) Gisevius, chargé de neutraliser la Gestapo et les S.S., obtient le concours du comte Helldorf, président de la police de Berlin, et de son adjoint, von der Schulenburg ; des mesures sont envisagées pour la mainmise sur le réseau téléphonique et les émetteurs de radio.

2°) Beck rallie au coup d'État le général von Witzleben, commandant de la région de Berlin, le major général Walter Graf von Brockdorf-Ahlefeldt qui, à Potsdam, est à la tête de la 23e division, ainsi que le lieutenant général Erich Hoepner et sa 1re division légère (chargée de barrer la route de la capitale au régiment S.S. « Leibstandarte Adolf Hitler »). Le lieutenant général Karl Heinrich von Stülpnagel du grand état-major et d'autres officiers participent aux préparatifs. En outre, Halder est persuadé d'appuis importants comme ceux du colonel général Fedor von Bock (8e armée en Bavière), de von Rundstedt (2e armée en Silésie), du général Adam (groupes d'armées n° 2 à Francfort), mais ces puissants personnages ne seront mis dans le secret qu'au dernier moment.

Pour l'instant, le général von Brauchitsch au caractère complexe, commandant de l'armée de terre, subit les pressions de Beck et de Halder qui ne le mettent pas au courant de leurs machinations extrêmes. Ses visiteurs insistent : lorsque la guerre paraîtra inévitable, il devra dire son opposition à Hitler, au besoin en s'appuyant sur sa démission et celle de la majorité des généraux ! Notons aussi que les comploteurs trouveraient leur tâche plus aisée si le chef de la Wehrmacht se mettait à la tête de leur entreprise, levant ainsi les hésitations dues au respect de la discipline... De nombreuses complicités existent aussi au plus haut niveau de la Kriegsmarine, mais les études entreprises sur cette affaire extraordinaire ne parlent pas de concours obtenus dans la Luftwaffe, la seule arme qui, selon Hitler, soit vraiment « nationale-socialiste » par opposition à l'armée de terre et à la flotte.

3°) Beck, Halder (qui maintient ses distances avec les civils du complot), Oster, débordant d'activité et de rendez-vous mystérieux, Goerdeler, Witzleben, Gisevius, d'autres personnalités, surtout berlinoises, discutent du sort à réserver à Hitler (et des diverses formes possibles de son élimination politique et physique), de la mise sur pied d'organismes gouvernementaux provisoires (certains parlent de restaurer la monarchie), d'élections, mais les divergences restent sensibles sur « l'après Hitler ».

Le complot est rejoint par une personnalité de premier plan au niveau de ses relations internationales étendues, susceptible de devenir chancelier, le docteur Schacht. Grand, sec, maigre, un « long cou rugueux d'oiseau de proie [14] », « beaucoup plus intelligent que les nazis qu'il juge et qu'il jauge », ambitieux, cynique, il a été président de la Reichsbank et ministre de l'Économie nationale jusqu'à sa démission le 26 novembre 1937. Il a employé ses talents à organiser les mécanismes de financement du réarmement décidé par Hitler. Les services rendus au régime sont considérables, mais l'ampleur de l'effort militaire et ses buts l'inquiètent. Devant se rendre à Paris à la fin août 1936, Schacht rencontra l'ambassadeur de France pour lui transmettre la décision du Führer de s'orienter dans une direction périlleuse et sa hantise de la question tchécoslovaque. Pour l'en détourner en raison des risques de guerre générale, il fallait lui proposer d'autres horizons. Pourquoi pas des colonies ? La Grande-Bretagne, la Belgique, la France concédant à l'Allemagne un domaine dans le centre de l'Afrique, exploité par une compagnie fermière. De toute façon, Schacht entendait en discuter (le 28 août 1936) avec Léon Blum, alors président du Conseil, mais le projet n'aboutit pas en raison du veto britannique. Quoi qu'il en fût, l'attitude de Schacht confirme la multitude de renseignements en provenance d'Allemagne indiquant l'intention d'Hitler de se diriger vers une épreuve de force...

Étonnante entrevue à Downing Street

À Londres, se développent les démarches secrètes. Un cousin de Theo Kordt lui transmet le message appris par cœur à Berlin, destiné au gouvernement britannique [15]. Sans attendre, le chargé d'affaires allemand a déjà rencontré sir Horace Wilson, conseiller le plus intime de Chamberlain : soyez ferme, supplie-t-il, dans votre politique envers l'Allemagne ! Quelques jours plus tard, Kordt entre au 10 Downing Street par une porte de jardin non surveillée ; de son côté, lord Halifax, après avoir quitté le Foreign Office, jugé trop peu sûr, arrive à la résidence du Premier ministre. À Halifax, Kordt assure qu'il est le délégué de militaires et d'hommes politiques allemands influents, désireux d'éviter la guerre envisagée par Hitler, ce dernier étant persuadé que la France n'honorera pas ses obligations envers la Tchécoslovaquie prévues par le traité du 25 janvier 1924. Si on laisse faire le Führer et sa politique de force, poursuit Kordt, il n'y aura plus de relations internationales fondées sur la confiance et la bonne foi. L'opposition allemande rappelle que, si en juillet 1914, sir Edward Grey, secrétaire d'État au Foreign Office, avait fait savoir que l'Angleterre ne resterait pas à l'écart d'une guerre franco-allemande, Guillaume II ne se serait pas lancé à l'aventure. Aussi, le Premier ministre doit-il prendre position, sans aucune équivoque, sur la détermination de son pays, une guerre germano-tchèque signifiant une

14. André François-Poncet, *Souvenirs d'une ambassade à Berlin*, p. 281, Flammarion édit., Paris, 1946.
15. Peter Hoffmann, *op. cit.*, p. 66.

guerre avec l'Angleterre. Si Hitler persiste dans ses intentions, les chefs de la Wehrmacht interviendraient pour s'y opposer. Ce serait une défaite pour le Führer, entraînant la fin du nazisme.

Lord Halifax promet d'informer Chamberlain et Kordt sort de Downing Street par la même porte discrète, convaincu que Londres fera la déclaration souhaitée. Mais les rebondissements de la crise se succèdent à un rythme accéléré ; la guerre pointe à l'horizon. À Berlin, les comploteurs redoublent d'efforts.

17

CAPITULATION À MUNICH

Les écoutes françaises décèlent une intense activité de la Luftwaffe • Hitler remanie ses plans militaires contre la Tchécoslovaquie • Le Führer « bluffe-t-il » ? • Mauvaise ambiance à l'état-major • Les officiers subalternes et la troupe derrière Hitler • Le *Times* au-devant des prétentions allemandes • Festivités nazies à Nuremberg • Après le discours d'Hitler, violentes manifestations des Sudètes • Poussée de fièvre • Mesures militaires en France • Georges Bonnet consulte Gamelin et les Anglais • L'idée « spectaculaire » de Chamberlain • Coup de théâtre : le Premier ministre chez Hitler • « La guerre sur une pointe d'épingle » • Le Führer bat en retraite • Daladier et Bonnet à Londres • La Tchécoslovaquie devrait céder les Sudètes • Le IIIe Reich gagne sur tous les tableaux, sauf en Espagne • L'étrange nuit du 20 septembre • Prague s'incline : « Nous sommes seuls ! » Chamberlain revoit Hitler : nouvelle crise, le Führer fait monter les enchères.

Au début septembre 1938, le réseau des écoutes de l'armée de l'air alerte Vuillemin sur l'intensité du trafic radio de la Luftwaffe [1]. Pour répondre à des besoins accrus, des opérateurs, membres de réseaux amateurs, ont été mobilisés et affectés à des postes importants ; la grande station de Berlin-Döberitz est renforcée par des techniciens italiens. Sans discontinuer, les postes émettent de nombreux et longs télégrammes chiffrés

1. État-major de l'armée de l'air, le 7 septembre 1938, note n° 52-2/E/S sur l'activité de l'armée de l'air allemande au cours des 3, 4 et 5 septembre 1938. Archives SHAT.

(ordres et comptes rendus). Les météogrammes et les sondages en altitude sont codés pour éviter l'identification des stations émettrices. Leur repérage est d'ailleurs rendu difficile par des émissions de brouillage organisées avec le concours d'avions à indicatifs civils. Malgré ces précautions, le service français des écoutes intercepte le trafic qui révèle d'importants mouvements d'escadrilles.

Les rapports des attachés militaires français à Berlin, ceux du S.R., les télégrammes de François-Poncet fourmillent d'informations sur les préparatifs militaires de l'Allemagne. Des échos sur le malaise régnant au sein du haut commandement sont aussi envoyés à Paris. Les documents secrets du IIIe Reich, dépouillés après la Seconde Guerre mondiale, confirmeront largement les avertissements ainsi donnés. Le 3 septembre au Berghof, au cours d'une réunion restreinte rassemblant les généraux Brauchitsch et Keitel, Hitler révise l'exécution du « Plan vert » : en raison d'une « *répétition de Verdun* » qui pourrait découler de l'attaque de la 2e armée allemande contre « des fortifications tchèques très puissantes », la 10e armée, renforcée de l'ensemble des divisions motorisées et blindées, exécutera la percée et l'exploitera. Brauchitsch a beau objecter l'état déficient des divisions mécanisées, celui des renforts, le manque d'entraînement des chefs [2], le Führer maintient ses intentions.

Le 9, Hitler préside une nouvelle conférence des chefs militaires (le général Halder y figure en plus). L'objectif de la Wehrmacht est de provoquer une décision rapide contre l'armée tchèque démunie de forces blindées, « dispersées et composées d'unités légères » ; certaines fortifications ne sont pas achevées et les tourelles sont vides de canons : « Il y a de grandes trouées. » La frontière de Bohême est faiblement défendue ; toutefois, la 10e armée, face à Pilsen, aura affaire à forte partie, mais les chars « doivent percer et assurer des têtes de pont aux troupes qui suivront [3] ». Le « mouvement de tenaille » envisagé est la solution la plus souhaitable ; « un *succès rapide*, insiste à nouveau Hitler, *est nécessaire du point de vue politique. Il est catastrophique pour des tanks* (confirmant une nouvelle fois la position de Guderian), *d'avoir à s'arrêter et à attendre l'infanterie motorisée », etc.*

Le moral dans l'armée allemande

Si, au cours des discussions successives sur le « Plan vert », le Führer en modifie les modalités d'exécution, sa volonté finale reste inébranlable. Il ne « bluffe » pas comme on l'avance, fort légèrement, à Londres et à Paris. À compter du 27 septembre, la Wehrmacht passera à l'assaut si les Sudètes n'ont pas fait retour à l'Allemagne. Une partie des généraux, et non des moindres, poursuit son obstruction. On en a une preuve, parmi d'autres, par la lecture du journal quotidien de l'adjoint de Keitel, le général Alfred

2. Les Archives secrètes de la Wilhelmstrasse, *op. cit.*, p. 395 à 397.
3. Les Archives secrètes de la Wilhelmstrasse, *op. cit.*, p. 422.

Jodl, qui constituera l'une des pièces importantes du dossier de l'accusation au procès de Nuremberg. Pourtant fervent admirateur d'Hitler, Jodl enregistre, le 8 septembre, l'inquiétude, qui à l'image de l'opinion, le saisit sur l'amoindrissement des possibilités politiques et militaires du IIIe Reich. « Il faut bien, écrit-il, se rendre compte de ce que l'étranger met maintenant tout en œuvre pour nous écraser. Cette épreuve de freinage doit être surmontée. » Pour résister à cette pression, « l'unique chose convenable à faire est de ne communiquer les renseignements inquiétants qu'à un très petit cercle d'officiers ».

Après une réunion avec les généraux de l'état-major de la Luftwaffe, Jodl éprouve une nouvelle déception : l'aviation perdrait la foi dans les chances de succès de la division Student (parachutistes). « La confiance dans le commandement en souffre [4]. » Pour briser les réticences, modérer les oppositions, atténuer la mauvaise impression causée au sein de l'état-major par un rapport de la section économique de l'Abwehr et un mémoire de l'état-major de l'économie de guerre sur « la puissance et l'invulnérabilité de l'industrie anglaise d'armement [5] », Keitel adresse, le 13 septembre, une « allocution enflammée » à ses collaborateurs. En privé, le chef de l'O.K.W. est irrité des critiques de Brauchitsch (« à la nomination duquel il a si fortement contribué »), et qui avait « prié ses généraux commandant les régions de le soutenir pour ouvrir les yeux du Führer sur l'aventure dans laquelle il avait résolu de se précipiter [6] ». Quant à Keitel, son choix est fait : il ne supportera plus à l'O.K.W., c'est-à-dire à l'état-major particulier du Führer, « aucun officier qui se permettrait des critiques, des objections et des paroles de dénigrement » !

À la veille du congrès de Nuremberg, le S.R. communique à Daladier cette information importante : depuis le 31 août, les dirigeants allemands seraient « rassurés » sur les intentions de Londres qui s'apprêterait à exercer « une très forte pression sur Prague afin d'obtenir l'autonomie complète des Sudètes [7] ». Effectivement, le 31 août, Ribbentrop a entendu sir Neville Henderson lui dire : « Les Allemands des Sudètes et les Tchèques (sont) complètement indifférents à l'Angleterre, (qui) a uniquement en vue l'attitude de la France (où l'on considérait la situation comme très sérieuse). Si la France se trouvait engagée dans le conflit, la situation deviendrait très difficile pour l'Angleterre. L'honneur de la France était en jeu [8]. »

4. Traduction du journal du général Jodl pendant les années 1937 et 1938, *op. cit.*, p. 34, archives SHAT.

5. En fait, le général Jodl ignore que l'équipe Canaris-Oster a préparé ce document pour impressionner leurs camarades du haut commandement, et les pousser ainsi à s'opposer à Hitler.

6. Traduction du journal du général Jodl, *op. cit.*, p. 36.

7. Compte rendu des renseignements fournis par le S.R. le 6 septembre 1938, EMA Deuxième Bureau, archives SHAT.

8. Les Archives secrètes de la Wilhelmstrasse, *op. cit.*, p. 397.

Émeutes chez les Sudètes

Chamberlain reste dans sa ligne, faisant le jeu de l'Allemagne où on sait que Paris en passera par les volontés de Londres. Comme pour donner de l'éclat à la « bonne volonté » britannique, le *Times* publie, le 7 septembre, un éditorial avançant que la Tchécoslovaquie aurait peut-être intérêt à devenir un « État plus homogène en faisant abandon de cette frange de population étrangère qui est contiguë à la nation à laquelle elle appartient par la race... ». Comment peut-on être plus cynique, ou plus aveugle ? Les minorités hongroises et polonaises, « travaillées » par Budapest et Varsovie, n'attendent qu'un geste pour participer à l'éclatement de la Tchécoslovaquie, sans parler de la revendication autonomiste des Slovaques ! On devine l'émoi du ministre de Tchécoslovaquie à Londres, Jan Masaryk, fils du fondateur de son pays. Le même jour, à deux reprises, il se rend au Foreign Office pour marquer son inquiétude des propos du *Times*. Mais comment peut-il se faire des illusions sur la décision anglaise de céder les Sudètes au IIIe Reich à condition d'y mettre les formes ?

Cependant, pour donner de l'apparat aux festivités nazies de Nuremberg, Hitler y fait apporter, de Vienne, les insignes des empereurs germaniques : la couronne, le globe, le sceptre, le glaive, les sandales écarlates. Lors d'une réception offerte aux ambassadeurs (Hitler a aussi invité une délégation de lords anglais), François-Poncet, doyen du corps diplomatique, s'adresse au Führer : « Le plus beau laurier sera toujours celui que l'on peut cueillir sans faire pleurer les yeux d'aucune mère ! » Toutes les têtes sont tournées vers Hitler. François-Poncet « le regarde fixement. Son visage blême reste impassible [9] ». Le 12 septembre, dans son discours de clôture du congrès, le Führer réclame le retour, sans délai, des Sudètes ; le Reich ne s'inclinera plus devant des volontés étrangères.

Sur les Sudètes, le discours d'Hitler produit l'effet d'un appel aux armes. Ils manifestent en masse aux cris de « Un Peuple, un Reich, un Führer ; à bas les Juifs », entonnant des chants nazis. Puis les choses dégénèrent : des magasins sont assaillis et pillés. La police ouvre le feu : sont dénombrés 21 morts et des centaines de blessés. Des renforts de gendarmerie et de l'armée tchèque sont acheminés sur les zones frontalières, tandis qu'Henlein annonce la suspension des négociations avec Prague, proclame la grève et le refus de payer les impôts. Le 13 septembre à midi, Beneš et le Dr Hozda instituent, dans les régions troublées, la loi martiale. Les Sudètes ripostent en lançant un ultimatum (expirant dans six heures) au gouvernement : annulation immédiate de l'état de siège, retrait de la police d'État et transfert de ses pouvoirs aux municipalités à majorité

9. André François-Poncet, *op. cit.*, p. 322. Quant au général Jodl, il écrit dans son journal (*op. cit.*, p. 36) : « Il régnait donc, à Nuremberg, une atmosphère froide et glaciale, et il est profondément triste que le Führer ait derrière lui tout le peuple, mais non les principaux généraux de l'armée de terre. À mon avis, c'est seulement par des actes qu'ils pourront réparer les fautes qu'ils ont commises par défaut de force d'âme et par manque d'obéissance. C'est le même problème qu'en 1914. Il n'y a qu'une désobéissance dans l'armée, celle des généraux et celle qui découle en fin de compte de leur présomption... »

allemande, départ des renforts de gendarmerie et de l'armée. En cas de refus, Henlein « décline toute responsabilité quant à la suite des événements [10] ». Est-ce la guerre ? À quelle heure la Wehrmacht, forte de ses deux millions d'hommes, interviendra-t-elle à « l'appel » des Sudètes ?

À Paris, Bonnet consulte les Anglais et Gamelin

Que se passe-t-il à Paris ? Le 29 août, Gamelin a proposé à Daladier de prendre diverses précautions militaires : maintien dans leurs unités de soldats ayant terminé leur temps de service, rappel de certains réservistes. Quatre jours auparavant, le généralissime a joué les matamores : « Tout notre système de défense est prêt, a-t-il répondu à un émissaire du ministre des Affaires étrangères s'informant de l'attitude du haut commandement, il suffit de presser sur un bouton pour le déclencher. Ce n'était pas de l'armée que viendraient des objections [11]. »

Les propositions de Gamelin que le gouvernement va entériner « l'obligent » à annuler les manœuvres rassemblant pour la première fois, avec des dizaines de mois de retard sur les exercices des divisions blindées allemandes, l'essentiel des chars français et des unités d'infanterie motorisée. Déjà en 1937, pour des raisons d'économies, le haut commandement avait supprimé cette opération d'entraînement et de coordination indispensables ! Dans ses mémoires, Gamelin tente de justifier sa décision de 1938 par le fait que les mesures de mobilisation partielle auraient entraîné des bouleversements dans les formations mécaniques. Quelle démonstration fait-il ainsi de la pesanteur, de l'inadaptation des mécanismes militaires français [12] ; deux ans après la démonstration de l'impuissance française lors de la réoccupation de la Rhénanie, rien n'a changé !

Le 2 septembre à la tombée de la nuit, le général Colson, adjoint de Gamelin, se rend au domicile du général Kühlenthal, attaché militaire à l'ambassade d'Allemagne à Paris, pour le « voir en toute camaraderie et à titre privé », afin de lui communiquer ses « inquiétudes » sur les préparatifs militaires du IIIe Reich, et des concentrations de troupes sur la frontière française, qui ne peuvent laisser la France « passive ». Sans attendre les réactions de Berlin à sa première visite, Colson revient le 3 septembre au soir chez Kühlenthal : les habitants de Strasbourg et de la haute Alsace s'émeuvent des arrivées de canons et de chars près de Kehl... Enfin, le 11 septembre, Gamelin convoque à son tour Kühlenthal pour

10. Les Archives secrètes de la Wilhelmstrasse, *op. cit.*, p. 442.

11. Général Gamelin, *Servir*, *op. cit.*, p. 341. Cette assurance du général est à rapprocher de son étonnante déclaration du 23 août 1939 à Daladier (voir t. IV, 2e volume « La Guerre Éclair ») : « L'armée est prête », dont Gamelin essaiera de limiter la portée !

12. Il est vrai que ce genre d'expérimentation exige une très importante infrastructure d'unités du train et des transmissions, normale en temps de paix mais bloquant, en cas de crise, des formations appelées à se démultiplier, parfois par dix.

Réception des attachés militaires étrangers en poste à Paris au ministère de la Guerre, avec, au premier rang, au centre, de gauche à droite, *le général Gamelin, le représentant de l'armée polonaise, le général Maurin (ministre de la Guerre), le général Kühlenthal, attaché militaire allemand (qui a notamment envoyé à Berlin un rapport sur les qualités exceptionnelles du colonel de Lattre de Tassigny) et, un peu plus loin, le général Georges.* (Archives du général Georges, D.R.)

s'inquiéter des dispositions militaires allemandes, lui affirmant qu'en cas de conflit entre l'Allemagne et la France, mettant les deux pays « à plat », la Russie « qui se sera réservée, interviendra et ce sera la révolution universelle ». Aux démarches de Colson puis de Gamelin, la Wilhelmstrasse répond à l'ambassade d'Allemagne à Paris que le Führer a ordonné de ne plus donner aucune information sur les mesures militaires allemandes aux attachés étrangers à Berlin [13].

Georges Bonnet interroge Gamelin, accompagné des généraux Georges et Billotte, sur ce « qu'il peut faire pour aider la Tchécoslovaquie sur le plan terrestre » ?

1°) Sentiment de confiance dans l'issue finale de la lutte, même s'il n'est pas possible de vaincre l'armée allemande avant son succès sur les Tchèques ; « Tout se réglera au traité de paix. »

13. Les Archives secrètes de la Wilhelmstrasse, *op. cit.*, p. 394, 399, 400, 431, et général Gamelin, *Servir, op. cit.*, p. 343.

2°) Rien à faire sur le Rhin doublé de la Forêt-Noire. La solution de passer par la Belgique ? Bruxelles ne donnera pas son accord. Une offensive par la Sarre aboutirait à « une lutte de front entre le gros des forces allemandes et françaises », mais quel serait alors l'équilibre des moyens des deux camps, surtout si Hitler est en mesure de ramener à l'Ouest une partie de ses divisions employées à l'Est ?

3°) Pas d'offensive française possible avant, au minimum, huit à dix jours, et plus probablement, deux semaines.

4°) Initialement, le rôle de la Russie ne peut être, sur le plan terrestre, que secondaire, « *à moins qu'il ne s'agisse d'attaquer la Pologne* ».

5°) Daladier ayant soulevé la question du danger couru par Paris du fait de la Luftwaffe, Gamelin affirme : sur le plan militaire, cette intervention ne peut amener la décision, *« c'est affaire de moral du pays »*. Même avec une bonne D.C.A. et une aviation, « on ne peut garantir entièrement les grosses agglomérations urbaines ».

Tenant à intervenir, Georges souligne : même en attaquant la Tchécoslovaquie et en prenant des précautions face à la Pologne, l'Allemagne peut disposer, entre Rhin et Moselle, de forces égales à celles de la France et, s'appuyant sur « un système fortifié de valeur (...) *on ne peut prévoir, de ce côté, de décision rapide* ». Il faut donc « *se montrer sages dans les décisions visant à engager les premières forces françaises au-delà des frontières* » pour conserver une liberté de manœuvre permettant de parer aux menaces allemandes provenant de la Belgique, du Luxembourg ou du Jura (par la Suisse), ou pour prendre l'offensive « dès que la coalition aura permis de réaliser un certain équilibre des forces en présence ».

En clair, les conclusions du Kriegspiel de l'automne 1937 restent valables un an plus tard, dans leur constat d'impuissance. Il n'empêche pas Gamelin d'affirmer, avec aplomb (ou inconscience), son « sentiment de confiance dans l'outil », c'est-à-dire dans l'armée, alors qu'il ne peut rien entreprendre sur le plan stratégique, et que ses possibilités tactiques sont très inférieures à celles de la Wehrmacht ! Huit ans après sa conversation avec Bonnet, Gamelin se défend ainsi dans ses mémoires : « On constatera que, pas un instant, nous n'avons pas conclu à l'impossibilité d'agir. Nous avons simplement posé les données militaires du problème, comme c'était notre devoir [14]. » Quel casuiste ce généralissime !

Parallèlement, le 10 septembre, Bonnet avait interrogé sir Eric Phipps, ambassadeur d'Angleterre à Paris : que fera Londres en cas d'attaque de la Tchécoslovaquie par Hitler, suivie de la mobilisation de la France : « Marcherez-vous avec nous ? » Le 12, le gouvernement britannique avait répondu de façon ambiguë : jamais Londres n'admettrait de laisser menacer la sécurité de la France, mais « il lui était impossible de préciser le caractère et la date de son action future, dans des circonstances qui sont impossibles à prévoir aujourd'hui [15] ». L'aide militaire serait, pour les six premiers mois, de deux divisions et de 150 avions. En bref, ni l'avis

14. Général Gamelin, *Servir, op. cit.*
15. Winston Churchill, *L'Orage approche, op. cit.*, p. 303 et 304.

de Gamelin ni la faiblesse des moyens militaires anglais ne sauraient donc inciter Bonnet à quitter son goût du compromis « à tout prix », et Daladier à trancher dans ses hésitations...

Chamberlain songe à une initiative spectaculaire

Dans la nuit du 13 au 14 septembre, le président du Conseil français indique à Chamberlain que Londres et Paris devraient tenter une « démarche commune et personnelle » auprès d'Hitler. Or, dès le 10 septembre, c'est-à-dire avant les émeutes provoquées par les Sudètes et la crise qui en avait découlé, le Premier ministre s'était ouvert auprès de lord Halifax, sir John Simon et sir Samuel Hoare, réunis (avec trois conseillers intimes) en petit comité à Downing Street, de son projet d'intervention « spectaculaire » en se rendant auprès du Führer. Mais pour que « l'effet de surprise fût complet [16] », précisait-il, il n'en avait pas parlé à l'extérieur, c'est-à-dire aux dirigeants français. Les ministres britanniques présents, après avoir conclu qu'un nouvel avertissement à Hitler « risquait de l'exciter et de le pousser à la guerre [17] », approuvèrent Chamberlain qui, dans la nuit du 13 au 14, avait répondu à la proposition de Daladier : « Voilà un certain temps que j'ai pris une résolution. Je la crois utile... Je ne puis rien vous dire encore, mais je vous tiendrai au courant un peu plus tard [18]... »

Quel scénariste ou romancier aurait imaginé qu'en sortant de la réunion où il venait d'annoncer son voyage auprès d'Hitler, Chamberlain, dans l'antichambre du 10 Downing Street, se retrouverait face à face avec Churchill ! Telle la statue du Commandeur, ce dernier vient réclamer l'envoi d'un ultimatum à Hitler : c'est la « dernière chance d'éviter une débâcle », les Français et les Russes étant prêts (contrairement aux informations en possession du Cabinet) « à lancer une offensive contre l'Allemagne [19] ». Étonnant tête-à-tête entre le grand homme du jour et celui de demain...

« La situation politique s'aggravant, télégraphie Chamberlain à Hitler, je vous propose d'aller vous voir immédiatement pour essayer de trouver une solution pacifique. Je propose de venir par avion, et je serai prêt à partir demain. Faites-moi connaître, je vous prie, quand au plus tôt vous pouvez me recevoir, et indiquez-moi le lieu de la rencontre. Je vous serais reconnaissant de me répondre très promptement [20]. » Hitler, « tombé du ciel », est enchanté par cette proposition de discussion

---

16. Sir Samuel Hoare, *op. cit.*, p. 243.
17. Sir Samuel Hoare, *op. cit.*, p. 243.
18. John Toland, t. I, *op. cit.*, p. 485.
19. Sir Samuel Hoare, *op. cit.*, p. 243-244.
20. Les Archives secrètes de la Wilhelmstrasse, *op. cit.*, p. 442 ; texte remis par l'ambassadeur d'Angleterre le 13 septembre 1938, à 23 heures.

d'homme à homme. Il attend Chamberlain le 15 septembre à Berchtesgaden. *À Prague, les Tchèques sont confondus, et devinent qu'ils seront « vendus » ! Les marchands de journaux hurlent : « Dernière heure ! Lisez les nouvelles : le puissant chef de l'Empire britannique s'en va supplier Hitler* [21] *! »* À Paris, c'est la stupeur : à sept heures du soir, Jean Prouvost, grand patron de *Paris-Soir* dont le tirage atteint des chiffres records, a vu Georges Bonnet qui « apparemment n'était pas au courant des projets » de Chamberlain [22] ! Dans les agences de presse et les journaux du monde entier (c'est encore le règne de la presse écrite), la surexcitation est intense ; envoyés spéciaux, correspondants, photographes se ruent sur Munich...

Au Berghof : « La guerre sur une tête d'épingle »

Au pied de l'escalier du Berghof, Hitler reçoit Chamberlain qu'il invite à prendre le thé dans un salon aux fenêtres donnant sur les montagnes. Après quelques propos insignifiants, le Führer, comme s'il avait oublié ce qui avait été convenu, demande à son visiteur s'il entend lui parler tête à tête, ou en présence de ses conseillers (sir Horace Wilson et M. William Strang). En effet, Goering a chaudement recommandé le face à face en dehors de Ribbentrop, pourtant sur place, et le Führer a donné son accord. Dans le cabinet de travail d'Hitler, au premier étage, commence le célèbre entretien Chamberlain-Hitler, en présence seulement de l'interprète Paul Schmidt auquel on a bien recommandé de « rassembler tous ses esprits... il s'agira de la guerre ou de la paix [23] ».

Tandis qu'à l'extérieur, la pluie tombe en rafales et que le vent hurle, Hitler énumère mille griefs connus et ressassés contre le traité de Versailles, la S.D.N., le désarmement ; il évoque les problèmes économiques et le chômage, s'en prenant, sur un ton vif, à l'« immixtion » de la presse anglaise dans les affaires allemandes. Le visage et les yeux de Chamberlain souvent fixés sur Hitler traduisent l'intense attention du Premier ministre. Avec vivacité, il contredit son interlocuteur et le met en garde : l'Angleterre est disposée à chercher des solutions aux problèmes soulevés par l'Allemagne, « mais en toute circonstance, le recours à la force doit rester exclu [24] ».

La tension est extrême. Dès les premiers mots sur l'affaire des Sudètes, Hitler s'emporte : « Je ne me laisserai pas défier plus longtemps. Dans très peu de temps, j'aurai réglé moi-même cette question, de ma propre initiative, d'une manière ou de l'autre [25]. » Pour les familiers du

21. William Shirer, *Mon journal à Berlin 1934-1941,* p. 132, La Revue Moderne édit., Montréal, 1943.
22. Pierre Lazareff, *De Munich à Vichy,* p. 58, Brentano's édit., New York, 1944.
23. Paul Schmidt, *op. cit.,* p. 152.
24. Paul Schmidt, *op. cit.,* p. 154.
25. Paul Schmidt, *op. cit.,* p. 154.

Führer, ce genre de propos est le signal d'un « danger extrêmement menaçant », que perçoit aussi Chamberlain. « Si je vous ai bien compris, riposte-t-il, vous seriez résolu, en n'importe quel cas, à marcher contre la Tchécoslovaquie ? Pourquoi alors m'avoir laissé venir ici ? S'il en est ainsi, le mieux pour moi est de repartir au plus vite [26] ! » Selon Schmidt qui rapporte ces propos et l'ambiance enveloppant le tête-à-tête, « la guerre ou la paix furent (à cette seconde) sur une pointe d'épingle ».

À Berchtesgaden, entretien entre Chamberlain (le menton appuyé sur le bras gauche) et Hitler ; à droite du Führer, *l'interprète Paul Schmidt.* (Ph. R. Viollet.)

Mais — surprise ! — Hitler bat en retraite, passe sans transition de l'agitation au calme le plus profond : « Êtes-vous disposé, demande-t-il au Premier ministre, à régler l'avenir des Sudètes sur le principe du droit des peuples à disposer d'eux-mêmes ? » (principal argument de la politique anglaise). Avançant les « difficultés considérables » d'un éventuel plébiscite pour donner son accord à cette opération, Chamberlain souhaite entretenir son gouvernement de la proposition du Führer, revenant en Allemagne pour reprendre la négociation. Dans une atmosphère détendue, Hitler promet même de ne pas recourir à la force contre la Tchécoslovaquie sauf en cas d'un « incident particulièrement grave ». Le face à face a duré plus de trois heures et Hitler espère, en vain, qu'avant de repartir en Angleterre, son hôte consacrera un peu de temps aux merveilles touristiques de la Bavière ! Quant à Chamberlain, il écrit à sa sœur qu'en dépit de la dureté et de la brutalité du Führer, il a « eu l'impression qu'il s'agissait *d'un homme en la parole duquel on pouvait avoir confiance* [27] ». Découvrant en mars 1939 (nous verrons à quelle occasion), l'étendue de sa naïveté et sa fantastique erreur de jugement, Chamberlain aura une réaction d'une violence inouïe : « l'homme de la paix » deviendra alors « l'homme de la guerre »...

26. Paul Schmidt, *op. cit.*, p. 155.
27. John Toland, *op. cit.*, p. 487.

Franco se défile...

Dès son retour à Londres, le 16 septembre, Chamberlain fait à son gouvernement le compte rendu de son entretien avec le Führer. Après l'opinion fort médiocre qu'il a d'abord eue d'Hitler (à l'allure d'un personnage sortant tout droit d'un film de Chaplin), il est tombé, dès les premières paroles du chancelier, sur un personnage fanatique. « En quelques minutes », il était clair qu'il n'était plus question d'accorder l'autonomie locale aux Sudètes dans le cadre d'un État fédéral tchécoslovaque envisagé, un moment, par lord Runciman. Pour empêcher une action militaire directe, donc la guerre, il faut appliquer l'un des principes de base du traité de Versailles : le droit des peuples à disposer d'eux-mêmes. Chamberlain se dit disposé à en faire bénéficier les Sudètes, à condition que « les méthodes adoptées pour cela soient acceptables [28] ».

Si un conflit est évité dans l'immédiat, la crise est, en fait, « beaucoup plus dangereuse » que ne l'ont imaginé les ministres britanniques. Le pas considérable, imprudent aux yeux de certains, fait par Chamberlain au-devant d'Hitler a encore accru l'« appétit » de ce dernier ; il veut les Sudètes tout de suite, sans se soucier de négociations compassées. Quant à l'accord des Tchèques, il n'en a cure. En réalité, le voyage à Munich n'a rien désamorcé sur l'essentiel.

Avec un éclat dramatique, les archives secrètes de la Wilhelmstrasse montrent un Hitler gagnant (sauf sur un point) de l'entrevue du 15 septembre : 1°) Selon le président du Conseil yougoslave Stoiadinovitch, la question des Sudètes est une affaire « interne au peuple allemand ». C'est l'alignement confirmé de Belgrade sur Berlin, un nouveau « coup de canif » porté à la moribonde Petite Entente. 2°) Ciano rassure l'Allemagne : « L'Italie sera à ses côtés, quel que puisse être le développement de la situation (...). » *Le voyage (« courageux ») de Chamberlain est révélateur de la faiblesse intérieure de l'Empire britannique,* « creux à l'intérieur et vétuste ». 3°) La Gestapo arrête, en Allemagne, 150 ressortissants tchèques : si des Sudètes étaient condamnés à mort par application de la loi martiale, ces otages seraient fusillés ! 4°) À Varsovie, Beck fait dire à Ribbentrop : les solutions de compromis dans la question tchèque sont « dépassées » ; la Pologne attend la « prise en considération » des minorités polonaises, c'est-à-dire le retour de Teschen. *On jouera donc la carte allemande contre Prague.* Nouvel et grave échec à l'alliance française. 5°) Budapest prépare une convocation supplémentaire de 80 000 réservistes ; en cas de guerre, la Luftwaffe aura toutes les facilités de survol de la Hongrie et de s'y poser [29].

En fait, ces messages au IIIe Reich confirment les prévisions dont nous avons déjà fait état. On se prépare à la curée. En revanche, le

28. Sir Samuel Hoare, *op. cit.*, p. 245.

29. Les Archives secrètes de la Wilhelmstrasse, *op. cit.,* p. 471, télégramme n° 97 du 15 septembre du ministre d'Allemagne à Belgrade ; p. 472-473, télégramme n° 240 du 15 septembre de l'ambassadeur d'Allemagne à Rome ; p. 476, note du 16 septembre après une communication de la Gestapo ; p. 479, télégramme n° 162 du chargé d'Affaires d'Allemagne à Varsovie ; p. 480, télégramme n° 92 du ministre d'Allemagne à Budapest.

16 septembre, un télégramme (n° 264) de Stohrer, ambassadeur d'Allemagne auprès de Franco, est très important pour l'avenir. Le général Jordana, ministre des Affaires étrangères du Caudillo, s'inquiète en effet des « suites » pour l'Espagne nationaliste d'une entrée en guerre de la France à propos de la Tchécoslovaquie : Georges Bonnet a fait connaître à Madrid les plans de l'état-major français (que nous connaissons) pour s'emparer de la Catalogne, du Pays Basque... envahir le Maroc espagnol !

Ces perspectives, à entendre Jordana, compromettraient « la cause de la révolution nationale », c'est-à-dire la victoire définitive de Franco. À son quartier général, on est « très déprimé et on cache mal son mécontentement » à l'égard de l'Allemagne : elle semble préférer régler la question sudète sans égard pour la cause de l'Espagne nationaliste qu'elle avait si fortement soutenue [30]. *À l'horizon, se profile ainsi la seule victoire prochaine des Franco-Britanniques : la neutralité de l'Espagne, puis à l'automne 1940, le refus de Franco à Hitler d'autoriser le transit des divisions allemandes pour réaliser le fameux plan « Felix » : attaquer Gibraltar et fermer la Méditerranée !* Dans l'immédiat, le IIIe Reich triomphe donc en Europe centrale et orientale, mais à plus long terme, il échouera en Europe du Sud car, indépendamment de l'Espagne, l'Italie, en dépit de ses assurances, « vacille »... *Le IIIe Reich a oublié ce qu'a dit César ! Le maître de la Méditerranée est le maître de l'Europe.*

L'étrange manipulation du 20 septembre

Revenons à Londres. Le 18 septembre Daladier, « carré et ramassé sur lui-même, le visage plus écarlate que jamais », Bonnet « aussi blanc que Daladier était rouge » ; cet homme d'une extrême sensibilité, à l'esprit aussi prompt que le vif-argent, semblant d'autant plus préoccupé qu'il venait d'apprendre que la France n'avait pas de masques à gaz, Alexis Léger-Saint-John Perse, « jaune de teint, imperturbable comme le sphinx [31] », écoutent Chamberlain leur raconter ses tractations avec Hitler.

Que faire ensuite ? Quel front commun présenter au Führer lors du second voyage du Premier ministre en Allemagne ? Si à propos des Sudètes, Londres et Paris s'accordent pour appliquer le « droit des peuples à disposer d'eux-mêmes », ils s'inquiètent de l'application qu'Hitler pourrait en faire à la longue ! Comment réagiront les minorités magyares, polonaises, slovaques ? Daladier convainc ses partenaires du danger des plébiscites à répétition. Aussi est-il entendu de limiter le champ des négociations à la seule question des Sudètes. Reste à agir auprès de Beneš pour lui faire accepter la perte d'une partie de son pays.

Après une suspension de séance, Daladier accepte la suggestion anglaise de conseiller aux Tchèques l'ajournement de leur mobilisation qui

30. Les Archives secrètes de la Wilhelmstrasse, *op. cit.*, p. 481.
31. Sir Samuel Hoare, *op. cit.*, p. 247.

M. Edvard Beneš,
président de la république tchécoslovaque,
et son épouse.
(Ph. Keystone.)

pourrait faire capoter la prochaine entrevue de Chamberlain avec Hitler. Puis le président du Conseil pose une question capitale : comment, en Europe centrale, la France compensera-t-elle l'amoindrissement d'un de ses contrepoids à la puissance de l'Allemagne ? La solution, poursuit Daladier, serait que l'Angleterre accepte, dans le cadre d'un accord international, de garantir l'État tchécoslovaque « affaibli et amputé [32] ». À première vue, cette proposition semble étrange : jusque-là, Londres s'est refusée à se lier de quelque façon que ce soit avec une Tchécoslovaquie disposant pourtant d'importantes fortifications. Après de longues hésitations, Chamberlain donne son accord à l'engagement britannique. Là encore, c'est un tournant important dont nous verrons les immenses conséquences au printemps 1939.

« Le terrain étant alors déblayé » comme l'écrit sir Samuel Hoare qui assiste aux débats [33], Daladier et Chamberlain en viennent à la partie la plus délicate de leurs débats : avertir Beneš que « seule la cession des Sudètes peut éviter la guerre ». Il devrait y consentir, en échange d'un traité garantissant la nouvelle Tchécoslovaquie contre une agression non provoquée. Daladier, accablé, s'y résigne en pensant à l'impréparation militaire de la France où il a, il ne peut l'ignorer, sa part de responsabilités. Quel cauchemar aussi pour un chef du gouvernement français de sacrifier un allié dont la naissance devait tout à la France ! Et si Beneš refuse ? Or, le 20 septembre, le président de la République tchécoslovaque rejette le plan franco-britannique en faisant appel à l'arbitrage prévu par le traité germano-tchèque de 1925.

Le 20 septembre 1938 au soir, Bonnet reçoit un étonnant télégramme de Lacroix, ministre de France à Prague. Hozda, en accord avec Beneš, lui a déclaré que si la France n'assurait pas à son pays son soutien en cas de

32. Sir Samuel Hoare, *op. cit.*, p. 248.
33. Sir Samuel Hoare, *op. cit.*, p. 248.

guerre entre Berlin et Prague à propos des Sudètes à cause de ses engagements avec l'Angleterre, le président de la République prendrait acte de cette prise de position, le président du Conseil convoquerait immédiatement le Cabinet (dont tous les membres étaient dès à présent d'accord avec Beneš et avec lui-même pour s'incliner). Les dirigeants tchécoslovaques ont besoin de cette couverture pour accepter la proposition franco-anglaise [34].

Daladier, réveillé, aurait bougonné : « Somme toute, Prague veut se couvrir pour tenter de nous parjurer et de prendre l'avis de Londres. » Ce à quoi se serait opposé Bonnet : « Les Anglais n'ont rien à faire là-dedans... Il faut qu'à minuit Prague ait notre réponse... » Le président du Conseil se serait interrogé : *et si le ministre des Affaires étrangères avait « suggéré » cette opération à Lacroix ?* Bref, peu avant minuit, Daladier et Lebrun (tiré lui aussi de son lit à Rambouillet) auraient autorisé Bonnet à envoyer sous sa propre responsabilité la déclaration demandée par le représentant de la France à Prague [35].

Le ministre des Affaires étrangères a-t-il bien procédé à cette manipulation dont l'accusent ses ennemis ? L'affaire soulève des tempêtes. À cet égard, l'opinion de M. Pierre Comert, chef du service de presse au Quai d'Orsay, est faite. Il explique ainsi la démarche de Bonnet : un homme habile se gardant, en cas d'un projet audacieux, de « demander à des esprits incertains d'en prendre avec lui la responsabilité ». Dans cette affaire, il a dû sentir que personne ne l'approuverait, s'il demandait conseil, mais que la majorité serait avec lui après qu'il aurait agi. Du reste, la Chambre approuva ensuite par son vote la politique de Munich. M. Georges Bonnet sentait que personne ne l'autoriserait à conclure l'affaire, mais que tout le monde se féliciterait s'il la faisait... Puis le témoin ajoute : « M. Bonnet considérait qu'il fallait éviter la guerre à tout prix parce qu'il pensait que la France était incapable de la faire [36]. »

Interrogé à son tour, M. de Lacroix rapporte [37] :

1°) M. Hozda lui ayant demandé s'il était certain que la France se déroberait à ses obligations d'allié en cas de conflit, le ministre de France avait répondu que n'en sachant rien, il télégraphierait à Paris « pour avoir une réponse ferme ». Mais le président du Conseil tchécoslovaque ayant objecté la longueur de cette procédure, il avait admis que la France ne marcherait pas : « Si vous pouvez cette nuit même (du 20 au 21 septembre) obtenir de votre gouvernement un télégramme le confirmant, M. Beneš s'inclinera. C'est le seul moyen de sauver la paix. » Rentré à sa légation, M. de Lacroix rend compte, par télégramme, de cet entretien ; mais en examinant, plus tard, les archives du Quai d'Orsay, il constate que « son télégramme avait été amputé de la première question de M. Hozda (la dérobade de la France est-elle certaine ?), et de ma réponse dubitative ».

---

34. Pierre Lazareff, *op. cit.,* p. 61-62.
35. Pierre Lazareff, *op. cit.,* p. 62.
36. Rapport de la Commission d'enquête sur les événements survenus de 1933 à 1945, t. VII, *op. cit.,* p. 2175 à 2184.
37. Rapport de la Commission d'enquête sur les événements survenus en France de 1933 à 1945, documents sur la période 1936-1945, parties II, III, IV, *op. cit.,* p. 266 à 269.

Cette mutilation, poursuit le diplomate, « est une lourde charge pour le gouvernement français, car elle semble indiquer que, sans vouloir l'avouer, il n'était pas décidé à tenir ses engagements ».

Pour M. Hubert Beuve-Méry, ancien directeur de la section juridique et économique de l'Institut français de Prague, correspondant du *Temps* en Tchécoslovaquie où il est en relations étroites avec Beneš et les principaux dirigeants du pays, l'affaire Bonnet-Lacroix est « extraordinairement grave, mais il n'a jamais pu la tirer au clair [38] ». Toutefois, après Munich, en pleine nuit, M. Hozda, malade, l'avait convoqué pour lui dire son indignation de l'attitude de M. Bonnet qui « cherchait à se justifier en faisant comprendre (soit à la Chambre, soit dans les couloirs), ou en disant, je ne sais plus exactement, qu'au fond ce qui avait été fait, l'avait été en accord avec les Tchèques, et que ces derniers avaient eux-mêmes supplié qu'en somme on les violât vis-à-vis de leur opinion publique ». M. Beuve-Méry n'exclut pas la possibilité d'une demande de Hozda à Lacroix tel que ce dernier l'a rapporté, mais, craignant une indiscrétion, qui l'aurait mis en fort fâcheuse posture, « il avait intérêt à démentir ».

Quant à sir Samuel Hoare [39], dont nous savons l'intimité avec Chamberlain et sa place dans les comités les plus restreints du gouvernement britannique, après avoir rappelé les démarches de M. Newton, ministre d'Angleterre à Prague, il écrit : « En fait, c'est seulement après que Lacroix (...) eut déclaré explicitement à Beneš que s'il refusait (le plan franco-britannique du 18 septembre), les Français se désintéresseraient de ce qui surviendrait ensuite, et après que Newton eut déclaré que le gouvernement britannique se solidariserait avec la France, que Krofta, ministre des Affaires étrangères, tendit aux ministres français et britannique l'acceptation tchèque. » En un mot comme en cent, les Franco-Britanniques utilisent tous les moyens pour briser la résistance des dirigeants de Prague.

Face à ce flot d'accusations ou de présomptions, M. Georges Bonnet, qui traîne comme un boulet son rôle important dans la crise de l'été 1938, s'élève avec force, devant la commission d'enquête sur les événements de 1933 à 1945 dont les membres ne le ménagent pourtant guère, contre la fameuse manipulation qu'on lui a prêtée dans la nuit du 20 au 21 septembre [40]. Il réitère son démenti dans son livre *De Washington au Quai d'Orsay* [41], protestant contre la « déformation des faits d'une façon incroyable ». Le ministre explique enfin son silence du moment, devant les accusations portées contre lui, par l'impossibilité pour les ministres des Affaires étrangères d'ouvrir leurs dossiers sur-le-champ, quitte à subir « d'injustes attaques, ce qui est à la fois le risque et l'honneur de leur charge » !

38. Rapport de la Commission d'enquête sur les événements survenus en France de 1933 à 1945, t. III, *op. cit.*, p. 821.
39. Sir Samuel Hoare, *op. cit.*, p. 249.
40. Commission d'enquête parlementaire sur les événements de 1933 à 1945, *op. cit.*, t. IX, p. 2638 à 2641.
41. Georges Bonnet, *De Washington au Quai d'Orsay*, p. 246 à 253, Constant Bourquin édit., Genève, 1946.

Échec Chamberlain Hitler à Bad Godesberg

Dans l'immédiat, à Londres, Chamberlain compte maintenant les heures qui le séparent de son envol pour Bad Godesberg, charmante station balnéaire rhénane, où il doit retrouver Hitler. Enfin, Newton et Lacroix font savoir que Prague s'incline ! Le soir, un communiqué du gouvernement tchèque couvre de honte l'Angleterre et la France : nos amis nous ont conseillé d'acheter la liberté et la paix au prix de notre sacrifice, « ce d'autant plus qu'eux-mêmes se trouvaient dans l'incapacité de nous aider. Le président de la République et notre gouvernement n'avaient pas d'autre choix : nous nous trouvions seuls [42]... ».

À Cologne où il atterrit, le Premier ministre entend le *God Save the King* joué par des S.S. Puis, la délégation britannique gagne le Petersberg Hotel, sur la rive gauche du Rhin en face de Bad Godesberg d'où le panorama est admirable ; ici et là flottent des drapeaux nazis et l'Union Jack. Sur l'autre rive du fleuve, Hitler s'est installé au Dreesen Hotel. Les deux camps peuvent se rejoindre par un bac. Hitler a fait amarrer son yacht, « La Grille », qu'il vient d'examiner après une série de petits pas délicats, « relevant l'épaule droite nerveusement en même temps que sa jambe gauche fait un saut ». Au bar du Dreesen, des journalistes allemands parlent à leurs confrères étrangers, accourus en nombre, d'un Teppischfresser, « un mangeur de tapis ». Priés de s'expliquer, ils racontent que dans les derniers temps le Führer, en colère contre les Tchèques, se jettait sur le plancher et « mâchait les bords du tapis [43] » ! Après les éclats de rire, le drame...

« Première entrevue nullement satisfaisante », télégraphie Chamberlain, le 22 septembre au soir, à lord Halifax. D'emblée, le Premier ministre a exposé le point de vue franco-britannique : reconnaissance du « droit des peuples à disposer d'eux-mêmes » au profit des Sudètes, accord des Tchèques, délais assez longs d'application du transfert envisagé, et enfin, garantie de Londres et Paris à la Tchécoslovaquie amputée, avec laquelle le IIIe Reich conclurait un pacte de non-agression. Tout satisfait de ses propositions, Chamberlain sursaute sur sa chaise en écoutant Hitler prononcer d'une voix calme : « Je suis très fâché, monsieur Chamberlain, de ne plus pouvoir accepter ces choses. Après les développements de ces derniers jours, cette solution ne convient plus [44] ! »

Comme il était prévisible, Hitler fait monter le prix des enchères par rapport au plan envisagé au Berghof. Maintenant, il faut satisfaire aux revendications de la Hongrie et de la Pologne sur leurs minorités ; la cession de la zone sudète doit intervenir immédiatement. Chamberlain, le « hibou » comme William Shirer l'a baptisé [45], proteste : c'est une exigence nouvelle ! En colère, le Premier ministre regagne son hôtel, mais il reverra Hitler le lendemain...

---

42. John Toland, t. I, *op. cit.*, p. 489.
43. William Shirer, *op. cit.*, p. 137.
44. Paul Schmidt, *op. cit.*, p. 158-159.
45. William Shirer, *op. cit.*, p. 137.

« My dear Reichskanzler », écrit aimablement Chamberlain du Petersberg Hotel à Hitler, il n'est pas possible d'accepter vos propositions. À cette lettre, le Führer répond en reprenant ses arguments de la veille et charge l'interprète, Paul Schmidt, de la porter au Premier ministre. Au retour de son messager Hitler l'interroge anxieusement : « Comment Chamberlain a-t-il pris ma lettre [46] ? » À leur tour, des conseillers de celui-ci font une autre navette pour apporter de nouvelles concessions au chancelier. Enfin Chamberlain revient lui-même au Dreesen Hotel où il entend un mémorandum allemand qui sonne comme un ultimatum : « Ein Diktat ! » s'exclame l'ambassadeur d'Angleterre à Berlin. Le « hibou » proteste : c'est « non », il lui est impossible d'envoyer de telles exigences à Prague.

Surpris par la réaction de Chamberlain, Hitler ergote : « C'est un mémorandum, non un ultimatum. » Brusquement, un aide de camp apporte un message au Führer : c'est l'ordre de mobilisation de l'armée tchèque ! « D'une voix à peine perceptible », Hitler assure à Chamberlain qu'en dépit de cette « provocation inouïe », il n'entreprendrait rien contre la Tchécoslovaquie « tout au moins tant que le Premier ministre se trouverait en Allemagne ». Puis, contre toute attente, Hitler s'affirme prêt à discuter des délais d'évacuation (alors fixés à 18 heures) de la zone sudète par les Tchèques : dernière limite le 1er octobre. À deux heures du matin, Chamberlain et Hitler se séparent « dans des dispositions assez amicales », le Führer remerciant son visiteur de ses efforts en faveur de la paix, évoquant son désir de vivre en bons termes avec les Britanniques, comme s'il était revenu à ses « anciennes amours »! Sur un cordial « Auf Wiedersehen », Chamberlain regagne son hôtel.

À Londres, les réunions du gouvernement se déroulent dans un climat houleux : Chamberlain, lui-même irrité contre le Führer et inquiet de l'avenir, se heurte à une opposition renforcée. Ainsi, le premier Lord de l'Amirauté, Duff Cooper, refusant de faire confiance à Hitler, propose la mobilisation générale immédiate. On s'arrête à une nouvelle consultation, le 25 septembre, du tandem Daladier-Bonnet, accompagné de Gamelin.

— Que se passerait-t-il, leur demande le Premier ministre, si la Wehrmacht se mettait en marche et s'emparait d'un territoire tchèque [47] ?

— Chacun de nous, réplique d'un trait Daladier, devrait faire son devoir ». Prié de s'expliquer, il répète qu'en cas d'agression non provoquée de la Tchécoslovaquie, la France remplirait ses obligations d'allié ; en raison des préparatifs militaires allemands, un million de réservistes français avait rejoint la frontière ; « ils y étaient allés calmement, avec dignité, conscients de la justice de leur cause ».

— L'état-major français, reprend Chamberlain, a-t-il un plan ? Comment se présente-t-il ?

— Il n'est pas possible à la France d'envoyer, par terre, une aide à la Tchécoslovaquie, mais la France peut l'aider matériellement en attirant la plus grande partie de l'armée allemande sur ses frontières...

---

46. Paul Schmidt, *op. cit.,* p. 162.
47. Sir Samuel Hoare, *op. cit.,* p. 254.

— On ne peut pas se lancer dans un aussi vaste conflit avec les yeux et les oreilles bouchées. Sir John Simon va donc exposer à M. Daladier une série de points qui préoccupent le gouvernement britannique...

Dans une certaine confusion s'échangent questions anglaises et réponses françaises. Finalement, Daladier avance, en s'agaçant peu à peu devant l'interrogatoire, que l'armée française pourrait « *peut-être* », pour « tâter le terrain », déclencher une « *offensive limitée* » contre la ligne Siegfried et effectuer dans les airs « une démonstration à *envergure limitée* ne comportant pas le bombardement de villes allemandes ». Pour détendre une atmosphère pour le moins nerveuse, on examine une proposition du président du Conseil de confier à une commission internationale le soin de surveiller le transfert de la zone des Sudètes. Selon Chamberlain, Hitler n'acceptera pas le contrôle. Dans un tête-à-tête avec Daladier, le Premier ministre s'engage à envoyer un corps expéditionnaire (dont nous n'oublions pas la faiblesse) au cas où la France entrerait en guerre contre l'Allemagne [48].

Roosevelt informé de l'impuissance de l'aviation française

Quant à Gamelin, en présence de Daladier, il dit à Chamberlain :

1°) la France a une armée de cinq millions d'hommes, « une centaine de divisions pour débuter » ; un système fortifié qui garantit toute *liberté de manœuvres* ; une aviation inférieure ;

2°) les faiblesses allemandes : un haut commandement conscient des dangers, un système fortifié non achevé, un gros déficit en cadres, difficulté d'une guerre longue sur le plan économique, « certes une aviation supérieure. Nous en souffrirons surtout pour les populations ; mais, le moral tenant, cela n'empêchera pas d'issue heureuse pour nos armes » ;

3°) les faiblesses italiennes ;

4°) la Tchécoslovaquie peut opposer 30 divisions à 40 allemandes ; avec certains abandons de territoire, l'armée tchèque pourrait être sauvée. Si la Pologne entre en action, « on a refait un front » avec les unités tchèques ayant échappé à la destruction [49].

On peut s'interroger, à bon droit, sur le numéro de voltige du généralissime. Comment ose-t-il comparer une armée française de cinq millions d'hommes, démunie de l'essentiel sur le plan de son armement, aux méthodes processionnelles, à une armée allemande super-entraînée pourvue d'une doctrine offensive coordonnée ? Comment peut-il prétendre à une totale « liberté de manœuvres », alors que les exercices du haut commandement qu'il a dirigés, commentés, approuvés ont démontré le

48. Sir Samuel Hoare, *op. cit.*, p. 255 à 257.
49. Général Gamelin, *op. cit.*, p. 351 et 352.

contraire ? Certes, la Wehrmacht souffre d'un déficit de cadres, mais que dire alors des carences françaises dans ce même domaine ? Supériorité de la Luftwaffe dont « souffriraient surtout les populations civiles », il est vrai, mais pourquoi le général feint-il d'ignorer la doctrine allemande de l'emploi de l'aviation dans la bataille au sol et les enseignements de la guerre d'Espagne où les troupes constituent le point de mire des avions ? Enfin, dernière stupeur, comment avancer que la Pologne volera au secours de la Tchécoslovaquie, alors que depuis 1920 une masse de documents montre l'intention inverse ? Dans moins d'un mois d'ailleurs, Gamelin aura, sur ce point particulier, la démonstration éclatante de son erreur qu'il prendra comme une gifle personnelle... Pourquoi donc Gamelin, si prudent d'habitude (pour ne pas dire timoré), se montre-t-il si aventureux ? Ce brusque changement, quand on connaît son sens de l'opportunité, est-il dû à la présence de son chef direct et ministre Daladier, (relativement) plus déterminé à aider les Tchèques que Bonnet et Chamberlain ?

De retour à Paris où il s'entretient avec Daladier, Gamelin reste à l'entendre dans sa « ligne offensive » : laisser écraser la Tchécoslovaquie sans intervention de la France aura pour résultat de rendre disponibles trente divisions allemandes « pour agir contre la France ou la Pologne (...). Nous aurons reculé pour mieux sauter [50] » !

Quel son de cloche différent est celui communiqué le 26 septembre par le général Vuillemin (lettre n° 127/ EMG.A.A/S) au ministre de l'Air, donc au gouvernement : *« à cette date »*, les moyens aériens disponibles se montent à *700 appareils* (chasse, bombardement, reconnaissance stratégique). *« Ces chiffres font ressortir, par rapport à l'aviation allemande, une disproportion des forces en faveur de l'Allemagne extrêmement accusée ; en outre, les performances de ces appareils sont nettement insuffisantes* (...). *Les réserves de matériel sont, à peu de choses près, inexistantes ! »*

En conséquence, poursuit Vuillemin, *« les pertes au sol ou en vol subies par l'armée de l'air française dans les premières semaines seront très lourdes et ne seront pas comblées »*. Ainsi le haut commandement terrestre « sera très imparfaitement renseigné sur les intentions de l'ennemi ; celui-ci au contraire connaîtra en temps voulu nos préparatifs (...). *La concentration des (troupes) peut être gravement troublée et subir de très importants retards* (...). *Les opérations* (...) *seront rendues très difficiles par suite de la puissance et de la fréquence des interventions aériennes ennemies »*. En outre, le potentiel des usines d'armement « est gravement menacé ». Quant à l'aviation française de bombardement, elle « ne peut agir de jour qu'à faible distance en territoire ennemi », et de nuit elle agira normalement « mais, de ce fait, elle rencontrera de grandes difficultés pour découvrir ses objectifs et ajuster ses tirs ».

Comment donc Gamelin a-t-il pu affirmer à Chamberlain que le système fortifié français (dont nous connaissons les graves lacunes) garantissait *« toute liberté de manœuvres »*, alors que le généralissime ne peut ignorer un seul instant l'immense faiblesse des forces aériennes françaises ? Vuillemin n'avait pas besoin de se rendre, fin août 1938, en

50. Général Gamelin, *op. cit.*, p. 353.

Allemagne pour découvrir la puissance de la Luftwaffe : les attachés militaires auprès de François-Poncet l'en avaient informé, régulièrement et avec précision. Quant à Daladier, il lui faudra sous peu tirer les conclusions du bilan désastreux de Vuillemin et se rendre à Munich !...

Le 28 septembre, Guy La Chambre informe à son tour l'ambassadeur américain Bullitt : « Si la guerre, assure le ministre de l'Air, ami de Daladier, commence le 1er octobre, la France dispose de six cents avions de combat, chasse et bombardement compris. L'Angleterre enverrait cent vingt bombardiers légers à la fin de la première semaine ; autant un mois plus tard. Selon les services français de renseignements, l'Allemagne disposerait de six mille cinq cents appareils du dernier modèle (un tiers de chasseurs, deux tiers de bombardiers). L'Italie aurait huit cents avions de chasse et mille deux cents bombardiers « dernier modèle ». Moscou a demandé à Paris si les avions soviétiques pouvaient voler jusqu'en France,

Affiche de mobilisation partielle, apposée, pendant la crise des Sudètes, dans toutes les communes de France. (Ph. R. Viollet.)

mais, a-t-on objecté, leur rayon d'action ne leur permettrait pas d'y arriver. La Luftwaffe est en mesure de bombarder Paris alors que la chasse française est si insuffisante en quantité que ses appareils étant astreints à protéger les avions d'observation de l'armée de terre, « il n'y aurait aucun avion pour défendre Paris ».

La destruction de la capitale dépasserait toute imagination. Il n'existe aucune protection contre les bombes allemandes, excepté un type particulier d'abri qu'il est impossible de construire pour faire face aux besoins... Guy La Chambre énumère ensuite d'autres pénuries importantes de la défense antiaérienne ; au bout d'un mois de guerre, selon l'avis de Vuillemin (qui sous-estimait pourtant l'importance de l'aviation et l'éventualité d'un autre front du côté de l'Espagne où Franco dispose de nombreux avions), la France aurait moins de trois cents appareils. *L'unique moyen de faire face à une telle pauvreté est de s'adresser à la production aéronautique américaine* [51].

Son visiteur parti, Bullitt envoie ces renseignements dramatiques à Roosevelt qui, de semaine en semaine, aboutit à cette conclusion : si la France ne montre pas la résistance souhaitable aux prétentions d'Hitler, l'explication majeure réside dans son incroyable faiblesse aérienne. Elle l'empêche de dire « halte ! ». *Nous verrons l'importance considérable pour l'avenir de ce constat tiré par le président des États-Unis.*

La plaidoirie de François-Poncet et le message de Mussolini

Entre-temps, le 26 septembre, Chamberlain a envoyé son conseiller intime, sir Horace Wilson, porter un suprême appel à Hitler, mais qui est aussi un rejet des exigences présentées à Bad Godesberg. Recevant l'envoyé du Premier ministre, « Hitler perd complètement le contrôle de ses nerfs [52] ». Quelques jours plus tard, lors d'un meeting au palais des sports, le Führer se montre d'une égale violence, mais avec toutefois d'aimables paroles pour Chamberlain. Comme Goebbels s'écrie : « Une chose est sûre, 1918 ne se répétera jamais ! », Hitler, assis, bondit sur ses pieds. « Avec une lueur de fanatisme dans les yeux que je n'oublierai jamais, d'un grand geste, il rabattit violemment sa main droite sur la table et de toute la force de ses poumons vigoureux, il hurla " Ja ", puis il retomba dans son fauteuil, épuisé [53]. » Mais Hitler est impressionné par « l'attitude apathique et déprimée » des Berlinois devant lesquels passe, sur la Wilhelmstrasse, une division motorisée.

Le 28 septembre 1938, à onze heures du matin, l'ambassadeur François-Poncet est prié par Hitler de se rendre sur-le-champ à la chancellerie. L'Europe retient son souffle : à quel moment de la journée la

51. Orville H. Bullitt, *op. cit.*, p. 297 à 300.
52. Paul Schmidt, *op. cit.*, p. 165.
53. William Shirer, *op. cit.*, p. 141-142.

Wehrmacht va-t-elle attaquer la Tchécoslovaquie ? Tout semble avoir échoué pour sauver la paix, en dépit des concessions considérables consenties par l'Angleterre et la France au détriment de Prague : les Sudètes rejoindront le IIIe Reich. Mais Hitler est exigeant ; sans attendre et augmentant ses prétentions, il entend prendre possession de son nouveau domaine. Aussi, Daladier a-t-il ordonné à François-Poncet de tenter une ultime démarche auprès du Führer.

Autour d'Hitler règne une extrême agitation. Dans un salon, des tables sont aménagées pour accueillir de nombreux convives. Renseignements pris, un déjeuner réunira les chefs militaires désignés pour diriger les opérations contre la Tchécoslovaquie ; au dessert (si l'on peut dire), la mobilisation sera annoncée. François-Poncet mène un combat redoutable : pour un rien, Hitler se met hors de lui et les interventions de Ribbentrop ne vont pas dans le sens de l'apaisement. « Vous vous trompez, monsieur le Chancelier, si vous croyez pouvoir localiser le conflit à la Tchécoslovaquie. Si vous attaquez ce pays, vous mettrez le feu à toute l'Europe. Bien entendu, vous êtes persuadé de gagner la guerre exactement comme nous croyons que nous vous vaincrons. Mais pourquoi voulez-vous courir cet énorme risque, alors que vous pouvez satisfaire sans guerre les plus importantes de vos revendications [54] ? »

Après une diatribe du Führer, l'ambassadeur reprend calmement, avec adresse, son raisonnement : pourquoi se lancer dans un conflit alors que l'Allemagne a obtenu l'essentiel ? Peu à peu, Hitler s'apaise et, visiblement, réfléchit. Puis François-Poncet lui présente une carte bien préparée montrant les diverses phases de l'entrée de la Wehrmacht dans la zone des Sudètes. Un aide de camp entre alors et annonce à Hitler que l'ambassadeur d'Italie tient à lui transmettre une communication urgente. Hors d'haleine, rouge d'émotion, Attolico remet un message de Mussolini qui, à la demande de Londres, accepte d'apporter sa médiation dans la crise des Sudètes où « les points de divergence seraient faibles [55] ». Voilà que le Duce soutient la même argumentation que François-Poncet ! Hitler est prié de renoncer à la mobilisation générale et de participer le lendemain, 29 septembre, à une conférence à quatre : Chamberlain, Daladier, Hitler et le Duce.

Retrouvant François-Poncet, Hitler l'informe du coup de théâtre en provenance de Rome, puis met fin à l'entrevue. Le cours des choses a subitement changé. Quelques minutes plus tard, un message de Chamberlain rappelle au Führer que « toutes ses demandes importantes peuvent être satisfaites sans guerre et immédiatement ; je suis prêt à me rendre à Berlin pour causer avec vous et les délégués du gouvernement tchèque, ainsi qu'avec les représentants de la France et de l'Italie [56] »... Dans l'après-midi, Hitler téléphone son acceptation à Mussolini : la conférence aura lieu le lendemain 29 septembre, à Munich ; la mobilisation est suspendue pour vingt-quatre heures...

54. Paul Schmidt, *op. cit.,* p. 169.
55. Paul Schmidt, *op. cit.,* p. 171.
56. Paul Schmidt, *op. cit.,* p. 171.

Dès l'acceptation de sa proposition de conférence avec l'Allemagne, la Grande-Bretagne et la France, Mussolini et le comte Ciano, ministre des Affaires étrangères, prennent un train spécial pour Munich. Hitler les rejoint à la gare de Kufstein, profitant du reste du voyage pour préparer les discussions avec le Premier ministre britannique Neville Chamberlain, et le président du Conseil français Édouard Daladier. Ce dernier rejoint Munich par avion (photo du haut), *le jeudi 29 septembre, où il est accueilli à l'aérodrome* (photo du centre) *par von Ribbentrop* (à g., *en civil et tête nue), ministre allemand des Affaires étrangères. Sur tout le parcours du terrain d'aviation au Führer-Bau (bâtiment du Führer) où se déroule la conférence à quatre, Daladier et Chamberlain sont acclamés par la foule, au grand étonnement des autorités allemandes qui voient là une nouvelle manifestation hostile aux projets militaires d'Hitler, comme l'avait été d'ailleurs le peu d'empressement des Berlinois lorsqu'une division motorisée avait traversé leur ville. Après une conversation cordiale entre Daladier et Goering, la conférence s'ouvre dans une grande salle garnie de Gobelins et de meubles modernes en bois clair. Les quatre chefs de gouvernement sont assis en cercle devant une cheminée monumentale, sans qu'aucun d'eux assume d'une façon quelconque la présidence. Dans une salle voisine se tient le général Keitel, chef du grand état-major allemand, qui est appelé plusieurs fois en consultation.* En bas, à droite, *Daladier sert la main de Mussolini, en présence d'Hitler et de Chamberlain.* (Ph. R. Viollet et Keystone.)

À Munich, Hitler sauve son régime

Aux Communes, où l'on est persuadé que la guerre est désormais inévitable, le secrétaire parlementaire privé de Chamberlain lui fait passer un message d'apparence banale. Le Premier ministre se lève pour annoncer l'invitation d'Hitler, qu'il accepte, à se rendre à Munich. « La Chambre fut balayée par une vague d'hystérie. Sur tous les bancs, des orateurs se dressèrent pour prononcer des paroles de félicitations, puis des députés se précipitèrent (...) pour serrer la main de Chamberlain. Tous les chefs de parti participaient à ce " Te Deum " d'action de grâces [57] ! »

À Berlin, au gré des tempêtes et des accalmies, les « comploteurs » antinazis n'avaient pas, en dépit des déceptions causées par l'attitude conciliante de Chamberlain à l'égard d'Hitler, abandonné leur projet de coup d'État. Dans la soirée du 27 septembre, l'un des principaux conjurés, le colonel Oster, avait obtenu un exemplaire de la réponse négative d'Hitler au Premier ministre britannique que lui avait donné le sous-secrétaire d'État à la Wilhelmstrasse, von Weizsäcker. Dans la matinée du 28, le général von Witzleben en prenait connaissance à son quartier général de la région de Berlin : la preuve formelle était faite de la volonté du Führer d'aller jusqu'à la guerre. À son tour, Halder avait montré le document à Brauchitsch qui acceptait, enfin, d'entrer activement dans la conjuration. Les préparatifs de contrôle de la chancellerie, où aucune mesure particulière de sécurité n'était en vigueur, étaient au point... quand arriva, dans l'après-midi, la proposition de Mussolini ! Avec le danger de guerre s'estompant à l'horizon, le complot s'effondrait à la dernière minute... Le 6 octobre 1938, l'ambassadeur d'Angleterre à Berlin, Henderson, écrit à lord Halifax qu'en sauvant la paix, on avait aussi sauvé Hitler et son régime [58] !

En attendant, les éditions spéciales des journaux annonçant la rencontre de Munich s'arrachent dans les rues. Le soir, le train spécial de Mussolini quitte Rome sous les acclamations ; le Duce est d'excellente humeur. Le monde entier écrit et proclame qu'il est le « sauveur de la paix » !... Au début de la matinée du 29 septembre, Hitler retrouve Mussolini, et faisant route sur Munich, l'informe des ultimes renseignements. Chamberlain et Daladier, chacun de leur côté, rejoignent la Bavière en avion. La conférence s'ouvre au Führerbau, un bâtiment monumental avec deux escaliers de pierre impressionnants. À une heure et demie du matin, après des discussions parfois confuses, des interruptions, mises au point et corrections, le document, enfin prêt, entérine, à partir du 1er octobre et en quatre étapes, le retour des Sudètes à l'Allemagne. Puis, à son hôtel, Chamberlain apprend à deux délégués tchèques (Prague n'ayant même pas été invitée à la conférence !) les décisions des quatre « Grands ». En réalité, comme l'écrit Churchill, « cabinets britannique et français ne présentaient guère, en fait de front

---

57. Sir Samuel Hoare, *op. cit.,* p. 260.
58. Peter Hoffmann, *op. cit.,* p. 95-96.

La conférence des quatre chefs de gouvernement est suspendue à deux reprises pour les repas. À 1 h 35 du matin, un accord est enfin entériné. Ci-dessus, *l'interprète Paul Schmidt donne lecture du document à Hitler* (à g.), *la main sur la hanche, Chamberlain* (devant le Führer), *Mussolini dont on aperçoit le crâne, Alexis Léger, secrétaire général du Quai d'Orsay, André François-Poncet, le capitaine Paul Stehlin, Daladier, Goering (en uniforme). Par la suite, Hitler ordonnera la destruction de cette photo.* (Collection de Mme Paul Stehlin, D.R.)
Ci-contre, *Chamberlain et Hitler à Munich* (Ph. R. Viollet). En bas, *Goering accompagne Daladier à la conférence.* (Ph. Keystone.)

commun, que celui de deux melons trop mous, aplatis l'un contre l'autre, alors qu'il eût fallu la consistance de l'acier. Ils étaient bien d'accord sur un point : les Tchèques ne seraient pas consultés [59] »...

Avant de quitter Munich, Chamberlain tient à avoir un dernier entretien avec Hitler pour lui demander de signer une déclaration, qu'il juge capitale, exprimant la résolution de ne jamais plus se déclarer la guerre : « S'il la signe et s'y tient, très bien, dit le Premier ministre à l'un de ses intimes, mais s'il la viole, les Américains sauront à quel genre d'homme nous avons affaire [60]. » Mais Roosevelt est déjà décidé à agir...

59. Winston Churchill, *L'Orage approche, op. cit.*, p. 308.
60. John Toland, t. I, *op. cit.*, p. 504.

18

FANTASTIQUE PROPAGANDE ALLEMANDE EN FRANCE

Après Munich, retour triomphal de Daladier à Paris • L'alliance franco-polonaise en mauvaise posture • Incroyable ultimatum de Varsovie à Prague : le district de Teschen • Guderian et ses blindés occupent la zone des Sudètes • Les députés applaudissent Daladier • « Le lâche soulagement » de Blum • Pacifisme du Syndicat national des Instituteurs • Personnalités « munichoises » • Affrontements politiques et lutte d'influence entre les égéries de Daladier et de Reynaud • Hitler dirige personnellement la propagande allemande en France • Les activités du professeur Otto Abetz • Le Führer projette de rencontrer Daladier sur le pont de Kehl • Le journaliste de Brinon, agent officieux de Daladier avec le IIIe Reich • Hitler table sur le pacifisme des anciens combattants français • Les futurs « collabos » • Quadrillage nazi sur la France • Ribbentrop à Paris • Qu'est devenu Pierre Laval ?

Dans l'avion qui, le 30 septembre 1938, le ramène de Munich à Paris, Daladier, dont l'angoisse se lit dans ses yeux bleus, s'inquiète de l'accueil que lui réserve la capitale [1]. Apercevant par l'un des hublots la foule qui a envahi le terrain du Bourget, il aurait, tremblant de peur, ordonné au pilote de faire plusieurs circonvolutions avant de se poser. Enfin, apparaissant à la porte de la carlingue, triste, bourru, intimidé, enroulé dans un manteau inélégant, il est stupéfait des rafales d'acclamations.

1. Jules Moch, *Une si longue vie,* p. 148, Robert Laffont édit., Paris 1976.

Après la conférence, Mussolini est accueilli à Rome par un triomphe, comme l'est Hitler à Berlin, le 1er octobre 1938. À Paris, à la stupeur de Daladier qu'accompagne Georges Bonnet (photo de g.), *une foule évaluée à 500 000 personnes se masse sur la route du Bourget à la capitale et ovationne le président du Conseil ; des drapeaux flottent aux fenêtres. Des femmes jettent des fleurs dans la voiture ministérielle et tentent d'embrasser Daladier ! La presse écrit que depuis l'armistice de 1918, on n'avait jamais vu un « pareil spectacle » ! Mais au fond de lui-même, Daladier* (photo de dr.) *sait bien que l'accord de Munich est une capitulation et que sous peu, Hitler présentera d'autres revendications.* (Ph. Keystone.)

Chautemps, Guy La Chambre, venus courageusement l'accueillir (de nombreux ministres ne se sont pas déplacés), le rassurent :

— Écoute, c'est pour toi !

— Ah les cons, s'exclame-t-il, s'ils savaient ! Ce n'est pas brillant, se justifie-t-il auprès de Gamelin présent lui aussi ; j'ai fait tout ce que j'ai pu. Comment prend-on la chose [2] ?

— Ah, monsieur le Président, réplique le généralissime, vous allez être trop bien reçu...

Dans une Hotchkiss noire décapotable où s'est installé un Bonnet ravi [3], Daladier gagne son bureau de la rue Saint-Dominique, acclamé sans

2. Général Gamelin, *op. cit.*, p. 359.

3. Les adversaires du ministre des Affaires étrangères dont la journaliste Geneviève Tabouis, assurent que Bonnet a réussi « à la façon des metteurs en scène de théatre à organiser un retour triomphal à Daladier (...). Les " Croix de Feu " et toutes les organisations de droite avaient été mobilisées pour crier " Vive Daladier, vive Bonnet, vive la paix ! " afin d'essayer de créer en France une véritable psychose de paix qui rendrait par la suite tout changement de politique vis-à-vis de l'Allemagne très difficile ». (Geneviève Tabouis, *Ils l'ont appelée Cassandre,* p. 358, Éditions de la Maison Française, New York 1942.) Certes, une bonne partie de la droite est « munichoise », mais nous verrons que l'éventail s'étend aussi sur la gauche (N.D.L.A.).

fin par des centaines de milliers de personnes formant une haie sur son passage. Au ministère de la Guerre où affluent les corbeilles de fleurs, la plupart des membres du gouvernement, désormais rassurés sur l'attitude de l'opinion publique, se sont précipités et congratulent leur chef, excepté Paul Reynaud et Georges Mandel, plus réservés en raison de leur hostilité à la politique ayant conduit à Munich. Entourés, les compagnons de Daladier en Allemagne confient leurs impressions. À entendre M. Clapier, directeur du cabinet du président du Conseil : « Goering est fin et jovial. Il a un type assez allemand, et je ne déteste pas les gens qui sont typés et qui montrent ce qu'ils sont réellement ; von Ribbentrop a la fausse distinction de l'homme mauvais. Ciano est un horrible type. Hitler est extraordinaire, hors série, yeux cernés, rongeant ses ongles. Mussolini a la tête toute poncée. » Jettant son grain de sel, un officier de la suite de Daladier, « jeune d'esprit », avance : « Hitler, un type très franc ; tout à fait le genre du patron [4] ? Quant à Daladier, devenu héros malgré lui, il ne cesse de répéter comme une excuse : " Je ne crois pas que, dans la situation où nous nous trouvions, on ait pu faire autre chose. Le général Gamelin le sait bien, et il était à ce sujet (rappelant ainsi les Kriegspiel que nous connaissons) d'accord avec moi. " Au fond de lui-même, et contrairement à Chamberlain, Daladier est sans illusion : l'Allemagne prendra d'autres initiatives menaçantes. Il s'agit d'un répit, « si nous ne l'utilisons pas, nous serons tous fusillés [5]. » À un de ses fils, il aurait dit : « Prépare ton uniforme, la prochaine fois sera la bonne ! »

En attendant, l'accueil si chaleureux fait à Daladier se reproduit, se continue à l'Arc de Triomphe où il ranime la flamme du soldat inconnu sous une voûte de drapeaux d'anciens combattants. Dans la foulée de son succès, Daladier annonce que du 11 au 13 novembre, le gouvernement donnera un éclat particulier à la commémoration du vingtième anniversaire de l'Armistice de 1918 à laquelle seront associés les cent millions de Français, empire colonial compris. Quelle belle idée de politicien pour masquer l'abîme entre la victoire de la Grande Guerre et la défaite de Munich ! *Le Petit Parisien*, l'un des plus importants quotidien appartenant à la puissante famille Dupuy, exploite le courant populaire en offrant à Daladier et Bonnet un *Livre d'Or* où s'inscriront les « Français reconnaissants » ; ils seront plus d'un million à envoyer ainsi leurs signatures (mais les temps changeront et nombreux regretteront leur enthousiasme !). *Paris-Soir* organise une souscription publique pour offrir une petite maison de campagne — « la Maison de la Paix » — à Chamberlain. À Lille et à Lyon, les cardinaux Liénart et Gerlier entonnent des actions de grâce à l'instar du pasteur Boegner, au temple de l'Oratoire. Les grandes villes envoient des messages de félicitations. Ici et là, les conseils municipaux votent des places « Neville Chamberlain » ou « Edouard Daladier ». Périgueux réserve à Bonnet, son député, un « accueil inoubliable [6] », etc.

4. Jacques Raphaël-Leygues, *Chronique des années incertaines 1935-1945,* p. 119, France-Empire édit., Paris 1977.
5. Jacques Raphaël-Leygues, *op. cit.,* p. 119.
6. Georges Bonnet, *op. cit.,* p. 299.

Chamberlain, lui aussi, à son retour de Londres, a droit à une foule en délire. Dans la voiture qui le ramène à Downing Street, le Premier ministre, montrant à lord Halifax la foule qui l'applaudit, s'exclame : « Tout ça sera fini dans trois mois. » Apparaissant ensuite, avec son épouse, à l'une des fenêtres de sa résidence, il jette à l'assistance : « C'est la deuxième fois dans notre histoire qu'on ramène d'Allemagne à Downing Street, la paix dans l'honneur. J'estime que la paix est assurée pour notre génération [7] », prophétie imprudente qui lui sera reprochée. En vingt-quatre heures, plus de trente mille télégrammes de félicitations en provenance du monde entier, y compris d'Allemagne, sont envoyés à Chamberlain [8]. George VI et la famille royale le reçoivent à Buckingham, pendant que le personnel du Palais pousse un triple hurrah en son honneur !...

Après son retour triomphal à Paris, Daladier ranime la flamme à l'Arc de Triomphe (derrière lui, *le général Gouraud) en présence d'une multitude d'anciens combattants. Pendant ce temps-là, à sa descente d'avion à l'aérodrome de Londres, Chamberlain brandit l'accord qu'il vient de signer avec Hitler*. (Ph. Keystone.)

Les deux vainqueurs de Munich, Hitler et Mussolini, ont fait des entrées triomphales à Berlin et à Rome. Allemands et Italiens sont heureux du dénouement pacifique de la crise ; à Munich, les habitants avaient déconcerté les autorités par la chaleur de l'accueil qu'ils avaient réservé à Chamberlain et à Daladier. Les réflexions d'Hitler à leur égard

7. Sir Samuel Hoare, *op. cit.*, p. 262.
8. Paul Louis Bret, *op. cit.*, p. 70.

laissent présager d'autres orages ; à Ribbentrop, il confie : « C'est terrible. Je n'ai devant moi que des zéros. » À Eva Braun, qui le note dans son « journal intime », il dit : *« C'est seulement maintenant que je sais combien l'Occident est faible... »*

L'alliance franco-polonaise en mauvaise posture

Comme pour en faire une démonstration supplémentaire, la Pologne saisit l'occasion pour se livrer à une inconséquence dont ses dirigeants, le colonel Joseph Beck en tête, sont coutumiers. Nous avons relaté les raisons des mauvaises relations existant entre Varsovie et Prague à la suite de la dévolution, à la Tchécoslovaquie en 1919, du riche district de Teschen habité par de nombreux Polonais. Les haines sont telles que la France ne peut convaincre les deux pays de la nécessité vitale de s'entraider pour résister aux inévitables pressions politiques et militaires de l'Allemagne. Cette mésentente est un suicide.

Déjà, au printemps 1938, la Pologne avait manifesté sa mauvaise humeur en protestant auprès de Prague contre l'activité antipolonaise d'agents du Komintern installés en Tchécoslovaquie. La presse officieuse manipulée par Beck entamait une vive campagne sur les droits des minorités. Dans l'allégresse, Varsovie envisageait l'effondrement de son voisin du sud avec l'espoir, fallacieux, d'établir une frontière commune avec la Hongrie, maillon d'une chaîne qui (Roumanie et Yougoslavie comprises) serait capable de contenir l'expansionnisme allemand dans la vallée du Danube. Le *Cras,* journal gouvernemental conservateur, soutenait qu'une « alliance défensive de la Pologne avec la Tchécoslovaquie conduirait tout droit à un conflit avec l'Allemagne, et entraînerait une alliance avec les Soviets ; c'est une politique que la Pologne ne fera pas [9] ». Le 12 mai 1938, tandis que l'Allemagne entame sa campagne pour le retour des Sudètes, le général Musse, attaché militaire français à Varsovie, avertit Daladier : le gouvernement polonais ne « laissera pas échapper le bénéfice immédiat qu'il lui serait possible de tirer des événements » ; ce « bénéfice », c'est le retour de Teschen. Une conversation, le 9 juin, avec le général Stachiewicz, chef d'état-major général, confirme les visées imprudentes de la Pologne : elle « doit se tenir prête à recueillir les cantons polonais dans la liquidation de l'héritage tchécoslovaque... ».

À la mi-septembre 1938, lorsque la Tchécoslovaquie se résigne à céder les territoires sudètes où les Allemands sont en majorité, la Pologne considère que le district de Teschen doit lui être rendu. Mais Varsovie est vexée d'apprendre que rien n'est prévu à cet égard ; ses démarches du 17 et du 20 septembre rappelant cette réclamation à l'Angleterre et à la France sont mal reçues. Selon Varsovie, c'est un « injuste dédain » des revendications polonaises dû au fait que la Pologne, contrairement au IIIe Reich, « n'a pas employé la menace pour appuyer ses réclamations ». Des articles

9. Note du lieutenant-colonel Turlotte, *op. cit.*, p. 9.

de la presse française jugeant intempestives les exigences polonaises, des commentaires à la radio enveniment les choses ; la France est accusée de méconnaître les droits de son allié de l'Est [10]. Les concessions faites par la Tchécoslovaquie écartant les risques de conflit militaire, la Pologne en déduit qu'elle ne court aucun risque « à entamer une action indépendante pour la défense de ses intérêts. Tout conseille au contraire de profiter de l'occasion ». Beck, si sensible aux questions de prestige et attaché à sa « politique d'indépendance », entend remporter un succès pour masquer, aux yeux de ses compatriotes, la victoire d'Hitler dans la crise tchèque. La curée est ouverte : les Hongrois, appuyés par Mussolini, ne revendiquent-ils pas les zones d'influence magyare ? La capitulation franco-britannique, dit-on encore à Varsovie, encourage le Führer à précipiter son action ; aussi convient-il de saisir les cantons polonais avant que les Allemands ne s'en emparent...

Pour appuyer ses visées, le gouvernement polonais mobilise son opinion en déchaînant sa presse « à la botte » contre la France et son gouvernement. Le 21 septembre, Varsovie dénonce le traité sur les minorités la liant à la Tchécoslovaquie et exige « une réponse à bref délai » sur la révision du statut de Teschen. Des mesures militaires, des manifestations dans les villes entretiennent l'excitation. Le 23 septembre, nouvelle escalade : l'état-major polonais ne fournira plus à Musse « des renseignements qui pourraient profiter aux Tchèques », assurant toutefois qu'aucun accord n'a été conclu avec l'Allemagne, protestant de la fidélité à l'alliance française [11]. À l'ambassadeur Léon Noël, le maréchal Rydz-Smigly, ému, assure qu'après le retour de Teschen rien ne s'opposera à l'établissement de bonnes relations entre la Pologne et la Tchécoslovaquie. Le danger de guerre se faisant à nouveau menaçant, les généraux polonais reprennent la communication aux français interrompue de renseignements sur les préparatifs allemands.

À Paris, à Varsovie, à Prague, les diplomates français multiplient les initiatives pour sortir la Pologne de la « position aventurée » où elle s'est mise. Des avions spéciaux font la navette entre Beneš et Beck pour transmettre notes et réponses. Mais le ministre polonais des Affaires étrangères ne se montre pas satisfait des concessions de Prague : il lui faut « une capitulation en quelque sorte solennelle qui fît événement et servît au prestige de sa politique. Il lui fallait, pour commencer, un ultimatum [12] ». Sur ses instructions, les journaux passent sous silence le cours favorable des négociations, consacrant leurs colonnes aux « persécutions » des Tchèques contre des Polonais de Teschen, etc. Toutefois, les attaques contre la France décroissent. Dans ce climat, les caisses d'épargne sont assiégées par les déposants qui retirent leurs fonds.

L'accord de Munich éclate comme un coup de théâtre : l'une de ses annexes prévoit un délai de trois mois pour régler le problème de la minorité polonaise. Sans attendre, Beck envoie, le 30 septembre, un

---

10. Rapport n° 110/S du 29 septembre 1938 du général Musse, attaché militaire français en Pologne. Archives SHAT.
11. Rapport n° 110/S, *op. cit.*, p. 8.
12. Léon Noël, *op. cit.*, p. 234.

ultimatum à Prague sommant la Tchécoslovaquie d'accepter, avant le 1er octobre à midi, les revendications territoriales polonaises. Irrité, Beneš est décidé à répondre par les armes. Sur l'insistance de la France, les deux camps s'apaisent. Le 2 octobre, des soldats polonais entrent à Teschen. Le 27 septembre, Gamelin avait écrit à Rydz-Smigly pour lui rappeler son serment de 1936 selon lequel la Pologne ne se trouverait pas dans un camp opposé à celui de la France. Mais le 3 octobre, il reçoit une réponse « aigre-douce » provoquant en lui « une véritable déception [13] ». Désormais, les relations entre les deux hommes, abandonnant leur caractère jusque-là chaleureux, n'auront plus qu'un ton officiel.

Les relations franco-polonaises traversent une nouvelle crise grave. Fort désabusé, Gamelin écrit, le 12 octobre, à Daladier :

1°) Rydz-Smigly semble avoir complètement changé de position ;

2°) la situation est plus grave qu'en 1914 « puisque la France n'a plus dans l'Orient de l'Europe le contrepoids que constituait la Russie tsariste » ;

3°) la Pologne n'a-t-elle pas accepté de se maintenir dans le sillage du IIIe Reich moyennant de larges concessions en Ukraine et en Lituanie ? Ainsi, le généralissime semble abandonner toute confiance dans l'alliance polonaise comme si la France devait se replier sur elle-même et l'Empire colonial, au point qu'il envisage de modifier les accords de Rambouillet d'aide financière et militaire à Varsovie. Mais le général Musse, présenté à Paris comme « le comptable de l'alliance franco-polonaise », combat en sens contraire. Certes, soutient-il à l'état-major de l'armée, la crise de Teschen a eu « la plus déplorable influence » sur les rapports de la France avec la Pologne, mais « jusqu'à plus ample informé, il semble que l'alliance polonaise soit une carte (...) que nous ayons intérêt à conserver dans notre jeu ». Pour appuyer sa démonstration, l'attaché militaire ajoute : les capitaux français investis en Pologne se sont considérablement augmentés avec l'annexion du district industriel de Teschen [14].

Fin octobre 1938, le général Colson qui, avec Georges, est l'un des deux adjoints de Gamelin, se prononce en faveur de l'alliance polonaise. Le généralissime revient, sans enthousiasme, en arrière, comme il a coutume de le faire : « Il y aurait intérêt... à tâcher de ramener à nos intérêts la Pologne, la Yougoslavie [15]. » La prudence recommandée par l'ambassadeur Léon Noël cède la place à une relance des illusions. Tout basculera le 31 mars 1939 lorsque Chamberlain donnera, contre tout bon sens, la garantie de l'Angleterre à la Pologne, d'où six mois plus tard, surgira la guerre...

Pendant ce temps, le général Guderian commence, à la tête de son corps d'armée de chars et d'infanterie motorisée, l'occupation du territoire des Sudètes. Le 3 octobre, Hitler déjeune à la roulante du menu servi à la troupe ; écartant soigneusement les morceaux de viande de la soupe, il ordonne, pour le lendemain, un repas végétarien. La conversation est détendue : chacun manifeste sa satisfaction de voir la guerre évitée. Chez

13. Note du lieutenant-colonel Turlotte, *op. cit.*, p. 14.
14. Note du lieutenant-colonel Turlotte, *op. cit.*, p. 12.
15. Note du lieutenant-colonel Turlotte, *op. cit.*

Ci-dessus et ci-contre, *entrée des troupes allemandes dans la région des Sudètes, au milieu d'un grand concours de la population de la région.* (Ph. Keystone.)

les officiers paraissent effacés les effets de la crise du haut commandement de février. Le Führer est impressionné par les fortifications tchèques, échelonnées en profondeur, utilisant habilement le terrain : « Leur prise, dit-il, aurait été très dure en cas de défense résolue et nous aurait coûté beaucoup de sang [16]... » Des tirs d'essais surprennent les spécialistes allemands par l'inefficacité des armes qui auraient été, en cas de conflit, engagées contre ces constructions. Toutefois, Guderian ne partage pas l'opinion sur leur solidité et leur capacité de résistance.

16. Albert Speer, *Au cœur du IIIe Reich,* p. 159, Fayard édit., Paris 1971.

Comme en mars en Autriche, les véhicules de la Wehrmacht sont recouverts de fleurs et de feuillages. Remontant les colonnes motorisées, Hitler se montre satisfait de leur tenue. Dans leurs costumes traditionnels, des femmes et des jeunes filles, agenouillées, pleurent de joie. La noblesse allemande ouvre ses salons, donne des réceptions, organise des chasses au gros gibier. Cette entrée triomphale marque, pour Hitler et son régime, le commencement de la fin. 1938 a été, sans conteste, « l'année du Führer ». Ses incroyables succès de politique extérieure dus, en grande part, à

Le général von Brauchitsch (à dr.), *chef d'état-major de l'armée de terre allemande, passe en revue les corps francs sudètes à Stenberg.*

Hitler inspecte les fortifications tchécoslovaques abandonnées à l'Allemagne à la conférence de Munich. Le Führer a permis à l'armée tchèque de retirer l'essentiel de l'armement de la ligne fortifiée, mais, en fait, le Führer sait qu'il le récupérera prochainement, puisqu'il a déjà décidé d'absorber, en mars 1939, la Bohême et la Moravie. (Ph. Keystone.)

l'impuissance et aux illusions de Londres et de Paris, réduisent les oppositions internes. Il est au sommet de sa puissance ; sans guerre, l'Allemagne contrôle le bassin du Danube et les richesses agricoles dont elle a un si grand besoin, mais dans six mois, une nouvelle opération militaire changera, à long terme, le cours du destin.

Panorama de l'opinion française

Le 4 octobre, à la Chambre aux tribunes combles, Daladier fait son entrée sous les ovations dont seuls s'abstiennent les députés communistes. La peur ressentie au Bourget n'habite plus le président du Conseil ; au parlement, Daladier est dans son élément. Désormais fanfaron, cocardisant, il prétend que le succès de la négociation avec l'Allemagne provient de la manifestation de la force française [17]. Le pays doit se considérer en « état de mobilisation permanente »... Dans sa conclusion, il demande les pleins pouvoirs économiques et financiers. Au nom des communistes, Gabriel Péri annonce un vote hostile. Quant à Henri de Kerillis, député nationaliste de Neuilly, directeur de *L'Époque,* il lance à Daladier : « Cette paix fait du IIIe Reich un empire colossal qui va établir, sans obstacle, désormais et par étapes foudroyantes, son hégémonie sur l'Europe » ; et pour cela, il refuse sa confiance. Aux Communes, Churchill ne dit pas autre chose, mais il est aussi isolé que Kerillis, et se fait même chahuter en affirmant : *« Nous avons essuyé une défaite totale et parfaite* [18]. » Lors d'un premier vote pour entériner l'accord de Munich, Daladier l'emporte par 535 voix contre 75 ! Quant aux pleins pouvoirs réclamés par le gouvernement, nous en reparlerons...

Cette très large majorité s'explique par l'approbation (avec certaines nuances) de la droite, des radicaux-socialistes et des socialistes. Dans *Le Populaire* du 1er octobre, Blum avait parlé de son « lâche soulagement », formule promise à la célébrité, et il avait ajouté : « Il n'y a pas une femme, pas un homme en France pour refuser à M. Neville Chamberlain et à M. Edouard Daladier leur juste tribut de gratitude. Le fléau s'éloigne » (*sic*). Deux jours plus tôt, le 29 septembre, le leader socialiste s'était félicité de la réunion des chefs de gouvernement à Munich : « On commettrait, avait-il écrit encore dans *Le Populaire*, une grave erreur si l'on contrariait en quoi que ce fût cet espoir et cette joie *(sic),* parce qu'ils ont eux-mêmes une puissance et une chance de paix. » Or, au début du mois, le 8, Blum avait adopté une position inverse : « Il n'est pas possible que la souveraineté et l'indépendance de la Tchécoslovaquie lui soient maintenant arrachées lambeau par lambeau (...). Ce qui est en cause, c'est le sort de l'Europe, c'est le sort de la liberté de l'Europe... »

Jacques Bariéty, germaniste renommé, intéressé par la position de Blum face à l'Allemagne de 1930 à 1938 [19], montre les illusions et les

17. Edouard Bonnefous, *op. cit.,* t. VI, p. 351.
18. Winston Churchill, *op. cit.,* p. 338.
19. Jacques Bariéty, *Léon Blum et l'Allemagne 1930-1938, les relations franco-allemandes,* Colloque de Strasbourg du 7 au 10 octobre 1975, éd. du C.N.R.S., Paris 1976.

À son retour de la conférence de Munich, le gouvernement a décidé de donner un éclat exceptionnel à la commémoration du 11 novembre 1918. Devant l'Arc de Triomphe, on reconnaît (de g. à dr.) *plusieurs ministres : M. Georges Mandel (Colonies), M. Champetier de Ribes (Anciens Combattants), M. Guy La Chambre (Air), M. César Campinchi (Marine), M. Camille Chautemps (vice-président du Conseil), Daladier (chef du gouvernement et ministre de la Guerre), Édouard Herriot (président de la Chambre des députés), Jules Jeanneney (président du Sénat) en conversation avec Albert Lebrun, président de la République.* (Ph. Keystone.)

variations d'un homme qui, par sa pensée, sa culture, possède une stature supérieure à son rôle de chef de la S.F.I.O ; une bonne partie de la gauche française a réagi sur les affaires allemandes à son image. Au début des années trente, Blum est un adepte du désarmement intégral comme seul moyen d'assurer la paix ; au besoin, la France doit donner l'exemple unilatéralement. À l'entendre, le non-désarmement de la France justifie le réarmement de l'Allemagne !

La montée du nazisme n'est pas le plus grave danger pour la paix en Europe. Celui-ci provient plutôt de Mussolini, des « cléricaux » autrichiens et de la menace de restauration des Habsbourg, du régime de Pilsudski.

En 1932, Blum a soutenu qu'Hitler n'avait aucune chance d'arriver au pouvoir ; tout compte fait, la victoire du général von Schleicher [20] serait plus « désolante et décevante » que celle du chef du parti nazi. Au lendemain de l'accession au pouvoir d'Hitler, Blum ne voit dans le nouveau gouvernement allemand « qu'un cabinet de coalition sans avenir ni liberté d'action », opinion rapidement bousculée, il est vrai, par l'incendie du Reichstag et l'exploitation qu'en font les nazis. Quand, en octobre 1933, l'Allemagne a claqué la porte de la S.D.N. et a quitté la Conférence du désarmement, décisions approuvées par un référendum, Blum s'était prononcé contre toute idée de guerre préventive. Il fallait persister — avec ou sans le Reich — dans la voie du désarmement, quitte à mettre le Führer en quarantaine s'il maintenait son attitude. Une sorte « d'asphyxie morale » le ramènerait vraisemblablement à la raison.

Après la décision d'Hitler, le 16 mars 1935, de rétablir le service militaire obligatoire et la dénonciation des clauses militaires du traité de Versailles, Blum a soutenu dans *Le Populaire* (22 mars 1935) que ces actes étaient certes une « faute lourde contre le droit international », mais le Conseil de la S.D.N. ne pourrait décider « de tenir l'Allemagne enfermée dans les clauses militaires du traité de Versailles ». C'était toujours le même raisonnement sur le désarmement. Peu après, lors de la conclusion du pacte franco-soviétique, le leader socialiste entendait que ce rapprochement fût limité, c'est-à-dire sans conclusion de la convention militaire souhaitée par Staline, ce qui fut souvent mis, non sans raison, au débit de Laval, négociateur du côté français !

Au lendemain de la réoccupation de la Rhénanie et de la violation du pacte de Locarno par le IIIe Reich (printemps 1936), Blum se félicitait que le gouvernement eût choisi (bien malgré lui et en raison de la pusillanimité de Gamelin) « la procédure pacifique par l'entremise et l'action internationales » au lieu de recourir aux armes. Le socialisme avait raison de s'enorgueillir de cette attitude *(sic)*. Devenu président du Conseil (juin 1936), Blum ne désespérait pas de négocier avec Hitler pour obtenir le désarmement et le retour de l'Allemagne aux conceptions de la sécurité collective si chère à la gauche des années vingt. Mais en même temps Blum évoluait, enfin, sur le plan du réarmement (jusqu'en 1934, il avait refusé de voter les crédits militaires ; en 1935, il s'était opposé à la constitution de la force blindée préconisée par le lieutenant-colonel de Gaulle et défendue, en vain, à la Chambre par Paul Reynaud). Le 7 septembre 1936, il avait fait passer (sur l'insistance formelle de Daladier) de 7 à 14 milliards le programme de réarmement français étalé sur quatre ans (sur la même période, Hitler investissait quarante milliards dans les forces armées). En 1938, les propos de Blum, souvent contradictoires, vont dans le sens d'un certain durcissement, mais dans les derniers jours de septembre 1938, il prend des positions « munichoises ».

Plus tard, il les justifiera par son désir de préserver à tout prix la fragile unité de la S.F.I.O. où il lui faut manœuvrer avec le puissant courant pacifiste animé par Paul Faure (un seul député socialiste vote, le 4 octobre, contre les accords de Munich). Le 18 juin 1946, devant la

20. Voir t. III.

« Commission d'enquête parlementaire sur les événements survenus en France de 1933 à 1945 », Blum affirmera que le moyen peut-être unique de prévenir la guerre en 1939 aurait été, dès la prise du pouvoir par Hitler, de déclencher (avec la Grande-Bretagne et la Pologne) une opération préventive : « Ce sont, dit-il avec aplomb, les partis socialistes (...) et le socialisme international qui auraient pu le plus naturellement *(sic)* et le plus efficacement prendre l'initiative d'une telle opération !... »

La gauche socialiste et radicale doit aussi compter avec l'attitude du puissant Syndicat national des Instituteurs où elle recrute une partie notable de sa clientèle et de son appareil électoral. Fondé en 1920 sous la direction de son secrétaire général, A. Delmas, il compte cent mille adhérents (sur 130 000 instituteurs), 10 % des adhérents de la C.G.T. en 1939 [21]. Outre leur influence sur l'enseignement et l'éducation, les instituteurs sont, par milliers, secrétaires de mairie des communes rurales, ce qui accroît encore leur influence. Avant 1914, ils ont joué un rôle considérable dans la formation patriotique, à l'occasion revancharde, des futurs combattants de la Grande Guerre partageant leur sort avec dignité et courage. Mais après le conflit, ils commençaient à être sensibilisés aux courants pacifistes et internationalistes. Comme bien d'autres survivants du cataclysme, ils se tournèrent plus massivement, mais avec des nuances, vers les idées généreuses de la S.D.N., certains vers le communisme. Militants de la C.G.T., ils en subissaient les vifs conflits de tendance [22].

En 1936, le S.N.I. apportait un « soutien chaleureux » à Blum et au Front populaire ; l'Allemagne n'avait alors « qu'une place modeste » dans ses préoccupations, car « le grand soleil » de la guerre d'Espagne « polarisait son attention ». Il approuvait le pacifisme de la non-intervention, ne s'intéressant au phénomène nazi que par sa xénophobie et son racisme. La lutte du P.C. contre Blum en faveur d'une intervention en Espagne « choque les instituteurs ». Pour freiner la colonisation de la C.G.T. par les communistes, Delmas et ses amis se rangent dans la minorité conduite par Belin (secrétaire général adjoint) contre Jouhaux. C'est une façon de réaffirmer le pacifisme contre les amis de Thorez, pour l'instant, antifascistes, anti-hitlériens et bellicistes. Aux yeux du S.N.I., la question des Sudètes révèle « le bon droit des Allemands (...). On ne peut arbitrer entre les intérêts de Krupp et ceux de Schneider en Tchécoslovaquie ». Le 25 septembre 1938, Delmas publie un appel-pétition : « Nous ne voulons pas la guerre. » Des dizaines de milliers de signatures sont recueillies ; Daladier le sait avant de s'envoler pour Munich.

D'anciens militants de la S.F.I.O., ayant fait scission en 1933 [23], Adrien Marquet, député-maire de Bordeaux, Marcel Déat, ancien ministre de l'Air, etc., se rangent avec éclat dans le clan des « munichois ». Au sein du parti radical-socialiste, Georges Bonnet est le chef de file des pacifistes ; des dirigeants aussi en vue que Camille Chautemps sont favorables à ce qu'on appelle « l'apaisement », la « politique de compromis ».

---

21. Michèle Cointet-Labrousse, *Le Syndicat national des Instituteurs, le pacifisme et l'Allemagne (1937-1939, les relations franco-allemandes)*, Colloque du C.N.R.S., *op. cit.*

22. Voir t. I et II.

23. Voir t. III.

À droite, le chef de file des « munichois » est l'ancien président du Conseil, Pierre-Étienne Flandin, leader du mouvement « l'Alliance Démocratique », lié aux milieux d'affaires. En mars 1936, alors ministre des Affaires étrangères, il avait réagi avec vigueur à la réoccupation de la Rhénanie. Devant l'impuissance française et la mauvaise volonté de l'Angleterre, il avait basculé dans le camp de ceux qui, s'inclinant devant la prépondérance de l'Allemagne, préconisaient de s'entendre avec Hitler. Au lendemain de la conférence de Munich, Flandin envoie aux quatre participants un télégramme de félicitations, mais ses adversaires, ne retenant que le message au Führer, l'abreuvent d'insultes.

Le gouvernement est lui-même divisé, mais les antimunichois déclarés, Paul Reynaud, Georges Mandel, Albert Sarraut, Champetier de Ribes, César Campinchi, Jean Zay y sont en minorité. À plusieurs reprises, a couru le bruit de leur démission. Mais une grande question agite les uns et les autres : qui, en mai 1939, succédera à Albert Lebrun à l'Élysée ? D'aucuns voient déjà l'élection de Daladier, ce qui permettrait à Bonnet qui dissimule difficilement ses ambitions de se poser en candidat à la présidence du Conseil. Les relations entre Daladier et son ministre des Affaires étrangères ne sont pas des meilleures ; elles se détériorent de façon croissante. Dès l'été 1938, la tension est évidente, comme en témoignent de nombreuses notes de Daladier qui n'ignore pas les critiques de Bonnet à son égard : « S'il est populaire dans l'armée, c'est parce qu'il a constamment laissé faire et approuvé l'état-major sans jamais contrecarrer ses plans. S'il est accepté par les socialistes et par la droite, c'est que les uns et les autres sont écartés du pouvoir pour des raisons de majorité parlementaire, et qu'ils pensent pouvoir gouverner par l'intermédiaire de cet homme hésitant et influençable [24]. » Sans cesse, Daladier est mis en garde contre Bonnet, son « défaitisme », ses manœuvres obliques, ses « mensonges », etc. En fait, le ministre des Affaires étrangères, par sa politique d'apaisement, est au centre d'un véritable maelström où s'agitent les politiciens, de tout format, les brasseurs d'affaires et les barons de la presse. Dès le printemps 1939, Daladier tentera de passer au-dessus de Bonnet et, le plus souvent, communiquera directement (par téléphone) avec Alexis Léger, les différences d'interprétation étant particulièrement vives dans le cas des relation franco-italiennes.

Les salles de rédaction, le grand monde, lors de dîners en ville, se distraient des amours de Daladier et d'un autre de ses challengers à la tête du gouvernement, Paul Reynaud. L'égérie du président du Conseil, veuf après treize ans de mariage, est la marquise Jeanne de Crussol. Son père, M. Béziers, riche conserveur de sardines nantais, l'avait mise au célèbre couvent des Oiseaux pour y recevoir la meilleure éducation. Le « couronnement » de tant d'efforts, appuyés sur une solide fortune, aurait été un mariage avec un descendant d'une famille titrée. Ainsi, Jeanne Béziers épouse le marquis de Crussol (d'où le quolibet qui fait fureur : « La sardine qui s'est crue sole ! »), petit-fils de la duchesse d'Uzès, lequel a, un moment, courtisé Hélène Rebuffel dont le père possède de puissants

24. Pierre Lazareff, *op. cit.*, p. 31.

intérêts financiers à Marseille. La « victoire » de la blonde Jeanne sur la brune Hélène ne sera pas oubliée par cette dernière. Une revanche est à prendre. En attendant, la marquise de Crussol se passionne pour la Société des Nations à la belle époque de l'assemblée de Genève [25], prend goût à la politique dont, disent les méchantes langues, elle a du mal à suivre les méandres. Après avoir eu l'idée d'ouvrir un « salon de gauche » (à la limite du radicalisme) de bon ton, elle s'est mis en tête de trouver un homme politique énergique, capable de « s'imposer à la France ». Mme Émile Servan-Schreiber, militante radicale en vue, dont l'époux dirige un périodique économique, avait présenté la marquise à Daladier, alors à la tête du premier parti politique de France. Entre une femme du monde, élégante, et le fils du petit boulanger de Carpentras, trinquant volontiers avec les militants, buvant le pastis, mal adapté aux mœurs raffinées de la société parisienne, s'établissent affection et échange de services. Des photos montrent le « fusilleur » du 6 février 1934, le « compagnon de route » de Blum et de Thorez sous le Front populaire, caracolant à cheval au bois de Boulogne avec la belle marquise !...

Quant à Hélène Rebuffel, montée à Paris, elle s'est placée sous le « patronage » de la comtesse Marthe de Fels, richement mariée à un parlementaire, grande amie de Briand et d'Alexis Léger, introduite chez les Grands et dans le milieu littéraire. Mais la jeune Marseillaise s'irrite d'être reçue en ville comme la « protégée » de Marthe. À défaut du marquis de Crussol, elle épouse le comte Jean de Portes que son beau-père fait entrer dans ses négoces. À l'instar de sa rivale de Crussol, elle mène la vie parisienne, tient salon où elle reçoit Tardieu, le colonel de La Rocque, Flandin, Laval, Monzie, Bonnet, rencontre le comte de Paris auquel elle promet son appui. Elle retrouve aussi un ancien flirt, Paul Reynaud, qui monte au firmament politique et dont on lui assure qu'il a son avenir devant lui, un jour à la tête du pays. Ces perspectives correspondent à son ambition : qu'importe les orientations particulières du ministre, écouté davantage à gauche que par son milieu politique. Quant à la comtesse, orientée à droite, elle se promet de ramener Reynaud (qui en rit) à ses idées...

Ces développements n'auraient pas leur place ici si Hélène de Portes n'avait pas (jusqu'à sa mort en juillet 1940) joué de son influence accaparante, tapageuse, et souvent malheureuse, sur Paul Reynaud en plein cœur de la mêlée. Certes, la marquise de Crussol était nettement plus discrète, mais les deux femmes avaient leur « cour » de gens en place avec les influences et les crocs en jambe afférents.

La « guerre psychologique » allemande en France

L'agitation qui se manifeste autour de la crise des Sudètes met une fois de plus en lumière les activités allemandes à Paris. Est-ce la préface au rôle,

25. Voir t. II.

plus ou moins réel, de la « cinquième colonne » en mai 1940 ? Dès son arrivée au pouvoir, Hitler qui, dans *Mein Kampf,* avait traité la France *d'ennemie irréconciliable de l'Allemagne,* décide de prendre personnellement en main le dossier des campagnes destinées à sécuriser les Français [26]. Donnant l'exemple, il accorde des interviews à des journalistes de la capitale tels Fernand de Brinon ou Bertrand de Jouvenel. Le but officiel de tant de vigilance au plus haut niveau du Reich est, officiellement, de promouvoir une « entente confiante » entre les deux pays, de désamorcer l'hostilité traditionnelle d'une partie de l'opinion envers l'Allemagne : si les Français et les Allemands se connaissent mieux, la guerre deviendra impossible. Sous cette forme, c'est la reprise des efforts de rapprochement opérés à l'époque de Briand, sous le ministère de Stresemann [27]. Cette offensive de « charme » va de pair avec celle menée par Hitler vis-à-vis de l'Angleterre.

Avant 1933, le « Comité franco-allemand d'information et de documentation » (qu'il ne faut pas confondre avec le « Comité France-Allemagne ») constitué à l'initiative de l'aciériste luxembourgeois Émile Mayrisch [28] rassemble des noms importants de l'Industrie et des Lettres. Mais, dès juin 1933, l'un de ses membres les plus en vue, Ernest Mercier, « le roi de l'électricité », bien informé, s'inquiète dans des articles, des préparatifs et intentions allemands. Mercier n'est pas le seul à sentir le mauvais vent souffler du Rhin : les premiers émigrés allemands, juifs, intellectuels, apportent des éclairages inquiétants (peu écoutés en haut lieu, et pourtant !...) sur l'immense mutation en cours dans leur pays natal. Pour Berlin, il faut combattre ces courants hostiles par une habile propagande. C'est d'autant plus important pour Hitler que son but déclaré d'entente se double du désir (secret cette fois) « d'endormir » la France (et l'Angleterre) pour réaliser, sans un coup de feu, ses projets en Europe centrale.

Divers services allemands, souvent concurrents, rivaux, sont chargés de l'opération. Parmi ceux-ci, le « Bureau Ribbentrop » du nom de son chef, le futur ambassadeur d'Allemagne à Londres, puis à partir de février 1938, ministre des Affaires étrangères. Au départ, il s'entoure d'une dizaine de collaborateurs recrutés de façon empirique. L'un d'eux est, en 1934, un Badois d'une trentaine d'années, ancien étudiant des Beaux-Arts, professeur au lycée de Karlsruhe : Otto Abetz. Élu président de la Confédération des Jeunesses de sa ville dont les membres appartiennent aux horizons philosophiques les plus contrastés, il organise en 1930, au Sohlberg, dans la Forêt-Noire, une rencontre entre étudiants allemands et français. Nombre de conférenciers, venus de Paris, appartiennent au Cercle de la revue *Notre Temps,* fondée par le journaliste Jean Luchaire et qui, grâce à Aristide Briand, reçoit des subventions du Quai d'Orsay (et pourquoi pas, de la Wilhelmstrasse !...). À la fin de la réunion du Sohlberg, l'assistance allume un feu de camp et chante les hymnes nationaux des deux pays.

---

26. Alfred Kupferman, *Le Bureau Ribbentrop et les campagnes pour le rapprochement franco-allemand 1934-1937,* p. 88, *Les Relations franco-allemandes 1933-1939, op. cit.*
27. Voir t. II.
28. Voir t. II.

En 1931, la rencontre a lieu à Rethel, carrefour de bien des combats, tandis que naît le Comité d'entente de la jeunesse française pour le rapprochement franco-allemand. À Mayence, l'année suivante, des représentants de la droite française (fascistes, disciples de Maurras, barrésiens, etc.) participent aux débats ; Abetz épouse une Française, collaboratrice de Luchaire. À Pâques 1933 (Hitler étant chancelier depuis janvier), les amis de Sohlberg se retrouvent à Paris ; cette activité inquiète, un temps, la police secrète d'État allemande, puis les choses poursuivent leur cours. L'écrivain Drieu La Rochelle évoque, à Berlin, les points communs entre la France et l'Allemagne. Les chefs des Jeunesses hitlériennes « découvrent » Abetz qui accepte leur proposition de devenir le chef de bureau français du mouvement... En juillet 1934, Abetz organise, à Paris, des projets de camps et d'excursions, mélange de scoutisme et de politique.

Le « Bureau Ribbentrop », dont Hitler est le véritable patron, entreprend d'exploiter l'idée que *« jamais un ancien combattant ne déclenchera une nouvelle guerre* (...). L'absence de nationalisme de la génération née pendant la Grande Guerre, le désir de tranquillité de l'homme de la rue, le pacifisme des instituteurs, voilà des données psychologiques favorables que l'on peut exploiter »[29]. À Berlin, on a tiré la leçon des échecs des campagnes de propagande, de « guerre psychologique » pourrait-on dire, réalisées en 14-18. Au lieu d'agents comme Bolo-Pacha, on se servira plus subtilement de « propagandistes inconscients » dans les milieux intellectuels, tels Louis Bertrand, Alphonse de Châteaubriant, etc. La plus illustre « recrue » du moment est Jules Romains, persuadé de la volonté de paix du IIIe Reich, invité à visiter l'Allemagne pour « simplement se rendre compte ». Rien n'est ménagé pour l'accueillir avec des honneurs exceptionnels, tandis que l'on joue ses pièces dans de nombreux théâtres allemands, ce qui lui vaut des droits d'auteur fabuleux[30] ! S'étant fait « piéger » par naïveté ou par orgueil, l'écrivain adhère au Comité France-Allemagne, toujours en cour auprès des autorités françaises, alors que d'autres participants jugent bon de le quitter. De son côté, Goebbels, rival de Ribbentrop dans les opérations de séduction sur la France, fait distribuer en novembre 1933, des tracts et des brochures aux ouvriers de chez Renault sur le thème « La jeune Allemagne veut le travail et la paix ».

À la même époque, le Führer imagine une rencontre spectaculaire, sur le pont de Kehl, avec Daladier. Les médias donneraient l'ampleur voulue à Berlin, à la poignée de main de l'ancien caporal autrichien de 14-18, courageux agent de liaison dans les tranchées, avec le sergent d'infanterie français devenu capitaine par ses mérites ; puis, dans le Rhin, Hitler jetterait une couronne « aux morts des deux camps ». Pour préparer le terrain, Hitler donne une interview à un journaliste du *Matin,* le comte Fernand de Brinon.

Né à Libourne en 1885, ce dernier a appartenu, pendant la Grande Guerre, au service d'études et d'information du G.Q.G.. À la paix, il entre au *Journal des Débats* où les Wendel jouent les premiers rôles. En avril

29. Alfred Kupferman, *op. cit.,* p. 91.
30. Alfred Kupferman, *op. cit.,* p. 92.

1923, sur leurs instructions, Brinon publie une série d'articles pour désolidariser la métallurgie de l'occupation de la Ruhr réalisée par Poincaré [31]. Cette politique contrarie les maîtres de forges qui ont besoin des approvisionnements allemands [32]. En même temps, Brinon, germanophobe pour l'instant, manœuvre dans le but de se faire bien voir des Wendel, les servir au mieux derrière le dos du directeur du journal. Cette « souplesse » alliée à de la versatilité fait alors dire que Brinon, en séjour à Berlin, envoie une prose inspirée par les Allemands ; puis de passage à Genève, il poste un article d'inspiration genevoise ! Mais tout n'a qu'un temps : Brinon trouve plus rusé que lui aux *Débats,* et il est contraint de quitter la place, ce dont il tient rancune aux Wendel. Devenu collaborateur du journal économique et financier *L'Information,* il étend ses relations dans les milieux parlementaires, se pose en spécialiste des questions franco-allemandes, rencontrant, outre-Rhin, des personnalités de premier plan (Rathenau, Stinnes, Thyssen futur financier d'Hitler, Stresemann, etc.). On le voit aussi à la S.D.N., dans les conférences internationales. Il donne régulièrement des informations politiques aux banques Rothschild et Lazard…

M. Fernand de Brinon, qui pendant l'Occupation sera le délégué général du gouvernement de Vichy à Paris et l'un des chefs de file de la collaboration avec l'Allemagne, ce qui lui vaudra d'être fusillé peu de temps après la Libération. (Ph. R. Viollet.)

En 1932, à l'occasion d'une chasse organisée en France par M. Melchior de Polignac, Brinon fait la connaissance de Ribbentrop, représentant de vins de champagne, conseiller d'Hitler au parti nazi pour les problèmes de politique extérieure. Dans la foulée, Ribbentrop propose à Brinon de lui faire rencontrer à Berlin, des « gens qui l'intéresseront ». Voilà Brinon au centre de contacts au plus haut niveau, ce qui correspond à son goût de jouer la vedette. Il rend compte de ses discussions à Daladier, soucieux lui-même de poursuivre, à l'image de son rival Herriot et de nombreux radicaux-socialistes, la politique de réconciliation franco-allemande

31. Voir t. II.
32. Jean-Noël Jeanneney, *François de Wendel en République,* p. 114, Le Seuil édit., Paris 1976.

adoptée par Briand. Brinon devient un important agent officieux de la IIIe République avec la « nouvelle » Allemagne. Il tente, en vain, de présenter Ribbentrop à Daladier. Tout cela mérite récompense : en août 1933, Brinon reçoit la rosette de la Légion d'honneur pour « services éminents rendus à la cause française à l'étranger ». À plusieurs reprises, Brinon se rend en Allemagne, rencontre cinq fois Hitler, fait ses rapports à Daladier, puis, au fil des mois, à Barthou, Laval, Chautemps, voit Flandin, etc. Dans l'état actuel de l'information, comment contester que Daladier (entre autres) a eu sa « tentation » allemande ? Comment nier qu'elle fut plus poussée qu'il n'y paraît généralement ?

Subjugué, actif, devenu « à la mode » après avoir courtisé les Wendel, Brinon, menant un train de vie jugé dispendieux par ses accusateurs de la Libération, se fait le chantre de la sincérité d'Hitler et de ses intentions pacifiques [33]. En 1934, il publie *France-Allemagne,* un livre préconisant la « nécessité d'un effort de compréhension mutuelle si l'on veut éviter qu'à chaque génération, la jeunesse des deux pays ne s'affronte sur les champs de bataille ».

De son côté, Hitler reste tenace dans ses intentions : le 2 novembre 1934, recevant une délégation d'anciens combattants français, il évoque « les millions de combattants tombés que leurs anciens camarades doivent avoir présents à l'esprit ». Jean Goy, député de la Seine et vice-président de l'U.N.C. (la plus importante et conservatrice des associations d'anciens combattants qui a manifesté le 6 février 1934), donne dans *Paris-Midi* une interview du Führer qui provoque des remous chez ses amis, mais dont il sort vainqueur, remplaçant le président de l'U.N.C., Georges Lebecq. Les réunions d'anciens combattants français et allemands se succèdent, avec plus d'ampleur en Allemagne qu'en France. À chaque fois, les profiteurs de l'opération, c'est-à-dire la propagande allemande, trouvent des thèmes porteurs, et n'ont pas leur pareil pour organiser des manifestations « touchantes ». À l'automne 1935 (l'Allemagne a lancé son fantastique plan de réarmement), le « Bureau Ribbentrop » fonctionne à plein rendement. Abetz, qui établit des contacts facilement et passe des coups de téléphone chaleureux, bon compagnon de table, ne néglige pas d'inviter journalistes et autres au *Fouquet's.*

Au sein des instances dirigeantes du Comité France-Allemagne, le président du Comité olympique allemand, un professeur en renom comme Friedrich Grimm, la brillante cinéaste Leni Riefenstahl côtoient le commandant L'Hôpital, ancien aide de camp du maréchal Foch, Gustave Bonvoisin, directeur général des Caisses d'allocations familiales, le professeur Fourneau de l'Académie de médecine, Brinon bien sûr, etc. Le député aveugle Georges Scapini, l'étonnant Mgr Mayol de Luppé, le romancier Pierre Benoit, l'universitaire Henri Lichtenberger, le duc de Broglie, le marquis de Chambrun, Darquier de Pellepoix, Jacques Benoist-Méchin, Drieu La Rochelle, Bertrand de Jouvenel, etc., entrent, consciemment ou non, dans le jeu d'Abetz.

En février 1936 (un mois avant le coup de force de la réoccupation de

---

33. *Compte rendu sténographique du procès de Fernand de Brinon,* p. 12, Albin Michel édit., Paris 1948.

la Rhénanie) des responsables d'associations d'anciens combattants français dînent en grand apparat à Berlin avec des ministres d'Hitler et le chef des S.A., Ribbentrop. Avec Rudolf Hess, représentant d'Hitler au sein du Parti, ils conviennent de fêter, en juillet, l'anniversaire de la bataille de Verdun : « Le slogan pacifiste de la gauche des années vingt est récupéré par les nazis et répété avec ferveur dans les milieux naguère rebelles au désarmement moral [34]. » Le tapage organisé scientifiquement autour des Jeux olympiques est l'occasion d'offrir à de jeunes Français des vacances gratuites en Allemagne ; à Garmisch, les skieurs prononcent un serment à la paix le jour même où des bataillons allemands réoccupent la Rhénanie ! De fil en aiguille, l'organisation allemande de séduction de la France met en place d'autres pions grâce à des complicités politiques à Paris ; ainsi, avec l'ancien président du Conseil Joseph Caillaux, auquel ses mésaventures de 14-18 semblaient n'avoir rien appris et qui reste victime de son orgueil incommensurable. Avec ses amis, il « joue » la carte Daladier qui a montré de si bonnes dispositions pour le rapprochement franco-allemand. D'ailleurs, le Front populaire n'arrête pas ses intrigues : la coexistence pacifique n'est-elle pas au programme de la gauche victorieuse ?

L'organisation d'Abetz s'étoffe à vue d'œil. À Paris, 3, rue Roquépine, est installée une « Maison Brune » avec des filiales en province. Le consulat d'Allemagne, rue Huysmans, abrite la section française du parti nazi. Pour la seule région parisienne, le Front du Travail compte neuf cents adhérents dont soixante journalistes bien plus accaparés par des missions de propagande et autres que par l'exercice de leur métier proprement dit. Avec ses cinq cents participants, la Chambre de commerce allemande aide à la couverture d'agents de l'Abwehr et de la Gestapo ; les églises catholiques et protestantes allemandes sont mises à contribution. Les citoyens du Reich de la région parisienne (près de quinze mille) sont l'objet de pressions (déchéance de la nationalité, confiscation des biens en Allemagne, etc.) pour qu'ils apportent leur concours à cette entreprise.

La mollesse et le laxisme des hautes autorités françaises dépassant toute imagination, le culot des nazis est fabuleux. Ainsi, début 1939, un colosse se présente, de la part d'Himmler, à un haut fonctionnaire du ministère de l'Intérieur : après le salut hitlérien, le colonel Boemelburg annonce son installation à l'ambassade d'Allemagne. Pourquoi n'y aurait-il pas, dit-il, un « attaché de police » à côté des attachés militaires et commerciaux ? Voilà que la Gestapo et le S.D. ont pignon sur rue dans Paris. Il faut un mois à Daladier, alerté sur-le-champ, pour que Boemelburg soit enfin déclaré « persona non grata ». Il reviendra en juin 1940 pour prendre ses quartiers rue des Saussaies dans le même bureau où il avait fait son intempestive visite [35]... Dans les salons du cercle *Le Grand Pavois* aux Champs-Élysées, l'avant-garde de la future collaboration mène grand tapage et fête Munich...

La presse française a aussi ses « taupes » allemandes, comme Per-

34. Alfred Kupferman, *op. cit.*, p. 27.
35. Paul Paillole, *op. cit.*, p. 137.

roux, chef des informations du *Temps,* Poirier, administrateur du *Figaro.* Pour la seule année 1938, ils reçoivent huit millions de francs, une grosse somme ! Dans un luxueux appartement de l'hôtel Meurice, une baronne allemande distinguée mène grand train et paie ses notes rubis sur l'ongle. Diplomates, journalistes, politiciens participent à ses dîners et cocktails. Malgré une surveillance de la police, elle parvient à lever le pied. Sur la route de Versailles à Guyancourt, le conducteur d'une voiture arrêtée en face du champ de manœuvre de Satory photographie tranquillement les évolutions d'un prototype de char Somua. Un officier de réserve passant par hasard s'intéresse au manège, tombe sur le dos de l'opérateur : c'est un Allemand dépendant du poste de l'Abwehr à Stuttgart ! Et combien d'autres exemples !... Avec la prudence d'usage, l'ambassade d'Allemagne a sa part dans l'œuvre de « propagande », avec le conseiller Rahn qui reviendra aux côtés d'Abetz pendant l'Occupation, et l'habile Dr Theodor Auer qui a ses entrées dans la haute société parisienne (avant de devenir

Ci-contre, *l'ambassadeur d'Allemagne à Paris, M. von Welszeck* (au premier plan) *dépose une couronne, en mars 1939, au cimetière d'Ivry à la mémoire de ses compatriotes morts en France pendant la guerre de 1914-1918* (Ph. R. Viollet). Ci-dessous, *réception à Paris d'une délégation d'anciens combattants allemands.* À droite, au 2e rang *(grand et cheveux blonds) : Otto Abetz, le futur ambassadeur d'Allemagne pendant l'Occupation.* (Ph. Keystone.)

chef de la commission allemande d'armistice au Maroc, après 1940, où il travaillera avec des chefs nationalistes !).

Les services spéciaux du colonel Rivet s'émeuvent de ce travail de termites dont l'ampleur est tout à fait préoccupante [36]. Mais l'attitude officielle n'est guère encourageante. Le Quai d'Orsay n'entend pas qu'on touche à des journalistes allemands parfois pris en flagrants délits. Quant à Abetz, incroyable est le nombre et la puissance de ses défenseurs contre une mesure d'expulsion. En 1935, 35 agents de l'Abwehr sont arrêtés ; 153, en 1937 ; 274, en 1938... mais combien d'autres, opérant à l'abri des organismes officiels allemands en France, restent intouchables !

Un document allemand du 27 septembre 1938 [37], à un grave moment de la crise des Sudètes, montre jusqu'où peut conduire un désir de « réconciliation franco-allemande ». Fernand de Brinon rend compte au chargé d'affaires de l'ambassade d'Allemagne à Paris, Brauer, des « constatations » faites par ses soins « au cours de ses entretiens d'aujourd'hui ». Au conseil des ministres, Monzie (Travaux publics) et Pomaret (Travail) soutiendront une solution à la question tchécoslovaque :

1°) Paris et Londres garantiraient l'exécution rapide du transfert au Reich des zones sudètes ; 2°) les troupes allemandes y entreront le 1er octobre pour « une occupation symbolique », et il y aurait « grand intérêt » à une participation d'unités italiennes, françaises et anglaises ; 3°) une garantie serait donnée aux nouvelles frontières tchécoslovaques.

Le télégramme envoyé personnellement à Ribbentrop précise aussi que Brauer n'a pu demander certaines précisions à Brinon, « vu la surveillance dont il a fait l'objet ». Mais le Français reviendra et, « à la suite de sa visite », il y aura « d'autres nouvelles ». Enfin, Brinon demande que « nous lui fassions connaître notre position si possible avant la séance du conseil des ministres du 28 septembre »... Si, pendant un temps, Brinon a pu se targuer d'être un « agent officieux », cela impose des règles : celle, entre autres, d'informer ses « patrons » comme il le fit avec Daladier et d'autres excellences. Mais, tout porte à croire qu'à l'image de nombreux partisans d'un rapprochement franco-allemand, il a abandonné ses anciennes « précautions » et a « sauté le pas », entrant dans une voie hautement dangereuse qui le conduira à son rôle de premier plan sous l'Occupation.

Sous la pression répétée du colonel Rivet, Daladier et Marx Dormoy, ministre socialiste de l'Intérieur, finissent par prendre diverses mesures permettant de mieux endiguer la pénétration allemande en France. Mais, là encore, pourquoi ce temps perdu ?

Revenons aux lendemains du débat où les députés approuvent l'accord de Munich. On se souvient que Chamberlain avait obtenu d'Hitler un engagement écrit permettant d'ouvrir de nouvelles négociations sur les litiges entre l'Angleterre et l'Allemagne. À son tour, en octobre 1938,

---

36. Ajoutons que l'Abwehr II fournit des moyens financiers et moraux à des organisations autonomistes, celle de Karl Roos en Alsace, de Morodrelle en Bretagne, au Pays Basque et en Afrique du Nord. À cette œuvre « dissolvante » collabore aussi de son côté le fascisme italien et l'O.V.R.A. dont on retrouve la main dans l'attentat contre le roi Alexandre de Yougoslavie et dans des affaires de la Cagoule.

37. Les Archives secrètes de la Wilhelmstrasse, *op. cit.*, p. 605.

Début décembre 1939, entretien à l'ambassade d'Allemagne à Paris, entre von Ribbentrop et Daladier, à l'occasion de la signature d'un accord franco-allemand, rapidement caduc. (Ph. Keystone.)

Daladier entre dans ce scénario. Les pourparlers sont menés bon train avec Berlin, en dépit de l'assassinat à Paris d'un conseiller de l'ambassade d'Allemagne, von Rath, par un jeune juif d'origine polonaise [38]. Protégé par un dispositif policier considérable, Ribbentrop se rend officiellement à Paris pour signer, le 6 décembre 1938, une déclaration franco-allemande, remplie de bonnes intentions ne concordant pas du tout avec les nouveaux projets militaires du Führer.

Tombé aux oubliettes, Pierre Laval commente...

Depuis le 22 janvier 1936 où, mis en minorité par les députés sous des applaudissements qu'il n'oublie pas et dont il compte bien se venger,

38. En représailles, les nazis organisèrent la « nuit de Cristal », véritable chasse aux Juifs avec arrestations et pillage. Officiellement, on enregistre la destruction de 171 maisons et 814 magasins, l'incendie de 191 synagogues. Il y eut 36 morts et 36 blessés graves. Mais les S.S. admirent que les « chiffres réels devaient être bien plus considérables » (Toland, *op. cit.*, t. II, p. 12). Le programme continua jusqu'au 12 novembre ; 20 000 Juifs furent internés dans des camps. Le 15, Roosevelt protesta publiquement et ordonna le rappel de l'ambassadeur des États-Unis à Berlin.

Pierre Laval semble être « tombé aux oubliettes ». Sénateur du Puy-de-Dôme, maire d'Aubervilliers dont il a fait un fief « indéboulonnable », influent à la commission des Affaires étrangères de la haute assemblée, il attend, les événements lui donnant raison, que sonne l'heure de son retour.

Ses intimes sont surpris du calme relatif de ses réactions, critiquant Sarraut qui, en 1936, s'est laissé dominer par Gamelin dans l'affaire de la Rhénanie, Blum et Delbos qui ont accéléré la rupture avec l'Italie, Chautemps pour sa passivité lors de l'Anschluss, etc.[39]. Ses ennemis s'interrogent : que trame-t-il avec Doriot ? Avec La Rocque ? Avec Mussolini ? Et ses agents secrets ? On voit des complots partout... Dans son bureau du 120, avenue des Champs-Élysées, grillant cigarette sur cigarette, il dirige ses affaires, s'informe de celles du pays. Il y invite des amis, des alliés, des journalistes, des grands patrons de presse tel Jean Prouvost, pour tenter de retrouver l'espoir d'une seconde carrière politique aussi impressionnante que la première, close en janvier 1936. Au cours de monologues, il ressasse le portrait du puissant homme qu'il a été, tirant les ficelles en s'appuyant sur ses rencontres avec le Duce, le président Hoover, Staline. C'est un acteur qui se rappelle les grands rôles dont il a éprouvé tant de griserie infantile. Rien ne semble le démonter extérieurement. Lorsque, le 3 octobre 1938, la France rétablit ses relations diplomatiques avec l'Italie, il s'imagine envoyé à Rome pour cette mission de « réconciliation », mais Ciano, averti, met en garde Bonnet : « Pas Laval, mais un diplomate de carrière. » Ce sera François-Poncet, candidat à l'ambassade de Rome où il est nommé mais reçu sans aménité. Laval, homme d'État, reste en quête d'emploi. Au moment de Munich, il ne fait pas, comme d'autres, donner sa voix, mais le 4 octobre 1938, avec 21 sénateurs, il vote contre les pleins pouvoirs économiques et financiers réclamés, on le sait, par Daladier.

À Bertrand de Jouvenel[40] qu'il invite à déjeuner le 7 novembre 1938, au *Fouquet's,* Laval fait ainsi le point de la situation : « " Ils " (Daladier et ses amis) ne s'en tireront pas. " Ils " se débattent et s'enfoncent. Aucun redressement n'est possible, ni en diplomatie, ni en finances (...). Le retour de Munich fut inconvenant. Les acclamations ! " Ils " n'ont donc pas une parcelle d'orgueil national ! Avant de faire de la politique extérieure, il faut avoir une politique intérieure. Vider les bureaux et remplir les prisons (...). " Ils " ne me donneront plus le pouvoir. " Ils " savent trop que ce serait alors fini de leurs jeux. » Entre un plat de raviolis et de la viande, montrant un solide appétit, il ajoute que s'il était élu à la présidence de la République, il ne « chercherait pas un président du Conseil », fonction que ne prévoit pas la constitution, « nommant ses ministres et les révoquant »...

Aucune illusion non plus sur les Anglais : « On en reviendra des enthousiasmes que provoque à présent cette alliance... » Présent lui aussi au restaurant, Paul Gémon, administrateur de *Paris-Soir,* salue l'ancien président du Conseil : « M. Prouvost est parfaitement d'accord (avec

---

39. Fred Kupferman, *Pierre Laval,* p. 61, Masson édit., Paris 1976.
40. Bertrand de Jouvenel, *op. cit.,* p. 344.

vous). D'ailleurs, il vous a téléphoné... » Puis, se retournant vers Jouvenel, Laval explique : « J'ai fait dire à Prouvost qu'il avait assez démoralisé le pays. Il est grand temps qu'il fasse un peu de bien, après tant de mal [41] ! Et Franco auquel, en 1937, il a envoyé un télégramme de sympathie. Que sait-on de ses intentions ? » Revenant à Munich, Laval parle de l'ancien chancelier d'Autriche Schuschnigg dont il aurait souhaité que Daladier, Chamberlain, Mussolini eussent demandé à Hitler la libération : « " Ils " n'y ont même pas pensé, un homme avec lequel " ils " ont tous collaboré... Les " salauds " ! » Au cours d'une seconde entrevue, le 6 décembre 1938, Laval revient sur les chances gâchées avec l'Italie, les relations franco-allemandes, etc. Dans un peu plus de dix-huit mois, à Bordeaux, le désastre militaire étant immense, Laval mettra en selle le maréchal Pétain et reviendra lui-même au gouvernement...

41. Bertrand de Jouvenel, *op. cit.*, p. 346.

19

AU LENDEMAIN DE MUNICH : LES ILLUSIONS DE GAMELIN ET DE DALADIER

Quelques bombes d'avion auraient stoppé la mobilisation partielle française de septembre 1938 • Les préfets soulignent « l'incurie de la population en matière de défense passive » • Toujours des nuages du côté de la Belgique • Le Führer « pressé par le temps » ; le nouveau poste du général Guderian • Une information considérable en deux lignes : prise de contact entre Allemands et Soviétiques • Chimères de Gamelin qui menace de démissionner • Daladier tente de duper Chamberlain • Désaccord franco-britannique • À quand les affaires sérieuses ?

« Il convient de ne pas oublier, souligne le rapport du Conseil supérieur de la Guerre [1] sur le rappel de 700 000 réservistes en septembre 1938, que *la moindre attaque aérienne aurait définitivement enrayée* cette mobilisation partielle (...) ; de graves erreurs ont été commises qui doivent être réparées sans retard. » Au cours d'un entretien avec le général Georges, le général Picquendar précise [2] : « La majorité des batteries de D.C.A. *ne pouvait être prête à tirer avant le 7e ou le 8e jour* » ; seules quelques batteries servies par des élèves de Polytechnique auraient été prêtes le 4e jour ! De l'expérience de septembre, des délais analogues existeraient donc « avant

1. 10 octobre 1938, rapport n° 135/CS « Quelques enseignements de l'alerte de septembre 1938 », Conseil supérieur de la Guerre. Archives SHAT.

2. 21 novembre 1938, résumé d'un entretien du général Georges avec le général Picquendar. Archives SHAT.

qu'une couverture aérienne efficace du territoire par la D.C.A. ne soit assurée ». Des mesures urgentes de redressement d'une carence si grave s'imposent : il faut être *« prêt à faire face à une agression au printemps prochain »*. Il est prudent que la D.C.A. soit mise, pour le mois de mars (1939), en état de remplir son rôle de protection. La faiblesse de production des canons de petit calibre obligera à acheter des pièces à l'étranger (la firme Oerlikon) ; si la situation est meilleure pour le 75 antiaérien, les usines ne sortant que douze pièces par mois, il faudrait encore un an pour réaliser la commande en cours !

Outre la lamentable situation de la D.C.A., d'autres défaillances graves sont relevées. Ainsi, les centres mobilisateurs ont été débordés en raison de la pénurie de leur personnel, et de leur installation dans de « vieilles casernes à nombreux étages, dans des citadelles ou des forts, véritables culs-de-sac où lors de la crise, s'accumulaient camions embouteillés et flots de réservistes. *On n'a pas de peine à s'imaginer les irréparables désordres qu'y auraient causé quelques bombes d'avion* ». Malgré leurs diverses déficiences, les centres mobilisateurs auraient pu répondre à leur mission « si les mesures de pré-mobilisation avaient été échelonnées dans le temps ». On ne peut mieux reconnaître la lenteur de la mise sur pied des unités françaises [3] au moment où les renseignements du S.R. ont, comme nous l'avons vu, montré la Wehrmacht remplaçant son traditionnel processus de mobilisation par des mesures plus souples, plus rapides, plus efficaces.

« Il n'est pas admissible, poursuit le rapport du C.S.G., qu'une unité de couverture parte sans bidons, sans toiles de tente, sans couvre-pieds, sans cravates, sans calots. Il vaut mieux ne pas la mettre sur pied. *L'effet de ces déficits sur les réservistes a été déplorable.* » À ces pénuries s'ajoutent celles des stocks de graisse d'arme et de graisse à chaussures, des galons et des écussons pour les gradés. À revoir également l'habillement des régiments de travailleurs et des régiments régionaux de garde équipés, si l'on peut dire, d'effets récupérés dont la plupart sont inutilisables « parce que trop usagés ou trop étroits ». Le démarrage de l'alimentation des troupes « a été assez pénible » ; l'organisation des cuisines, souvent défectueuse.

Autre constat plus fâcheux (parce qu'il concerne la capacité de résistance et de manœuvres des unités, comme nous le verrons en mai 1940) : sur trois régiments de la 52ᵉ D.I., un seul était capable de remplir sa mission ! Les deux autres n'ayant pas bénéficié de l'apport d'un tiers des soldats d'active — « un minimum indispensable » — ne formaient qu'un « troupeau » que ses chefs « devront avoir le temps de disposer pour en faire une unité de guerre convenable ». Cette 52ᵉ D.I. ayant aussi enregistré entre 5 et 600 insoumis (dont le député communiste de l'endroit), c'est-à-dire des hommes n'ayant pas répondu à l'ordre de mobilisation, il faudra « sévir sans faiblesse (...). Ce serait une faute grave

3. Lors du Kriegspiel de l'automne 1937, le général Georges avait imputé à cette lenteur, rappelons-le, une bonne part de l'échec de l'offensive de diversion française sur le Rhin pour soulager la Tchécoslovaquie. Un an plus tard (en septembre 1938), la preuve matérielle est ainsi apportée aux prévisions de 1937 ; rien n'a été arrangé, et peu de choses le seront d'ici à septembre 1939 !

que de passer l'éponge ». En général, de nombreuses carences sont dues à l'état d'esprit des réservistes, au manque d'enthousiasme des cadres âgés. Les nouveaux matériels sont inconnus. L'incapacité administrative des officiers de réserve est à l'origine de bien des déboires.

Les réquisitions des voitures ont accusé de tels déficits (quantité et qualité) que les véhicules ont manqué à peu près partout ; l'inexpérience des conducteurs a causé, en moyenne, deux cents accidents quotidiens (sans parler d'autres détériorations) dans la seule XXe région militaire, d'où la suggestion de mobiliser à l'avenir le conducteur avec son engin. L'absence de pièces de rechange rendue inévitable par l'hétérogénéité du parc automobile, réduit jusqu'à 50 % la capacité d'utilisation de l'ensemble des véhicules. Les affectations furent mauvaises et les charges trop pesantes dans les régions frontières. Les régulatrices routières, le service des essences des armées, certains organes de chemin de fer ont manqué de moyens. Pour les transports hippomobiles, les commissions de mobilisation se sont souvent montrées incompétentes ; à défaut de vétérinaires, des chevaux inaptes ont été reconnus « bons ».

À peine croyable : les généraux commandant les régions militaires « n'ont guère connu officiellement que les informations de la presse ou de la radio » ! Certains n'ont pas fait preuve d'initiative ; d'autres ont appliqué « trop brutalement » les mesures du mémento de mobilisation « qui demandaient à être adaptées à la situation ». À l'avenir, il serait donc nécessaire d'envoyer à ces généraux un bulletin de renseigne-

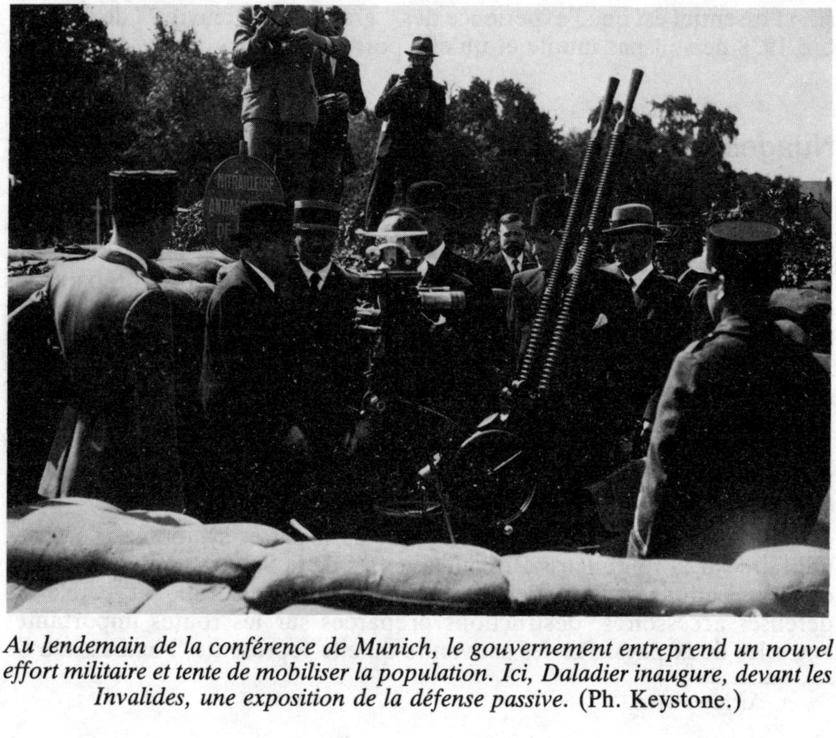

Au lendemain de la conférence de Munich, le gouvernement entreprend un nouvel effort militaire et tente de mobiliser la population. Ici, Daladier inaugure, devant les Invalides, une exposition de la défense passive. (Ph. Keystone.)

ments quotidien *(sic)*. La démobilisation des 700 000 réservistes montre des carences aussi redoutables que leur convocation, avec des disparitions d'armes !

À ce bilan désastreux s'ajoute celui du ministre de l'Intérieur [4] : un rapport de 57 feuillets dactylographiés ! « Les plans de défense passive des villes, affirme ce document, sont en général trop défectueux », comme ceux des usines les plus vulnérables. Les préfets soulignent les carences des municipalités, « soit par insouciance, soit par parti pris délibéré », sans parler de « l'ignorance profonde de la population » et même des grandes entreprises en la matière. Les seuls essais sérieux de défense passive n'ont pu avoir lieu que dans l'Est et à Paris. Insuffisant est le nombre des abris antiaériens, l'administration se heurtant à l'inertie ou au refus des habitants et des propriétaires de laisser exécuter les travaux d'aménagement. On a complètement perdu de vue le souci de camoufler certaines installations industrielles, *de grandes usines d'aviation sont visibles à 60 kilomètres !* Il y a pénurie de détection des gaz et des moyens de désinfection ; « la question des masques contre les gaz est réellement angoissante ». Les plans de dispersion des points sensibles doivent être révisés. Il n'y a pas de coordination entre les autorités civiles et militaires pour le déclenchement du dispositif d'extinction des lumières. À l'exception de Paris, les communes n'ont pas pris de dispositions pour lutter contre les incendies, l'une des missions pourtant essentielles de la défense passive. En conclusion, le rapport souligne l'unanimité des préfets sur « l'insouciance, l'incurie de la population en matière de défense passive (...) l'essentiel est que l'expérience des " grandes manœuvres " de septembre 1938 ne soit pas inutile et qu'elle porte ses fruits ».

Nuages du côté de la Belgique

Du côté de la Belgique, les informations n'ont guère été plus réconfortantes. Certes le haut commandement belge a fait renforcer les garnisons du front est (forts de Liège, etc.), c'est-à-dire face au Reich, et préparer les destructions prévues de 2e ligne (en se procurant en France mille mètres de cordeau détonant !). Mais, sous la pression des Flamingants et des Allemands, Léopold III ordonne le rappel de nombreux réservistes (dans un désordre identique à celui de la France). Il « improvise » un dispositif militaire face à la France, dont les jalons avaient été toutefois posés au moment où Bruxelles s'était inquiétée d'une offensive française contre l'Allemagne, en passant par la Belgique (hypothèse du Kriegspiel du C.S.G. de l'automne 1937).

Il s'agit le plus souvent, il est vrai, de mesures symboliques : poste militaire sur la route Paris-Bruxelles, ponts de la Semois gardés, nœud de communications venant de France, à Gedinne, occupé et cerclé de défenses accessoires, destructions préparées sur les routes importantes entre les deux pays. Par les souvenirs qu'elle représente, l'ambassade de

4. Archives SHAT.

France juge odieuse l'installation de soldats belges sur des positions occupées en 1914 par les Allemands, ou, à Dinant, de mitrailleuses face à la France, près du monument aux martyrs de la Grande Guerre. Les villages de Waterloo et de Mont-Saint-Jean ont des détachements belges. À en croire le S.R. français, l'état d'esprit des officiers d'active est, face aux ordres reçus, « des plus mauvais chez les Wallons, alors que les soldats flamands se montrent apathiques et sans haine contre les Français ». Il ne fait guère de doute que l'entrée des troupes françaises en Belgique eût entraîné la débandade de l'armée et la destruction de l'État belge actuel [5].

On se livre une ridicule guerre de « coups d'épingle ». À l'attaché militaire français, le chef d'état-major général de l'armée belge se plaint : « Pendant la grande semaine (de fin septembre), des soldats français sont venus acheter du tabac en Belgique. » Ce à quoi le colonel Laurent riposte : « Des hommes de troupe wallons et flamands sont allés en France boire du vin, et ce fut l'occasion de fraternisations très sympathiques ; dans une petite ville frontière française, une vingtaine de soldats flamands durent y cuver leur vin pendant vingt-quatre heures [6]. »

Mais, en face de ces médiocrités, se présente à l'ambassade de France M. Marcel-Henri Jaspar, avocat réputé, ancien ministre, député, grand officier de la Légion d'honneur : « Je veux, dit-il le 26 septembre, servir la France immédiatement. Je n'ai que 37 ans, je suis sportif et entraîné. Je ne veux pas d'un poste à l'arrière, mais je ne voudrais pas être incorporé à la Légion étrangère ; je suis bachelier français, ancien élève du lycée Lakanal à Sceaux (...). Enfin, ma femme que vous connaissez et qui est d'origine russe, se mettrait volontiers à la disposition de la France, par exemple, pour des traductions ; elle connaît, outre le français et le russe, l'allemand et l'anglais. » Le colonel Laurent qui reçoit et remercie M. Jaspar, propose à Paris de lui répondre « qu'il servira mieux la France en demeurant à Bruxelles où il sera notre champion éloquent ». « Ceci dit, ajoute l'attaché militaire, il faut prévoir un afflux de volontaires belges qu'on pourrait adresser aux bureaux de recrutement à Valenciennes et à Lille. Peut-être pourra-t-on constituer une " légion belge [7] " ? »

Le Führer est pressé par le temps...

En dépit de l'assurance écrite donnée à Munich, à Chamberlain, de ne pas recourir à la force pour régler les litiges de l'Allemagne, Hitler hausse le ton. Mécontent des critiques adressées aux Communes au Premier ministre par Churchill, Duff Cooper et Eden, le Führer passe à l'attaque, le 9 octobre, au cours d'un discours à Sarrebruck : les Anglais doivent abandonner les airs supérieurs qu'ils ont conservés depuis l'époque du

5. Bruxelles, le 2 décembre 1938, rapport n° 369/S du colonel Laurent, attaché militaire français en Belgique, à l'EMA, Deuxième Bureau. Archives SHAT.

6. Bruxelles, le 20 octobre 1938, rapport n° 329/S du colonel Laurent. Archives SHAT.

7. Bruxelles, le 26 septembre 1938, rapport n° 269/S du colonel Laurent. Archives SHAT.

traité de Versailles. « Nous ne tolérerons plus désormais la tutelle des gouvernantes anglaises. » Il annonce aussi des efforts supplémentaires pour la ligne Siegfried. Quelques jours plus tard, à Weimar, Hitler lance de nouveaux assauts contre l'Angleterre en général, contre Churchill et Eden en particulier. À Guderian, présent à cette manifestation, il justifie son attitude par « l'attitude de l'Angleterre dépourvue de sincérité, lors de la conférence de Godesberg », les manières « discourtoises » de certains de ses visiteurs comme l'ambassadeur Henderson, « les Anglais ne désirent aucune réconciliation sincère [8] ».

Les renseignements techniques en provenance de Berlin restent préoccupants. « À une cadence inconnue jusqu'à ce jour, l'effort militaire se poursuit sans arrêt » : réorganisation du commandement ; mise sur pied de nouvelles grandes unités au sein desquelles sont créés des éléments nouveaux ; constitution de réserves générales. Ainsi, l'importance croissante des forces mécanisées provoque la création d'un poste auprès du commandant en chef de la Wehrmacht, confié au général Guderian. Sa compétence s'étend de l'organisation des unités blindées, légères ou non, à l'instruction et à l'emploi du matériel. En réalité, les moyens de Guderian furent bien différents de ces perspectives, mais son prestige est tel que le Deuxième Bureau ne peut croire à une mise à l'écart du général [9].

En outre, on crée une Inspection d'armée ayant la haute main sur la zone qui fait face à la Belgique et à la Hollande. Au cours de l'automne 1938, la Wehrmacht s'accroît aussi de deux divisions blindées, deux divisions légères, une grande unité d'infanterie, trois divisions de forteresses. Quant aux « éléments nouveaux » intégrés aux forces déjà existantes, il s'agit surtout de D.C.A. (l'Allemagne disposant en outre de 39 régiments d'artillerie antiaérienne !). Apparaît enfin un « bataillon de brouillard ». Ainsi, les propos d'Hitler annonçant un « substantiel effort de réarmement » sont-ils suivis d'actes. *L'orientation donnée est nettement offensive,* à base de divisions, blindées, légères, mécanisées. Dans l'affaire de l'Anschluss et de la Tchécoslovaquie, *ces moyens « concurremment avec l'aviation ont tenu une place prépondérante ».* Tous les renseignements s'accordent : cette puissance s'appliquerait d'abord en Europe centrale et orientale, sur la Pologne, voire la Roumanie ; « certains » précisent même que l'Ukraine serait visée [10].

---

8. Heinz Guderian, *op. cit.*, p. 45-46.

9. À en croire Guderian, cette « promotion » n'en fut pas une à son goût. Informé par Keitel, il proteste contre son nouveau poste « sans pouvoir de commandement, sans qualité pour établir et diffuser les règlements de service », et donc sans aucune influence sur l'organisation et le personnel. Il refuse sa nomination, demandant une explication avec Hitler. Au cours d'une entrevue en tête à tête avec ce dernier, le général soutient qu'il a « plus d'influence » à la tête de son corps d'armée de trois panzers. L'armée de terre, accuse-t-il, « a une tendance majeure à répartir les chars dans l'infanterie » (comme en France). Les nouvelles fonctions, dit encore le général, ne permettront pas de surmonter les résistances venant de l'état-major général ni celle des vieux officiers de cavalerie. En conclusion, Hitler ordonne à Guderian de s'incliner et de le prévenir si on le « paralyse ». Les craintes du général se trouvèrent amplement vérifiées jusqu'à son affectation, en cas de guerre, au commandement d'un corps d'armée d'infanterie de réserve. Il proteste à nouveau pour recevoir, en 1939, un corps d'armée blindé ! (Heinz Guderian, *op. cit.*, p. 47-48).

10. Rapport n° 252 du 30 novembre 1938 de l'EMA, Deuxième Bureau. Archives SHAT.

Un autre document assure « qu'il ne se trouve plus personne pour tenter de contrecarrer la politique d'expansion du Führer » (en effet, les « comploteurs » dont nous avons parlé ont été comme « écrasés » par le succès d'Hitler à Munich). Sur le plan technique, les militaires allemands, satisfaits d'avoir évité, fin septembre 1938, une guerre sur deux fronts, « ne doutent pas maintenant du succès *d'opérations successives exécutées, la première à l'Est et la seconde à l'Ouest.* Les conditions les meilleures sont actuellement remplies [11] ». Les chefs de la Wehrmacht considèrent la déclaration franco-allemande (signée par Ribbentrop et Bonnet) comme *un aveu d'impuissance totale de la part de la France* (...). *L'Occident,* selon eux, *est mûr pour subir le même sort que la Tchécoslovaquie !*

Considérable est cette information de deux lignes : *« Une prise de contact aurait eu lieu il y a quelques mois entre Allemands et Russes »* (page 2 du rapport) pour éviter une coopération des forces polonaises et soviétiques [12]. Plus d'un an avant le spectaculaire pacte germano-soviétique d'août 1939, les dirigeants français sont avertis de tractations secrètes entre Berlin et Moscou. Selon le colonel Gauché, chef du Deuxième Bureau, *cette entente dans certaines circonstances* est une hypothèse qui n'a jamais été considérée comme absurde : le pacte franco-soviétique avait, entre autres propos, celui de pallier cette éventualité ! L'officier n'a pu en effet oublier le Kriegspiel du haut commandement allemand tombé aux mains du S.R. début 1934, où celui-ci s'entend avec l'Armée rouge pour se partager la Pologne ! Nous reviendrons de façon détaillée sur les premiers pas de la future entente Hitler-Staline dans le second volume, « La Guerre Éclair ».

L'action contre la Pologne « doit débuter en février-mars (1939) » ; celle contre la France, la Belgique et la Hollande, « au plus tard en août ». L'opinion allemande retourne au pessimisme et « à la crainte de la guerre, mais le peuple s'est résigné ». Sur le plan économique, des hommes comme le Dr Schacht (qui a fait partie du « complot ») s'expriment avec pessimisme. En conclusion, « une crise prochaine est imminente », ses prémices se faisant sentir au début de 1939 par une première opération à l'Est, une seconde à l'Ouest : « Échéance, août. » Le document souligne *« l'importance attribuée à la manœuvre par la Hollande et la Belgique ».* Mieux : « aucun renseignement ne mentionne encore la crainte d'une intervention française en vue de s'opposer à l'opération contre la Pologne » (page 21) !

11. Rapport du 22 décembre 1938, EMA, Deuxième Bureau. Archives SHAT.

12. Les chefs militaires allemands considéraient que la *« Wehrmacht est numériquement insuffisante pour se heurter à l'immensité russe ».* Malgré ses faiblesses évidentes et son manque de mobilité stratégique, la force russe reste pour les Allemands une inconnue et, partant, un danger. On considère nécessaire de laisser au préalable l'Ukraine soviétique se désagréger sous l'influence d'un mouvement contre-révolutionnaire ukrainien indépendant. Si, en dépit de ces considérations, l'action militaire contre la Russie devait se développer, *« le commandement allemand n'aurait plus la liberté ni les moyens disponibles pour entreprendre une action à l'ouest ».* Ce sera la raison de l'accord germano-soviétique de 1939 qui libère, un temps, la Wehrmacht pour opérer tranquillement à l'Ouest en 1940...

Le colonel Didelet [13], attaché militaire français à Berlin, qui accompagne le nouvel ambassadeur de France en Allemagne, M. Coulondre, pour sa première visite à Hitler, a « l'impression d'ensemble que le Führer veut accomplir de son vivant la tâche immense qu'il s'est assignée et qu'*il se sent pressé par le temps* (...) C'est la cause la plus profonde des événements auxquels nous assistons et assisterons ». Quant aux rivalités Goering-Goebbels « dont on fait des gorges chaudes », elles n'apporteront aucune gêne » dans l'exécution des plans d'expansion allemande. La vérité, c'est que le Führer est le plus fort (...). Aucune chance, semble-t-il, que le haut commandement puisse contrarier les intentions du maître...

« Aucun freinage militaire tel celui qui s'est produit au moment de l'affaire tchèque ne semble désormais possible. » Gamelin souligne trois fois au crayon cette phrase comme cet autre propos de Didelet au sujet des alliances, pour l'instant satisfaisantes, de l'Allemagne avec l'Italie et le Japon : « Par application de la règle suivant laquelle il faut battre le fer quand il est chaud, *Hitler pourrait être amené à hâter l'exécution de ses plans*. » Le généralissime français montre aussi son intérêt à ce passage : « L'Allemagne (en matière militaire) se livre actuellement à un travail qui passe l'imagination. » Une fois de plus, les avertissements ne manquent pas.

Chimères et colère de Gamelin
La démission ?

Comment Gamelin réagit-il à la nouvelle situation créée par la conférence de Munich qui aggrave les conséquences stratégiques de l'Anschluss ? Le général n'attend rien d'une Tchécoslovaquie amputée, ni davantage de résistance de la Yougoslavie et de la Roumanie « charançonnées » par leurs minorités hongroises et allemandes, et leurs faibles moyens militaires. Dans quelle direction Hitler va-t-il donc porter ses revendications ? Le IIIᵉ Reich étant assuré de la « tolérance » de l'Angleterre, il pourrait réclamer une nouvelle répartition des colonies des puissances européennes. Si satisfaction est donnée à Hitler, le général en déduit les « plus graves conséquences » pour les possessions françaises sur le littoral atlantique. Il n'est pas question, affirme-t-il, de permettre le retour de l'Allemagne au Togo et au Cameroun [14].

« Le potentiel militaire de l'Allemagne, terrestre et aérien, étant désormais *hors de pair* », Hitler, toujours selon Gamelin, « pourra mener efficacement la guerre sur plusieurs fronts, soit contre des États de l'Europe orientale, soit contre la France » ; *« la Belgique est redevenue la voie normale d'invasion »*. Peut-être aussi la Wehrmacht pourrait-elle

---

13. Berlin le 12 décembre 1938, rapport nᵒ 1103/AM du colonel Didelet à l'EMA, Deuxième Bureau. Archives SHAT.

14. Paris, le 12 octobre 1938, note nᵒ 853/D.N.3. du général Gamelin à Daladier. Archives SHAT.

combiner ses efforts avec ceux de l'Italie en passant par la Suisse. Le nouveau *« programme militaire de la France »* est de :

1°) résister d'abord à une attaque germano-italienne ;

2°) mener une guerre longue donnant le temps à une coalition de se former, entraînant ensuite l'usure des adversaires en les privant de ravitaillement en combustibles ;

3°) régler, le moment venu, son compte à l'Italie.

Pour appliquer ses perspectives, Gamelin dresse un catalogue impressionnant d'efforts vertigineux à fournir :

1°) Achèvement, face à la Belgique, à la Suisse, sur les Alpes, du système fortifié français ! Derrière ce barrage, « la France pourra conduire sa guerre comme l'Angleterre derrière sa Manche ».

2°) En complément des forces de manœuvres, amélioration des unités de formation : il ne faut pas perdre de vue la nécessité d'avoir à reconquérir du territoire national, voire la totalité ou une partie de la Belgique et du Luxembourg « avant que l'ennemi ne s'y soit solidement installé ».

3°) Poursuite du programme d'armements : chars, défense antichars, etc., et des moyens d'attaque de la ligne Siegfried (chars et artillerie de gros calibre).

4°) Pour la marine (en étroite coopération avec la Royal Navy), développement et création de bases en Méditerranée, exécution et renforcement « éventuel » des constructions navales pour assurer « une supériorité incontestable » sur l'Italie.

5°) Quant à l'aviation et à la D.C.A. : « Augmentation exceptionnelle » des moyens ; en bonne logique *(sic),* il y aurait intérêt à ce que l'aviation française s'oriente principalement sur le bombardement au bénéfice de la bataille terrestre. »

6°) *« Une place de premier plan doit être donnée à la mobilisation industrielle. »*

En résumé, conclut Gamelin, c'est aux forces aériennes et à la D.C.A. « qu'il convient de réserver une place prépondérante » afin de rétablir *« à très bref délai » (sic)* l'équilibre rompu au bénéfice des Germano-Italiens, mais sans « sacrifier » les forces terrestres et la marine.

Mais comment Gamelin peut-il « rêver » ainsi, être pris d'un tel vertige !

Il a fallu dix ans, en effet, pour construire, non sans peine ni scandales, la ligne Maginot au détriment d'autres éléments de l'armée. Sans parler des énormes sommes nécessaires, où le généralissime compte-t-il dégager les moyens techniques (engins de terrassement, etc.), la main-d'œuvre, pour combler le « trou » de plus de trois cents kilomètres entre Montmédy et Dunkerque ? Dans quel délai, alors que les renseignements, unanimes, prévoient la guerre dans un an, et lui-même une offensive allemande « normale » par la Belgique ? En outre, les défenses du Jura et des Alpes resteraient à renforcer ! La bataille du printemps 1940 montrera que le haut commandement n'était même pas parvenu à achever de modestes compléments de fortification dans la région de Sedan où manquèrent, entre autres, une bonne partie des plaques de blindage…

Avec angoisse, la même question des moyens industriels se pose pour la construction de nouvelles bases maritimes qui exigent des travaux considérables à long terme, et la mise sur cale de nouveaux navires, de même pour produire massivement des chars, des canons antichars, de la D.C.A., etc. Comment Gamelin ose-t-il rétablir *« à très bref délai »* l'équilibre de l'aviation française avec celle de l'Axe, alors que notre industrie aéronautique sort *péniblement* soixante avions modernes par mois !

Pour en rester à l'essentiel, Gamelin réclame, écrit-il encore, « une place de premier plan à la mobilisation industrielle ». Comment le généralissime peut-il, à ce point, ignorer les capacités de production des usines françaises, la pénurie endémique des machines-outils (la demande mondiale est telle que les délais varient entre douze et dix-huit mois !), le manque d'ouvriers hautement spécialisés, etc. Comment néglige-t-il la pesanteur de l'administration dans ses décisions, ce qui est aveuglant dans le problème des prototypes et le souci de perfectionnisme des ingénieurs et des bureaux d'étude. On ne cesse de « fignoler » mais, contrairement à l'Allemagne, la production se fait au « compte-gouttes ». C'est le choix entre la qualité, le raffinement, les engins « sophistiqués » (comme on dira plus tard) et une production plus rustre, moins coûteuse, plus massive. Hitler a choisi cette dernière option : les blindés de la Wehrmacht sont inférieurs à ceux de l'armée française. Mais qu'importe la perte de cent engins alors que pour Gamelin, ce chiffre représente la moitié du potentiel du char français B^1, le plus moderne, sans parler du problème capital du *mode d'emploi* des chars au combat.

Indépendamment de ces considérations, comment le gouvernement, tiraillé dans tous les sens, obtiendrait-il du parlement et d'une opinion « somnambulique » une véritable « levée en masse », des mesures de coercition sur le plan de travail et de l'organisation de la production ?

Alors pourquoi, au lendemain de Munich et de la désastreuse démonstration de mobilisation partielle, Gamelin défend-t-il de telles exigences ? C'est incompréhensible de la part d'un homme supposé au fait des réalités et des médiocrités industrielles et politiques de la France. La seule explication est que Gamelin, avisé par ses avatars de carrière, par tempérament aussi, prend ses précautions en « ouvrant le parapluie », préparant sa défense devant le désastre dont il sera comptable... C'est l'avant-procès de Riom, puis de la commission d'enquête parlementaire de l'après-Libération et de ses « mémoires »...

En réponse à ce fantastique et irréalisable programme, Daladier indique [15] à Gamelin que les dépenses militaires doivent être limitées à 25 milliards. Le 25 novembre 1938, les chefs d'états-majors généraux et le commandant en chef entendent le contrôleur général Jacomet, secrétaire général du ministère de la Défense nationale, leur expliquer qu'il a fallu diminuer de 31 milliards le montant de leurs demandes, bien que le ministre des Finances (Paul Reynaud) ait réclamé une réduction plus importante encore [16]. En 1939, l'aviation disposera de 8 milliards 500

15. Général Gamelin, *op. cit.*, p. 364.

16. 25 novembre 1938, procès-verbal de la réunion des chefs d'états-majors généraux. Archives SHAT.

millions. Une partie de la discussion tourne autour des crédits pour la défense passive qui, à entendre Gamelin, peut « devenir un gouffre » financier. Aussi convient-il d'en réduire très sensiblement les dépenses ; tant pis pour les civils, les abris, les masques à gaz, etc.

L'un des problèmes traités est caractéristique des diverses embûches (y compris celle des lobbies) dressées contre l'adoption de moyens modernes. Il s'agit de la construction d'un pipe-line pour le ravitaillement des armées en carburant. Après son accord, le ministre des Travaux publics s'est opposé à ce projet sous la pression des Syndicats de la batellerie pour avancer ensuite que le pipe-line ne servirait à rien en temps de paix *(sic)* ; tout compte fait, la solution du chemin de fer, autre groupe de pression, était préférable ! Quelle réponse à l'appel de Gamelin à la « mobilisation industrielle » et à l'efficacité...

Passe d'armes intéressante aussi entre le généralissime et Jacomet à propos de la construction des fortifications du Nord pour lesquelles Gamelin insiste sur le dégagement de crédits suffisants. Le contrôleur général ne dit pas « non », mais rétorque : étant donné les exigences financières de la Défense nationale, la somme annuelle à dépenser sera variable, « il faut raisonner sur plusieurs années ». Tout à ses chiffres, Jacomet ignore vraisemblablement qu'Hitler est « pressé », comptant justement passer par la Belgique. Adoptant une position de repli, Gamelin demande à être prévenu de « tout abattement » sur les engagements de dépenses afférents à ces fortifications...

« Et les crédits (200 millions) pour la base de Mers el-Kébir ? » interroge l'amiral Darlan. Un nouvel examen est possible, répond Jacomet ; ensuite, le conseil des ministres tranchera... Quant à Gamelin, mécontent des réductions imposées à l'effort terrestre, il reviendra vivement à la charge, dans une prochaine conférence à un plus haut niveau...

« *Si les forces terrestres,* tonne Gamelin ulcéré le 5 décembre au Comité permanent de la Défense nationale présidé par Daladier, *ne devaient pas recevoir les dotations prévues pour elles, je ne saurais continuer à assumer les responsabilités que j'ai prises en septembre dernier.* » Six mois après la crise qui l'a opposé à Daladier, au lendemain de l'Anschluss, sur une question d'augmentation modeste des effectifs de l'armée de terre (60 000 hommes) et la nomination d'un protégé du ministre au C.S.G., le général Bourret, tandis qu'il avait rédigé sa lettre de démission sans l'envoyer cependant sur une recommandation de Pétain, Gamelin met à nouveau son képi dans la balance. La réunion du 5 décembre a pour ordre du jour le financement d'une commande de mille avions aux États-Unis (nous y reviendrons), mais le généralissime en profite pour vider son sac :

1°) Dans la « conduite supérieure » de la guerre : la marine est aussi importante que l'aviation. Notre objectif le plus indiqué (parce que le plus fragile) peut être l'Italie ; la Méditerranée « nous est indispensable pour communiquer avec nos alliés ».

2°) La Wehrmacht vient de s'enrichir de 8 nouvelles divisions tandis que la France a perdu l'appoint de 27 grandes unités tchécoslovaques. Hitler est à même de *faire la guerre sur deux fronts,* contre la Pologne et contre la France : « Logiquement, nous devons augmenter nos forces terrestres. »

3°) De nombreux sacrifices ont été consentis pour respecter le cadre financier du gouvernement (25 milliards). En dehors des crédits déjà engagés et des dépenses imputées au compte d'investissement, « il ne restera qu'un milliard six cents millions pour les achats de matériels neufs. *Nous avons déjà suspendu une partie des commandes* ». L'infériorité en nombre des forces terrestres doit être compensée par la « valeur du matériel » (...). Aucune déduction n'est possible sur les armements accordés pour l'armée de terre, et il faut en la matière réaliser au plus vite.

4°) Il faut passer des nouveaux prototypes d'engins blindés à leur fabrication en série. On a fait des sacrifices sur l'habillement de la troupe ; dans une certaine mesure, on a également sacrifié l'artillerie terrestre à la D.C.A. et aux chars. Déjà, il y a quelques années, on avait renoncé à la D.C.A. au profit d'avions de chasse : « Dans un pays à faible natalité, il faut des engins de guerre très modernes » (au premier chef, fortifications sous toutes les formes et chars). On a rejeté à une date ultérieure le renouvellement de nos matériels d'artillerie (cette carence interdira, en 1939, toute attaque sérieuse contre la ligne Siegfried !) « alors que l'Allemagne sort en grande série » des canons modernes. « Enfin, le département de la Guerre, eu égard à l'importance des fortifications du Nord, sera obligé de redonner des crédits pour en financer les travaux. »

La réunion tourne à un affrontement budgétaire, où Paul Reynaud, nouveau ministre des Finances, remarque que la France doit lutter contre une coalition de 125 millions d'habitants travaillant cinquante heures par semaine : *« Le problème est insoluble dans l'état social actuel de la France » ;* l'Angleterre doit fournir un effort plus intense.

Après que Campinchi eut défendu les crédits de la marine, le Comité permanent entérine la réduction des dépenses de défense passive (que personne ne défend !). Puis Gamelin reprend son offensive : « Les vieux chars Renault FT ne valent plus rien. Les Allemands ont cinq divisions cuirassées et deux grandes unités légères ; nous avons deux divisions mécaniques, nous en aurons bientôt trois et une division cuirassée ; nous ne pouvons pas faire malheureusement plus dans la situation de nos *sorties actuelles de matériel* [17]. » Une nouvelle fois, Gamelin compare des choses qui ne peuvent l'être. Ainsi, par exemple, les moyens de transmission au sein des unités mécanisées allemandes sont bien supérieurs à ceux en usage en France ; différence sensible également sur la vitesse des engins, etc., sans parler de l'abîme sur les doctrines de l'emploi des grandes unités blindées sur lesquelles on n'insistera jamais assez ! Finalement, la réunion se termine sans que Gamelin ait eu pleinement satisfaction, ni qu'il soit parvenu au bout de sa menace de démission !

17. Général Gamelin, *op. cit.*, p. 377.

Daladier tente de duper Chamberlain, mais...

Tandis que Daladier et Gamelin se livrent un combat singulier dont il ne sortira rien de positif, le président du Conseil affronte, le 24 novembre, le Premier ministre britannique sur les problèmes militaires communs aux deux pays. Aucun d'eux n'est d'accord sur la première cible d'Hitler : la France, selon Daladier, la Grande-Bretagne, selon Chamberlain, « en raison de sa position géographique (...). Une querelle étant plus probable entre Berlin et Londres ». Que ferait dans ce cas la France ? Volerait-elle au secours de l'Angleterre, comme l'ont affirmé les prédécesseurs de Daladier, mais aujourd'hui ? Pas d'inquiétude à avoir, « je le ferai savoir, de façon catégorique, réplique le ministre français, publiquement à la première occasion [18] ».

« Parlant en ami », Daladier pose la question de la composition (trop faible) du futur corps expéditionnaire « dont il serait à souhaiter que les effectifs soient plus grands et les possibilités d'utilisation plus rapides ». En revanche, en raison de la « crise de l'aviation française (...) due à ce que les méthodes industrielles précédemment employées n'étaient pas très heureuses (...) un grand ingénieur, M. Caquot, a été placé à la tête de toutes les usines d'aviation », mais des efforts considérables restent nécessaires. La production mensuelle (fin 1938) est de 80 appareils modernes, et passera, courant 1940, à 400.

Chamberlain ne s'en laisse pas conter. Comment la France peut-elle quintupler sa production aéronautique en six mois, alors qu'« en dépit des énormes quantités d'argent dépensées dans ce domaine », l'Angleterre n'est pas parvenue à de tels chiffres ! Daladier tente de se justifier : en 1935, la France disposait d'installations importantes et au lendemain de la Grande Guerre, « l'aviation française était la meilleure d'Europe, au point de vue tant de la quantité que de la qualité [19] ». Quelle étonnante mascarade ! Lors des discussions ministérielles en 1936 sur la nationalisation des sociétés aéronautiques, Pierre Cot a souligné l'état de vétusté, de dispersion des installations et du matériel de production, son anémie économique et financière, toutes constatations exactes. Daladier les a-t-il oubliées, comme il oublierait les propos de son ami Guy La Chambre, qui a succédé à Pierre Cot au ministère de l'Air ? Comment prendre en référence la situation prestigieuse, il est vrai, de 1919, alors que rien ne se démonétise plus vite qu'un avion ou un char ? On ignore si Chamberlain a cru de telles billevesées, mais pourquoi pas, puisque les dirigeants britanniques sont persuadés (comme certains généraux allemands) de la puissance de l'armée française et du « génie » de Gamelin. Alors...

Sur sa lancée, Daladier s'enferre davantage, expliquant à Chamberlain (dont il oublie qu'il fut maire d'une grande ville industrielle) que si les fabrications relevant de l'armée de terre « ont un meilleur rendement que les constructions aéronautiques, c'est que, malgré la diversité des pièces

18. Secret. Les conversations franco-britanniques du 24 novembre 1938, p. 6. Archives SHAT.
19. *Les Conversations franco-britanniques, op. cit.*, p. 9.

Devant la guerre qui apparaît inévitable dans quelques mois se succèdent des entretiens entre dirigeants britanniques et français. Ici, à la gare du Nord, Daladier accueille Chamberlain. (Ph. R. Viollet.)

à rassembler, elles dépendent d'un seul chef responsable » *(sic)*. Que d'exemples démentent une si belle assurance ! Au cas où, poursuit Daladier, les prévisions aéronautiques françaises « se révéleraient trop optimistes », les livraisons américaines pourraient être plus considérables « qu'il ne l'avait tout d'abord cru » (1 000 avions au printemps !). Autre duperie : les négociations franco-américaines en sont au point de départ. Indépendamment d'importants obstacles de politique intérieure américaine, les usines Curtiss et autres ne disposent pas des moyens financiers ni techniques d'augmenter considérablement, en quelques semaines, leur production. Tout est à faire !

Avec humour, Chamberlain « s'excuse de conserver encore quelque scepticisme (...). Il a pu constater, lors d'une expérience personnelle, que les calculs n'étaient pas toujours confirmés par la réalité. Il y avait eu des déceptions en Angleterre [20] »... Pour tenter de rattraper ses assurances

20. *Les Conversations franco-britanniques, op. cit.*, p. 10.

fort imprudentes, Daladier s'enfonce en affirmant qu'il « poussera les commandes faites aux États-Unis », augmentant également les achats d'appareils à l'étranger, comme s'il suffisait d'envoyer des chèques aux constructeurs pour réceptionner des avions au Bourget !

Plus invraisemblables encore sont les assurances du président du Conseil sur les forces terrestres françaises qui représentent, dit-il, « une bonne armée » ; de nouvelles divisions coloniales ont été créées. La France peut mobiliser cent divisions, quinze d'entre elles étant destinées aux fortifications, *« le reste constituerait la masse disponible pour la manœuvre » (sic)*. D'autre part, les formations de chars d'assaut ont été beaucoup développées. Il existe déjà deux mille engins : en 1940, on en comptera le double ! « Ces chars, poursuit-il, sont de types variés et la France est très en avance dans ce domaine sur d'autres pays (...) tels que la Russie, notamment en ce qui concerne le blindage des chars lourds [21]. » En réalité, Daladier gonfle ses estimations : c'est la seule explication « raisonnable » pour mieux souligner la faiblesse du corps expéditionnaire britannique et en réclamer un important renforcement. Mystifiés ou non par les extravagances de toutes sortes de Daladier, les Anglais auront beau jeu de dire, au moment de l'épreuve de 1940, que les dirigeants français leur ont menti sur l'état réel de leurs forces.

« Nous savons maintenant, reprend Chamberlain, que Londres est la plus vulnérable des capitales du monde dans le cas où des hostilités éclateraient (...). La capitale anglaise serait réduite en cendres en même temps que les centres industriels les plus importants de la Grande-Bretagne ; les usines travaillant pour l'armement se trouvent notamment dans le rayon d'action de l'aviation ennemie. » Aussi le gouvernement britannique s'est-il préoccupé de modifier son budget militaire, aux dépens en particulier de la marine, en faveur de la D.C.A., des bombardiers et des chasseurs. Quand il y a eu concurrence entre la fabrication de canons antiaériens et le développement des forces terrestres, l'urgence a été donnée à la première au point que « tout effort industriel britannique est orienté dans ce sens ». Tant que cette perspective ne sera pas réalisée, il sera sans utilité de parler de l'envoi, en France, de forces terrestres plus nombreuses, « d'autant plus qu'il ne sera pas possible de leur donner tout l'équipement nécessaire [22] ».

Pour Daladier, « tout consacrer à la D.C.A. n'est pas une formule heureuse (...). Ce qui compte, c'est d'avoir une force aérienne importante et puissamment dotée en avions de bombardement. *Ces derniers ont une efficacité bien plus grande que les avions de chasse et les canons de D.C.A.* Étant donné désormais la rapidité et la maniabilité des avions de bombardement, il leur est facile *(sic)* d'échapper à la poursuite par les avions de chasse ! (Il) estime qu'on protège mieux son pays en faisant craindre à l'ennemi la puissance de sa propre aviation qu'en concentrant ses efforts sur la défense contre les raids ennemis ».

Daladier prend ainsi, à son compte, les grandes lignes de la thèse du général italien Douhet, prétendant obtenir la décision à coups de raids de

21. *Les Conversations franco-britanniques, op. cit.*, p. 11.
22. *Les Conversations franco-britanniques, op. cit.*, p. 14.

bombardiers. Cette conception a fait des « ravages » au sein du jeune ministère de l'Air français, plus soucieux (pour montrer son indépendance) de se démarquer des conceptions de l'armée de terre jugée rétrograde que des réalités, c'est-à-dire de la combinaison étroite de toutes les armes dans une même main. Daladier galèje en soutenant que « la rapidité et la maniabilité » des bombardiers leur permettent de se jouer de la chasse. Dans quel dossier fantaisiste a-t-il puisé une telle contrevérité d'autant que les appareils français de bombardement, d'un modèle périmé, d'une vitesse limitée, sont une proie facile pour les Messerschmitt ? En outre, comment parler de la dissuasion par bombardiers, alors que la France n'a pas en fabrication un seul modèle moderne ! Au cours de l'été 1940, la bataille d'Angleterre montrera, malgré les destructions considérables, l'impuissance de la Luftwaffe, tout comme en 1945, l'état-major de l'U.S. Air Force reconnaîtra que ses raids spectaculaires, répétés, sur le IIIe Reich n'ont pas eu stratégiquement les résultats escomptés.

Une nouvelle fois, Chamberlain est en désaccord avec Daladier :

1°) il ne sous-estime pas le bombardement aérien, mais « il ne permet pas de gagner la guerre » ;

2°) la chasse obligera l'adversaire à prendre de l'altitude, rendant ainsi ses objectifs plus difficiles à atteindre ;

3°) en fait, l'Angleterre accroît autant son aviation de chasse que sa flotte de bombardement.

En conclusion, le président du Conseil propose des entretiens plus réguliers entre « personnalités techniques » des deux pays. Chamberlain fait la moue : il ne veut pas leur donner « un caractère démonstratif, tel qu'il résulterait d'une réunion trop spectaculaire d'officiers supérieurs ». C'est dire que l'esprit de Munich hante toujours le Premier ministre... Quant à Daladier, nous avons suffisamment souligné la légèreté de ses propos. À dix mois de la guerre, le temps des discussions sérieuses n'a pas encore sonné !

QUATRIÈME PARTIE

1939, L'ANGLETERRE : NON À HITLER

20

KRIEGSPIEL CIVIL À PARIS ANNONÇANT LA TECHNOCRATIE

Pénurie de billets à la Banque de France • Les graves conséquences de la semaine de 40 heures sur la production • Paul Reynaud dénonce une multitude d'indices économiques inquiétants • Les hésitations de Daladier pour « remettre la France au travail » • Mauvais climat social • Nouvelles exigences de la C.G.T. • La ligne de défense du patronat • « Non » à un second accord Matignon •Les malheurs de Paul Marchandeau, ministre des Finances • Jeux de coulisse • Daladier embauche un ami des « deux cents familles » • Amorce d'une nouvelle majorité parlementaire • Mini-crise : Reynaud remplace Marchandeau • Les technocrates au pouvoir, rue de Rivoli, annoncent la Révolution nationale de Pétain et la Ve République de De Gaulle • La banque Worms et Gabriel Le Roy Ladurie, passionné de politique • Le témoignage d'Alfred Sauvy sur les décrets-lois économiques de novembre 1938 • Échec spectaculaire de la C.G.T.

« Je viens vous faire mes adieux, car je mettrai fin à mes jours demain matin », déclare le 29 septembre 1938 le secrétaire général de la Banque de France à Jacques Rueff, directeur du Mouvement général des fonds au ministère des Finances. « Responsable de l'impression des billets de banque, je n'en aurai plus demain matin pour approvisionner les guichets des Caisses d'Épargne », assaillis de déposants affolés par la menace de la guerre qui retirent leurs économies [1]. Le haut fonctionnaire ne se suicidera pas, sauvé dans la soirée du 29 par la signature de l'accord de Munich et les épargnants qui, dès le lendemain, commencent à rapporter l'argent qu'ils avaient retiré les jours précédents. Pour éviter la répétition d'une telle crise, le ministre des Finances, M. Paul Marchandeau, prescrit à la Banque de France de garder en stock une somme en billets équivalente au montant des dépôts des Caisses d'Épargne, des bons du Trésor et des comptes en banque. Cette décision s'avérera précieuse lors de la débâcle de mai-juin 1940.

Les retraits des particuliers sont également volumineux dans les comptes courants postaux et dans les caisses des principaux établissements de crédit. La Banque de France fait des avances importantes à l'État ; son stock d'or diminue de moitié. À la veille de Munich, la situation monétaire de la France est moins que brillante. Le sauvetage in extremis de la paix redonne, provisoirement, de l'aisance à la trésorerie. Mais le problème de fond subsiste.

Début 1938, « les industries comprimées dans leurs activités achètent moins, réduisent le débouché des autres et créent, cette fois par insuffisance de débouché, un nouveau chômage partiel ». La réduction de la semaine légale de travail entraîne une chute de 16,6 % de l'activité industrielle. En dépit de ses sympathies pour le Front populaire, le célèbre économiste Alfred Sauvy écrit qu'en termes de production, « l'adoption de la semaine de 40 heures en juin 1936 équivaut à donner 2 mois de congé supplémentaires en sus des deux semaines légales » (la perte de production due aux congés payés peut être en partie récupérée sans dommage). Par son ignorance des données économiques, largement répandue dans les classes dirigeantes françaises [2], par manque d'information, Blum est responsable des graves conséquences de sa décision. « Dans la suite, en 1937 et 1938, c'est l'amour-propre, la peur de revenir en arrière, l'incompréhension du mécanisme qui ont fermé la voie à toute raison [3]. » Dans ses explications, Sauvy est indulgent ; il aurait pu ajouter le sectarisme de nombreux dirigeants socialistes.

Dans une note personnelle, l'ancien ministre des Finances « dévaluationniste » Paul Reynaud [4], devenu l'un des chefs de file de la droite (qui le tient néanmoins en suspicion), révèle une multitude d'indices économiques inquiétants que Sauvy ne contesterait pas : chute de l'indice du bâtiment (alors qu'il s'est relevé très sensiblement en Grande-Bretagne et en Allemagne) ; augmentation des importations par rapports aux exportations ; faible amélioration du chômage en dépit de l'embauche de 150 000 personnes dans les services publics, du programme de grands travaux civils de plus de douze milliards ; non-rapatriement des capitaux et absence d'esprit d'entreprise entravant le renouvellement de l'outillage industriel ; régression de la production aggravant l'isolement économique de la

1. Alfred Sauvy, *Histoire économique de la France entre les deux guerres,* t. II, p. 298, Fayard édit., Paris 1967.
2. Voir t. III.
3. Alfred Sauvy, *op. cit.,* p. 304.
4. Voir t. III sur la personnalité de Paul Reynaud. Fonds Paul Reynaud, « L'insuffisance de notre production, situation à la fin de 1937 », Archives nationales, Paris.

France ; paralysie découlant de l'incertitude sur l'avenir immédiat de la structure économique et sociale. « Le résultat de ce désordre et de ces erreurs » a été d'obliger l'État et les chefs d'entreprises « à payer plus cher que jamais le loyer des capitaux empruntés depuis 18 mois... »

Reynaud enregistre aussi que « seule dans le monde, la dévaluation a échoué [5] ». À l'étranger, on a constaté « un retour massif des capitaux, une reprise de la production, un redressement de la balance commerciale, etc. (...). Chez nous, rien de tout cela ne s'est produit. À peine pendant trois ou quatre mois avons-nous entrevu l'ombre de ce qu'aurait pu être la véritable reprise ». En juillet 1937, il y a eu un effort de redressement mais qui, deux mois plus tard, « n'a pu empêcher un nouveau glissement du franc. Si un meilleur résultat n'a pas été enregistré, c'est que notre économie générale, accablée par les charges d'hier et par celles qui la guettent demain, n'a pu encore redevenir un pôle d'attraction pour l'épargne » ; autrement dit, les investissements indispensables ne se font pas. Pendant le même temps, le gouvernement a « joué maladroitement avec l'idée redoutable du contrôle des changes », figurant dans le programme du Front populaire, mais refusée ensuite par Blum, bien qu'à l'automne 1936, il établisse une « réglementation arbitraire » du marché de l'or enrayant le retour vers la France des capitaux en exil. Jusqu'en juin 1937, déclarations et gestes d'orthodoxie, qui auraient pu être efficaces, sont contrebattus par des conditions, des menaces, sans parler d'une politique générale orientée en sens contraire. Les difficultés financières seront beaucoup plus difficiles à résoudre qu'en 1926, après l'échec du Cartel des Gauches. Arrêtons là l'inventaire – constat de faillite dressé par Paul Reynaud [6].

L'imbroglio des quarante heures

Le 21 août 1938, Daladier préconise, on le sait, un aménagement de la loi des quarante heures : « La France, dit-il, doit se remettre au travail. » Il est bien temps ! Depuis de nombreux mois, des milliers d'informations

5. Si la dévaluation de septembre 1936, quoique trop tardive (Blum aurait dû la décider en arrivant au pouvoir, en juin), a donné un coup de fouet aux affaires, l'introduction, début 1937, de la semaine de quarante heures « renverse (selon Alfred Sauvy, p. 297) le mouvement ». En dépit des commandes, la production recule. Une seconde dévaluation n'apporte qu'un soulagement temporaire.

6. Une lettre de Paul Claudel à Paul Reynaud est un exemple de l'acidité de l'époque : « Il n'y a plus qu'une ressource pour la France, la dévaluation trop tardive ayant été ratée par des incapables, c'est de fermer nos frontières économiques comme nous avons fermé nos frontières militaires par la ligne Maginot (...) et créer une monnaie intérieure (pour) encourager la production, assurer l'avenir, etc. (...). Le seul inconvénient (de ce plan) est que pour être appliqué, il exige des caractères et des techniciens. Les socialistes malheureusement, ne sont qu'un parti de braillards, de crétins, de faibles. Il faut les relever par un autre personnel. Incidemment, ce programme serait la fin du régime parlementaire. Il faudrait ne conserver qu'une espèce de Sénat. » (Brangues, le 26 juillet 1937, lettre de Paul Claudel à Paul Reynaud. Fonds Paul Reynaud, Archives nationales, Paris.)

l'ont pourtant averti de la semaine de 52, voire 60 heures, dans les usines allemandes. Le problème est posé depuis deux ans déjà mais s'est perdu dans les faux-semblants. Le 29 juillet 1936, une instruction ministérielle avait formellement interdit de recourir aux heures supplémentaires, ce qui avait posé des problèmes, immédiats, aux arsenaux. Le but théorique de cette décision était d'accroître l'embauche, de réduire le chômage. À l'automne, la mise en route d'un nouveau programme d'armement avait contraint Daladier, alors ministre de la Guerre dans le premier gouvernement Blum, à prendre un décret autorisant des dérogations « pour l'exécution de travaux dans l'intérêt de la Défense nationale [7] », mais six mois plus tard, au printemps 1937, les procédures d'application n'étaient pas établies.

L'opposition au Front populaire, Paul Reynaud en tête, dénonçait les méfaits du nouveau régime du travail sur la production. La commission du travail de la Chambre des députés, comptant pourtant des adversaires des quarante heures, se garda d'aborder, jusqu'en juin 1937, un sujet aussi tabou ! Toutefois, le 7 juillet 1937, M. Léon Marescaux, député de Lille (gauche démocratique et radicale), enregistra dans un rapport que la fameuse loi « n'avait pas provoqué la résorption du chômage qu'on avait attendue [8] », se traduisant par une augmentation des coûts de production nettement supérieure à 20 % des salaires. Malgré la dévaluation du franc, ajoutait le rapporteur, les industries exportatrices « ont du mal à lutter contre des concurrents n'ayant pas réduit la durée du travail ». Dans l'industrie privée comme dans les sociétés nationalisées, on dénonçait des goulots d'étranglement préjudiciables à la production. Pour tenter d'y remédier, « un comité d'enquête » fut institué le 25 août 1937. Sa principale recommandation était d'appliquer les décrets en vigueur. On ne pouvait mieux tourner en rond, se servir de paravents divers pour masquer la peur qu'avaient les hommes politiques de la majorité de traiter le problème au grand jour et, en fin de compte, de décider. Le 21 décembre, de nouveaux décrets apportaient des « assouplissements secondaires en particulier pour les industries saisonnières [9] ».

Le 21 janvier 1938, fut créé un « comité de la production » qui s'enfonçait à son tour dans des palabres entrecoupées de grèves. Ainsi, celle de l'aéronautique où la C.G.T. réclamait le paiement d'heures supplémentaires au-delà des quarante réglementaires, solution rejetée par le patronat. On aboutit à une transaction donnant en principe raison aux industriels, mais qui consentait à un relèvement du salaire de base. Un nouveau texte officiel du 2 mai 1938 attribua au gouvernement le pouvoir d'aménager la réglementation en vigueur ; une fois de plus, c'était la fuite

7. Élisabeth du Réau, *L'Aménagement de la loi instituant la semaine de quarante heures,* Colloque de la Fondation nationale des Sciences Politiques du 4 au 6 décembre 1976, p. 4. D'autre part, Mme du Réau qui, sous la direction de M. le professeur Duroselle, prépare une thèse d'État sur M. Édouard Daladier, a bien voulu communiquer à l'auteur, qui l'en remercie chaleureusement, certains éclairages et précisions sur la personnalité et le rôle de l'ancien président du Conseil et ministre de la Guerre.

8. Élisabeth du Réau, *op. cit.,* p. 6.

9. Élisabeth du Réau, *op. cit.,* p. 8.

en avant dans les complications d'application du principe. Derrière ce coup de clairon, on se perdait dans la casuistique. Paul Ramadier, ministre du Travail, s'opposait par exemple à toute solution d'autorité, c'est-à-dire à ce qui faisait spectaculairement défaut ! Représentants de Daladier, hauts fontionnaires, se retrouvaient, une nouvelle fois à partir de juillet 1938, dans un sous-comité.

M. Mellon, président de ce nouvel organisme, après avoir entendu Ambroise Croizat, secrétaire de la fédération des Métaux C.G.T., membre du P.C., puis Lambert-Ribot, au titre du grand patronat, concluait ainsi ses auditions : « Les retards de construction ou de fabrication de matériel de guerre se sont accrus depuis deux ans (1936) dans de grandes proportions... Le 3 août 1938, près de six mois après l'Anschluss autrichien, à six semaines de la crise de Munich, une note confidentielle du ministre de la Défense nationale démontrait l'ampleur des difficultés d'utilisation et du coût des heures supplémentaires (dont le patronat des entreprises privées et les responsables des nouvelles entreprises nationaliées de la Défense nationale réclamaient une modification du taux de majoration, ce qui sera obtenu par des décrets-lois de novembre 1938). Nous pourrions continuer ainsi longtemps sur les demi-mesures et les entrechats officiels. »

Après le discours du 21 août où Daladier parle de « remettre la France au travail », Ramadier démissionne (ainsi que Frossard), sous prétexte que le chef du gouvernement a pris sur le problème des quarante heures une décision catégorique sans avoir fait au préalable (*sic*) l'effort nécessaire de rapprochement ! Comment peut-on autant travestir les choses ? Depuis plus de dix-huit mois se sont succédé comités d'enquêtes, confrontations et rapports sur le sujet... Quant à Blum, horrifié par les propos de Daladier, il écrit dans *Le Populaire* : « Pas cela ou pas nous ! » À la suite, le leader socialiste défend les quarante heures et accuse « les vices de l'organisation patronale, l'outillage (...), l'émigration des capitaux et l'insuffisance du crédit »...

Le climat social reste donc à l'aigreur, ne facilitant pas, il est vrai, la concrétisation des intentions de Daladier, pusillanime. Les syndicats ouvriers se sont trompés dans leurs prévisions : les quarante heures n'ont pas résorbé le chômage de façon sensible (en dépit de l'augmentation de la durée du service militaire, de grands travaux comme l'Exposition internationale, de l'embauche à la nouvelle S.N.C.F....) [10]. La lenteur de sortie des décrets d'application des dispositions sociales de 1936 a provoqué des irritations chez ceux qui en attendaient un bénéfice plus immédiat. Des conventions collectives (près de 5 000 entre la loi du 24 juin 1936 et le 15 juillet 1937) et des divergences sur leur application, surgissent des grèves en cascade. Les élections des délégués servent de tremplin à l'agitation dans les usines où les patrons sont accusés non sans raison de saboter les réformes de juin 1936, et d'intriguer, pour « liquider » les militants ouvriers. C'est une guerre d'usure. La C.G.T. renchérit en menant campagne pour l'obtention de ce qu'elle a baptisé le « contrôle

10. Georges Lefranc, *Le Mouvement syndical sous la IIIe République,* p. 352, Payot édit., Paris 1967.

ouvrier », qui porterait sur l'application des lois sociales, de l'embauche et de la débauche, la gestion des entreprises, le compte d'exploitation. L'institution de commissions paritaires de conciliation, la nomination — en cas de désaccord — d'arbitres, voire d'un sur-arbitre, par le président du Conseil, a certes apaisé nombre de conflits latents, mais l'exemple de grèves « sauvages » a un impact psychologique de grande amplitude.

Ainsi, à Marseille, sous des prétextes politiques, les dockers paralysent régulièrement le port par des arrêts de travail, relayés à Rouen et ailleurs, par les inscrits maritimes mettant sac à terre. Le 23 décembre 1937, dans la banlieue parisienne, une grève à l'usine de pneumatiques Goodrich sert de prétexte à une mobilisation ouvrière devant laquelle la police cède la place. Redoutant une contagion du mouvement, Daladier est contraint, en personne, de prendre en main les négociations, mais son arbitrage n'est guère apprécié du patronat [11]. Fin 1937, les employés des services publics de la Seine, « paisibles » jusque-là, croisent les bras, paralysant Paris. Les préfets répercutent le flottement du gouvernement par leurs hésitations à faire appliquer les jugements des tribunaux ordonnant l'évacuation d'ateliers par leurs occupants en grève. Le contrôle des prix est, une fois de plus, inefficace à enrayer des hausses qui, de juin 1936 au 1er janvier 1938, avoisinent les 50 %. À l'augmentation successive des salaires et des charges, les industriels répliquent en élevant leurs prix de vente. Les ouvriers sont mécontents de voir leurs salaires réajustés, dévorés par les hausses de prix. Les classes moyennes voient diminuer leur pouvoir d'achat.

Quant aux sorties de capitaux, commencées dès 1933, et qui selon Robert Marjolin [12], n'ont pas été plus importantes après le succès électoral du Front populaire, elles sont dues à différents facteurs. Le déficit du budget extraordinaire et les charges de trésorerie aucunement couvertes par des recettes sont les reflets d'une « décadence de l'économie qui peut être très grave si l'on n'y porte pas promptement remède ». En 1937, la France a produit 20 à 25 % de moins qu'en 1929, alors que l'Angleterre produisait 25 % de plus ; l'Allemagne, 10 % ; les États-Unis, 5 %. « Considérons les difficultés avec courage, résolvons-les et les sorties de capitaux cesseront. Contentons-nous au contraire du contrôle des changes et de la fausse sécurité provisoire qu'il donnera, et la France est perdue. »

11. Edouard Bonnefous, *op. cit.*, t. VI, p. 215.

12. *Les Nouveaux Cahiers*, n° 19, 15 février 1938, p. 7 à 9, Robert Marjolin, « Le contrôle des changes ».

À ses camarades d'X-Crise (voir t. III), Alfred Sauvy explique, le 7 février 1939, que le mal financier chronique dont souffre la France a une cause essentiellement démographique : « Si la France avait 10 millions d'habitants en plus, ses frais généraux seraient moindres et en tout cas pas plus élevés qu'ils ne le sont actuellement, de sorte que la charge supportée par chacun serait notablement plus faible » ; le seul remède est le relèvement de la natalité... (Bulletin d'X-Crise, février 1939.)

La nouvelle ligne de défense du patronat

Après sa « grande peur » de juin 1936, le patronat s'est réorganisé et donné un nouveau président, J.-C. Gignoux [13]. Au nom de la Confédération générale du patronat français (C.G.P.F.), il établit une ligne de conduite qu'il explique et défend dans de nombreux articles et discours comme, le 17 janvier 1938, à Cholet [14] :

1°) Reconnaissance de « certaines réformes socialement justes (...). La C.G.P.F. tient pour exclu tout retour sur les lois sociales et ne fera rien pour provoquer ce retour ». À cet égard, les grandes associations patronales régionales (A.I.C.A., A.I.C.A.O., etc.), par exemple, prenant acte des congés payés, contrebattus autrefois, étudient en détail leurs développements. En revanche, le patronat déplore les conditions improvisées d'application des nouvelles lois.

2°) La C.G.P.F. accuse la C.G.T. de poursuivre son but d'évincer les patrons « au moyen de la lutte des classes ». Comme pour appuyer cette thèse, la C.G.T. a fait le 1er mai 1937 circuler un tract sur le « contrôle ouvrier des entreprises ». À en croire Gignoux, les chantiers de l'Exposition internationale à Paris ont servi « de véritables laboratoires de révolution en marche avec les premières tentatives faites pour obliger les entrepreneurs à n'embaucher que des ouvriers cégétistes ». Quand le secrétaire général de la présidence du Conseil sous Léon Blum, Jules Moch, avait entériné le point de vue de Léon Jouhaux, la C.G.P.F. avait demandé et obtenu le retrait de cette « bénédiction » officielle. En mai 1937, la C.G.T. revient, en vain, à la charge.

3°) Dans les exigences cégétistes formulées le 8 août à Camille Chautemps pour que le président du Conseil prenne des mesures, ou présente des projets de loi, sur l'embauchage et le débauchage, le placement, l'arbitrage, etc., Gignoux voit l'amorce d'un second Matignon. Aussi, lorsque le 9 septembre, Chautemps invite la C.G.P.F., à discuter, sous sa présidence, les revendications de Jouhaux, le patronat réclame-t-il d'abord au gouvernement de « mettre fin aux atteintes au droit de propriété » (occupations d'usines) et de maintenir l'autorité des industriels sur l'embauche et le licenciement. Pour montrer que la C.G.P.F. n'agit pas en solitaire, divers organismes patronaux (fédérations et associations régionales) organisent, le 24 novembre 1937, des réunions et des débats dans 90 villes. On y répète, entre autres, que les entreprises doivent pouvoir utiliser les facilités d'application de la loi des quarante heures prévues par des décrets « théoriquement en vigueur, mais souvent non appliqués ».

4°) Le 10 janvier 1938, la C.G.P.F. écrit à Chautemps que sa

13. Voir t. III.

14. Loire-Atlantique, bulletin de l'A.I.C.A.O. du 5 février 1938. D'importantes personnalités patronales à l'échelon national ont accompagné Gignoux : le baron Petiet, président de la section sociale de la C.G.P.F. (voir t. III), Lenté, président de la puissante Union des industries métallurgiques et minières, Lasalle, président de la Fédération nationale du Bâtiment et des Travaux publics, Aymé Bernard, président des Associations régionales interprofessionnelles (voir t. I), etc.

présence, le 12, à Matignon dépendra de « la qualité des groupements invités à la conférence », Gignoux exigeant que du côté patronal, comme ouvrier, « toutes les organisations syndicales soient représentées ». Aux yeux de Jouhaux, seule compte la C.G.T. ; pas question d'introduire la concurrence avec la C.F.T.C., même si les effectifs d'adhérents des deux centrales sont aux antipodes. En conséquence, il ne viendra pas à la présidence du Conseil ! La deuxième condition de la C.G.P.F. à sa participation est que « seul le parlement » aura qualité pour se prononcer sur les réformes discutées à Matignon. En posant ces préalables, Gignoux habille son refus : l'évolution politique ne permettrait plus de faire avaliser n'importe quelle décision sociale par le parlement, surtout au Sénat.

Grands jeux dans la coulisse

Telle est, brossée à grands traits, la situation sociale, économique et financière au moment de la crise de Munich. Nous savons aussi que Daladier obtient, le 5 octobre 1938, par un vote des députés et des sénateurs, les pleins pouvoirs pour redresser le cours des choses. Le gouvernement charge Paul Marchandeau, ministre des Finances, d'élaborer un plan (un de plus !). Originaire du Tarn, cinquante-six ans, bâtonnier de l'ordre des avocats de Reims avec comme principal client le syndicat général des Vignerons, auteur de l'importante et combien délicate (en raison des intérêts en jeu) délimitation de la Champagne viticole, il est également journaliste, d'abord dans une modeste feuille locale, puis à *L'Éclaireur de l'Est* dont il élargit le rayonnement sur cinq départements. En 1925, le radical-socialiste Marchandeau, élu maire de Reims, poursuit la reconstruction d'une ville effroyablement mutilée par les combats de 14-18, puis, à l'occasion d'une élection partielle en 1926, le voilà député sur une liste du Cartel des Gauches où figure le socialiste Marcel Déat [15]. Le 23 février 1930, Marchandeau est, pour la première fois, secrétaire d'État (à l'Intérieur) dans un cabinet Chautemps qui ne dure que quatre jours ! À d'autres occasions, comme s'il était marqué par le sort, le député-maire de Reims revient au gouvernement pour des périodes éphémères, au Budget ou aux Finances, voire place Beauvau...

Après le conseil des ministres du 1er octobre 1938, Marchandeau laisse à Daladier, qui la lui réclame, la première ébauche des mesures financières à venir. Rue Saint-Dominique, le président du Conseil fait circuler les précieux feuillets dans son entourage où, à en croire le ministre des Finances [16], sont recueillis des « conseils (...) les uns particulièrement valables (...), les autres plus suspects de confondre trop aisément les

15. Voir t. III.

16. Lettre de Paul Marchandeau à M. Edouard Bonnefous dans *Histoire politique de la IIIe République, op. cit.*, t. VI, p. 420. Informé de cette correspondance qui le met en cause, M. Paul Reynaud répond, le 8 avril 1965, à M. E. Bonnefous que M. Marchandeau « s'est forgé une histoire fantaisiste de ce qui s'est passé en novembre 1938 » (p. 424). Cette récusation par l'ancien président du Conseil aurait gagné plus de crédibilité si ses mémoires étaient eux-mêmes plus fiables.

intérêts personnels ou professionnels avec l'intérêt général ». En rendant son projet à Marchandeau, Daladier objecte qu'il conviendrait de remanier les mesures envisagées, difficiles à faire adopter. De nouveaux textes sont donc remis, le 10 octobre, au président du Conseil, d'où de nouvelles consultations au sein de l'équipe Daladier. Des indiscrétions surgissent dans Paris, servant de munitions à des attaques contre le « plan » Marchandeau. Mécontent, le ministre des Finances insiste pour qu'il soit mis fin à la « circulation » des documents, ce qu'accepte Daladier en soupirant : « Parmi les personnes consultées, il n'y en a pas deux qui disent la même chose. » Ces atermoiements, l'indécision du gouvernement produisent le plus mauvais effet ; aussi le 17 octobre 1938, Jacques Rueff adresse-t-il une véritable admonestation à Marchandeau : « L'état actuel des Finances publiques, écrit-il, est désastreux et conduit à des catastrophes certaines (...). Et pourtant, douze jours après le moment où les (pleins) pouvoirs ont été accordés, presque rien n'a été fait [17]. » Irrité par la démarche du haut fonctionnaire, Marchandeau l'avise sèchement qu'ayant « outrepassé les devoirs de sa charge », il ne peut plus collaborer avec lui. Un an plus tôt, Vincent Auriol avait eu une réaction identique, mais en fin de compte Rueff était resté à son poste et Auriol avait cédé la place...

Quel est le programme de Marchandeau ?

1°) suspension de la loi des quarante heures, surtout pour les fabrications d'armement ;

2°) « compression massive » des dépenses budgétaires établies par un comité « d'une compétence et d'une objectivité indéniables » (*sic*) ;

3°) dispositions fiscales (impôts nouveaux), en épargnant les travailleurs ;

4°) suspension de grands travaux civils, hormis ceux du bâtiment ;

5°) réévaluation de l'encaisse-or de la Banque de France ;

6°) mesures de sauvegarde « pour empêcher de nouvelles et massives exportations de capitaux », c'est-à-dire entrée en scène du fameux contrôle des changes, si discuté. Consultées sur ce point, Washington et Londres ne font pas d'objection. Les adversaires de Marchandeau voient dans ce plan, et surtout dans le recours au contrôle des changes, une réanimation du programme de Front populaire. Or, en avril 1938, le Sénat, où dominent les radicaux-socialistes et Joseph Caillaux, avait renversé un gouvernement Blum sur des projets financiers recopiés en partie par Marchandeau. Spécialiste, avant tout, de la machinerie politique, Daladier n'a pas envie d'être battu par les sénateurs, encore qu'à la Chambre des députés il lui faille trouver une majorité de rechange ne pouvant venir (étant donné l'hostilité des communistes et l'opposition d'une grande partie de la S.F.I.O.) que de voix de la droite. Ignorant des questions économiques et financières, il lui faut donc présenter un programme répondant à la nouvelle arithmétique parlementaire. Envolés sont les enthousiasmes de la gauche au printemps 1936, cédant la place aux espoirs, par exemple, du colonel de La Rocque sur une entrée massive de députés du P.S.F. aux législatives de 1940 ! En dehors de cela, pas de « salut » et une crise gouvernementale. À cet égard le puissant *Petit*

17. Jacques Rueff, *op. cit.*, p. 157.

Parisien est très explicite : « On ne peut croire en effet, écrit-il le 31 octobre 1938 à propos des idées de Marchandeau, que le cabinet (Daladier) puisse s'arrêter à des projets allant aussi catégoriquement à l'encontre d'un véritable redressement financier, trop semblables, au surplus, à ceux dont le rejet entraîna, au Luxembourg, la chute du second ministère de Front populaire à direction socialiste. »

Ballotté, comme à son habitude, entre les choix à faire, Daladier choisit comme conseiller technique — fonction confirmée par décret du 5 novembre 1938 — M. François Legueu. Fils d'un professeur d'urologie renommé de Paris, il a préparé, en même temps qu'un doctorat en droit, l'Inspection des Finances. En 1920, des relations familiales conseillent au jeune homme de travailler aux problèmes financiers à l'ambassade de France à Berlin, plutôt que de tenter un concours prestigieux ; en Allemagne, contrôlé par la France, il apprendrait plus de choses utiles à son avenir qu'aux Sciences politiques. C'est aussi l'époque où nombre de gens talentueux (François-Poncet entre autres) suivent ce conseil avisé [18]. Vaincu, occupé, le Reich offre en effet une leçon de choses industrielle, des « travaux pratiques » sans égal, mais dont les fruits ne pénètrent pas suffisamment les hautes classes dirigeantes, plus âgées et de formation antérieure à 1914... Après les affaires allemandes, Legueu entre, en 1925, au comité directeur de « l'Union pour le Franc » créée par le député d'Argenteuil Maurice Bokanowski, détenteur d'intérêts dans un trust familial de tissus « Dralux-Boka », qui de Toulon a essaimé à Paris et dans des centres de province où il concurrence le petit commerce traditionnel, et J.-C. Gignoux que nous connaissons. Cet organisme lutte contre le Cartel des Gauches, déjà en déconfiture, et vise à reconstituer « l'Union sacrée », préparant la voie au retour triomphal de Poincaré.

Entré au *Figaro,* François Legueu y écrit maints articles et devient chef de la rubrique financière. Intelligent, du charme, bon vivant, de bonnes manières, de nombreuses relations influentes, il est également, fin 1933, le trésorier de l'Association nationale d'Expansion économique présidée par le Lyonnais Étienne Fougère [19], et qui est l'une des annexes du grand patronat. Sur cette lancée, Legueu est promu directeur du service financier de la société d'Études et d'Informations économiques, autre succursale de la C.G.P.F. À l'occasion, il est invité en « vedette américaine » à faire des conférences devant des fédérations et associations patronales. Lié aux « deux cents familles » dénoncées naguère par Daladier, auteur de la célèbre expression, on devine la « surprise » causée par le recrutement de Legueu chez les anciens compagnons de route et du poing levé du président du Conseil [20] ! Legueu ne peut, bien sûr,

18. Voir t. II.

19. Voir t. II.

20. Raymond Mennevée, Bulletin n° 12, p. 359-360, décembre 1938. Le 21 octobre, lors des 4e assises du patronat régional réunissant 700 délégués à la Maison de la Chimie à Paris, présidées par M. Aymé Bernard, F. Legueu, analysant la situation financière, déclare qu'il a « enregistré d'heureux changements non dans les faits, mais dans les esprits ; l'ensemble du problème financier est enfin officiellement reconnu ; les expédients possibles sont à bout (...). Il ne faut pas se dissimuler que tous les citoyens auront à consentir des sacrifices, mais ils sont indispensables ». (*Loire-Atlantique* du 5 novembre 1938 édité par l'A.I.C.A.O., p. 299).

approuver le plan Marchandeau ; au niveau politique, il a les entrées suffisantes pour aider Daladier à trouver les voix qu'il n'aura plus à la S.F.I.O.

Ces préparatifs, ces jeux en coulisse, le congrès radical-socialiste prévu fin octobre à Marseille font que les mesures financières prévues par décrets-lois, avant le 15 novembre, ne sauraient être prises sans que Daladier ait assuré ses arrières politiques (où Legueu joue le rôle important que l'on sait). Au cours d'un déjeuner avec le chargé d'affaires de l'ambassade des États-Unis à Paris (Bullitt s'est rendu à Washington pour informer Roosevelt) Edwin C. Wilson, M. Jacques Kayser, vice-président du parti radical, conseiller intime de Daladier, dévoile la stratégie du chef du gouvernement :

1°) la France n'est plus gouvernée depuis Poincaré ; la population souhaite être dirigée comme l'ont fait Clemenceau et Poincaré, *« mais le difficile est de trouver l'homme »* capable de le faire ;

2°) l'accord de Munich n'est qu'un court répit : Hitler trouvera un prétexte pour un conflit armé avant d'avoir perdu sa supériorité militaire ;

3e) Daladier prendra les mesures de redressement financier « en bloc » pour provoquer un effet psychologique. Si celui-ci est satisfaisant, il n'aura pas besoin de rappeler le parlement en session extraordinaire pour discuter du budget de 1939, profitant, pour le faire adopter sans difficulté, des réactions favorables de l'opinion. Dans cette hypothèse, *Daladier « pourrait » envisager de dissoudre la Chambre des députés et de provoquer de nouvelles élections.* Mais, en cas d'échec, il serait renversé à la mi-novembre 1938 [21].

Les archives du Département d'État révèlent aussi qu'avant de rejoindre Marseille, Daladier s'est entretenu avec M. Louis Marin, président de la Fédération républicaine. Selon le député de Meurthe-et-Moselle, les temps ne sont pas encore venus d'un gouvernement « d'union nationale » allant des socialistes à la droite classique. Après ce « sondage » auprès de Marin, Daladier prévient ses amis radicaux : il ne donnera pas son aval à une motion de congrès radical sur une perspective gouvernementale qui n'est pas « mûre », sans quoi il remettrait sa démission au président de la République. Dans son discours à Marseille, Daladier attaque (sur un ton qui surprend son auditoire) le parti communiste accusé de mener une politique « d'insulte et de bellicisme démagogique (...), de saboter l'autorité gouvernementale en toutes circonstances ». La motion finale du congrès franchit une étape supplémentaire (et préparée) : « Les communistes ont rompu la solidarité qui les unissait aux autres partis du Rassemblement populaire [22]. »

L'opinion est en partie déçue car elle attendait de Daladier plutôt des précisions sur son plan économique et financier qu'une attaque frontale contre le P.C. Mal informée (ou fermant les yeux par complicité), la grande presse ne se préoccupe pas, tout au moins pour ses lecteurs, d'entrer dans les manœuvres de Daladier. Cela dit, des personnalités

---

21. Télégramme n° 1769 du 17 octobre 1938 de M. Edwin C. Wilson, chargé d'Affaires américain à Paris au secrétaire d'État à Washington. National Archives Washington D.C.

22. Edouard Bonnefous, *op. cit.*, t. VI, p. 355.

radicales, comme le normalien ministre Yvon Delbos, s'inquiètent du coup de barre à droite de Daladier qui rejetterait les socialistes dans l'opposition avec les communistes. Mais il faut bien que le président du Conseil paie son « billet d'entrée » dans sa prochaine majorité parlementaire…

En fait, Daladier est plongé dans une opération politique délicate et de grande ampleur. D'un côté, il se sait le seul à pouvoir gouverner avec l'actuelle majorité, même fissurée de 1936 ; de l'autre, il lui faut trouver de nouveaux appuis parlementaires pour constituer une « union sacrée » du type de 1914. La Grande Guerre a montré qu'une Chambre de gauche « est aussi malléable qu'une autre, et qu'elle peut accepter une pratique politique très éloignée de celle qui devrait correspondre à ses engagements électoraux [23] ». Mais encore faut-il un chef de gouvernement dominant cette majorité et qu'elle n'ose renverser, en raison d'une crise extrême comme la menace d'une guerre. D'autre part, il n'y a pas d'élections législatives (sauf dissolution) avant 1940.

Pendant le congrès radical-socialiste de Marseille, un incendie détruit, sur la Canebière, les Nouvelles Galeries. La carence des moyens de secours provoque un énorme scandale et contraint le gouvernement à remplacer le conseil municipal par des autorités nommées en Conseil des ministres. (Ph. Keystone.)

Ces éléments favorisent Daladier qui peut s'éloigner de la majorité élue en 1936 (en attendant de la briser), et imposer des mesures contre ses vues, décisions acceptées par l'opinion qui l'approuvera prochainement de casser une grève générale jugée contraire à l'effort de redressement national et militaire en cours. Ainsi, Daladier est-il en train de se tailler un habit fort différent de celui qu'il portait, le 14 juillet 1935, lorsqu'il levait le poing avec les « camarades » de gauche. Mais ce geste est trop célèbre pour être facilement oublié chez les nouveaux « amis » du président du Conseil. Voilà pourquoi au congrès radical-socialiste de Marseille, Daladier a peu parlé de finances et donné des gages politiques, notamment contre le P.C. Les propos de Jacques Kayser au chargé d'affaires des États-Unis éclairent le programme du chef du gouvernement dont les références sont d'être un Clemenceau ou un Poincaré !

23. Documentation du professeur Fred Kupferman.

Reste à prendre, en attendant, des mesures financières convenant à la nouvelle majorité en cours de constitution. À Marseille, où Marchandeau a dénoncé la thésaurisation, la spéculation et l'exportation des capitaux « qui risquent d'ébranler jusqu'à l'écroulement l'édifice qui abrite la fortune nationale », Daladier demande que les projets financiers soient discutés au conseil du cabinet, le 31 octobre. À en croire Paul Reynaud, Marchandeau y serait apparu « abattu », mot que l'intéressé conteste, parlant cependant de son « écœurement » des manœuvres dilatoires et des attaques lancées contre son plan grâce aux « indiscrétions » de l'entourage du président du Conseil, et à la presse contrôlée par son rival. Quoi qu'il en soit, Reynaud contre-attaque avec vigueur ; Daladier, le plus souvent silencieux, compte et recompte ses voix au parlement nécessaires à sa grande « opération ». Marchandeau réplique à Reynaud, et se sentant abandonné par son chef, donne sa démission. Au cours d'une suspension de cette séance houleuse, Daladier offre à Reynaud de s'installer rue de Rivoli, ce qu'accepte ce dernier avec l'empressement que l'on devine, en exigeant « qu'on lui fiche la paix » ! Prudent, Reynaud n'entend pas être victime des intrigues dont il a profité. Quant à Daladier, il a assez affaire avec les généraux !

La dernière urgence est d'empêcher à tout prix Marchandeau de persévérer dans son « éclat », faute de quoi Daladier pourrait s'attendre à des remous inopportuns chez les radicaux-socialistes. Anatole de Monzie est donc chargé de « rattraper » Marchandeau en lui proposant de remplacer Reynaud au ministère de la Justice. S'il n'acceptait pas cette permutation, soutient habilement le messager, Daladier serait contraint de démissionner et de laisser la place à un gouvernement Reynaud. Entre deux maux, le maire de Reims s'incline et accepte, le 1er novembre, de s'installer place Vendôme. Quel stratège ce Daladier !...

Étonnante équipe de Paul Reynaud : de Pétain à la Ve République !

La première décision de Paul Reynaud est de nommer Yves Bouthillier secrétaire général du ministère des Finances. Ce geste semble une « provocation », analogue à l'arrivée de François Legueu auprès de Daladier : en effet, Bouthillier, inspecteur des Finances, a fait partie du comité des experts désigné en 1935 par Pierre Laval, président du Conseil, pour sa fameuse politique de déflation. Par la suite, le Front populaire a « exilé » Bouthillier dans l'administration financière de l'Hôtel de Ville de Paris. Haut fonctionnaire rigoureux, sévère, décidé [23 *bis*], c'est un des chefs de file écouté du mouvement technocratique (qui a pris naissance avec « X-Crise ») et dont de nombreux membres sont, à son image, hostiles au capitalisme traditionnel.

Avec Bouthillier une autre personnalité monte au firmament : Paul

23 *bis*. Voir t. III.

Baudouin, également inspecteur des Finances. Au printemps 1930, il avait expliqué à Paul Reynaud, nommé pour la première fois rue de Rivoli par André Tardieu, le fonctionnement des services de son ministère [24]. D'un premier contact chaleureux étaient nés des liens réguliers, d'autant que Baudouin, bientôt directeur général de la puissante banque de l'Indochine, eut de nouveau professionnellement à s'entretenir avec Reynaud lors du passage de celui-ci au ministère des Colonies. Ensemble, les deux hommes partagent, par exemple, des vues identiques sur la nécessaire dévaluation du franc que le politicien préconise alors en vain au parlement et à la presse. On a avancé que Baudouin est un des poulains de la comtesse de Portes dont il dit, dans ses mémoires, qu'elle « aimait passionnément son pays, croyant que Paul Reynaud, qu'elle admirait sans réserves, pouvait seul le sauver [25] ». C'est surtout à partir de la guerre que Baudouin, dont les responsabilités s'amplifieront, côtoiera régulièrement Hélène de Portes, formant un tandem accusé d'être le « mauvais génie » de Reynaud ; on verra.. au printemps 1940.

À Bouthillier et Baudouin, s'ajoute le concours empressé de Jacques Rueff et de son adjoint, Maurice Couve de Murville. Sans faire directement partie du cabinet du ministre, ils sont, les uns et les autres, consultés par celui-ci. Sur de grandes pages jaunes, Reynaud couche leurs idées et conseils, qu'il ressort comme étant les siens ! Animal politique trépidant, souffrant de ne pas être arrivé plus jeune aux plus hauts postes de l'État, doté d'une grande capacité d'assimiliation, fonçant sur l'obstacle « parfois sans préparation suffisante [26] », Reynaud contrôle ainsi les services de la rue de Rivoli et s'assure leur fidélité : « L'arrivée de M. Paul Reynaud (...) provoqua, écrit Jacques Rueff, un changement total d'atmosphère. À la résignation succédait la volonté de vaincre ; à la passivité, l'appétit de réformes rapides et efficaces [27]. »

Gaston Palewski, un ancien du « B.Q. » du Comité des Forges [28], collaborateur de Lyautey, dirige le cabinet du ministre (qu'il quittera sous la pression de la comtesse de Portes), assisté par un jeune normalien, inspecteur des Finances, Dominique Leca. Citons aussi le polytechnicien-inspecteur des Finances Claude Gruson ; un autre « X », l'économiste et statisticien Alfred Sauvy qui a collaboré avec le ministre socialiste de l'Économie Charles Spinasse, Gilbert Devaux, Vincent Bourrel, Jean Jardel et un auditeur du Conseil d'État de vingt-quatre ans, Michel Debré. Un fidèle de Reynaud, le journaliste Roger Giron dirige le service de presse. Ne manque en somme dans cette équipe ambitieuse et remuante, que le colonel Charles de Gaulle dont Reynaud est devenu le défenseur des idées militaires et le protecteur.

En coulisse, Reynaud consulte un de ses amis intimes, bouillante personnalité, directeur des services bancaires de MM. Worms et Cie, Gabriel Le Roy Ladurie. Dans ses mémoires, Reynaud, pourtant prolixe,

24. Paul Baudouin, *Neuf mois au gouvernement,* p. 13, La Table Ronde édit., Paris 1948.
25. Paul Baudouin, *op. cit.,* p. 15.
26. Paul Baudouin, *op. cit.,* p. 19.
27. Jacques Rueff, *op. cit.,* p. 159.
28. Voir t.I.

est étrangement silencieux à l'égard du financier dont l'influence sur le cours des événements est pourtant de premier plan, sans parler des accusations sur son rôle à la tête du mouvement technocratique, ou « synarchique ». D'origine terrienne des environs de Domfront, la famille Le Roy Ladurie s'installe ensuite à Verneuil où, à la Révolution, elle sert le duc d'Orléans, seigneur des lieux. Au début du XIXᵉ siècle, le grand-père de Gabriel, haut fonctionnaire à Paris et collectionneur d'art, fait un « riche mariage ». Son fils, ayant vu les Prussiens défiler dans les rues de Versailles, décide de devenir officier. Il part en Allemagne sous la conduite d'un prêtre français qui lui sert de précepteur. Le jeune homme entend bien connaître les Allemands dans l'espoir de mieux les battre un jour. Il deviendra l'un des spécialistes de l'armée allemande. À l'École de Guerre, il se lie avec Pétain, mais voit son avancement retardé à la suite d'une altercation avec le célèbre général André, ministre de la Guerre du « petit père » Combes. Recevant, à Brest, l'ordre d'expulser des religieuses enseignantes, Le Roy Ladurie, refusant d'obéir avec son bataillon, est arrêté, jugé et destitué par un conseil de guerre.

Désormais civil, Le Roy Ladurie s'installe à Caen dans la famille de son épouse (des aristocrates de la région), élève ses sept enfants, dont Gabriel et Jacques appelés à faire beaucoup parler d'eux. L'atmosphère est celle de la grande bourgeoisie ; l'ancien commandant n'a rien abandonné de ses positions philosophiques tranchées qui lui ont coûté sa carrière. Il arrache l'inscription « R.F. » sur les hampes de ses drapeaux, ferme les persiennes de sa demeure lorsque le président Fallières, en visite officielle, passe dans la rue. Devant les étendards des régiments en garnison, les enfants apprennent à les saluer ; à l'occasion, une paire de gifles les rappelle à ces devoirs patriotiques.

Après des études au collège Sainte-Marie à Caen, Gabriel, très grand, sportif, un regard que l'on n'oublie pas, et déjà cette séduction qui le servira, s'engage pendant la Grande Guerre. Tombé malade, il participe aux derniers combats comme caporal d'infanterie. Démobilisé, il fait sa licence en droit, mais échoue à l'oral du concours de l'Inspection des Finances. Écœuré, Gabriel part comme simple employé à la Banque franco-polonaise à Kattowice, se heurte à son directeur qu'il remplace, circule en avion : à vingt-six ans, il a les apparences du succès et de la puissance. À la suite de nouveaux conflits auxquels son caractère impétueux n'est pas étranger, en désaccord surtout avec Paris-Bas véritable propriétaire de la « Franco-Polonaise », il juge superficielle l'influence française en Pologne. Claquant la porte, il rentre en France en 1929, avec son épouse et ses filles.

Gabriel se lie alors avec le polytechnicien-inspecteur des Finances Jacques Barnaud [29], qui a quitté le poste de directeur adjoint du Mouvement des Fonds pour entrer comme fondé de pouvoir de MM. Worms et Cⁱᵉ dont, en juillet 1928, il devient directeur général, puis, en 1930, associé-gérant. Rappelons seulement quelques jalons de l'originalité et du dynamisme de cette affaire. D'une famille de Sarrelouis, né à Metz en 1801, établi à Rouen en 1829 comme négociant en gros, banquier quelque

29. Voir t. III.

M. Gabriel Le Roy Ladurie en 1914-1918. (Collection de Mme de La Boulaye, D.R.)

temps à Paris, Hippolyte Worms exporte du plâtre en Angleterre d'où il importe du charbon, ce qui le pousse à installer un bureau outre-Manche. Le 19 décembre 1848, en ouvrant sa première succursale à Newcastle, il crée sa Maison. À son trafic de plâtre et de charbon, Hippolyte, dont l'esprit est en avant du mouvement industriel du XIXe siècle, crée des dépôts de charbon de soute, fournit la flotte française pendant la guerre de Crimée, se fait armateur en commençant à posséder ses propres navires, ravitaille les entreprises qui construisent le canal de Suez, ouvre des représentations à Port-Saïd et à Suez pour les paquebots des Messageries maritimes et de la britannique « Peninsular and Oriental ». À sa mort en 1877, Hippolyte Worms a donc été un des grands du Second Empire, a pignon sur rue au 45 boulevard Haussmann.

Son associé Henri Josse le remplace, aidé par Henri Goudchaux, neveu par alliance de feu Hippolyte. Parmi les coups de maître du dernier venu, un service rendu à Samuel Marcus qui avait trouvé chez Worms les compléments financiers indispensables pour achever le premier navire-citerne dont il avait eu l'idée pour transporter du pétrole en vrac. Le créateur de la « Shell » associe la société Worms et Cie à sa fabuleuse prospérité, notamment en lui concédant la commercialisation de l'or noir en Égypte. La flotte Worms s'accroît. En 1914, on décompte ainsi 20 succursales dans le monde tournant à plein régime.

Henri Goudchaux meurt en 1916, confiant les destinées de Worms et Cie à Hippolyte Worms, déjà associé, et petit-fils du fondateur. Pendant le conflit, à la requête d'Anatole de Monzie, sous-secrétaire d'État à la Marine marchande, Hippolyte Worms avait ouvert, au Trait, entre Rouen et Le Havre, un chantier de construction navale où huit cales furent édifiées (fin 1939, plus de cent navires, torpilleurs, sous-marins, pétroliers, charbonniers, etc., et le bateau français de recherches océanographiques, « Président Théodore Tissier », y sont lancés). Worms reconstitue aussi sa propre flotte, dont la moitié avait été détruite en 14-18, reprenant, avec près de trente navires, sa spécialité de cabotage national et international... Avec le concours d'un groupe anglais, est créée, en 1936, une société de courtage et d'affrètement pétrolier. De son côté, inquiets de la faiblesse des moyens en ravitaillement pétrolier dont souffrirait la France en cas de guerre, Jules Moch, ministre des Travaux publics, puis Daladier, chef du gouvernement, demandent à Hippolyte Worms, Jacques Barnaud et Gabriel Le Roy Ladurie d'acheter à l'étranger (étant donné l'urgence) entre 70 et 100 000 tonnes de bateaux-citernes ; le 23 juillet 1938, une lettre spéciale de mandant du gouvernement à Worms et Cie conclut positivement ces négociations.

Après la Grande Guerre, Hippolyte Worms II, frappé par l'exemple anglais des « merchants bankers », préoccupé de la diminution des profits découlant de la baisse du trafic charbonnier, s'oriente vers les activités bancaires : le 11 juillet 1929 sont ouverts les services bancaires de Worms et Cie que Barnaud est chargé d'animer. Les prises de participation se succèdent dans des affaires de travaux publics, des usines et dans l'aviation. Barnaud est l'un des fondateurs d'Air France, siégeant à son conseil d'administration. Hippolyte Worms aide le député de Paris, Pierre Taittinger, à développer le groupe hôtelier connu sous le nom de Concorde [30]. L'équipe bancaire se renforce d'hommes jeunes appelés à faire carrière : Raymond Meynial, Lucien Guérin, Guy Brocard, etc. De nouveaux pôles d'intérêts apparaissent dans les assurances, chez Japy Frères, etc. En évolution continue, Worms et Cie est devenue une puissance [31]. Rapidement, Gabriel Le Roy Ladurie y révèle ses capacités, et devient, à son tour, le patron des services bancaires.

Habitant un bel appartement de l'avenue Franklin-Roosevelt meublé avec goût, Gabriel commence sa journée par une séance de culture physique dans une salle de sports. Puis, au bistrot, il boit un chocolat en lisant les journaux. À 8 h 30, il est assis, chez Worms, boulevard Haussmann, derrière un bureau banal, de bois classique vernissé. Un à un arrivent les fondés de pouvoir (Meynial, Bayle, Deleuze, Ragaine, Guérin, Brocard) avec le courrier qu'ils classent dans différentes chemises.

---

30. En 1970, son fils Guy est associé-gérant de Worms, puis devient président en 1974.

31. Les informations des passages consacrés à Worms et Cie sont tirées de : 1°) *Un Centenaire 1848-1948 : Worms et Cie* édité par la société en 1949 ; *Cent ans, boulevard Haussmann,* livre édité en 1978 et résumant la plaquette sur le centenaire ; 2°) Discours prononcés à l'occasion du centenaire de la Maison Worms par MM. Hippolyte Worms, Louis Vignet. Enfin, en ce qui concerne directement M. Gabriel Le Roy Ladurie, l'auteur, avec le concours de M. Robert Boulay, s'est entretenu avec M. Jacques Le Roy Ladurie le 15 juin 1982, et avec M. Guy Brocard le 25 juin 1982.

La séance d'une heure environ se déroule sans protocole ni porte fermée, surveillée par des cerbères. Chaque participant voit tout, lit tout, évoque les activités du service de 80 collaborateurs (1 500 en 1982 !). En fait, chez Worms, il n'existe ni hiérarchie, ni cloisonnement. Au sommet, se trouve Hippolyte Worms, connu pour ses décisions rapides, plus armateur que financier, simple d'abord ; puis viennent Jacques Barnaud, Michel Goudchaux, trois associés-gérants détenant les mêmes pouvoirs dans cette société en commandite. Entre Hippolyte et Barnaud existent de profonds liens d'amitié.

Grand amateur de promenades, Gabriel Le Roy Ladurie chasse aussi l'isard dans les Pyrénées. (Collection de Mme de La Boulaye.)

Quant à Gabriel Le Roy Ladurie, c'est un homme sans heures ni davantage de dimanches, attiré par les problèmes humains, croyant mais non bigot (deux de ses sœurs sont pourtant religieuses), amateur, pour ses vacances, de marches à pied dans le Périgord ou de chasse à l'izard dans les Pyrénées avec une bande d'amis. Tant d'occupations ne l'empêchent pas d'avoir une vie de famille à laquelle il tient, et d'entretenir des liens étroits avec ses frères dont Jacques (père de l'historien Emmanuel Le Roy Ladurie) qui fait une brillante carrière dans le syndicalisme paysan où il se taille, à coups de serpe, une place de premier plan, consulté par le colonel de La Rocque, le comte de Paris et bien d'autres [32] !...

Passionné de politique (à l'occasion, la « caisse noire » de Worms et Cie, comme dans les autres banques, contribue à des « soutiens »), Gabriel Le Roy Ladurie rencontre, en dehors de la banque, souvent dans de petits bistrots de bonne cuisine régionale, l'économiste russe Navachine [33], le

32. Ses mémoires, en cours de rédaction, ne devraient pas manquer de piquant !
33. Voir t. II.

M. Gabriel Le Roy Ladurie. (Collection de Mme de La Boulaye.)

syndicaliste et socialiste Christian Pineau ; il encourage, un temps, le colonel de La Rocque, mais à l'image de la brillante jeune équipe entourant le fondateur du P.S.F. [34], il le juge « bon à rien » et s'en sépare, rejoignant Doriot pour quelques mois, puis le quitte à son tour en apprenant les « rapports financiers » du chef du P.P.F. avec l'Italie. Qu'est-ce qui pousse Gabriel Le Roy Ladurie à un comportement, de prime abord, agité et désordonné ? C'est un homme à « coups de foudre », mais sceptique sur les possibilités parlementaires de redressement d'une situation sans cesse dégradée. Il pourrait aisément rencontrer Tardieu, Flandin, les chefs radicaux, mais il perçoit qu'ils sont impuissants, usés, « grillés ». Il est convaincu que la France, en plein déclin financier, industriel et militaire (ce qui n'est pas faux), a tout raté depuis 1918. Connaissant parfaitement l'Allemagne, il en sait les préparatifs militaires, met en garde des ministres qui jouent les sourds, de même qu'ils se comportent en aveugles devant les renseignements français sur le réarmement du IIIe Reich. Alors pourquoi s'intéresse-t-il à Paul Reynaud dès 1934 ? La réponse est simple et technique : le député de Paris a des conceptions monétaires rejoignant les siennes. Intellectuellement s'ouvre un terrain d'entente semblable à celui qui, sur le plan militaire, a permis à de Gaulle de se faire entendre de Reynaud : voilà un politicien important capable de parler en son nom aux députés (qui n'écoutent pas). Gabriel Le Roy Ladurie partage un certain nombre d'idées de Rueff sans être pour cela dans les meilleurs termes avec lui. Il est l'ami d'Yves Bouthillier dont nous connaissons la rentrée « triomphale » en novembre 1938, au ministère des Finances.

---

34. Voir t. III.

Dans la France devant l'abîme, Gabriel Le Roy Ladurie n'est pas un cas à part. Au cours des trois premiers tomes des *Dossiers secrets de la France contemporaine*, nous avons évoqué les réactions d'hommes les plus divers, cherchant comment sortir de la glu qui enserre mortellement la IIIe République. On l'a vu, entre autres, avec le Redressement français d'Ernest Mercier, avec « X-Crise », les idées planistes et celles de la C.G.T. à la suite d'Henri de Man, les entretiens de Pontigny chez Paul Desjardins, l'équipe des « Nouveaux Cahiers », etc. En dépit de succès particuliers, rien ne parvient à secouer l'enlisement des uns, le dogmatisme des autres. Pour faire oublier ses responsabilités, indéniables, dans le désastre de 1940, la gauche donnera en pâture à l'opinion publique, sous le nom de « Synarchie », l'idée d'un complot des « grosses têtes » contre les institutions, au besoin en favorisant la victoire de l'Allemagne pour appliquer ses conceptions. Pour les besoins de l'opération, on amalgamera les relations plus ou moins éphémères d'un La Rocque, digne sous l'Occupation, à un Doriot devenu valet de l'ennemi, etc. À l'automne 1938, au ministère des Finances, Paul Reynaud s'entoure ainsi de conseillers, officiels et officieux, appartenant, peu ou prou, à la pseudo-synarchie. En fait, au lendemain de Munich, Paris est le théâtre d'un étonnant Kriegspiel, civil pour une fois, où Daladier et Reynaud, les « frères ennemis » de demain, mettent le pied à l'étrier aux hommes de la Révolution nationale de Pétain et à la Ve République de De Gaulle, toutes deux technocratiques. C'est l'amorce d'une transformation considérable dans la gestion du pays.

Le témoignage d'Alfred Sauvy

Revenons aux décrets-lois économiques et financiers que Reynaud doit prendre avant le 15 novembre 1938. Le 3, le ministre informe Alfred Sauvy qu'il le prend « sur-le-champ » à son cabinet pour préparer, en une petite semaine, les textes « qui transformeront la politique économique de la France » [35]. L'économiste tombe des nues : quelques instants plus tôt, il dirigeait encore les trois collaborateurs de son « service d'observation économique », et le voilà désormais chargé non plus de « guider l'action » mais de la décider pour des millions de Français ! Après quelques démêlés administratifs pittoresques pour trouver un bureau et une dactylo, Sauvy s'installe, avec Michel Debré, dans deux salons où défilent des experts. Il n'y a, pour ainsi dire, ni horaires, ni repas, ni pratiquement de sommeil [36]. Le témoignage de Sauvy est exemplaire sur le climat, le désordre, l'improvisation, etc., régnant alors dans les hautes sphères de l'État.

La mission essentielle du tandem consiste à aménager la durée du travail. Après avoir établi un projet, Sauvy se heurte au ministre du Travail, Charles Pomaret. Originaire de Montpellier, fils d'un directeur

---

35. Alfred Sauvy, *De Paul Reynaud à Charles de Gaulle,* p. 70, Casterman édit., Paris, 1972.
36. Alfred Sauvy, *op. cit.,* p. 72.

des contributions indirectes, il fut, dit-on à son époque, le plus jeune licencié ès lettres et le plus jeune auditeur au Conseil d'État. En 1928, il est élu député de Florac, en Lozère, où il bat le célèbre banquier Louis Louis-Dreyfus [37]. En 1931, Laval confie à Pomaret un sous-secrétariat d'État à l'Instruction publique et aux Beaux-Arts. En même temps, il collabore à divers journaux, et se marie avec la riche veuve d'un marchand de tableaux, amie d'Anatole de Monzie dont il suit les combinaisons politiques [38]. Pomaret reçoit Sauvy, sur les conseils d'Alexandre Parodi, maître des Requêtes au Conseil d'État, directeur du Travail en attendant de jouer un rôle de premier plan dans la Résistance.

Certes, s'étonne l'Excellence, il faut produire davantage, « mais à quoi bon allonger la durée du travail puisque celui-ci fait défaut ? Ce serait une simple brimade à l'encontre des ouvriers. À quoi bon autoriser à travailler plus longtemps puisque, de notoriété publique, aucune entreprise n'utilise les 40 heures auxquelles elle a droit » ?

— Tout peut s'arranger, réplique Sauvy, 81 % des usines (occupant plus de cent salariés) font les 40 heures pleines et sont donc fixées sur le butoir !

— 81 % ? Qui donc a pu vous donner un renseignement aussi extravagant ?

— Ce sont les relevés des inspecteurs du travail placés sous votre autorité. C'est la statistique établie, tous les mois, branche par branche [39] !

Ainsi, le ministre du Travail ignore tout des enquêtes menées par ses propres services sur un sujet âprement controversé depuis des mois ! Avec Parodi, sensible au côté juridique et traditionnel des choses, Sauvy reprend la rédaction des décrets-lois qui, à l'entendre, auraient pu aller « beaucoup plus loin » que de « menues dérogations » au « monstre sacré de la loi de 40 heures » qui n'est pas abolie. Des différents ministères affluent des projets de décrets, plus ou moins (voire pas du tout) élaborés. Dans ce tourbillon est créé l'Institut de la Conjoncture, l'un des « rêves » de Sauvy qui serait confié à un jeune et brillant inspecteur des Finances, Henri Culmann (que nous retrouverons dans notre exploration des événements). Le projet d'un versement par les patrons de 5 % des salaires aux caisses de compensation familiale pour tenter, en relançant la natalité, de stopper le dramatique vieillissement de la population, soulève un tollé des hauts fonctionnaires de la rue de Rivoli auquel le ministre semble passer outre.

Le 12 novembre, Paul Reynaud, en jaquette et pantalon rayé, présente au conseil des ministres une pile impressionnante de décrets-lois qu'il résume à ses collègues et, le temps pressant pour l'envoi des documents au *Journal Officiel,* ceux-ci les signent sans les lire. Le lendemain, Sauvy, étonné de ne pas trouver quelques-uns de ses « enfants » — notamment le texte venant en aide aux familles — s'informe et se voit rassuré : aucune inquiétude à avoir, les textes « absents » font

37. Voir t. III.
38. Beau de Loménie, *op. cit.*, t. V, p. 377.
39. Alfred Sauvy, *op. cit.*, p. 73.

partie d'un second train de décisions. En surprenant par un hasard technique une conversation téléphonique entre deux puissants personnages, il découvre qu'on s'est servi de cette excuse pour se débarrasser « d'une foule de quémandeurs, ministres compris. Une fois le délai expiré (15 novembre), ils ne pourront rien [40] ». Indigné de cette mystification, Sauvy bondit chez Reynaud pour démissionner, défendant une ultime fois le décret-loi sur la famille. Donnant raison à son interlocuteur, Reynaud le prie de rester à son poste ; le *J.O.* rattrape son « retard ». Sur sa « victoire », Sauvy tente d'obtenir la codification plus logique de « poussières de petites mesures profamiliales », renforcée par « un crédit global important », un milliard ce que Yves Bouthillier réduit à deux cents millions. Envisageant d'en appeler à Reynaud, Sauvy s'entend répliquer : « Inutile : un ministre ne connaît jamais ces choses-là [41]. » Rideau ! Quant à Reynaud, il se garde, dans ses mémoires, d'évoquer cette « cuisine » et ces coulisses qui montrent ses propres faiblesses et surtout celles du régime.

De nombreuses décisions, d'importance diverse, sont également prises : réévaluation de l'encaisse-or de la Banque de France, assouplissement du régime des prix (« on ne verra plus des usines fermées ou tourner au ralenti parce qu'un vote administratif leur aura interdit de vendre leurs produits à un taux rémunérateur »), crédit plus facile pour les industriels en diminuant les besoins d'emprunt du Trésor, « comité de la hache » pour lutter contre les multiplications abusives d'emplois administratifs (réduction du recrutement des fonctionnaires, de 40 000 cheminots) : « La France a besoin d'augmenter le nombre de ses ouvriers d'aviation et de diminuer celui de ses gardes-barrières » ; quant aux grands travaux, « un pays qui va faire, en 1939, 25 milliards d'armement ne peut s'offrir le luxe de faire, en même temps, des grands travaux civils (...) Les mitrailleuses nous sont plus nécessaires que des bornes-fontaines de villages ».

Reynaud, qui emploie ainsi des formules à l'emporte-pièce pour présenter ses mesures aux députés, ajoute qu'il a refusé à Mandel, ministre des Colonies, la création d'un « Fonds colonial [42] ». Le ministre annonce des mesures fiscales dont une augmentation du barème de l'impôt général sur le revenu de 30 %, dit-il, sur celui de 1938. Il annonce une « attaque sans pitié de la fraude » *(sic)*. Des envolées sur les futurs berceaux doivent récompenser Sauvy de sa lutte contre les services de la rue de Rivoli. À la

---

40. Alfred Sauvy, *op. cit.*, p. 76.
41. Alfred Sauvy, *op. cit.*, p. 77.
42. À la fin de la Grande Guerre, les autorités officielles et privées, qui ont encore présent à l'esprit l'effort des colonies pendant le conflit, avaient préconisé la nécessité d'un plan métropolitain important d'industrialisation des territoires de l'Empire (voir t. I). Rapidement, ces intentions s'étaient effilochées devant les crises financières successives de la métropole et la politique au jour le jour. Mais depuis l'intrusion en force de l'aviation et de la motorisation dans les problèmes militaires, la notion d'espace prend une dimension dépassant le cadre d'opérations limitées à l'hexagone. L'Afrique du Nord, par exemple, « réservoir » de soldats en 1870 et en 14-18, prend une toute autre dimension, comme on le verra en juin 1940 lorsque se posera la question d'y poursuivre la lutte, et après le débarquement allié de novembre 1942. Mais d'autre part, comment, en novembre 1938, le gouvernement Daladier-Reynaud pourrait-il trouver les moyens qui manquent déjà à la seule modernisation du matériel de l'armée (sans parler de la réflexion intellectuelle sur les méthodes d'emploi des moyens).

radio, Reynaud explique ce programme étalé sur trois ans aux Français. Trois ans : mais quelles initiatives Hitler prendra-t-il d'ici là ?

Le moins qu'on puisse dire est que l'accueil de la presse aux décrets-lois est réservé sinon glacial. Les journaux du Front populaire sont déchaînés ; Blum se dit « déçu et attristé », dénonce la « politique d'agression contre la classe ouvrière ». Dans *Le Figaro*, Lucien Romier reproche aux mesures d'être trop « dirigistes », mais *L'Œuvre,* lue par de nombreux fonctionnaires, trouve Reynaud trop « libéral », etc.

Au centre, *M. Paul Reynaud, ministre des Finances, arrive au Congrès, à Versailles, pour participer à la réélection de M. Lebrun en mars 1939.* (Ph. R. Viollet.)

Échec spectaculaire de la C.G.T.

Au cours d'un déjeuner, le 8 novembre, avec Wilson, chargé d'affaires des États-Unis, Guy La Chambre lui confie qu'il a été « agréablement étonné » de la faible opposition des élus radicaux-socialistes aux décrets-lois. Mais si, en décembre, le gouvernement était renversé, lui succéderait alors un cabinet d' « union nationale » dirigé soit par Daladier, soit par Georges Bonnet, avec des ministres recrutés au centre et à la droite de la Chambre. Le programme financier de la nouvelle équipe différerait certes peu, sur l'essentiel, du plan Reynaud, mais le ministre des Finances n'y retrouverait pas son poste [43] ! Derrière les apparences d'un plan de mesures de redressement, modestes mais à contre-courant de ce qui a été fait depuis le Front populaire, se poursuivent les vaticinations politiciennes dérisoires. Quant à Marcel Cachin, directeur de *L'Humanité*, après « une

43. Télégramme n° 1957 du 18 novembre 1938 du chargé d'affaires des États-Unis à Paris au secrétaire d'État national. Archives Washington D.C.

longue conversation » avec Lawrence Higgins, autre diplomate américain en poste à Paris, il assure que le P.C. avait pris des mesures de sécurité, le 11 novembre, contre des actions de la droite sur des organisations et des bureaux communistes, mais avoue ne pas avoir cru « très sérieusement » à ces menaces. Avant de riposter aux décisions du gouvernement, le P.C. attendra les résultats de la visite, le 23 novembre, de Chamberlain à Daladier, dont il attend le pire c'est-à-dire des pressions anglaises sur les questions coloniales (au profit de l'Allemagne) et sur l'Espagne [44].

À Nantes, le 14 novembre 1938, s'ouvre le congrès de la C.G.T. Au programme : les accords de Munich, l'indépendance du syndicalisme, les décrets-lois économiques et financiers. Les tendances se heurtent dans une atmosphère passionnée [45]. Tout en essayant de concilier l'assistance, Jouhaux se prononce contre les décisions de Paul Reynaud : « Nous n'avons pas fait juin 1936 pour subir, en 1938, l'arbitraire que l'on veut nous imposer. Nous ne nous inclinerons pas. » Mais en même temps, se souvenant de l'échec de la grève générale de mai 1920, le secrétaire général ne souhaite pas un arrêt spectaculaire du travail. Toutefois, le Congrès l'entend autrement et décide une « journée de protestation nationale » le 26 novembre, qui débouche, le 30, sur une grève générale. Daladier, poussé avec force par les organisations patronales, prévient que le gouvernement ne tolérera aucune défection dans les services publics ; au besoin, il se servira de la réquisition. Le 30, la C.G.T. récolte un échec spectaculaire. Par contrecoup, le président du Conseil apparaît comme un « grand homme », un « chef »... Étrange victoire politique sur un tas de décombres.

44. Télégramme n° 3305 du 17 novembre 1938 du chargé d'affaires des États-Unis à Paris au secrétaire d'État national. Archives Washington D.C.
45. Georges Lefranc, *op. cit.*, p. 380.

21

ROOSEVELT PRÉPARE LA REVANCHE DE MUNICH. DALADIER ENVOIE JEAN MONNET AUX ÉTATS-UNIS ACHETER DES AVIONS

La mission du sénateur de La Grange à la Maison-Blanche • L'impressionnante fresque de Roosevelt sur la situation mondiale et son désir de lutter contre les « trois brigands » • Une décision capitale : l'industrie américaine aidera la machine de guerre française, mais que d'obstacles ! • Premières négociations • Le « Neutrality Act » • Des livraisons d'avions, par le Canada, tourneraient l'embargo • Roosevelt autorise Michel Detroyat à essayer le Curtiss P. 36 • Guy La Chambre passe un premier contrat • Nouvelles discussions • Lindbergh entre en scène • Sa maison de Bretagne • Daladier envoie Jean Monnet « parler » à Roosevelt • Entretien capital à Hyde Park • Le rôle du secrétaire au Trésor Morgenthau • Où la France trouvera-t-elle des dollars pour payer « cash » les avions américains ? • La fantastique bataille de Roosevelt contre ses ministres et ses généraux pour aider la France.

Pour le week-end du 17 et du 18 janvier 1938, Roosevelt et son épouse Eleanor reçoivent leurs amis le baron et la baronne Amaury de La Grange. Sénateur du Nord, spécialiste des questions aéronautiques à la haute assemblée, membre de la commission des Finances, il avait, fin décembre 1937, avant de s'embarquer du Havre pour New York, écrit au Président américain qu'il désirait le voir pour l'entretenir d'une affaire de la plus haute importance. Entre une croisière sur le yacht de Roosevelt sur le Potomac et une soirée à la Maison-Blanche, les deux hommes auraient donc toute la tranquillité pour discuter.

De grande taille, le crâne dégarni, élégant, de l'allure mais sans ostentation, le baron originaire des environs d'Hazebrouck où l'un de ses aïeux, colonel d'artillerie sous Napoléon Ier, avait acquis le domaine de La Motte-au-Bois, est l'allié ou l'ami de puissantes familles du Gotha. Le jeune Amaury avait, en 1905, suivi aux États-Unis son père qui entendait surveiller l'exploitation d'une mine d'or dont il avait fait l'acquisition. Extraordinaire expérience pour un enfant ! Revenu en France, il avait entamé des études comme on les poursuivait alors dans les grandes familles, ici avec des précepteurs à domicile, là dans un collège catholique en renom, sous la surveillance attentive de sa mère. Après sa licence en droit et un échec aux Sciences politiques, Amaury, grâce à un grand-père qui lui avait donné vingt mille francs-or (!) pour « découvrir » le monde, était parti pour l'Extrême-Orient. Les relations de ses parents lui avaient ouvert bien des portes aux Indes, à Java, en Indochine, au Japon et en Chine. Après dix mois d'absence, il était rentré par le Transsibérien.

Après son service militaire aux cuirassiers, Amaury partit, en 1913, pour New York afin de se familiariser avec les questions économiques chez un broker. Pendant ce séjour, il rencontra Emily Sloane, fine, cultivée, fille d'un riche négociant de meubles. Pendant la Grande Guerre, Emily arracha à son père l'autorisation de se rendre en France, accompagnée d'un chaperon, pour y retrouver son fiancé dont le régiment se battait durement dans le Nord. Après avoir suivi des cours d'infirmière, la jeune Américaine s'arrangea pour être affectée à un hôpital militaire de Malo-les-Bains où l'on ne lui épargna pas les soins les plus rebutants comme les traitements aux syphilitiques. Les souvenirs (en partie rédigés) d'Emily et d'Amaury de La Grange montrent, non sans humour, comment se forme la forte personnalité de miss Sloane, et son intégration, avec intelligence, dans la haute société française.

À l'instar d'autres de ses camarades, Amaury quitta la cavalerie pour s'engager dans l'aviation [1]. Breveté pilote militaire le 24 août 1915, il fut nommé, un mois plus tard, à l'escadrille MF 36 où, sur un biplan Farman, il accomplit des missions de bombardement et de reconnaissance. À l'entrée en guerre des États-Unis en avril 1917, la France envoya Joffre en mission militaire à Washington, accompagné, au titre de l'aviation, par le commandant Tulasne et le lieutenant de La Grange, qui furent ensuite détachés auprès du général George Owen Squire, responsable du programme de l'aviation américaine. Au moyen de conférences, La Grange aida à faire voter les crédits nécessaires par le Congrès. Il retrouvait aussi Franklin Roosevelt, sous-secrétaire d'État à la Marine du président Wilson, qu'il connaissait d'avant 1914, renforçant ainsi des liens d'amitié qui expliqueront, plus tard, le fameux week-end de janvier 1938 à la

1. Voir t. I.

En haut, *Amaury de La Grange, en 1888.* À droite, *au début de la guerre de 1914-1918, où le baron de La Grange sert dans un régiment de cuirassiers. Il retrouve Miss Emily Sloane, une jeune Américaine qu'il a connue à New York et à laquelle il vient de se fiancer.*

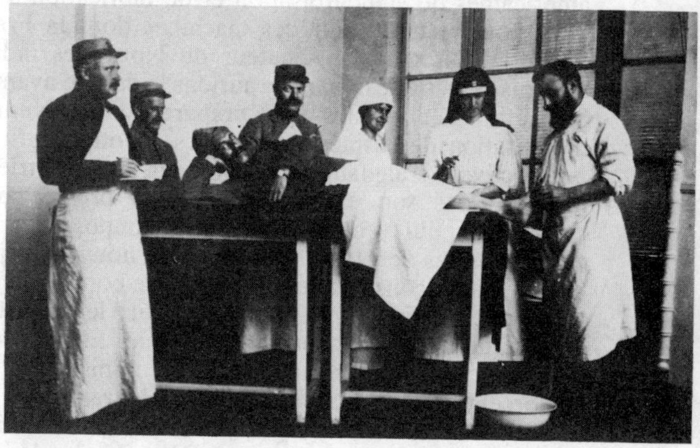

À l'hôpital militaire de Malo-les-Bains, Emily Sloane (en tenue d'infirmière blanche), future baronne Amaury de La Grange.

Comme nombre de combattants de 1914-1918, Amaury de La Grange (à g.) *a quitté la cavalerie pour passer son brevet de pilote. Ici, le futur spécialiste des questions aéronautiques au Sénat est photographié devant son Farman.* (Collection archives de M. Henri-Louis de La Grange, D.R.)

Maison-Blanche. Fin octobre 1917, le baron revint en France avec les premiers éléments de l'Air Corps auquel il resta attaché, tout en commandant une escadrille.

À la paix, La Grange fonda une coopérative pour reconstruire la région de La Motte-aux-Bois ravagée par les combats. Il fut élu au Conseil général du Nord en dépit de l'opposition de l'abbé Lemire [2], député-maire d'Hazebrouck, dont les positions politiques déplaisaient (fortement) à un épiscopat conservateur. Par la suite, le hobereau et le prêtre « démocrate » se lient d'amitié, ce qui ne sera pas toujours bien vu chez les relations du baron. En 1930, La Grange est élu sénateur du Nord. Membre de la Commission de l'Air de la haute assemblée, La Grange rapporte le projet de loi sur le statut de l'aviation civile, soutenant la création d'une armée de l'air autonome pour qu'elle ne soit plus traitée en « parente pauvre », et reçoive des crédits.

En novembre 1934, inquiet de l'effort aérien entrepris par Hitler, il alerte le général Denain, ministre de l'Air, sur les moyens à mettre en œuvre pour éviter à la France d'être distancée. Il préconise notamment la réorganisation de l'industrie aéronautique en s'appuyant sur les méthodes américaines de standardisation et de fabrication à la chaîne. Les États-Unis pourraient fournir des machines dont la France manquait : « En alliant, disait alors le sénateur du Nord, les industries aéronautiques française et américaine, nous aurions le double avantage de nous assimiler les méthodes nouvelles et de préparer, dans l'éventualité d'un conflit, la mobilisation des usines américaines à notre profit. » Denain refusa ces perspectives, craignant de décourager les industries françaises, et de se heurter dans son entourage, dans la presse, au parlement « à des oppositions qui rendraient sa tâche impossible [3] ». La Grange ne se décourage pas : en 1935, au cours d'un nouveau séjour aux États-Unis, il présente à un constructeur américain de bombardiers une personnalité de l'industrie aéronautique française. Puis le directeur des constructions aéronautiques se rend outre-Atlantique, mais la levée de boucliers des constructeurs français fut telle que le ministre de l'Air dut renoncer au renforcement des liens entre industriels français et américains.

À l'occasion de voyages aux États-Unis, Emily et Amaury retrouvaient Roosevelt, gouverneur de New York, dans sa résidence d'Hyde Park, puis comme Président des États-Unis à partir de 1933. « Suppers, teas, week-ends » entre aristocrates (milieu dont Roosevelt était issu et auquel il restait attaché) permettaient de discuter, comme à l'automne 1936, de Blum, Chautemps, des affaires françaises sur lesquelles le Président posait mille questions. On évoquait aussi Bullitt, la place qu'il avait su se faire à Paris, mais il était perceptible que le bouillant ambassadeur ne devait pas apprécier le rôle de La Grange. Parfois seule, Emily discutait aussi et ses comptes rendus à son mari, resté en France, montrent qu'elle s'y retrouvait bien dans les méandres compliqués des intrigues parisiennes.

---

2. Voir t. II.
3. Henry Beaubois, *Amaury de La Grange, son œuvre aéronautique*, p. 19, Levallois-Perret, 1954.

En 1937, La Grange, rapporteur du budget de l'Air au Sénat, se heurta, sur le fond, à Pierre Cot, démentant des affirmations audacieuses du ministre sur la supériorité des prototypes français. Informé de la puissance de la Luftwaffe — comme l'étaient d'ailleurs les dirigeants français (voir chapitres II et III) — La Grange insistait pour recourir à l'industrie américaine afin de rattraper le dramatique retard de la construction aéronautique nationale. Nous avons vu comment, fin novembre 1937, Chamberlain s'était inquiété auprès de Chautemps de l'état lamentable de l'aviation française. Le président du Conseil avait ensuite demandé des « explications » à Pierre Cot. Au cours de l'été 1937, Cot envoya une mission aux États-Unis pour acquérir le droit de fabriquer en France des moteurs Pratt et Whitney, et étudier des achats d'avions américains. Se rendant aux États-Unis fin décembre, La Grange proposa à Chautemps, Daladier et Cot de « jouer les bons offices » auprès de son ami Franklin Roosevelt, ce qu'ils acceptèrent avec chaleur : le sénateur devait étudier les possibilités américaines de fournitures d'avions. Entre un parlementaire de droite et des leaders de la majorité du « Front populaire » s'établit un consensus imposé par les circonstances d'une extrême gravité, par la menace de la guerre.

L'impressionnante fresque de Roosevelt

Le 18 janvier 1938, le Président des États-Unis dresse à La Grange une fresque impressionnante de la situation mondiale, d'autant plus vive et directe qu'il est en confiance avec le sénateur français [4]. Roosevelt commence par dire son irritation, dans l'affaire éthiopienne, des inconséquences de la Grande-Bretagne et de la France qui ont provoqué la rupture des liens avec l'Italie et son rapprochement avec l'Allemagne.

Ensuite, le Président s'étend sur la guerre du Japon contre la Chine (selon de nombreux historiens, l'impuissance de la S.D.N. à arrêter, en 1931, l'attaque de la Mandchourie par le Japon marque l'ouverture effective de la Deuxième Guerre mondiale), les difficultés militaires des agresseurs qui ne parviennent pas à triompher de Tchang Kaï-chek, la volonté du mikado de déstabiliser la puissance anglaise en Extrême-Orient. À propos de la protestation japonaise à Paris contre le ravitaillement des nationalistes chinois par le chemin de fer d'Haiphong à Yuanam-Fou, il regrette que la France ait cédé à cette pression, déplore, au passage, le retard de sa propre mise en garde contre une satisfaction

4. Les informations concernant la personnalité et le rôle de M. Amaury de La Grange ont été puisées, y compris le compte rendu de la conversation avec le Président des États-Unis le 18 janvier 1938, dans les archives du sénateur du Nord et de Mme Emily de La Grange (qui comprennent, entre autres, des éléments de mémoires intimes, des correspondances à propos de visites à la Maison-Blanche), documents aimablement confiés à l'auteur par leur fils (entretien du 15 mars 1982). D'autre part, ont été consultées les notes des hauts fonctionnaires américains en rapport avec M. de La Grange, ainsi que le livre, fort intéressant, du professeur McVickar Haight Jr., *American Aid to France 1938-1940*, Atheneum New York édit., 1970.

donnée à Tokyo. Il révèle aussi que le Quai d'Orsay avait riposté en demandant à la Maison-Blanche si les États-Unis étaient prêts à garantir l'intégrité de l'Indochine en cas d'agression japonaise : *Washington avait refusé d'entrer dans cette sorte d'engagement ; c'était l'amorce d'une cascade de difficultés en Indochine que couronnera la défaite française de 1940* [5].

En haut, *le capitaine Amaury de La Grange en mission aux États-Unis en 1917, où il retrouve son ami Franklin Roosevelt, alors sous-secrétaire d'État à la Marine.* Ci-contre, *dans la propriété de La Motte-aux-Bois près d'Hazebrouck, photo de la famille :* de gauche à droite, *Émily de La Grange, Marie de La Grange (en robe à carreaux), la mère du sénateur du Nord tenant sur ses genoux Anne, puis Amicie ; dans les bras de M. de La Grange, son fils Henri-Louis, le futur biographe de Mahler.* (Collection archives de M. Henri-Louis de La Grange, D.R.)

« Depuis, poursuit Roosevelt, que les Allemands, les Italiens et les Japonais emploient une nouvelle méthode pour faire des conquêtes sans déclarer la guerre, pourquoi ne pas adopter des manières similaires en étendant considérablement, par exemple, la limite des eaux territoriales ? Cette disposition permettrait aux flottes américaine et anglaise d'entraver la circulation des navires marchands japonais. Le Soleil Levant, démuni, entre autres, de pétrole et de caoutchouc, ne pourrait tenir plus de dix-huit mois...

5. Voir Claude Paillat, *Le Guêpier*, Robert Laffont édit., Paris, 1969.

— Mais que ferait l'U.R.S.S. ? avait coupé La Grange.

— Litvinov, commissaire du peuple aux Affaires étrangères, m'a informé qu'en " aucun cas " son pays ne ferait la guerre au Japon. Il n'en reste pas moins difficile de connaître la réelle attitude de Moscou. »

Abordant les réactions germano-italiennes à l'éventuel blocus des matières premières, le Président en étudie les conséquences en Europe. Il faut d'abord être vigilant sur le Rhin, et garder le contrôle de la Méditerranée occidentale, mais on peut craindre que la Grande-Bretagne ne soit obligée d'abandonner Malte et Chypre. Toutefois, elle tiendrait fermement l'Égypte et le canal de Suez. La Turquie apporterait son appui. Les puissances balkaniques seraient en situation délicate, l'Allemagne s'emparant de l'Autriche, de la Hongrie et de la Tchécoslovaquie, tandis que la Roumanie serait contrainte de ravitailler le Reich. Mais, de toute façon, ni l'Allemagne, ni l'Italie, ni le Japon ne résisteraient au blocus envisagé à condition que les pays nordiques y participent. Cette coalition permettrait de mettre les trois « brigands » au pas...

Dans cette perspective, intervient La Grange, il est important que la France soit forte, et « je fais remarquer sa faiblesse aéronautique ; l'aide des États-Unis est indispensable, déjà en temps de paix et par-dessus tout en cas de guerre. Le Président est-il disposé à apporter à mon pays, dès maintenant, l'aide de l'industrie américaine ?

— Oui, sans restriction ; aucune difficulté n'est à craindre...

— Et en cas de guerre ?

— Si les États-Unis participent au conflit, pas de problème ; mais s'ils restent à l'écart, la " loi de Neutralité " entrera en vigueur et, dès maintenant, nous devons étudier les moyens de la contourner. Dans l'état actuel de la législation, l'Amérique peut exporter des matières premières et des produits semi-finis, mais ni avions (ou éléments d'appareils), ni munitions, ni armes. Je vous encourage à voir mon assistant spécial pour les Affaires extérieures, Norman Davis ; inutile de rencontrer Woodring, le secrétaire à la Guerre (probablement pour limiter les risques d'indiscrétion vers le Congrès et la presse). L'armée et la marine américaines ont un viseur automatique leur permettant des bombardements d'une précision absolue à 12 000 pieds. Maintenant, nous travaillons pour aboutir à ce résultat à partir de 20 000 pieds (le bombardier Glenn-Martin peut recevoir ce nouveau viseur). Mais si cet appareil n'est pas disponible pour l'étranger en temps de paix, il le serait, en revanche, en cas de guerre commune (avec la France)... »

Premières négociations aux États-Unis

Ainsi Roosevelt, sans illusion sur l'avenir, décidé à s'opposer aux trois « brigands » (comme il les baptise), donne à Amaury de La Grange une assurance sans ambiguïté, capitale, sur le concours de l'industrie aéronautique américaine pour pallier les misères de l'aviation française. Si le principe en est adopté, d'immenses problèmes restent à résoudre avant la livraison du premier avion à la France. En sortant de la Maison-Blanche, le sénateur du Nord est aussitôt reçu par Davis, assisté de Joseph C. Green, directeur du service de l'armement et des munitions. Aux deux Américains, La Grange rappelle l'essentiel de sa mission : achats de différents types d'avions (bombardement, chasse, etc.), d'éléments non assemblés, de brevets pour construire avions et moteurs en France et les machines-outils nécessaires.

Lors d'une seconde entrevue, cette fois en tête à tête avec Green, le sénateur détaille une situation dramatique : fin 1938, Hitler disposera de 4 000 avions modernes, alors que la France n'en aura pas plus de 300 ! Il faudrait deux ans aux usines françaises pour obtenir une production similaire à celle de l'Allemagne. D'autre part, une fois les hostilités ouvertes, le Reich, en raison de son avance, serait en mesure d'économiser de la main-d'œuvre industrielle, alors que la France serait contrainte de diminuer le volume de ses unités combattantes (elles-mêmes en position de faiblesse, tant sur le plan des effectifs que sur celui du matériel), au profit de la production de guerre. Après ces préliminaires, La Grange se dit mandaté par le ministre de l'Air pour acquérir un millier d'avions américains employés par l'U.S. Air Force, livrables rapidement, ainsi qu'une autre série d'appareils davantage en conformité avec les normes et plans français, des moteurs puissants pour remplacer ceux, usés, équipant les appareils déjà en service en France, les licences et l'équipement technique pour en construire : en un mot, l'industrie américaine doit aider la France à améliorer sa machine de guerre.

La Grange poursuit qu'il sait l'importance de la loi de Neutralité, sur laquelle le président Roosevelt a attiré sa vigilance ; en cas de guerre, elle pourrait empêcher les États-Unis de ravitailler la France en avions et en moteurs. Même dans cette hypothèse, il pense que l'amitié américaine à l'égard de la France permettra la livraison « clandestine » du matériel par le Canada.

Cette solution, cette « astuce » doit à son tour tenir compte de facteurs psychologiques et politiques sensibles, capables de faire capoter les combinaisons les plus habiles pour tourner le « Neutrality Act » :

1°) hostilité de la majorité de l'opinion américaine à toute intervention des États-Unis, même indirecte, dans un conflit européen ;

2°) opposition certaine du Congrès à un engagement de ce type ;

3°) par voie de conséquence, on doit redouter les indiscrétions d'une presse américaine toute-puissante. Roosevelt, quoique président, en situation délicate (minoritaire, pourrait-on dire), devra jouer au plus fin.

À son tour, Green souligne à La Grange les difficultés de l'administration à fermer les yeux contre les violations de l'embargo. Aux obstacles américains, le baron oppose que le gouvernement français est justifié à conclure, dès maintenant, un ensemble d'accords à long terme avec les États-Unis dans l'espoir qu'au moment où le Reich entrera en guerre contre la Grande-Bretagne et la France (avant 1940), le « Neutrality Act » sera abrogé, et du même coup, les usines américaines autorisées à ravitailler les « grandes démocraties » en armements.

Fonctionnaire consciencieux, Green rappelle à son interlocuteur français la loi du 15 juin 1917 sur l'espionnage et la réglementation sur l'autorisation d'exporter des armes, dispositions qu'à ses yeux, La Grange semble mal connaître, assurant seulement que Paris saura acquérir avions et moteurs parmi les modèles dont la cession est déjà légalement autorisée. Lorsque Green envisage la discussion détaillée de ces opérations avec l'attaché militaire français à Washington, La Grange, insistant sur le côté « très secret » de sa mission, ne cache pas son manque de confiance en l'état-major de l'ambassade de France, excepté le colonel Champsaur, seul mis dans la confidence. Pendant la durée de son séjour aux États-Unis, répète La Grange, il n'entend discuter qu'avec le Président, Davis et Green, eux-mêmes désignés par Roosevelt.

Du côté américain, la discrétion est d'une telle rigueur que, le 21 janvier 1938, le secrétaire d'État Cordell Hull télégraphie à Bullitt pour en savoir davantage sur la mission confiée à La Grange [6]. Yvon Delbos, pris de court, ne peut que répéter ce qui est du domaine public sur la situation catastrophique de l'aviation, et le désir du gouvernement d'acheter des avions aux États-Unis. Bullitt « douche » les espérances de Delbos, avec un rappel du « Neutrality Act » et l'impossibilité de céder les types d'avions américains les plus modernes avant deux ou trois ans. Au cours d'un dîner en tête à tête avec Bullitt, Delbos, décontenancé par les obstacles évoqués par son invité, parle d'une « combinaison » par le Canada, comme l'avait déjà suggéré La Grange à Roosevelt.

Aux États-Unis, le sénateur du Nord ne perd pas un instant, passe un après-midi à s'entretenir avec MM. Martin et Harston, directeur de Glenn L. Martin Company (qui fabrique des bombardiers), puis rencontre M. Guy Vaughan, président de Curtiss Wright, société spécialisée dans les avions de chasse. À en croire les rapports de Green [7], La Grange surprend son monde par sa connaissance des différents matériels aéronautiques américains, et par les relations qu'il a su établir avec leurs constructeurs ; pendant ce temps, un représentant du baron visite des usines à Cleveland, à Dayton, etc., et pose des jalons pour de prochains contrats.

Fin février 1938, La Grange, de retour à Paris, fait demander à Roosevelt l'autorisation exceptionnelle, pour Michel Detroyat, pilote d'essais réputé, ami de Lindbergh, de tester un des rares Curtiss P.36 en service à l'Air Corps. Mais redoutant que Detroyat ne découvre les secrets de l'avion, le général H.H. Arnold, commandant adjoint de l'aviation et son futur chef dans la Seconde Guerre mondiale, s'oppose à l'opération. Passant outre (comme il le fera pour d'autres démonstrations sur des appareils dernier cri), le Président ordonne au général Malin Graig, chef d'état-major, d'autoriser un vol de vingt minutes. Le P.36 se révèle un avion à l'égal des chasseurs français du dernier modèle et du Messerschmitt 109. Peu après, un agent de Curtiss se rend en France pour y étudier une fabrication sous licence.

De cette première exploration, La Grange informe Guy La Chambre, nouveau ministre de l'Air : 1°) seul le chasseur Curtiss Wright P.36

6. Foreign Relations, *op. cit.*, p. 300.
7. Foreign Relations, 1938, volume II, p. 299.

correspond aux standards européens ; 2°) une centaine de ces appareils pourront être fabriqués après avril 1939, mais à condition que la France investisse un million de dollars chez le constructeur pour permettre de mettre en place l'outillage et la chaîne supplémentaire nécessaires. Cette clause s'explique par la faiblesse de la production aéronautique militaire américaine (pour l'essentiel, le budget de défense va à la marine de guerre au détriment des autres armes), contrairement à l'aviation civile, quant à elle, en plein essor. À Paris, le ministre de l'Air tombe des nues : jusque-là, il était persuadé de pouvoir tout trouver sur le marché américain [8] !

Quoi qu'il en soit, La Chambre décide d'acquérir 100 P.36, livrables dans un an. Mais en France surgissent des oppositions comme celle de Georges Bonnet, alors ministre des Finances, pour lequel cette acquisition — payée comptant suivant la législation américaine — risque d'entamer les maigres réserves d'or de la France, et celle, plus virulente, de constructeurs aéronautiques français (avec Paul-Louis Weiller à leur tête) qui trouvent des appuis au parlement et dans la presse. En même temps, se poursuit entre Paris et Washington, l'échange de nombreux télégrammes sur les conditions d'application du « Neutrality Act » en cas de guerre : les dirigeants français tentent de trouver, dans ces textes, des échappatoires favorables aux livraisons de matériel de guerre, mais les hauts fonctionnaires américains réduisent à zéro ces espoirs [9]. Bien que favorable à une aide militaire à la France, Bullitt rappelle aux ministres français que « dans l'état actuel de la politique intérieure de son pays, les États-Unis ne peuvent fournir *ni soldats, ni dollars* ». Le 16 mai 1938, La Chambre publie un communiqué officiel annonçant le contrat avec Curtiss (le 17, la France demande à la Banque Morgan d'être son intermédiaire financier, mais celle-ci tient à assurer au secrétaire d'État, Cordell Hull, qu'elle appliquera « à la lettre et à l'esprit » les dispositions du « Neutrality Act »). Pour l'instant, Paris n'envisage pas d'acheter des bombardiers Glenn Martin.

Peu après, le 4 juin, M. de Saint-Quentin, ambassadeur de France à Washington, intervient auprès de Cordell Hull pour que la France soit autorisée à envoyer une mission d'ingénieurs et de pilotes chez Curtiss (capitaine Amouroux, ingénieur Cambois, Michel Detroyat). Pendant un séjour de longue durée, ces spécialistes superviseraient les fabrications, et s'instruiraient des techniques. Une seconde délégation (ingénieur en chef Volpert, commandant Badart, ingénieur Maillet et deux représentants des sociétés nationalisées) visiterait différentes usines américaines pour s'informer des conditions de la production, séjournant ensuite plusieurs semaines chez Curtiss et chez Pratt Whitney [10]. De Vichy où il suit une cure, M. Bernard Baruch, ami intime de Roosevelt, envoie un message au sous-secrétaire à la Guerre, Johnson, demandant que l'Angleterre et la

8. John McVickar Haight Jr., *op. cit.*, p. 9.

9. Dans un télégramme du 18 mai 1938 à Bullitt, Cordell Hull, visiblement agacé par les finasseries des Français, rappelle que le « Neutrality Act » a été suffisamment expliqué, « oralement et par écrit à La Grange, qu'il ne peut y avoir aucune ambiguïté ». Foreign Relations, *op. cit.*, p. 308.

10. Foreign Relations, *op. cit.*, p. 309.

À gauche, *en visite en France, le général Ernst Udet, un des « as » de la Luftwaffe, avec le pilote d'essai Michel Detroyat, ami de Lindbergh et qui prochainement ira aux États-Unis tester en secret les derniers prototypes de l'aviation américaine.* (Ph. Keystone.)

France puissent acquérir du matériel de D.C.A. ; si nécessaire, il s'en ouvrira au Président. Ainsi, sous différentes formes, la démarche de La Grange du 18 janvier auprès de Roosevelt est-elle suivie de mesures concrètes conduisant, un jour, à de plus vastes négociations. Le mérite du sénateur du Nord est d'avoir obtenu un feu vert capital. Son action contribuera à développer un jour la puissance de l'Air Corps.

Une seconde phase de négociations aéronautiques franco-américaines s'ouvre au printemps 1938, après que Guy La Chambre a achevé son inventaire et jeté les bases du Plan V. Pendant quatre heures, le ministre explique à Bullitt les faiblesses de l'aviation française (surtout en avions de chasse). Il ne croit pas possible de fabriquer des appareils américains en France : « les industriels et les ouvriers français sont pour l'instant incapables d'employer les systèmes de production américains » [11]. Seul Potez, « le plus brillant des constructeurs français », pourrait monter une usine au Canada et y fabriquer des Curtiss. À en croire Bullitt, La Chambre se montre plein de dédain pour les capacités de l'aviation soviétique, « les Russes ayant tué leurs propres ingénieurs et constructeurs ». Mis au courant des propos du ministre de l'Air, Roosevelt s'inquiète de savoir si la production aéronautique française peut être accélérée d'ici le printemps 1939 (date considérée comme le début de la guerre en Europe) : il lui semble impossible — en raison des attaques

11. Orville H. Bullitt, *op. cit.*, p. 256.

politiques dont il serait alors l'objet — d'accorder la priorité aux ventes d'avions à la France, au détriment de l'exécution du programme d'équipement de l'Air Corps.

Lindbergh entre en scène

Après ce nouveau coup de frein, Charles Lindbergh va donner une impulsion en sens contraire. Depuis l'enlèvement et l'assassinat de son fils en mars 1932 (qui avait ému le monde entier), le célèbre pilote, choqué par l'indiscrétion de la presse américaine, obligé de vivre dans une maison entourée de gardes du corps pour se protéger des fous et des maniaques, passe le plus clair de son temps hors des États-Unis. Il collabore à l'élaboration d'un appareil de perfusion d'organes avec le professeur lyonnais Alexis Carrel, prix Nobel de médecine et de physiologie pour sa contribution à la chirurgie des vaisseaux sanguins, et auteur d'un ouvrage célèbre : *L'homme cet inconnu.* Par les Carrel qui ont une maison à Saint-Gildas, Lindbergh découvre avec émerveillement ce coin de Bretagne, au point d'acquérir, en 1938, une maison de granit gris à trois étages avec une tour, sur l'île d'Illiec, « la plus belle île du monde », écrit-il [12], au large de Port-Blanc. Un couple de pêcheurs sont embauchés comme gardiens. Avec sa femme, Anne, Lindbergh court les restaurants de la région où ils goûtent « une excellente cuisine française », à moins qu'ils ne ramassent des palourdes pour leur dîner... Aux commandes de son avion personnel (dont il se sert comme un taxi), il prend, pour ses séjours, l'habitude de se poser ou de décoller de l'aérodrome de Morlaix. La place et l'autorité considérables de Lindbergh dans le monde aéronautique le font voyager fréquemment. À Londres, par exemple, il discute du programme de réarmement de la Royal Air Force, visite des usines, rencontre les plus hautes personnalités du pays, danse avec la future reine Élisabeth. Après discussions et mondanités, c'est le retour à Illiec où il guette « les tempêtes qui, sur cette île, doivent être merveilleuses »...

Le 22 juin 1938, Lindbergh quitte la Bretagne, descend à l'hôtel Crillon à Paris, discute une heure avec Bullitt, puis avec l'attaché militaire américain : « La France, leur dit-il, semble encore plus bas que je ne le soupçonnais en ce qui concerne son armée de l'air ; je sais que tout y va mal (...). Même si les Français mènent à bien leur programme des deux prochaines années (Plan V), ils n'auront qu'un nombre relativement infime d'avions (modernes) en service [13]. » Ces avertissements donnés, Lindbergh rentre le soir à Illiec pour y ramasser coques et couteaux. Début août, un message l'invite à se rendre en Union soviétique pour y étudier son aviation. Le 16 août, alors que la crise sudète devient menaçante, Lindbergh s'envole pour l'U.R.S.S. où il est reçu en héros : « Rien, dit-il,

---

12. Charles A. Lindbergh, *Journal du temps de guerre,* p. 20, Albin Michel édit., Paris, 1973.
13. Charles A. Lindbergh, *op. cit.,* p. 35.

ne vaut l'hospitalité russe. » Une première démonstration sur l'aérodrome de Moscou le déçoit, sauf des planeurs remorqués par un avion et transportant une centaine de parachutistes, et des monoplans qui, en Espagne, ont « causé beaucoup d'ennuis aux Allemands et aux Italiens ». Le lendemain, lors d'une visite à la station expérimentale de l'armée, il se penche sur un chasseur et un bombardier : « En général, ces appareils ne valent pas les modèles similaires américains, allemands, anglais (il n'est pas question des français !). Toutefois, ils sont assez bons pour être utilisés dans une guerre moderne [14]. » Opinion identique après l'inspection d'une chaîne de moteurs ; Lindbergh est impressionné par l'utilisation d'un nombreux outillage acheté aux États-Unis, parfois en Allemagne. À l'École de Guerre de l'Armée rouge, il relève le grand intérêt et l'importance accordés aux forces aériennes. Au cours du vol de retour vers la France, Lindbergh, le 12 septembre, fait escale à Prague : « La Tchécoslovaquie, écrit-il après de nouveaux rendez-vous techniques, n'est pas bien équipée au point de vue aviation. Ses chasseurs sont trop lents pour intercepter les bombardiers rapides allemands, et elle n'a que peu de bombardiers pour contre-attaquer (...). Les appareils tchèques et français construits sur place sont trop lents pour une guerre moderne [15]. »

Alors qu'il compte rejoindre Morlaix, Bullitt l'invite à dîner dans sa résidence de Chantilly pour y rencontrer Guy La Chambre, et écouter le ministre lui narrer ce que nous savons sur « l'état désespéré (selon Lindbergh) de l'aviation française ». Le 30 septembre, il participe à Paris à une conférence sur la construction d'usines aéronautiques au Canada appelées à fabriquer des avions pour la France. Bullitt a aussi invité Jean Monnet [16] qui a passé de nombreuses années en Chine, aux États-Unis, dans le monde des affaires privées. Début 1938, Monnet fit la connaissance de Daladier, puis Bullitt l'intéressa à la « création, en dehors de la France, d'un potentiel aéronautique situé hors de portée des attaques allemandes et autres [17] ». Les semaines passèrent sans que Monnet n'entendît plus parler de rien. Au lendemain de l'abandon de la Tchécoslovaquie, Daladier l'invita à déjeuner avec Guy La Chambre : « Si j'avais eu trois ou quatre mille avions, affirma le président du Conseil, il n'y aurait pas eu de Munich. »

Les pensées et réflexions de Lindbergh sont intéressantes : la France et l'Angleterre ont des problèmes « plus urgents, immédiats » que ceux, si importants soient-ils, de se constituer une force aérienne. Les deux pays ont d'abord « besoin de changer l'esprit de leur peuple » ; ils doivent modifier leur attitude à l'égard de l'Allemagne s'ils « veulent éviter une guerre désastreuse ». Au lieu de consacrer tant d'argent à l'achat d'avions américains, la France devrait l'utiliser « pour redonner vie à un pays corrompu et démoralisé ». Avec Monnet, Guy La Chambre, Bullitt, Lindbergh aborde des questions techniques délicates pour les futures usines au Canada (où Monnet envisage une production annuelle de dix mille appareils, et Bullitt, de cinquante mille !) comme celle de l'emploi de

14. Charles A. Lindbergh, *op. cit.*, p. 45.
15. Charles A. Lindbergh, *op. cit.*, p. 51.
16. Voir t. I.
17. Jean Monnet, *Mémoires*, p. 139, Fayard édit., Paris 1976.

deux systèmes différents de mesures, des machines construites en pouces, ne pouvant être utilisées, sans difficulté, pour des normes françaises. Après le repas, Lindbergh exprime à Monnet son scepticisme sur les mesures envisagées, les conséquences de leur coût énorme sur la stabilité (fragile) de la France.

Le lendemain, la discussion reprend (sans Bullitt) au ministère de l'Air, sur les quantités d'avions dont la France a besoin, la production à attendre du Canada, le prix des usines, les types d'appareils, etc. Selon le ministre de l'Air, le Reich est en mesure de construire vingt-quatre mille appareils par an (disposant actuellement de six mille engins modernes : 1 500 chasseurs, 2 000 bombardiers de ligne, le reste en réserve). Quant à la France, elle fabrique (au 1er octobre 1938) quarante-cinq avions par mois de tous pays ! Toutefois, en un an, la production pourrait atteindre cinq ou six mille appareils (ce dont doute Lindbergh, « en raison de l'état interne du pays »). Quant aux fabrications envisagées au Canada, il faudrait attendre un an pour espérer dix mille avions annuellement, mais il est probable que l'Allemagne n'attendra pas d'être rattrapée (selon la décision d'Hitler prise en novembre 1937)... Au 1er juillet 1939, la France souhaiterait obtenir des États-Unis mille bombardiers, mais Roosevelt, nous le savons, ne peut, pour des raisons de politique intérieure, se permettre de réduire les livraisons destinées à l'armée américaine. Au « Neutrality Act », à l'obligation de payer comptant des sommes fabuleuses — problèmes redoutables en eux-mêmes — s'ajoute le goulot d'étranglement des fabrications, dû à la production très limitée, étant donné les besoins, des constructeurs américains. Provoquant rires et stupeur, Lindbergh propose d'acheter des bombardiers à l'Allemagne ! Toutefois, ses interlocuteurs ne s'y opposent pas ; après quelques démarches à Berlin, cette tentative échouera.

Extraordinaire mission de Jean Monnet

Le 3 octobre, à l'ambassade des États-Unis, Jean Monnet présente son « projet canadien », en discute ensuite au ministère de l'Air, puis revient chez Bullitt où Daladier est convié à déjeuner :

— Pourquoi, demande ce dernier, la France, mère de Blériot et de tant d'autres constructeurs célèbres, est-elle tombée au point de vue aviation ?

– Par les effets désastreux de la nationalisation de l'industrie aéronautique, réplique La Chambre, et par les conditions qui prévalent aujourd'hui en France... [18].

Dans la suite de la conversation, Daladier ne semble pas « effrayé » par la proposition de Lindbergh (présent lui aussi) d'acheter des avions en Allemagne. Avant de se séparer, ils évoquent les perspectives de politique

18. Charles A. Lindbergh, *op. cit.*, p. 60.

intérieure française et l'éventuelle dissolution de la Chambre des députés. Après le départ de Daladier et du ministre de l'Air, Monnet revient sur le « projet canadien (...), le pas le plus important qu'on puisse faire, dit-il, pour assurer la paix en Europe ». Ce même 3 octobre, Daladier prend (pour une fois) une décision bénéfique d'une extrême importance : *Monnet est chargé d'aller « parler » à Roosevelt dans les plus brefs délais* [19]. Sur-le-champ, Bullitt en informe le Président auquel il souligne le côté dramatique de la situation française. Or Roosevelt en est déjà intimement convaincu : si la France a capitulé à Munich devant l'Allemagne, c'est en raison de sa faiblesse aérienne. Il est bien décidé à tenter le maximum, malgré la puissance du courant isolationniste, pour que cette situation ne se reproduise plus. La Grange avait bien senti cette volonté du Président. La revanche de Munich est donc en cours [20]...

Début octobre 1938, Bullitt se rend aux États-Unis, informe en détail Roosevelt ; le 13, l'ambassadeur câble à Monnet : « Le Président vous attend : venez discrètement [21]. » Le 19, l'envoyé spécial de Daladier est reçu à Hyde Park où Roosevelt se repose. À son visiteur, dont il sait peu de choses, il confie :

1°) Hitler est le pire ennemi de la liberté, donc des États-Unis ;

2°) il fera tout pour éviter à son pays d'avoir « à céder à la menace comme avaient dû le faire la Grande-Bretagne et la France » ;

3°) il faut acquérir une supériorité militaire écrasante, « déjà, il avait mis tout le monde au travail autour de lui » ;

4°) actuellement, « la clé de la situation est la puissance aérienne ». Si au cours de l'été 1938, les États-Unis avaient possédé cinq mille avions et la capacité d'en fabriquer dix mille par an, « Hitler n'aurait pas osé agir comme il l'a fait [22] »;

5°) quant aux obstacles du « Neutrality Act », « nous sommes là précisément pour trouver les moyens de les surmonter », en installant au Canada des usines de montage que le Président a déjà localisées sur la carte, près de Montréal ;

---

19. Jean Monnet, *op. cit.*, p. 139.

20. Quant à Lindbergh, décidé à ne pas abandonner ses plans pour l'hiver 1938-1939, il refuse de prendre immédiatement le bateau pour les États-Unis afin de mettre en route le « projet canadien ». Mais, de retour à Illiec le 6 octobre, il travaille longuement à un rapport sur cette affaire, revoit Jean Monnet à Paris le 9 pour lui dire qu'il ne prendra « aucune part à l'organisation en cours ». Ce même jour, Detroyat lui raconte son essai sur le Spitfire.

Du 11 au 30 octobre, Lindbergh, accompagné par Detroyat (qui, parfois, n'est pas autorisé à le suivre lors de visites ultra-secrètes !) séjourne en Allemagne, visite les usines aéronautiques de façon plus approfondie qu'on ne l'avait permis, fin août, au général Vuillemin, recontre l'état-major de la Luftwaffe, discute longuement avec Goering des questions aéronautiques et des performances des avions, inspecte un régiment de D.C.A. et son matériel ! Ainsi, une fois de plus, les dirigeants du IIIe Reich, qui savent l'hostilité de Roosevelt à leur égard, étalent leur puissance comme ils l'ont fait avec les attachés militaires français, pour dissuader leurs adversaires potentiels.

À son retour à Paris, et avant de rejoindre Illiec, Lindbergh revoit Guy La Chambre (31 octobre 1938), évoque l'Allemagne qu'il conseille au ministre de visiter. Quant à l'éventuel achat de matériel allemand, Guy La Chambre dit surtout préférer des moteurs « du fait que la France manque d'engins assez puissants » !

21. Jean Monnet, *op. cit.*, p. 139.

22. Jean Monnet, *op. cit.*, p. 140.

6°) vingt ou trente mille avions supplémentaires au potentiel aérien de l'Allemagne et de l'Italie « doivent être trouvés ici [23] » ;

7°) trois usines pourront être construites aux États-Unis, travaillant avec trois équipes de huit heures, permettant ainsi de produire cinq mille avions par an. À tous égards, Roosevelt connaît son dossier ; il en a entretenu son conseiller le plus proche, Harry Hopkins [24], qui est appelé à jouer un rôle considérable pendant la Deuxième Guerre mondiale.

Avant le départ de Monnet d'Hyde Park, le Président demande à Morgenthau, secrétaire au Trésor, de recevoir l'envoyé français et Bullitt. Pour préparer cette rencontre, Roosevelt passe la soirée du 18 octobre avec Morgenthau qui lui présente un mémorandum recommandant d'aider financièrement la Chine à résister au Japon, ainsi que différentes mesures contre les exportations allemandes. Mais le Président ne pense qu'à l'aviation, révélant sa décision de fournir des avions à la France par le canal du « projet canadien ». Hostile à cette vision, Morgenthau affirme sa préférence pour un développement de la production aéronautique des États-Unis. Bien qu'affecté par cette opposition d'un homme qui lui est tout dévoué, le Président ne démord pas de ses conceptions dont il parle, peu après, avec lord Tweedsmair, gouverneur général du Canada ; Chamberlain en sera informé [25] !

Le 22 octobre à Washington, un dîner réunit Morgenthau, Bullitt et Monnet. Ce dernier fait part de son intention d'acheter, pour une première commande, 1 700 avions pour un montant de 85 millions de dollars. Le secrétaire au Trésor se récrie : « D'après ce que je sais, il est impossible à la France de trouver ces devises dans ses comptes extérieurs en une année [26] ! » Mais Bullitt fait une suggestion : depuis 1934, quatre milliards d'or ont fui la France ; une bonne partie devant se trouver aux États-Unis, diverses mesures (coercitives) permettraient de récupérer des fonds importants. « Excellent », assure Morgenthau, mais le gouvernement français aurait à envoyer « mille de ses ressortissants » en prison, « si, dit-il à Monnet, vous avez le courage de faire quelque chose comme cela, votre pays est tiré d'affaire, sinon [27]... ». Pendant la fin de son séjour, Monnet discute avec des spécialistes du Trésor des diverses mesures à prendre pour utiliser les « capitaux flottants », notamment en s'appuyant sur l'accord financier tripartite existant entre Londres, Paris et Washington. De son côté, Bullitt écrit à Guy La Chambre que Roosevelt et Morgenthau sont disposés à la coopération la plus complète avec la France, mais il existe des problèmes d'une importance telle que, dès son retour, Jean Monnet l'en informera ainsi que Daladier [28]. Le 30 octobre, Monnet s'embarque à New York pour Le Havre chargé d'une lettre de Morgenthau le recommandant avec chaleur à Merle Cochran qui, à l'ambassade des États-Unis à Paris, représente le secrétaire au Trésor et est déjà prévenu de l'attitude personnelle de Roosevelt dans cette

23. Jean Monnet, *op. cit.*, p. 140.
24. Voir t. III.
25. John McVikar Haight Jr, *op. cit.*, p. 31.
26. Jean Monnet, *op. cit.*, p. 142.
27. Jean Monnet, *op. cit.*, p. 142.
28. John McVickar Haight Jr, *op. cit.*, p. 35.

gigantesque et complexe négociation ; il reçoit l'ordre de demander au président du Conseil français de le rencontrer seul à son domicile, sans qu'aucun « officiel » anglais ni français ne le sache !

Le 4 novembre 1938, dès son arrivée à Paris, Monnet rencontre Daladier auquel il dit ceci : 1°) à condition de se limiter à un ou deux types d'avions existants, l'industrie américaine pourra livrer à la France les bombardiers et chasseurs demandés ; les premiers appareils arriveraient en avril 1939 si la commande est passée avant la fin de 1938 ; 2°) quant aux capitaux français « flottants », Daladier se dit prêt à les réquisitionner (pour y parvenir, le président du Conseil se heurterait à sa nouvelle majorité parlementaire, orientée à droite, en cours de constitution, comme nous l'avons vu, sans pour cela rallier la gauche opposée — comme sur les 40 heures — à d'autres projets du gouvernement). Dans cette même période, éclate la crise entre les plans de Marchandeau et les conceptions (et ambitions) de Paul Reynaud, tranchée au profit de ce dernier. Daladier soupire : « Marchandeau aurait pris les mesures sur des capitaux " flottants ", mais pas Reynaud, partisan de méthodes orthodoxes, c'est-à-dire l'application d'une politique libérale à l'opposé de mesures d'autorité envisagées par Bullitt et approuvées par Morgenthau ! »

La fantastique bataille de Roosevelt

Auprès du nouveau ministre des Finances, Monnet se heurte au refus de prendre des mesures d'autorité contre les détenteurs de « capitaux flottants » et à son opposition, au nom de la « défense du franc », de puiser massivement dans les réserves d'or pour régler les fournitures américaines. Quant aux militaires, ils avancent que les avions américains (dont l'acquisition est envisagée) sont inférieurs aux performances des derniers modèles français. Le 9 novembre, Daladier et Guy La Chambre prient Monnet (accompagné d'un spécialiste, le colonel Jacquin) de retourner aux États-Unis où il commandera mille avions (livrables avant juillet 1939) répondant aux spécificités élevées réclamées par l'état-major de l'armée de l'air. Quant au paiement, le président du Conseil en fera « son affaire [29] ».

Entre-temps, Roosevelt mène une bataille ardue pour convaincre les chefs militaires américains de porter la production aéronautique à 15 000 avions par an, ce qui permettrait de livrer des appareils à la France. À l'hostilité traditionnelle du secrétaire à la Guerre, Harry Woodring, à une importante force aérienne, s'ajoute celle du chef d'état-major, le général Malin Graig. À Morgenthau, il oppose : « Que ferons-nous de 15 000 avions avec trois mille miles d'océan qui protègent les États-Unis, lesquels ne sauraient être sérieusement menacés par un bombardement aérien comme le sont, au contraire, les puissances européennes ? » Il se plaint surtout (non sans raison) de la situation lamentable de l'armée de

29. Jean Monnet, *op. cit.*, p. 143.

terre. Cette position est aussi celle de son nouvel adjoint, le général George C. Marshall, appelé à un destin international. Quant à Arnold, chef de l'Air Corps, il croit possible une augmentation de ses moyens. Le 25 octobre, Hopkins assure au Président : la fabrication de 35 à 40 000 avions est réalisable (fin 1938, la production est de 2 600 appareils). Huit à dix usines devraient être construites au frais du gouvernement et fonctionneraient sous le contrôle du secrétaire à la Guerre. Premier objectif : 11 000 avions [30].

Le 16 décembre 1938, de retour à Washington, accompagné de trois collaborateurs (Hoppenot, directeur du cabinet de Guy La Chambre, le colonel Mazer, ingénieur en chef du Comité du matériel du ministère de l'Air, et le colonel Paul Jacquin), Monnet informe Morgenthau que la France est prête à dépenser 65 millions de dollars pour acheter 1 000 avions du dernier modèle, à livrer avant juillet 1939. Mais le général Arnold autorisera-t-il l'essai des trois prototypes les plus secrets ? Rien ne permet de le croire. Le 17, Monnet et son équipe, prenant mille précautions pour passer inaperçus, s'entendent dire par deux officiers, mis dans la confidence de la négociation, qu'aucun de ces appareils (Curtiss P40, Martin 167, Douglas 7B) ne peut être montré à des étrangers, et encore moins vendu. Averti de ces interdictions de l'Air Corps, Morgenthau téléphone à Roosevelt : « Bien, Monsieur le Président, vous m'avez envoyé la mission française, mais cette affaire est en dehors de mes responsabilités ; je m'en occupe à votre demande (...). Je désire tout faire pour les aider (les Français). Si vous pensez que l'Angleterre et la France sont notre première ligne de défense, donnons-leur du bon matériel, ou alors demandons-leur de rentrer chez eux ; ne vendons pas des appareils qui seront abattus. Ce n'est pas intelligent de vendre des engins dépassés [31]. » Roosevelt en convient. Pour « raisons d'État », il ordonne verbalement que les experts de Monnet examinent les prototypes !

Le 22 décembre, Arnold, avisé de la décision présidentielle, tempête, menace de démissionner si la Maison-Blanche maintient sa décision. Après des discussions orageuses, le chef de l'Air Corps concède son autorisation pour deux des trois prototypes, mais la refuse pour le bombardier de Douglas. À son tour, Morgenthau s'irrite de différentes interférences :

1°) Une consultation de Monnet à une firme représentant le gouvernement du général Franco en lutte contre l'administration américaine, dont le Trésor [32] !

2°) La mission française insiste sur le secret de son rôle. À Roosevelt, il demande, le 28 décembre 1938, que la vente d'avions à la France soit, au contraire, traitée sur la place publique. Monnet alerte Daladier.

3°) Les Français n'ayant déposé aucune caution, il conviendrait qu'ils versent 10 millions de dollars pour appuyer leur intention de payer comptant leurs acquisitions, etc. Là-dessus, le secrétaire à la Guerre continue son obstruction, puis cède, ordonnant le 29 décembre à Arnold

30. John McVickar Haight Jr, *op. cit.*, p. 66.
31. John McVickar Haight Jr, *op. cit.*, p. 75-76.
32. John McVickar Haight Jr, *op. cit.*, p. 81.

de laisser voir aussi le fameux Douglas 7B. Un problème est-il péniblement réglé qu'un autre surgit, mettant Monnet à fort rude épreuve pendant qu'à la Maison-Blanche se succèdent les réunions du Cabinet. À la mi-janvier 1939, après que Roosevelt a annoncé au Congrès un programme de réarmement et son désir d'une révision du « Neutrality Act », le Président, à la prière de Morgenthau, donne l'ordre écrit cette fois, autorisant les aviateurs français à expérimenter le Douglas 7B, obligeant ainsi le département de la Guerre à se soumettre ou à se démettre ! Ainsi, Roosevelt a encore imposé sa volonté, mais après quelle fantastique bataille... qui n'est pas close !

Catastrophe ! Le 23 janvier 1939, le colonel Jacquin et le capitaine-pilote d'essais Paul Chemidlin sont à Los Angeles pour tester le Douglas 7B. Chemidlin ayant mis en doute les capacités de l'avion, le pilote américain de l'appareil, blessé à vif, propose une contre-expérience en vol. Le 7B s'écrase : Chemidlin s'en sort miraculeusement avec une jambe cassée et diverses blessures. Au sol, Jacquin, surexcité, se met à parler en français aux témoins. Le secret de la mission Monnet vole en éclats. Au Sénat, les isolationnistes s'agitent contre l'aide secrète de Roosevelt à des puissances étrangères. À la fureur de Morgenthau, le général Arnold rappelle son opposition, puis son obéissance aux ordres du secrétaire au Trésor ! Quant à Roosevelt, il déplore que la mission Monnet fasse la « une » de la presse ; puis, le 27 janvier, il contre-attaque en redonnant son accord public à l'aide aéronautique des États-Unis à la France. Mais il faudra encore près de trois ans pour que le Président, à la suite de l'attaque de Pearl Harbor, puisse intervenir de façon capitale et décisive contre le IIIe Reich.

22

HITLER ENTRE À PRAGUE : COLÈRE ET CONTRE-ATTAQUE DE CHAMBERLAIN

L'armée allemande au 1er janvier 1939 • Goebbels mène « la guerre psychologique » • Daladier reconnaît Franco et envoie Pétain comme ambassadeur à Madrid • 13 mars 1939 : Hitler occupe Prague • Pillage économique de la Tchécoslovaquie • Fausse alerte en Roumanie • Chamberlain : du pacifisme à la guerre ; l'Angleterre change de politique • La Pologne en question : Hitler exige Dantzig et le Corridor • 30 mars : Chamberlain offre la garantie britannique à Varsovie contre toute action menaçant son indépendance • Un an avant, le Führer étudie l'occupation de la Hollande et de la Norvège • Mussolini débarque en Albanie • Pour pallier les faiblesses françaises, Daladier envoie des missions aux États-Unis • Fausses promesses françaises à la Pologne • Berlin et Rome signent le « Pacte d'acier » • Que se passe-t-il à Moscou ?

« Dès le printemps prochain, écrit Gamelin à Daladier le 3 décembre 1938 [1], l'Allemagne sera en état de faire la guerre à la fois contre la Pologne et contre la France (...). Elle pourra, à son heure, allumer l'incendie au point qu'elle jugera le plus favorable (...). » Le programme

1. Lettre n° 5494/S du 3 décembre 1938, du vice-président du Conseil supérieur de la Guerre au président du Conseil, ministre de la Défense nationale et de la Guerre. Archives SHAT.

de réarmement français « s'avérera longtemps comme insuffisant si la France veut demeurer une grande Puissance, je dirai plus, si elle ne veut pas, plus ou moins vite, tomber sous le joug (...). La situation peut donc devenir rapidement grave, *même pour la défense de notre territoire* ».

Kriegspiel d'une « haute personnalité militaire allemande »

Comme confirmation de ses craintes, le général informe Daladier, le 12 décembre, des « propos tenus par une haute personnalité militaire allemande [2] ».

1°) La France a perdu son prestige et n'est plus capable de trouver des alliés au moment décisif.

2°) *La Tchécoslovaquie deviendra un État vassal de l'Allemagne* (dans trois mois, il en sera effectivement ainsi).

3°) La Hongrie ne compte pas.

4°) *L'Italie restera fidèle à l'Axe.* Rome demeurera à l'écart des « combinaisons orientales » de l'Allemagne. En échange, elle recevra la Tunisie (mais devra attendre que la Wehrmacht puisse entièrement se concentrer à la frontière française après la victoire sur la Pologne) qui servira de point de départ pour une expansion plus large en Afrique du Nord et en Méditerranée.

5°) La puissance militaire de l'U.R.S.S. n'est que du bluff.

6°) Un seul État pourrait être encore dangereux à l'Est, *la Pologne, mais sa désagrégation sera prochainement réalisée.*

7°) Le IIIe Reich cherche à étendre son hégémonie en Europe orientale et dans les Balkans sans faire la guerre, mais en utilisant la pression militaire, éventuellement en fomentant des révolutions dans les pays résistant à son emprise. Il entend ainsi désagréger la Pologne, la Roumanie, l'U.R.S.S.

8°) *Le premier objectif* est de « réduire à néant » la valeur de la Pologne en tant que puissance militaire antiallemande. Dans cette perspective, l'Allemagne suscitera en Ukraine polonaise un mouvement d'indépendance, envoyant ensuite un ultimatum à Varsovie exigeant la rétrocession du Corridor de Dantzig et de la partie de la Haute-Silésie dévolue à la Pologne après la Grande Guerre. Menacée sur plus de

2. Lettre n° 5705/S du 12 décembre 1938 du général Gamelin au président Daladier. Archives SHAT.

Les recherches entreprises n'ont pas permis d'identifier avec exactitude « la haute personnalité militaire allemande », mais nous savons que le grand état-major de la Wehrmacht compte des officiers auxquels leurs fonctions permettent d'avoir accès à des informations exceptionnelles que, par antinazisme, ils communiquent à Londres (surtout) et à Paris. Connaissant vraisemblablement la qualité de l'auteur (et donc la valeur de la source) des « fuites » rapportées à Daladier dans sa lettre du 12 décembre, Gamelin y ajoute son poids personnel en précisant au président du Conseil que les attachés militaires de l'ambassade de France à Berlin envoient des rapports et informations identiques.

2 000 kilomètres de ses frontières et par une émeute intérieure, « la Pologne sera obligée de céder, car aucune autre Puissance ne voudra s'exposer pour elle ».

9°) « L'Allemagne n'a nullement l'intention d'envoyer son armée dans les plaines russes où elle se perdrait. Ce qu'elle veut, c'est faire disparaître, après la Tchécoslovaquie et la Pologne, la puissance de l'U.R.S.S. en utilisant le principe du droit des peuples à disposer d'eux-mêmes [3]. »

Fin janvier 1939, M. Joseph Beck, ministre polonais des Affaires étrangères (en civil et à dr.*), accueille à Varsovie von Ribbentrop pour une conversation qui n'aboutira à aucun résultat entre la Pologne et l'Allemagne.* (Ph. Keystone.)

10°) D'ici à un an (donc fin 1939), la R.A.F. aura « fait de très gros progrès, sans atteindre pour autant la puissance de l'aviation allemande. L'aviation française sera encore insuffisante (...). Devant la menace germano-italienne, France et Angleterre mobiliseront mais, pour sauver la paix, l'Angleterre conseillera à la France de céder la Tunisie à l'Italie. En cas de résistance, la France risquerait d'être anéantie... ».

Dans ses commentaires à Daladier sur le Kriegspiel de la « haute personnalité militaire allemande », Gamelin revient sur la nécessité de

3. Cette analyse correspond à des conceptions classiques en vigueur au sein du haut état-major allemand. Rappelons qu'après la paix séparée entre les Soviets et l'Allemagne de Guillaume II à Brest-Litovsk en 1918, d'importantes forces allemandes avaient envahi l'Ukraine et s'étaient rallié le concours de différents chefs séparatistes. Par la suite, des nationalistes ukrainiens, réfugiés à Berlin, restèrent en contact avec les dirigeants du IIIe Reich. Suivant les « circonstances », ces derniers comptaient les utiliser pour des mouvements d'indépendance.

D'autre part, lorsqu'Hitler décide d'attaquer l'U.R.S.S., il se heurte à une nouvelle opposition de ses généraux : von Brauchitsch, un des vainqueurs de la Pologne puis de la France, donne sa démission. En 1941, de nombreux Ukrainiens accueillent la Wehrmacht avec des fleurs et des arcs de triomphe, persuadés de retrouver une certaine autonomie. Les massacres et les exactions commis par des unités spéciales de S.S. détruisirent les « bonnes volontés » ukrainiennes et favorisèrent, par contrecoup, l'existence de puissantes forces de guérilla. Mais, d'un autre côté, certains Ukrainiens continuèrent à se dresser, les armes à la main, contre le régime soviétique. En dépit de la défaite de l'Allemagne en 1945, des maquis ukrainiens anticommunistes poursuivirent la lutte jusqu'en 1947 !

« savoir si la France veut renoncer à être une grande puissance européenne. Si la guerre éclate, écrit-il, il s'agira d'un conflit de longue durée d'où résultera le sort du monde entier qui y sera vraisemblablement progressivement englobé ». Quant à une attaque de la Pologne par le Reich, le général en lie son éventualité « aux possibilités réelles de l'U.R.S.S. sur lesquelles il faut reconnaître que nous sommes, pour le moment, mal renseignés ». On ne peut mieux dire ! Le 27 décembre, Gamelin avertit à nouveau Daladier : à la suite de nouveaux renseignements confirmant les propos de la « haute personnalité militaire allemande », le Führer a pris la résolution de poursuivre son programme d'hégémonie [4].

Dans cette succession d'avertissements dramatiques à Daladier, Gamelin ne cesse d'évoquer aussi « l'effort militaire intense dans tous les domaines (air, terre, marine) sur lequel (il) n'a cessé d'insister pour mettre la France en état de faire face en temps utile » *(sic !)*. Sous cette forme, nous retrouvons les exigences formulées, en novembre 1938, par le général menaçant de démissionner si elles n'étaient pas satisfaites. Mais le réarmement allemand a commencé (au grand jour) en 1935, juste au moment où Gamelin devenait lui-même chef d'état-major général. Semaine après semaine, il a été (nous le savons) informé avec précision des étapes de ce gigantesque effort. Aussi la correspondance de Gamelin à Daladier donne-t-elle l'impression de quelqu'un cherchant à « ouvrir le parapluie » devant la menace d'une catastrophe grandissante.

L'armée allemande au 1er janvier 1939

Comment d'ailleurs Gamelin ne serait-il pas angoissé en parcourant le rapport du haut commandement sur la situation de l'armée allemande au 1er janvier 1939 ? Le programme des 36 divisions, enregistre ce document-autopsie de 42 pages, est « largement dépassé » ; en douze mois, le nombre des grandes unités est passé de 41 à 54 (huit divisions nouvelles créées au lendemain de Munich). L'essentiel de l'effort s'est porté sur les unités mécaniques, « arme de l'offensive par excellence ». L'effectif de la Wehrmacht est de 1 200 000 hommes (dont 300 000 appartiennent à la Luftwaffe et à la Kriegsmarine). Certains indices annoncent l'apparition de nouvelles formations importantes d'infanterie et de blindés. Toutefois, le nombre d'officiers (25 000 au lieu de 40 000) constitue « une gêne certaine et même une faiblesse » que pallie en partie le nombre considérable et la qualité des sous-officiers (en cas de guerre, ils seraient capables de commander des compagnies). Même si les installations intérieures de la ligne Siegfried ne sont pas partout terminées, « cette position apparaît comme un obstacle très sérieux qui obligerait l'assaillant (la France) à un déploiement de moyens considérables (dont elle ne dispose pas), pour une conquête méthodique et longue (p. 15). Les 2e et 3e positions, en cours de construction, semblent devoir mettre définitivement les frontières occi-

4. Lettre n° 5808/S du 27 décembre 1938 au président du Conseil. Archives SHAT.

À la suite d'une manifestation organisée de toutes pièces le 30 novembre 1938 à la Chambre des députés italiens pour réclamer le retour à l'Italie de Nice, de la Corse et de la Tunisie, de manifestations devant l'ambassade de France à Rome, puis de la dénonciation, le 17 décembre 1938, des accords franco-italiens de 1935, Daladier réplique par un voyage spectaculaire en Corse, en Tunisie et à Alger. Le président du Conseil embarque le 2 janvier 1939 à Toulon sur le croiseur Foch, *où il est accompagné par l'amiral François Darlan, les généraux Vuillemin et Georges. (Pendant ce temps-là, à Marseille, s'embarque, le 4 janvier, un bataillon de tirailleurs sénégalais pour Djibouti.) À l'aller, le président du Conseil s'arrête à Ajaccio et à Bastia. Puis en Tunisie, Daladier visite un certain nombre de villes, inspecte la ligne fortifiée Mareth, qui dans le Sud protège la Régence contre une éventuelle offensive italienne, et préside devant la crête d'Aïn Tounine un défilé militaire comprenant notamment « une grandiose parade de tanks »*. En haut, à droite, *à Tunis, Daladier en compagnie de M. Erik Labonne, résident général. Dernière étape du voyage : Alger, avec un grand défilé en bord de mer.* Ci-contre, *les sapeurs de la Légion étrangère. Une foule immense accueille Daladier. On remarque (déjà) le slogan « Vive l'Algérie française », car les trois départements d'Afrique du Nord sont en proie à une vive agitation politique menée par les mouvements nationalistes.* En bas, à droite, *défilé de vieux chars Renault.*
(Archives du général Georges, D.R.)

dentales allemandes à l'abri d'une action de force quelconque, et permettre au Reich de disposer comme il l'entendra de sa masse de manœuvre » (analyse vérifiée en septembre 1939 lors de l'attaque de la Pologne et l'échec de la tentative de percée de la ligne Siegfried !).

Au 1er janvier 1939 aussi, la Luftwaffe compte, réserves comprises, 8 000 avions dont 3 800 appareils de première ligne répartis en 253 escadrilles (21 de bombardement en piqué), et dispose de 550 aérodromes de toutes catégories ! Mais le personnel demeure très déficient à tous les échelons (pénurie de cadres expérimentés, etc.). 85 usines importantes (et 190 établissements secondaires) fabriquent mensuellement 800 cellules et plus de 1 500 moteurs (p. 25 et 26) : « Les performances des prototypes pouvant sortir en série en 1939 paraissent supérieures à celles des engins étrangers. » La D.C.A. est en pleine réorganisation. « Actuellement, l'aviation militaire du Reich surclasse à la fois par le nombre et la qualité de ses matériels les aviations militaires de toutes les puissances européennes. » (P. 29.)

Quant aux chars et aux troupes motorisées *(augmentation du nombre de régiments de fusiliers portés)*, l'année 1938 a été marquée :

1°) par « un accroissement très sensible du nombre des unités », mais où subsistent diverses déficiences et de nombreux tâtonnements ;

2°) par une expérience avec l'occupation de l'Autriche ;

3°) une crise par suite d'une « lutte d'idées » découlant des essais de blindés russes, italiens, allemands en Espagne : les conditions de leur engagement « n'ont pas amené l'amélioration du rythme des combats espérée par les animateurs de l'arme blindée, et encore moins la décision » ; l'efficacité des armes antichars a incité de nombreux officiers à s'interroger sur « les sacrifices consentis pour la construire et l'entretenir ». Ces réticences ont été combattues par les adeptes de Guderian qui sont « parvenus à garder la confiance du haut commandement (surtout, en fait, celle d'Hitler plus que de généraux de rang élevé) en présentant les chars comme le seul moyen capable de faire sortir la tactique moderne des sentiers battus ».

En fait, les analyses des observateurs français sur l'emploi jugé décevant des chars en Espagne contribuent à maintenir Gamelin et la majorité du commandement dans leurs conceptions du passé, et par là dans l'erreur. Certes, les engagements de blindés en Espagne ont été moins concluants que l'utilisation de l'aviation dans ses missions d'appui au sol de l'infanterie ; c'est parce que républicains et nationalistes (ainsi que leurs conseillers étrangers respectifs) n'ont pas veillé ni imposé la coordination indispensable, vitale si l'on peut dire, des blindés et des avions. Il faudra l'extraordinaire ténacité de Guderian pour triompher de ses supérieurs au prix de conflits aigus, comme on le verra encore avec éclat pendant l'attaque allemande contre Sedan en mai 1940. Mais début 1939, rien ne bougera guère dans ce domaine en France (nous reviendrons sur ce sujet dans le second volume sur *Le Désastre de 1940,* après les enseignements de la campagne de Pologne et avant les combats en France), alors qu'en Allemagne la situation évolue en sens inverse. Quoi qu'il en soit, Gamelin reste informé des diverses transformations et manœuvres des blindés allemands.

En haut, *Daladier, en haut-de-forme, dans la tribune d'honneur où il assiste, à Alger, au défilé des troupes.* À gauche *du président du Conseil, le gouverneur général de l'Algérie M. Lebeau ;* à droite, *les mains sur son sabre, le général Noguès, résident général de France au Maroc, et commandant en chef du théâtre d'opérations d'Afrique du Nord.* (Ph. Keystone.) *Ci-contre, une vue de la foule algéroise qui a acclamé le président du Conseil.* (Archives du général Georges, D.R.)

Début 1939 également, l'effort de la propagande allemande et de la « guerre psychologique » (comme on dira plus tard) ne le cède en rien au développement de la puissance militaire du Reich [5]. Des stations de radio,

5. Compte rendu trimestriel de renseignements concernant la propagande allemande d'après l'étude de la presse, 1er décembre 1938-28 février 1939, EMA Deuxième Bureau, Paris. Archives SHAT.

telles celles de Beelitz et Nauen, sont équipées pour écouter les émetteurs étrangers ou diffuser des mots d'ordre. La presse fait état d'un haut-parleur de tranchée et d'une « fusée lance-tracts » essayés en Espagne (on les retrouvera dans la « drôle de guerre » de 39-40). La pénétration du parti nazi se poursuit dans les directions les plus diverses : mainmise sur les organisations d'éducation physique, sur l'instruction prémilitaire des automobilistes et des futurs pilotes de la Luftwaffe, sur le contrôle des enseignants et conférenciers allemands à l'étranger. Sous le couvert des recherches scientifiques de l'académie allemande de Munich, Goebbels exerce son contrôle sur « des comités de pays s'intéressant à la recherche en Amérique, en Angleterre, au Japon, en Chine, etc. ». La Société franco-allemande, ou la Société germano-belge, voire la Société germano-hollandaise, etc., tissent des liens, organisent des réceptions. La Ligue coloniale du Reich multiplie les manifestations, fonde des cours coloniaux, crée des « groupes de choc » de propagande outre-mer, démontre « la légitimité des revendications coloniales allemandes », reçoit des étudiants d'Afrique du Sud... En Saxe, la Ligue de l'Est allemand soutient que l'annexion des Sudètes « ne met pas fin à la lutte entre le germanisme et le slavisme » ; les groupements allemands en Slovaquie, en Hongrie, à Memel, en Roumanie défendent des programmes de revendications réclamant l'autonomie culturelle et l'indépendance juridique des minorités s'appuyant sur l'Anschluss et le retour des Sudètes. La revue *Nation and Staat* affirme la nécessité d'imposer l'idée de nationalité qui permettra à l'Europe de « s'organiser contre le bolchevisme ». Un autre périodique publie une carte des minorités allemandes ayant reçu satisfaction et celles qui l'attendent encore comme *l'Ukraine polonaise et russe et les minorités en Pologne*. Jusqu'à ces derniers mois, soutient-on encore, les communautés avaient « pour but de créer des îlots de résistance contre l'invasion des races étrangères, mais elles devront maintenant constituer des avant-postes de la pénétration allemande dans ces pays étrangers ». Leur nouveau travail est de « désassimiliser » les Allemands qui avaient fait souche dans leur nouvelle patrie. À l'université de Kiel est créée une chaire de recherches ethnologiques au Schleswig pendant que des propriétés agricoles allemandes sont achetées à la frontière danoise, etc.

« Avec une grande véhémence », la presse allemande s'élève contre les mesures prises à l'étranger (Suisse, Hongrie, Roumanie, États-Unis) à l'égard des organisations affiliées peu ou prou au parti nazi. La *Deutsche Allgemeine Zeitung* célèbre le 20e anniversaire de la campagne contre la responsabilité allemande de la guerre de 14-18 et rappelle les négociations de l'armistice de 1918 « sous le sabre du maréchal Foch ». Une large place, quasi quotidienne, est consacrée aux informations sur les armements de l'Allemagne (et la mobilisation industrielle) dont la supériorité sur ceux des autres pays est « justifiée » par la position géographique du Reich. À l'occasion, on publie des études du général anglais Fuller. Le côté « le plus frappant » de cette prose est « l'insistance à affirmer la supériorité des armements allemands (...), l'invulnérabilité du Reich à toutes les attaques et le parfait état de sa défense ». Dans *Die Wehrmacht,* organe de l'armée, un article, reproduit dans les journaux allemands, affirme que la ligne Siegfried se double d'une zone fortifiée aérienne

« formidablement organisée et infranchissable aux attaques ennemies ». Des textes sont consacrés à la Luftwaffe, *à l'aviation de bombardement en piqué*, aux parachutistes, etc. L'effort de défense des pays étrangers est étudié de près avec une certaine objectivité, mais souvent avec « aigreur » : tel est le cas pour les commandes françaises d'avions aux États-Unis. Les plans militaires de Roosevelt sont l'objet de commentaires « d'un ton très amer et toujours tendancieux ». Grand bruit est fait sur « la puissance formidable qu'aurait l'armée italienne ».

À l'égard de la France, la presse se félicite du voyage de Ribbentrop à Paris début décembre ; à l'occasion de la mort du colonel Raynal, héros du fort de Vaux, elle ouvre ses colonnes aux anciens combattants allemands exprimant leur sympathie pour leur ancien adversaire, etc. Mais, le plus souvent, la situation de la France est appréciée de « façon pessimiste ». Ces procédés sont employés pour décrire la tension dans les colonies, surtout en Afrique du Nord et en Syrie, ou créer des malentendus entre la France et d'autres pays, surtout l'Angleterre.

Pillage économique de la Tchécoslovaquie

Tandis que grandit à vue d'œil la menace allemande, la guerre d'Espagne touche à sa fin. Le 26 janvier 1939, les troupes de Franco s'emparent de Barcelone ; le 9 février, elles arrivent à la frontière du Perthus par où sont passés auparavant des dizaines de milliers de réfugiés républicains et leurs familles. Madrid cédera sa résistance le 28 mars. Entre-temps, Daladier et Bonnet ont chargé M. Léon Bérard d'explorer avec le général Jordana, ministre des Affaires étrangères du Caudillo, la normalisation des rapports entre la France et l'Espagne. « C'est pour ne pas risquer, déclare le président du Conseil, d'avoir une troisième frontière à défendre que la France doit avoir des relations de bon voisinage avec le général Franco. » Le 25 février est signé l'accord Bérard-Jordana. À son conseiller François Legueu, ami de Pétain, Daladier demande d'intervenir auprès du maréchal pour qu'il accepte d'être ambassadeur de France à Madrid. Le 2 mars, le conseil des ministres ratifie ce choix que Blum combat le lendemain dans *Le Populaire*, dans l'une de ses phrases appelée à la prospérité dont le leader socialiste a le secret : « C'est aller vraiment trop loin dans l'empressement, dans la flatterie. Le plus noble, le plus humain de nos chefs militaires n'est pas à sa place auprès du général Franco », tandis que le colonel de Gaulle, ancien protégé de Pétain, s'écrie : « Pauvre maréchal ! Il accepte l'ambassade. Il acceptera n'importe quoi, tant le gagne l'ambition sénile ! [6] »

Selon certains observateurs [7], la hâte de Daladier de voir Pétain

6. Raymond Tournoux, *Pétain et de Gaulle*, Plon édit., Paris.
7. Documentation du professeur Fred Kupferman.

rejoindre son poste en Espagne serait surtout due à la crainte que le maréchal n'entre directement dans le jeu politique, soit pour lui succéder comme président du Conseil, soit pour être candidat, en mars, à la succession de Lebrun à la présidence de la République, comme l'y poussent certains milieux. Dans les deux cas, Pétain pourrait réaliser la réforme constitutionnelle (déjà souhaitée par Gaston Doumergue en 1934), et obtenir une délégation, plus ou moins provisoire, de larges pouvoirs. Pétain représente donc un danger potentiel pour Daladier, d'où la précipitation à le voir rejoindre Franco !

En revanche, début mars 1939, une nouvelle tempête menace ce qui

Février 1939 : internement, au camp d'Argelès-sur-Mer, de miliciens et de soldats républicains espagnols réfugiés en France après la prise de la Catalogne par le général Franco. Ci-contre, *un officier franquiste s'entretient avec un commandant de gendarmerie.* (Ph. Keystone.)

subsiste de la Tchécoslovaquie, là où s'agitent les Slovaques appuyés par les Allemands. Le 13, la Wehrmacht passe à l'action en « créant » le protectorat de Bohême et de Moravie. Hitler entre à Prague ; à un aide de camp qui l'informe de l'absence de réactions militaires anglaise et française, il réplique : « Je le savais ; dans quinze jours, personne n'en parlera plus [7bis]. » Nous verrons quelle erreur énorme il commet ! À Mussolini, le Führer écrit que la mainmise sur le plateau de Bohême « libère vingt divisions allemandes pour soutenir la politique de l'Axe ». Le 15 mars, au cours d'une manifestation à Nuremberg, le gauleiter Julius Streicher déclare : « Ce n'est qu'un commencement ; des événements beaucoup plus considérables suivront. Les démocraties auront beau se cabrer, elles finiront par succomber [8]. »

L'occupation nazie est aussi une « entreprise économique » d'envergure. Dès leur installation, les soldats allemands, profitant d'un taux de change très favorable (10 couronnes pour 1 mark), se ruent sur le café, le beurre, les œufs, les graisses, les textiles, les chaussures, etc., qu'ils envoient à leurs familles. En quelques jours, ils achètent dans les bijouteries les objets d'or, d'argent et de platine. Les coffres-forts des particuliers dans les banques sont bloqués pendant que la Gestapo perquisitionne pour mettre la main sur les devises étrangères, les bijoux, l'or des Juifs. À la Banque nationale de Prague est menée une opération identique. Toutefois, les Allemands ont l'amère surprise de constater que l'essentiel de la réserve d'or a pu être mis en sûreté à l'étranger. Camions, trains, péniches transportent armes, munitions tchèques ainsi que les réserves des magasins d'habillement, de vivres, de produits pharmaceutiques, les palissades et hangars métalliques, les robinets en laiton. 160 000 wagons de céréales prennent le chemin de l'Allemagne. De nombreux chevaux sont réquisitionnés. Un premier contingent de 15 000 ouvriers est dirigé sur les usines et l'agriculture allemandes [9]. Les mesures ressemblent en tous points à celles prises à la fin de la Grande Guerre par le gouvernement de Guillaume II et dont, par exemple, le Nord de la France occupée fit l'épouvantable expérience [10]. En 1939, le pillage de la Tchécoslovaquie est la répétition de ce que le IIIe Reich s'apprête à appliquer à ses futures victimes, y ajoutant des exécutions massives de civils et leur déportation par millions.

Par une étrange coïncidence, Gamelin préside une réunion du Conseil supérieur de la Guerre au moment où la Wehrmacht envahit la Tchécoslovaquie, opération dont le général prévoit la réalisation deux jours plus tard. Mais – comble de la dérision ! – l'ordre du jour porte sur la préparation, à l'intention de Daladier et du parlement, des textes pour « *moderniser les fois fondamentales de l'armée* » *(sic)*. Des séances d'études, dit aussi Gamelin, définiront « le sens dans lequel devront être orientés les progrès de l'armée française. L'état-major (...) a établi une

---

7*bis*. John Toland, *op. cit.*, t. II, p. 26.

8. *Le Livre jaune français,* documents diplomatiques français 1938-1939, p. 98, ministère des Affaires étrangères édit., Paris 1939.

9. Rapport du 20 juin 1939 sur «l'exhaustion économique de la Bohême-Moravie depuis l'occupation allemande ». Archives SHAT.

10. Voir t. I.

note de documentation ; *je n'ai pas pris position à dessein*, l'état-major de l'armée non plus [11]. Relevons aussi qu'en évoquant le système fortifié allemand, Gamelin avoue la difficulté de « l'attaquer par l'artillerie ; cette puissance (de la ligne Siegfried) soulève des problèmes (de canons et d'obus), nous nous trouvons dans une situation analogue à celle d'octobre 1914 devant le fil de fer (barbelé) ! » L'inspecteur de l'artillerie, le général Condé, confirme l'impuissance à enfoncer les fortifications allemandes : « Les expériences faites, dit-il, avec une grosse artillerie de tranchée ont donné un résultat négatif. L'épaisseur du béton exige une force de pénétration. » Ainsi, le 13 mars 1939, est rédigé, six mois à l'avance, le constat de carence des moyens français pour aider la Pologne par une attaque des casemates allemandes !

Quelques jours après l'entrée d'Hitler à Prague, Gamelin, plus déconcertant que jamais, s'étonne, comme oublieux des « répétitions » allemandes (1936 : Rhénanie ; printemps 1938 : Anschluss, des nouveaux procédés de mobilisation employés par la Wehrmacht avant la crise des Sudètes) de la rapidité foudroyante de la préparation des actions de force de l'Allemagne (4 jours et 12 heures ont suffi pour alerter, mettre sur pied 16 à 18 divisions à la frontière germano-tchèque et exécuter l'opération prévue). Outre le déséquilibre existant entre le nombre des grandes unités allemandes et françaises au profit du Reich, « *le facteur " temps ",* écrit-il, *présente des dangers autrement graves dont il est nécessaire de peser les conséquences* (...) ». La Hollande et la Belgique peuvent être submergées « en un ou deux jours » sans que le plan de défense de ces pays ait été en mesure de jouer efficacement, et notre frontière du Nord abordée [12] ! Aussi, le généralissime réclame-t-il d'avoir en place : 1°) la couverture immédiate des frontières ; 2°) un premier jeu de batteries de D.C.A. « car il ne faut pas oublier que la surprise par l'aviation peut être encore plus rapide » (le général évalue à 117 les escadrilles actives de bombardement de la Luftwaffe pouvant paralyser, dès le premier jour, des mouvements terrestres allemands et peut-être même avant la mobilisation française et la concentration des unités).

Fausse alerte en Roumanie

À Londres, le « coup de Prague » provoque la fureur sans cependant laisser prévoir un revirement d'attitude de Chamberlain. Lorsque la Slovaquie avait, par exemple, réclamé son indépendance, le gouvernement britannique déclara « qu'il s'agissait d'une affaire intérieure à laquelle il n'était pas intéressé [13] ». Le jour où les Allemands occupent Prague, Londres met la dernière main au prochain voyage à Berlin du ministre du Commerce chargé de conduire des négociations économiques

11. Procès-verbal de la séance d'études du C.S.G. du 13 mars 1939. Archives SHAT.
12. Note pour le commandement du 17 mars 1939 signée par Gamelin, p. 1. Archives SHAT.
13. P.E. Caton, *op. cit.*, p. 239.

avec l'Allemagne (nous avons déjà souligné l'importance attachée depuis la fin de la Grande Guerre par l'Angleterre à la réouverture du marché allemand à ses produits, expliquant en partie la désastreuse politique d'apaisement menée par Londres envers le IIIe Reich). À Eden qui, le 16 mars aux Communes, réclame « un effort sans égal dans l'histoire (...) des mesures militaires », sir John Simon répond, au nom du Premier ministre, que *la Grande-Bretagne ne doit pas se lier par des engagements imprévus et de vaste portée.* Quant à Chamberlain, il rejoint Birmingham, sa ville natale, pour y prononcer un discours sur des questions intérieures et sociales. De ce côté non plus, rien de fracassant à attendre... donnant apparemment raison à Hitler de croire qu'au bout de quinze jours, on ne parlerait plus de son entrée à Prague.

L'événement est provoqué dans la soirée du 17 mars par une démarche urgente du ministre de Roumanie à Londres, M. Tilea, auprès de lord Halifax. Au secrétaire d'État au Foreign Office, il affirme : il n'est pas exclu que l'Allemagne ne fasse *« presque immédiatement une poussée »* sur la Roumanie, d'autant que séjournent en Tchécoslovaquie plus de divisions allemandes que ne l'exige la situation. De surcroît, le Reich avait, quelques jours plus tôt, demandé le monopole des exportations roumaines en échange duquel il garantirait les frontières du pays. *Que ferait*, interroge Tilea, *l'Angleterre au cas où la Roumanie serait envahie par la Wehrmacht* ? « Un bloc solide », ajoute-t-il, pourrait être constitué avec la Pologne, la Grèce, la Turquie, la Yougoslavie ; avec le soutien de Londres et de Paris, « la situation pourrait être sauvée [14] » ! Le diplomate roumain parle d'un « coup d'arrêt » à marquer face à l'Allemagne qui s'impose comme seul arbitre en Europe, etc. Sur-le-champ, Halifax avertit Chamberlain qui, dans le train le conduisant à Birmingham, modifie le texte de son discours. Parallèlement, le secrétaire d'État, par des messages aux ambassadeurs d'Angleterre à Bucarest, Varsovie, Belgrade, Athènes et Ankara, les prie d'organiser l'assistance à la Roumanie contre une invasion allemande. Cette fébrilité de Chamberlain et d'Halifax s'explique aisément : tous deux ont été les champions de l'entente à tout prix, en dépit de mille avertissements, avec l'Allemagne. Le « coup de Prague » les met dans une situation de dupes sans excuses.

À Birmingham, le Premier ministre rappelle les assurances données par le Führer à Munich : « C'est ma dernière revendication territoriale, lui avait dit Hitler, nous ne voulons pas de Tchèques chez nous ! » Puis Chamberlain ajoute : « Si l'Angleterre n'est pas disposée à prendre des engagements nouveaux et mal définis, dépendant de conditions actuellement imprévisibles, on (Hitler) commettrait une très grave erreur en supposant que notre nation (...) a perdu tout ressort, au point de ne pas riposter, avec toutes ses forces, à un tel défi, s'il venait à lui être lancé ! »

---

14. P.E. Caton, *op. cit.*, p. 245.
Nous savons les immenses faiblesses militaires de la Pologne, de la Yougoslavie, de la Roumanie. Quant à la Grèce et à la Turquie, tout est également à faire. Enfin, comment la France et l'Angleterre pourraient-elles apporter leur « soutien » à cette coalition, alors que leurs moyens militaires présentent des carences de toute sorte et une industrie non encore mobilisée ? Nous en revenons au même débat entre les chimères et la réalité.

Stupeur : le 18 mars, le ministre d'Angleterre à Bucarest télégraphie à lord Halifax : il n'y a rien « de vrai » sur un ultimatum de l'Allemagne à la Roumanie ; les négociations commerciales avec Berlin se déroulent sur « un ton plus conciliant depuis le coup tchèque ». Dans un accès de zèle, M. Tilea avait dénaturé la situation [15]. Ainsi, sur une fausse nouvelle amplifiée par la presse, Chamberlain avait annoncé que le temps de « l'apaisement » était terminé ! Dès le retour à Londres du Premier ministre, une réunion du Cabinet envisage les composantes de la future coalition. La France en sera informée lors du voyage officiel (21-24 mars 1939) à Londres du président de la République et de M. Georges Bonnet.

À Moscou, M. Litvinov, répondant sans attendre aux intentions anglaises, propose une réunion (entre Londres, Paris, Varsovie, Bucarest) pour envisager « les possibilités d'action commune ». Au Reich, il fait savoir que le Kremlin ne reconnaît pas la « nouvelle situation » créée en Tchécoslovaquie. Staline semble être du même avis que Chamberlain et Daladier (la France se disant prête, le 20 mars, à donner son assistance à la Roumanie). Mais le prétexte immédiat de la coalition s'effondre : à Bucarest, le gouvernement roumain entend (et le dit) ne pas « avoir envers l'Allemagne une politique qui pourrait être prise pour une provocation. Toute action dans ce sens (...) précipiterait les événements qui trouveraient la Roumanie et les puissances occidentales dans des positions défavorables. *Aussi la Roumanie ne croit pas à l'opportunité d'un pacte d'assistance mutuelle* (mais souhaite recevoir rapidement de l'armement [16]) ».

La Pologne en question

La « bombe » roumaine fait donc long feu lorsque se produit un nouveau rebondissement. Et pourtant, le 20 mars au soir, l'ambassadeur de Pologne à Paris assurait Georges Bonnet que son pays « n'avait pas de craintes, même en ce qui concernait Dantzig, du moins actuellement (...). L'alliance franco-polonaise était à la base de la politique polonaise, M. Beck souhaitant même une conversation pour « affermir » cette alliance alors qu'à l'automne, M. Léon Noël avait demandé au gouvernement de réviser, c'est-à-dire de limiter les engagements de la France ». Mais vingt-quatre heures plus tard, Ribbentrop (bien informé des démarches anglaises) reçoit l'ordre d'Hitler d'informer M. Lipski, ambassadeur de Pologne à Berlin, de son « mécontentement » de manifestations anti-allemandes d'étudiants polonais, de son « regret » de ne pas avoir de réponse à ses réclamations concernant Dantzig et le Corridor. La future entente germano-polonaise devra avoir une orientation antisoviétique, permettant ensuite, dans l'esprit d'Hitler, des « aménagements territoriaux » ! On « conseille » à Lipski de se rendre sur-le-champ à Varsovie pour avertir son gouvernement et rapporter sa position à Berlin. Moins

15. P.E. Caton, *op. cit.*, p. 249.
16. P.E. Caton, *op. cit.*, p. 279.

d'une semaine après son entrée dans Prague, Hitler manifeste de nouvelles exigences [17].

Le 26 mars, Lipski, de retour de Varsovie, revoit Ribbentrop : tout en restant attaché au « maintien de relations de bon voisinage avec l'Allemagne », le gouvernement polonais refuse : 1°) l'exterritorialité de voies de transit entre le Reich et la Prusse-Orientale ; 2°) l'incorporation de Dantzig à l'Allemagne. Le 27, au cours d'un nouvel entretien, la tension monte : Ribbentrop déclare, tout net, que les rapports entre son pays et la Pologne « vont empirer chaque jour davantage [18] ». Entre-temps, coup de semonce : Hitler annexe le port de Memel !

À Londres, les dirigeants britanniques ne chôment pas, décidés à faire échec à une agression allemande à l'Est ou à l'Ouest de l'Europe. À Georges Bonnet, lord Halifax a, le 21 mars, exposé ses vues fondées sur le fait que tant que les nazis resteraient au pouvoir, les chances de maintien de la paix en Europe seraient minces. Les deux ministres avaient échafaudé divers projets diplomatiques tendant à la constitution d'un nouveau bloc démocratique auquel il serait bon d'intéresser l'U.R.S.S. (le 22, Moscou propose une conférence réunissant la Grande-Bretagne, la France, la Pologne, la Roumanie, la Turquie, l'U.R.S.S. pour « éclaircir la situation réelle »). Mais comme il n'était guère question des moyens militaires nécessaires (Chamberlain s'inquiétant toutefois des faiblesses de l'aviation française), une nouvelle fois la charrue est mise devant les bœufs ; l'instauration de la conscription en Angleterre, par exemple, aurait eu plus de poids qu'une muraille de papier, longue et difficile à élaborer au demeurant.

En fin de journée, le 30 mars, sir Howard Kennard, ambassadeur d'Angleterre à Varsovie, offre de la part de Chamberlain la garantie britannique à la Pologne que celle-ci accepte le lendemain. Cet engagement marque un bouleversement considérable dans la politique anglaise, refusant jusque-là de conclure une alliance formelle avec un pays du continent européen. Puis, le 31, aux Communes, le Premier ministre apporte une précision capitale historique, car elle débouchera, dans moins de six mois, sur la guerre : « *Dans l'éventualité d'une action quelconque qui menacerait clairement l'indépendance polonaise et à laquelle, en conséquence, le gouvernement polonais jugerait vital de résister avec ses forces nationales, le gouvernement de sa Majesté se sentirait tenu de prêter immédiatement au gouvernement polonais tout l'appui en son pouvoir. Il a fourni au gouvernement polonais une assurance à cet effet. La France m'a autorisé à spécifier nettement qu'elle se trouve, en cette affaire, dans la même position que le gouvernement de sa Majesté !* »

Les dés sont jetés [19] : avant même la garantie britannique, Hitler a présenté des exigences à la Pologne que cette dernière n'était guère disposée à satisfaire, et moins que jamais, désormais, depuis la décision de Chamberlain. Quant à Hitler, rien dans son tempérament redoutablement conforté par une série de succès spectaculaires, ne l'incitera à renoncer, au besoin par les armes, à ses prétentions sur Dantzig et le Corridor.

---

17. Léon Noël, *op. cit.*, p. 316.
18. Léon Noël, *op. cit.*, p. 318.
19. Léon Noël, *op. cit.*, p. 324.

La Hollande occupée en trois jours ?

Si inouïe de conséquences que soit la décision de Chamberlain d'abandonner à la Pologne, sans en avoir la contrepartie des moyens militaires, le pouvoir — incroyable — de décision de l'entrée en guerre de l'Angleterre et de la France, le Premier ministre est en retard sur les plans militaires allemands. Depuis Munich, le sort de Prague était, à court terme, réglé. Le « coup » de mars 1939 n'étonne personne. Quant à la Pologne, qui, dans les sphères dirigeantes de Londres ou Paris, pouvait ignorer qu'un jour ou l'autre l'Allemagne d'Hitler (ou d'un autre chancelier) ne la raye de la carte ? Aussi, début mars, considérant ces affaires comme relevant du passé, le haut commandement allemand procède-t-il à un Kriegspiel [20] (dont Daladier est informé en détail deux mois plus tard), *sur l'occupation en trois jours* (comme au printemps 1940) de la totalité du *Jutland, de la Hollande et de la Belgique flamande* (à partir d'un thème où, à la suite de troubles en Belgique, les Flamands auraient réclamé la « protection » du Reich. C'est la répétition de procédés employés lors de l'Anschluss et de la crise des Sudètes). Par un barrage de mines, la Kriegsmarine boucherait la Baltique et opérerait des *débarquements en Norvège* pour interdire tout trafic entre ce pays et les adversaires du Reich [21]. Avant l'heure, on assiste au contrôle de la fameuse « *route du fer* » de Paul Reynaud. Ni la Suède ni la Finlande ne seraient l'objet de « pressions directes », les décisions précédentes étant jugées suffisantes à Berlin pour mettre ces deux pays « entièrement sous la tutelle du Reich ».

Avec ses généraux commandants d'armée, Hitler reprend, le 10 avril, le Kriegspiel contre la Hollande, base jugée « essentielle » pour les opérations contre la Belgique et celles destinées à contourner la ligne Maginot (objet seulement de combats de diversion). Trois divisions légères et une « panzer » s'empareraient des côtes de la mer du Nord (sans « opposition sérieuse » de l'armée hollandaise, car, en principe, les Pays-Bas auraient cédé à un ultimatum allemand). La Luftwaffe transporterait 25 000 hommes avec leur armement [22], interdisant l'application des

---

20. 4 mai 1939, note n° 265/AL sur la « préparation par la Wehrmacht d'actions offensives combinées », EMA, Deuxième Bureau. Archives SHAT.

21. Note n° 265/AL du 4 mai 1939, *op. cit.*, p. 2.

22. Le 5 juillet 1939, le Deuxième Bureau (note n° 278/AL. Archives SHAT) attire « spécialement l'attention du haut commandement sur les importantes utilisations » par le Reich de « troupes de l'air ». La Wehrmacht compterait : 1°) trois régiments de parachutistes, avec en leur sein, des formations spéciales d'ouvriers qualifiés (mécaniciens, serruriers, électriciens, etc.) pour effectuer, en territoire ennemi, des sabotages, des destructions, des réparations ; 2°) de l'infanterie de débarquement ; 3°) des groupes d'avions de transport du type JU 52 (environ mille appareils avec 15 soldats chacun à bord). « On peut être assuré que les Allemands ont méthodiquement et minutieusement étudié ces problèmes (...) pénétrés (comme les Italiens) de la nécessité (...) de rechercher une décision rapide. » Le haut commandement allemand croit à la « supériorité, capitale, en aviation », mais utilisée aussi brutalement et aussi soudainement que possible contre l'aviation ennemie. Les objectifs seraient des « plus grandes unités d'aviation », des poudreries, des nœuds ferrés, des G.Q.G., etc. En fait, en mai 1940, les troupes aéroportées allemandes joueront un rôle important en Hollande et en s'emparant, par un coup d'éclat, du fort moderne d'Eben-Emael à Liège.

plans de défense (inondations, destructions, etc.) ; « *en trois heures, la Wehrmacht serait à La Haye* ». Ce début d'offensive allemande à l'Ouest de l'Europe, permettant l'installation de bases aériennes et de batteries côtières, est dirigé contre l'Angleterre [23]. A l'attaché militaire américain à Berlin, le général Milch, adjoint de Goering, assure ne pas douter de l'intervention inévitable des États-Unis aux côtés des Franco-Britanniques, mais le Reich aurait pris auparavant « toutes ses dispositions pour interdire l'accès de l'Europe continentale aux transports américains [24] ».

Le 6 avril 1939, à 17 heures, Mussolini ordonne au premier échelon d'un corps expéditionnaire italien (trois corps d'armée comprenant de nombreuses unités motorisées concentrées dans la région de Bari-Brindisi, 400 avions, etc.) d'embarquer pour s'emparer de l'Albanie défendue par 5 bataillons d'infanterie et 7 batteries de deux canons, peu dotés de munitions [25] ! Le 7 avril (jour du vendredi saint) à l'aube, l'avant-garde italienne débarque sur les côtes albanaises, protégées par quelques mitrailleuses. Le 8, Tirana est occupé. La disproportion des moyens militaires italiens par rapport à ceux de l'Albanie donne à penser que le Duce a en vue une opération de « plus grande envergure [26] ». Quoi qu'il en soit, l'Italie « verrouille » l'Adriatique, permettant, à l'occasion, au Reich de mieux réduire la Yougoslavie. Mussolini pourrait surtout pousser droit sur Salonique et la mer Égée pour tenter ensuite d'obtenir la maîtrise de la Méditerranée orientale, commandant les grandes voies de communication des possessions coloniales françaises et anglaises !

Immenses faiblesses françaises

Une série de décisions et d'informations montre que la tension internationale se rapproche à grands pas de son point de rupture. Ainsi, le 13 avril, Chamberlain annonce la garantie d'assistance immédiate de la Grande-Bretagne à la Grèce et à la Roumanie, ce qui provoque la fureur d'Hitler : « Si l'Angleterre veut la guerre, s'exclame-t-il, elle peut l'avoir (...) et ce sera une guerre inimaginablement destructrice. Comment les Anglais envisageraient-ils un conflit moderne alors qu'ils ne peuvent même pas mettre sur le terrain deux divisions complètement équipées [27] ? » Le 20, à l'occasion de ses cinquante ans, le Führer, entouré du corps diplomatique, assiste à un défilé militaire impressionnant où figurent, en guise d'avertissement, les armes les plus modernes. À cette occasion aussi, les églises allemandes célèbrent des messes spéciales « pour implorer la bénédiction

23. Note nº 265/AL du 9 mai 1939, *op. cit.*, p. 4.
24. Note nº 265/AL du 4 mai 1939, *op. cit.*, p. 5.
25. Mai-juin 1939, note du Deuxième Bureau EMA sur l'opération italienne en Albanie. Archives SHAT.
26. Mai-juin 1939, note du Deuxième Bureau EMA sur l'opération italienne en Albanie, *op. cit.*
27. John Toland, *op. cit.*, t. II. p. 35.

de Dieu sur le Führer et son peuple » ! Pie XII (le cardinal Pacelli a été élu pape le 2 mars) y va de ses félicitations personnelles. Le 28 avril, devant le Reichstag, Hitler dénonce le traité de 1934 entre la Pologne et l'Allemagne, et l'accord naval anglo-allemand de 1935. Il s'en prend avec causticité à Roosevelt qui avait envoyé un message demandant à l'Allemagne et à l'Italie de ne plus se livrer à des agressions. La veille, les Communes, en dépit de l'opposition des travaillistes, ont voté le principe du service militaire obligatoire réclamé depuis longtemps par l'état-major français.

Après avoir obtenu des députés et des sénateurs (18 et 19 mars) de nouveaux pouvoirs spéciaux pour prendre, par décrets, des mesures intéressant la Défense nationale, Daladier porte à soixante heures la durée du travail dans les usines d'armement. Parallèlement, le gouvernement développe ses prospections d'approvisionnements les plus divers aux États-Unis (machines-outils, camions, motos et side-cars, rails, fours électriques pour fusion, aciers à obus et bombes, flans en laiton pour douilles, ébauches de tubes et de cylindres de freins pour canons de 75 ou 155, etc.). Mais l'adaptation nécessaire des industries du temps de paix aux fabrications d'armement exigeant un an, sans parler de difficultés issues de différences entre les normes françaises et américaines, font préférer les acquisitions de matières premières à celles de produits finis [28]. Est donc dressée une liste où figurent le coton à côté du pétrole, le magnésium, les pâtes à bois, les produits alimentaires, etc. À la demande de Paris, l'attaché militaire auprès de l'ambassade de France à Washington étudie les possibilités d'achats aux États-Unis de chevaux, de mules et de mulets (800 000 à 1 million de bêtes sur une base de 170 à 175 dollars l'unité [29]). Un envoyé de Daladier cherche à acquérir « tous les matériels d'artillerie disponibles dans l'industrie privée [30] ». Une autre « missionnaire » s'enquiert de la fourniture de pièces de D.C.A. [31]. Un fusil semi-automatique Garand M-1, dont le mécanisme intérieur « est encore considéré secret », et 500 cartouches sont acheminés, pour essais, sur Paris par la valise diplomatique américaine, puis remis à un officier du Deuxième Bureau [32].

Début mars 1939, l'Angleterre et la France ont déjà commandé près de 1 300 avions aux constructeurs américains dont de nombreuses usines étaient au chômage ou sur le point de le devenir [33]. Les contrats étrangers vont permettre une production en grande série qui bénéficiera à l'équipement de l'Air Corps. L'or anglais et français contribue ainsi à relancer

28. 16 décembre 1938, renseignements sur les États-Unis pour le général Gamelin, p. 1. Archives SHAT.

29. Washington, le 1er mai 1939, rapport nº 198/V, ambassade de France aux États-Unis. Archives SHAT.

30. Washington, le 30 mars 1939, rapport nº 138/U, ambassade de France aux États-Unis. Archives SHAT.

31. Washington, le 13 mars 1939, note sur les achats de matériels de D.C.A. aux États-Unis. Archives SHAT.

32. Washington, le 26 janvier 1939, rapport nº 49/V, ambassade de France aux États-Unis. Archives SHAT.

33. Washington, le 9 mars 1939, note nº 114/V sur les commandes d'avions, ambassade de France aux États-Unis. Archives SHAT.

l'économie et à moderniser les usines. Paris est tenu au courant des études sur l'hélicoptère discutées à la Commission militaire du Sénat américain, dont l'un des membres, M. Clarke, enthousiasmé, déclare : « On peut considérer que cet appareil déclassera et rendra désuets tous les avions fabriqués jusqu'ici [34]. » Selon le général Arnold, l'Allemagne est « la seule nation qui possède un hélicoptère pratique ». Ainsi un appareil Focke aurait fait une démonstration impressionnante devant Hitler et Goering, « se maintenant à une hauteur très faible au-dessus d'un général qui put remettre à la main des ordres au pilote ; l'appareil s'éleva, s'éloigna, puis, rappelé (par radio) revint pour recevoir d'autres ordres [35]... ».

Fausses promesses françaises à la Pologne

Combien est effrayant par les faiblesses en tous genres qu'il révèle ce panorama des immenses besoins de la France au bord de la guerre ! On en a une autre preuve dans les discussions du printemps 1939 sur une nouvelle aide en armement réclamée par la Pologne désireuse d'acheter 200 chars R.35 et des matières premières, fournissant en contrepartie des canons de 40 Bofors de D.C.A. L'attaché militaire français à Varsovie, le général Musse, ne cesse d'insister « sur l'urgence d'accroître le potentiel militaire polonais [36] ». Contre Daladier et le général Colson, Gamelin s'oppose à livrer de l'armement aux alliés de la France, polonais, roumains, yougoslaves : la production nationale, dit-il, est nécessaire à l'armée française. En juillet 1939, il consentira à un geste symbolique en laissant partir 50 chars R.35 pour la Pologne qui, deux mois plus tard, subira le déferlement de milliers de blindés allemands ! Ainsi, en raison des carences de sa production industrielle, des lenteurs de son réarmement, la France n'a pu tenir les engagements pris à Rambouillet le 6 septembre 1936.

Le 15 mai 1939, le maréchal Rydz-Smigly envoie à Paris comme « délégué personnel » le général Kasprzycki, ministre des Affaires militaires, pour réétudier, avec Gamelin (qui aurait préféré attendre les premiers résultats des négociations anglo-franco-russes), l'application pratique de l'alliance franco-polonaise. À son visiteur, le généralissime français propose une aide technique, la plus diverse, un concours matériel immédiat pour toute la durée du conflit, l'étude d'un secours éventuel de l'U.R.S.S. (seul capable, selon Gamelin, d'entretenir une résistance prolongée à la Wehrmacht), et celle d'une liaison, plus étroite, entre Varsovie et Bucarest. Gamelin promet aussi que les divisions françaises feront « tout leur possible » pour retenir le maximum d'unités allemandes à l'Ouest par le déclenchement d'une offensive contre la ligne Siegfried dix-sept jours après le déclenchement de la guerre, mais le général sait

34. Washington, le 7 mars 1939, rapport n° 112/V du lieutenant-colonel Lombard, attaché militaire à l'ambassade de France aux États-Unis. Archives SHAT.

35. Washington, le 7 mars 1939, rapport n° 112/V, *op. cit.*, p. 4.

36. Note du lieutenant-colonel Turlotte, *op. cit.*, p. 8.

déjà que cette opération sera sans ampleur réelle (nous en verrons les raisons) et ne pourra donc aider la Pologne ! En ce qui concerne l'aviation, la France enverra en Pologne cinq groupes d'Amiot 143/39 pour attaquer l'est de l'Allemagne tandis qu'une « action vigoureuse » sera conduite par l'aviation française « pour obliger la Luftwaffe à déplacer vers l'ouest une partie de ses moyens » ! Daladier, qui avait demandé à Gamelin et à Vuillemin de « rassurer » les Polonais inquiets d'une nouvelle capitulation du style Munich, a été certes obéi. Mais pour entrer en vigueur, le protocole militaire de mai 1939 doit être suivi d'un accord politique. Ce dernier ne sera signé que le 4 septembre : quatre jours plus tôt, Hitler aura envahi la Pologne, sans que d'ailleurs Gamelin connaisse les intentions du haut commandement polonais !

Au printemps 1939, le général Gamelin (à dr.), *tête nue et chapeau melon à la main, accueille* (à g.), *le général polonais Kasprzycki, ministre de la Défense.* (Ph. Keystone.)

Chacun appréciera à sa façon la légèreté, pour ne pas dire plus, des dirigeants français, civils et militaires, promettant aux Polonais des choses dont ils ne pouvaient ignorer l'impossibilité de tenir.

Entre Berlin et Rome, le « Pacte d'acier »

Le 22 mai à Berlin, l'Allemagne et l'Italie signent le « Pacte d'acier » : si l'un des deux contractants fait la guerre pour quelque motif que ce soit, l'autre est tenu « d'entrer en campagne immédiatement avec toutes ses forces [37] ». Les deux pays s'engagent aussi à ne pas conclure de paix séparée. Le préambule du Pacte est menaçant à souhait : « Le peuple

37. 25 mai 1939, Bulletin de renseignements nº 11 communiqué au général Gamelin. EMA Deuxième Bureau. Archives SHAT.

italien et le peuple allemand ont résolu d'intervenir côte à côte et avec leurs forces unies pour *assurer leur espace vital* et pour maintenir la paix. » Ce genre d'accord, au demeurant exceptionnel dans son côté impératif, bénéficie avant tout au plus fort des signataires, en l'occurrence le Reich qui compte imposer sa volonté et sa domination. Or, ces informations recueillies en Allemagne dans la deuxième quinzaine de mai montrent qu'Hitler « n'a rien abandonné de ses prétentions sur Dantzig et le Corridor polonais ». De nombreuses convocations de réservistes sont en cours (comment oublierait-on qu'en septembre 1938 ce camouflage a été utilisé dans la crise des Sudètes ?). À l'Ouest, une grande manœuvre de D.C.A. coïncide avec une inspection de la ligne Siegfried par le Führer, voyage entouré d'une fantastique publicité dans la presse allemande sur les fortifications faisant aussi ressortir les compétences d'Hitler en matière militaire. Le réseau routier de l'ex-Autriche (surtout vers l'Italie et la Yougoslavie) est en complète transformation (adaptation au trafic des poids lourds nécessaire pour des opérations d'envergure). La pénurie de main-d'œuvre provoquée par les besoins des usines et des chantiers oblige l'agriculture allemande à faire appel à 300 000 ouvriers étrangers (Italiens, Slovaques, Polonais) pour ses travaux saisonniers. C'est l'amorce des réquisitions de millions de travailleurs européens pour la machine de guerre du Reich.

***

Le 5 mai 1939, Staline nomme un nouveau commissaire du peuple aux Affaires étrangères, Viatcheslav Molotov (pseudonyme de combat choisi en 1906 lors de son entrée au parti bolchevik et signifiant « le marteau »), un des fondateurs de la *Pravda*, pour remplacer Maxime Litvinov. Simple remaniement ministériel comme on en opère souvent à Londres et à Paris ? Ou un changement radical de la politique extérieure de l'U.R.S.S. ? Dans l'Europe d'Hitler habituée aux coups de théâtre, le plus explosif va venir de Moscou...

Paris
La Cabreto-Aramon
1er janvier 1983

APERÇU SUR LE DEUXIÈME VOLUME DE *LE DÉSASTRE DE 1940 :* La guerre éclair

Moscou, printemps 1939. Le récit s'ouvre sur la double négociation diplomatique qui fait de Staline l'arbitre de la paix ou de la guerre. D'un côté Chamberlain et Daladier sollicitent l'alliance du dictateur pour dresser un barrage contre une nouvelle agression allemande visant la Pologne ou la Roumanie. Mais de l'autre, l'U.R.S.S. offre ses « bons services » à Hitler. Prudent d'abord devant les insolites propositions soviétiques, le Führer les accepte et paie le prix du marché proposé : le 23 août, l'Allemagne et l'U.R.S.S. signent le célèbre pacte de non-agression permettant à la Wehrmacht d'attaquer la Pologne le 1er septembre sans craindre une intervention de l'Armée rouge.

Devant le Politburo, Staline explique sans détours qu'il est de « *l'intérêt de l'U.R.S.S. de voir la guerre éclater entre le Reich, l'Angleterre et la France ; il est essentiel pour nous, poursuit-il, que ce conflit dure le plus longtemps possible pour que les deux parties s'épuisent* ». En corollaire, l'Union soviétique fournira « dans une certaine limite » des matières premières à l'industrie de guerre allemande. Cette aide ne permettra pas aux Franco-Britanniques de triompher trop rapidement et trop facilement de leur adversaire ; au besoin les communistes français et anglais, dans leurs pays respectifs, se livreront à une « activité de propagande au besoin clandestine » qui, par contrecoup, aidera à la sécurité de l'Allemagne ! En fin de compte, l'U.R.S.S. restée neutre, avec ses forces militaires intactes, imposera sa loi et son hégémonie.

Des documents secrets allemands permettront de suivre, de semaine en semaine, le passionnant cheminement des propositions de Staline à Hitler, dont la conclusion mettra le feu aux poudres en Europe puis au monde. Dans l'espoir de briser la machination germano-russe, un jeune diplomate allemand en poste à Moscou a révélé le cheminement des pourparlers Staline-Hitler à un collègue américain. Mais, étrangement, ni Londres ni Paris, informés par le Département d'État (et par d'autres sources comme la « résistance allemande »), ne tireront profit de ces données. Quoi qu'il en soit, cette affaire d'« espionnage bénévole » se classe au premier rang des dossiers de la guerre secrète.

À Paris, quelques heures après l'accord Staline-Hitler, Daladier interroge les responsables militaires : *L'armée de terre, l'aviation, la marine sont-elles « prêtes » à entrer en guerre pour voler au secours de la Pologne ?* Sauf pour la Flotte (en bon état), les réponses données au président du Conseil sont positives et surprenantes !

Les rapports des officiers français témoins de l'anéantissement, en dix-sept jours, de l'armée polonaise par les panzers associés à la Luftwaffe annoncent la guerre éclair du printemps 1940 en Hollande, en Belgique, en France.

Sur les Kriegspiel franco-britanniques envisageant de poser des mines fluviales dans le Rhin (et ses canaux) afin de paralyser la Ruhr, de bombarder les puits de pétrole du Caucase et de couper le ravitaillement en carburant du Reich par Staline, ou encore d'envoyer un corps expéditionnaire allié dans les Balkans pour ouvrir un « second frond » dans le flanc sud de l'Allemagne, sur la mobilisation industrielle, sur la dramatique « campagne de France » provisoirement terminée avec la conclusion de l'armistice du 22 juin 1940, le deuxième volume du *Désastre de 1940* produira une multitude d'informations inédites.

Le cœur de cette documentation exceptionnelle provient des archives privées du général Georges, adjoint de Gamelin, commandant du front Nord-Est (sept cents kilomètres de Bâle à Dunkerque), confident de Churchill qui, en dépit de toutes les vicissitudes, lui restera fidèle jusqu'à sa mort.

Dès son entrée à Saint-Cyr, Georges a pris l'habitude de rédiger des notes personnelles et intimes pour lui et sans intention de publication. Ainsi, le 3 septembre 1939, premier jour d'entrée en guerre de la France contre l'Allemagne, achète-t-il un grand cahier d'écolier où, chaque soir, en dehors même de son entourage immédiat, il écrit son journal, celui des événements, des hommes, des querelles comme celle l'opposant à Gamelin, des luttes entre Daladier et Reynaud, et combien d'autres révélations sur la conduite de la guerre. Un second puis un troisième cahier d'écolier couvrent la période s'étendant du 3 septembre 1939 au 25 août 1940, jour où Georges prend sa retraite à Chambéry en attendant qu'en mai 1943, son ami Churchill le fasse enlever en secret par la R.A.F. pour le conduire à Alger où s'affrontent Giraud et de Gaulle !

À son journal intime, Georges joint les documents officiels et secrets au plus haut niveau dont, par ses fonctions, il a connaissance. Annoté de précisions, de mises au point, de commentaires, cet autre volet des archives du général recoupe le journal en le complétant, et vient apporter sa moisson de nouveaux éclairages. Dans le même état d'esprit, Georges a lu, le crayon à la main, les souvenirs du général Gamelin !

En dépit de cette richesse, nous n'avons pas négligé d'autres sources d'archives et de témoignages publics et privés. L'ensemble fait de LA GUERRE ÉCLAIR un récit méritant d'être en bonne place dans les mémoires et sur les rayons des bibliothèques.

ENQUÊTES ET REMERCIEMENTS

(Voir aussi T. I, II et III)

Aux concours apportés pour les trois premiers tomes, sont venus s'ajouter d'autres contributions que je tiens à remercier particulièrement et de la façon la plus chaleureuse.

Tout d'abord, la famille du général Alphonse Georges, notamment Mademoiselle France Georges, gardienne vigilante des documents, qui a bien voulu accepter mon concours pour leur classement, et en même temps apporter son propre témoignage fort précieux. À cet accord et ses appuis est lié le souvenir de Mme la Générale Georges qui, en 1965, avait commencé à ouvrir cette exceptionnelle documentation à l'auteur. Que les uns et les autres soient aussi remerciés pour la liberté d'exploitation de ces archives, commencée dans ce volume et qui sera surtout poursuivie dans « La Guerre éclair ».

M. le général Delmas, directeur du Service Historique de l'Armée de Terre au Château de Vincennes, avec les lieutenants-colonels Henry Dutailly, alors chef du bureau des études, et Turlotte, ainsi que Mme Combe, responsable de la salle de communication.

M. le général Christienne, directeur du Service Historique de l'Armée de l'Air, M. Patrice Facon, directeur des études, et M. Lechoix, responsable de la salle de communication, qui m'avaient déjà fort bien reçu pour des travaux antérieurs.

S'y ajoutent : M. Pierre Accoce (Paris), Mademoiselle Françoise Adelstein (Paris), M. Georges Albertini (Paris), M. Robert Boulay (Boulogne), M. Guy Brocard (Paris), M. William Brownell (Washington), M. André Caudron (Marcq-en-Baroeul), Madame Colonna (Paris), Dr Michel Corap (Fontainebleau), M. le général Dulac (Paris), M. Henri Fatôme (Cherbourg), M. Henri Fréville (Rennes), M. Bertrand de Jouvenel (Paris), M. le baron de Juniac (Neuilly-sur-Seine), M. Fred Kupferman (Paris), Madame La Boulaye (Neuilly-sur-Seine), M. Michel de Ladoucette (Paris), M. le baron Henry-Louis de La Grange (Paris), M. le colonel Le Goyet (Saint-Maur-des-Fossés), M. Marcel Lepoutre (Lille), M. Jacques Le Roy Ladurie (Thury-Harcourt), M. Michel de Lombares (Paris), M. le colonel Paillole (La Queue-les-Yvelines), M. Pedroncini (Maisons-Laffitte), M. Pinaud (Paris), M. Jean Poincaré (Paris), M. le colonel Réa (Loches), Madame Élisabeth du Réau (Paris), M. le général Pierre Renauld (Paris), Dr Pierre Rentchnik (Genève), M. Joseph Roos (Paris), M. J. Vanwelkenhuyzen (Bruxelles), M. Laurent Wetzel (Paris).

Mlle Agnès Hirtz a continué à m'apporter, sans défaillance, sa collaboration souriante et efficace, ses suggestions. Sans ce concours, ce travail n'aurait pu être mené à bien.

TABLE DES MATIÈRES

Troisième Partie

1938 : L'ANNÉE HITLER

CHRONOLOGIE

(À consulter aussi les chronologies des tomes I, II et III)

FÉVRIER 1921 : Voyage officiel de Pilsudski à Paris.

19 FÉVRIER 1921 : Accord politique et militaire franco-polonais.

2 SEPTEMBRE 1925 : Le général Maurice Gamelin est nommé commandant des troupes au Levant.

19 FÉVRIER 1928 : Nomination de Gamelin à la tête du XXe corps d'armée à Nancy.

30 JUIN 1930 : Fin de l'occupation de la Rhénanie, cinq ans avant le délai fixé par le traité de Versailles.

25 JUILLET 1930 : Nomination de Litvinov comme commissaire du peuple aux Affaires étrangères.

17 NOVEMBRE 1930 : Hitler : « Nous ne désirons pas la guerre : c'est pourquoi nous demandons que notre peuple jouisse de ses droits. »

9 FÉVRIER 1931 : Le général Weygand remplace le maréchal Pétain comme vice-président du C.S.G. et inspecteur général de l'Armée.

29 NOVEMBRE 1931 : Signature du pacte de non-agression franco-soviétique.

30 JANVIER 1933 : Hitler devient chancelier d'Allemagne.

31 JANVIER 1933 : Daladier, président du Conseil, confie le ministère de l'Air à Pierre Cot.

23 MARS 1933 : Par 441 voix contre 94, le Reichstag vote les pleins pouvoirs à Hitler.

7 JUIN 1933 : Pacte à Quatre (Allemagne, France, Grande-Bretagne, Italie) pour assurer le succès de le Conférence du Désarmement.

26 JANVIER 1934 : « Déclaration » germano-polonaise sur le maintien d'une « paix durable ».

23 FÉVRIER 1934 : Couronnement de Léopold III, roi des Belges.

4/10 JUIN 1934 : Voyage du général Debeney à Varsovie pour obtenir de Pilsudski une révision de l'accord militaire franco-polonais de 1921. Échec.

30 JUIN 1934 : Allemagne : « La nuit des longs couteaux » liquide, dans le sang, la puissance des S.A.

29 JUILLET 1934 : À Vienne, M. Kurt von Schuschnigg succède à M. Dollfuss, chancelier d'Autriche, assassiné quatre jours auparavant par les nazis.

18 JANVIER 1935 : Gamelin succède au général Weygand comme vice-président du Conseil Supérieur de la Guerre (C.S.G.).

16 MARS 1935 : Hitler rétablit le service militaire obligatoire.

7 MARS 1936 : Hitler réoccupe militairement la Rhénanie.

3 MAI 1936 : Victoire du Front populaire aux élections législatives.

11 JUILLET 1936 : Signature d'un accord austro-allemand : le Reich reconnaît la souveraineté de l'État fédéral autrichien ; l'Autriche suivra la politique de l'État allemand.

JUILLET 1936 : Début de la guerre d'Espagne.

24 AOÛT 1936 : Hitler porte à deux ans la durée du service militaire.

25 AOÛT 1936 : William Bullitt est nommé ambassadeur des États-Unis en France. Vote d'un plan quinquennal pour le renouvellement complet de l'aviation militaire.

16 OCTOBRE 1936 : Nationalisation de l'industrie aéronautique française.

20/27 OCTOBRE 1936 : Voyage du comte Ciano (ministre des Affaires étrangères italien) en Allemagne.

12 MAI 1937 : Couronnement de George VI, roi d'Angleterre.

28 MAI 1937 : Neville Chamberlain succède à Baldwin en tant que Premier ministre britannique.

23/25 JUIN 1937 : Von Neurath (ministre allemand des Affaires étrangères) en voyage à Londres.

OCTOBRE 1937 : Rencontre Hitler-lord Halifax, secrétaire au Foreign Office.

5 NOVEMBRE 1937 : « Testament » d'Hitler à la chancellerie. Il annonce sa volonté de résoudre les ambitions d'« espace vital » du IIIe Reich.

NOVEMBRE 1937 : Kriegspiel du haut commandement français sur le début d'une guerre européenne provoquée par une crise entre l'Allemagne et la Tchécoslovaquie.

30 NOVEMBRE/2 DÉCEMBRE 1937 : Voyage de Camille Chautemps, président du Conseil, à Londres,

17/18 JANVIER 1938 : Devant la carence de la production aéronautique française, le sénateur de La Grange négocie en secret avec le président Roosevelt l'achat d'avions militaires américains.

4 FÉVRIER 1938 : Hitler assume officiellement le commandement de toutes les armées allemandes.

12 FÉVRIER 1938 : Entretien à Berchtesgaden entre le Führer et le chancelier d'Autriche, Kurt von Schuschnigg.

22 FÉVRIER 1938 : Guy La Chambre, ministre de l'Air, nomme le général Joseph Vuillemin chef d'état-major général de l'Air.

12 MARS 1938 : Les premiers chars de Guderian franchissent la frontière autrichienne.

10 AVRIL 1938 : Constitution du troisième ministère Daladier où il garde les portefeuilles de la Défense nationale et de la Guerre.

28 AVRIL 1938 : Rencontre Daladier-Chamberlain.

2 MAI 1938 : Voyage officiel d'Hitler en Italie.

4 MAI 1938 : Troisième dévaluation du franc par le Front populaire. Emprunt de la Défense nationale.

19 JUILLET 1938 : Voyage officiel (et spectaculaire) des souverains britanniques à Paris. Grand défilé militaire à Versailles.

3 AOÛT 1938 : Lord Runciman, « médiateur officieux » entre les Sudètes et les Tchèques, se rend à Prague.

16/21 AOÛT 1938 : Voyage officiel de Vuillemin (invité par Goering) en Allemagne.

21 AOÛT 1938 : Discours de Daladier : « Il faut remettre la France au travail. »

AOÛT-SEPTEMBRE 1938 : Hitler exige le rattachement au IIIe Reich de trois millions et demi de Sudètes.

DÉBUT SEPTEMBRE 1938 : En France, rappel de cent mille réservistes sous les drapeaux.

12 SEPTEMBRE 1938 : Au congrès nazi de Nuremberg, Hitler évoque « l'indicible détresse des Sudètes ».

13 SEPTEMBRE 1938 : Beneš institue la loi martiale dans les régions sudètes troublées par des incidents organisés par les nazis.

15 SEPTEMBRE 1938 : Rencontre Chamberlain-Hitler à Berchtesgaden.

18 SEPTEMBRE 1938 : À Londres, Chamberlain et Daladier décident de faire pression sur les Tchèques pour qu'ils offrent des concessions à l'Allemagne.

20/21 SEPTEMBRE 1938 : La France menace la Tchécoslovaquie de lui retirer son appui en cas de refus des concessions souhaitées par Chamberlain et Daladier.

22 SEPTEMBRE 1938 : Rencontre Chamberlain-Hitler à Bad Godesberg.

25/26 SEPTEMBRE 1938 : À Londres, conférence gouvernementale franco-britannique ; rappel de nombreux réservistes ; mesures de défense passive.

26 SEPTEMBRE 1938 : Violent discours d'Hitler à Berlin : « 1918 ne se renouvellera pas. »

29 SEPTEMBRE 1938 : Conférence de Munich : Hitler, Mussolini, Daladier et Chamberlain.

30 SEPTEMBRE 1938 : La Pologne somme la Tchécoslovaquie d'accepter ses revendications territoriales sur le district de Teschen.

4 OCTOBRE 1938 : La Chambre des députés approuve largement l'accord de Munich. Vote des pleins pouvoirs.

28 OCTOBRE 1938 : Au congrès radical-socialiste de Marseille, Daladier attaque le parti communiste et poursuit ses tractations pour la constitution d'une nouvelle majorité parlementaire remplaçant celle du Front populaire.

1er NOVEMBRE 1938 : Paul Reynaud remplace Paul Marchandeau (nommé à la Justice) au ministère des Finances, et prépare un plan de redressement économique.

9 NOVEMBRE 1938 : Daladier et Guy La Chambre envoient Jean Monnet aux États-Unis commander 1 000 avions (livrables avant juillet 1939).

14 NOVEMBRE 1938 : Ouverture, à Nantes, du congrès de la C.G.T.

30 NOVEMBRE 1938 : Échec de la grève générale déclenchée par la C.G.T. Éclatement définitif du Front populaire. À Rome, manifestation de députés italiens réclamant Nice, la Savoie, la Corse et la Tunisie.

2/6 JANVIER 1939 : Voyage officiel de Daladier en Corse, en Tunisie et en Algérie.

4 JANVIER 1939 : Roosevelt dresse un réquisitoire contre les dictatures.

10/14 JANVIER 1939 : Rencontre Chamberlain-Mussolini.

26 JANVIER 1939 : Franco s'empare de Barcelone.

27 JANVIER 1939 : Roosevelt donne son accord public à l'aide aéronautique américaine à la France.

9 FÉVRIER 1939 : Arrivée des troupes nationalistes espagnoles au col du Perthus.

25 FÉVRIER 1939 : Accords franco-espagnols.

27 FÉVRIER 1939 : La France reconnaît le gouvernement du général Franco.

2 MARS 1939 : Le maréchal Pétain, ambassadeur auprès de Franco.

31 MARS 1939 : Chamberlain donne la garantie de l'Angleterre à la Pologne.

5 MAI 1939 : À Moscou, Molotov remplace Litvinov comme commissaire du peuple aux Affaires étrangères.

22 MAI 1939 : À Berlin, signature du « Pacte d'acier » entre l'Allemagne et l'Italie.

INDEX

C

I

J

K

I

M

N

O

P

R

S

T

U

V

W

Z

ACHEVÉ D'IMPRIMER
LE 16 MARS 1983
SUR LES PRESSES DE
L'IMPRIMERIE HÉRISSEY
À ÉVREUX (EURE)
POUR LES ÉDITIONS
ROBERT LAFFONT

Dépôt légal : Avril 1983
N° d'édition : K 098
N° d'impression : 31404